한국의 과학과 문명 012

한글과 과학문명

"이 저서는 2010년도 대한민국 교육부와 한국학중앙연구원(한국학진흥사업단)을 통해 한국학 특정분야 기획연구 (한국과학문명사) 사업의 지원을 받아 수행된 연구임."(AKS-2010-AMZ-2101)

한글과 과학문명

초판 1쇄	2018년 10월 10일		
초판 2쇄	2023년 10월 6일		

지은이 시정곤·최경봉

출판책임	박성규	펴낸이	이정원
편집주간	선우미정	펴낸곳	도서출판 들녘
기획이사	이지윤	등록일자	1987년 12월 12일
편집	이동하·이수연·김혜민	등록번호	10-156
디자인	하민우·고유단	주소	경기도 파주시 회동길 198
마케팅	전병우	전화	031-955-7381 (대표)
경영지원	김은주·나수정		031-955-7376 (편집)
제작관리	구법모	팩스	031-955-7393
물류관리	엄철용	이메일	dulnyouk@dulnyouk.co.kr

ISBN   979-11-5925-366-9 (94910)
       979-11-5925-113-9 (세트)

한국의 과학과 문명 012

한글과 과학문명

시정곤·최경봉 지음

들녘

지은이 **시정곤 柴政坤**

고려대학교 국어교육과와 동대학원 국어국문학과에서 문학석사, 문학박사학위를 받았다. 하버드 대학교 언어학과 객원연구원, 영국 런던대학 SOAS 객원교수를 역임했으며, 현재 카이스트(KAIST) 인문사회과학부 교수로 재직 중이다.

주요 저서로는『국어의 단어형성 원리』(1998),『논항구조란 무엇인가』(공저 2000),『우리말의 수수께끼』(공저 2002),『한국어가 사라진다면』(공저 2003),『북한의 문법 연구와 문법 교육』(공저 2004),『영어 공용화 국가의 말과 삶』(공저 2004),『현대국어 형태론의 탐구』(2006),『현대국어 통사론의 탐구』(2006),『응용국어학의 탐구』(2006),『역사가 새겨진 우리말 이야기』(공저 2006),『인간 컴퓨터 언어』(공저 2006),『한글에 대해 알아야 할 모든 것』(공저 2008),『조선언문실록』(공저 2011),『훈민정음을 사랑한 변호사, 박승빈』(2015) 등이 있으며 논문 다수가 있다.

지은이 **최경봉 崔炅鳳**

고려대학교 국어국문학과를 졸업하고 같은 대학원에서 어휘의미론 연구로 박사학위를 받았다. 원광대학교 국어국문학과에서 재직 중이다. 현재 한국어의미학회, 한국사전학회, 한국어학회의 편집위원, 국립국어원 규범정비위원, 문체부 국어심의위원 등을 맡고 있다.『국어선생님을 위한 문법교육론』(공저 2017),『근대 국어학의 논리와 계보』(2016),『어휘의미론: 의미의 존재 양식과 실현 양상에 대한 탐구』(2015),『의미 따라 갈래지은 우리말 관용어 사전』(2014),『우리말 문법 이야기』(2013),『한글 민주주의』(2012),『한글에 대해 알아야 할 모든 것』(공저 2008),『우리말의 탄생』(2005),『우리말의 수수께끼』(공저 2002) 등을 저술하였다.

〈한국의 과학과 문명〉 총서

기획편집위원회

연구책임자_ 신동원

전근대팀장_ 전용훈

근현대팀장_ 김근배

전 임 교 수_ 문만용

　　　　　　김태호

　　　　　　전종욱

전임연구원_ 신향숙

　　　　　　최정연

일러두기

■ 이 책은 한글전용을 원칙으로 하되 쉽게 이해하기가 어려운 어휘에 한해 괄호 안에 한자를 병기했다.

■ 1차 사료를 인용할 때 한문의 경우 독자의 이해를 돕기 위해 현대어역을 본문에 싣고 해당 원문은 주석에 병기했으며, 근대 이후의 한글 자료는 현대어역만 본문에 싣는 것을 원칙으로 하되, 원문을 보이는 게 필요한 경우 원문과 이에 대한 현대어역을 병기하였다.

■ 인용할 때는 독자의 이해를 돕기 위해 가로쓰기, 띄어쓰기 등 현대 철자법을 따랐다.

■ 내용을 서술하는 데 있어 용어를 통일하고자 했다. 예를 들어 '훈민정음, 한글, 언문' 등은 '한글'로 통일하여 기술했으며, 다만 문맥상 꼭 필요한 경우는 원문 그대로 용어를 살려 쓰기도 했다.

■ 용어 가운데 문맥에 따라 적절히 혼용한 경우도 있다. 예를 들어 '조선어, 한국어, 우리말' 등이나 '중국, 명, 명나라, 청, 청나라' 등은 문맥에 따라 적절히 섞어서 사용했다.

■ 독자들이 본문 내용을 좀 더 깊이 있게 이해할 수 있도록 본문 중간에 〈참고자료〉를 추가했다.

■ 주석은 장별로 기술하여 책의 말미에 제시했다.

■ 인용 그림은 최대한 소장처와 출처를 밝히고 저작권자의 허락을 얻었으나 일부 저작권자를 찾지 못하여 게재 허가를 받지 못한 사진은 확인되는 대로 통상 기준에 따른 허가 절차를 밟기로 한다.

〈한국의 과학과 문명〉 총서를 펴내며

우리나라는 현재 세계 최고 수준의 메모리 반도체, 스마트폰, 디스플레이, 철강, 선박, 자동차 생산국으로서 과학기술 분야의 경이적인 발전으로 세계의 주목을 받고 있다. 그것을 가능케 한 요인의 하나가 한국이 오랜 기간 견지해온 우수한 과학기술 문화와 역사 속에 있다고 우리는 생각한다.

문명이 시작된 이래 한국은 항상 높은 수준을 굳건히 지켜온 동아시아 문명권의 일원으로서 그 위치를 잃은 적이 없었다. 우리는 한국이 이룩한 과학기술 문화와 역사의 총체를 '한국의 과학문명'이라 부르려 한다. 금속활자·고려청자 등으로 대표되는 한국 과학문명의 창조성은 천문학·기상학·수학·지리학·의학·양생술·농학·박물학 등 과학 분야를 비롯하여 금속제련·방직·염색·도자·활자·인쇄·종이·기계·화약·선박·건축 등 기술 분야에서도 다양하게 분명히 드러난다.

우리는 이런 내용을 종합하는 〈한국의 과학과 문명〉 총서를 발간하고자 한다. 이 총서의 제목은 중국의 과학문명에 대한 새로운 인식의 지평을 연 조지프 니덤(Joseph Needham)의 『중국의 과학과 문명』을 염두에 두고 만들었다. 그러나 니덤이 전근대에 국한한 반면 우리는 전근대와 근현대를 망라하여 한국 과학문명의 총체적 가치와 의미를 온전히 담은 총서의 발간을 목표로 한다. 나아가 한국의 과학과 문명이 지닌 보편적 가치를 세계에 발신하고자 한다. 지금까지 한국은 세계 과학문명의 일원으로 정당한 가치를 인정받지 못한 채, 중국의 아류로 인식되어왔다. 이 총서에서는 한국 과학문명이 지닌 보편성과 독자성을 함께 추적하여 그것이 독자적인 과학문명이자 세계 과학문명의 당당한 일원임을 입증하고자 한다. 우리는 이 총서에서 근현대 한국 과학기술 발전의 역사와 구조를 밝힐 것이며, 이로써 인류의 과학기술 발전사를 새로이 해명하는 데에 기여할 것이다.

이 총서에서는 한국의 과학문명이 역사적으로 독자적인 가치와 의미를 상실하지 않았던 생명력에 주목한다. 이를 위해 전근대 시기에는 중국 중심의 세계질서 아래서도 한국의 과학문명이 독자성을 유지하면서 발전을 지속한 동력을 탐구한다. 근현대 시기에는 강대국 중심 세계체제의 강력한 흡인력 아래서도 한국의 과학기술이 놀라운 발전과 성장을 이룩한 요인을 탐구한다.

우리는 이 총서에서 국수적인 민족주의나 근대 지상주의를 동시에 경계하며, 과거와 현재가 대화하고 내부와 외부가 부단히 교류하는 가운데 형성되고 발전되어온 열린 과학문명사를 기술하고자 한다. 이 총서를 계기로 한국 과학문명에 대한 관심과 이해가 더욱 깊어지기를 기대한다.

마지막으로 〈한국의 과학과 문명〉 총서의 발간은 교육부와 한국학중앙연구원 한국학진흥사업단의 지원에 크게 힘입었음을 밝히며 이에 감사를 표한다.

〈한국의 과학과 문명〉 총서 기획편집위원회

그간 한글은 다양한 시각에서 다채롭게 다루어졌다. 소리를 담은 문자로서 한글의 기능성을 살펴보는 한편, 우리말을 표기해온 문자로서 한글의 역사성을 살펴보기도 했다. 인공문자로서 한글의 특성에 주목하면서, 한글 창제의 철학과 제자의 원리를 탐구하기도 했다. 또한 문자사 혹은 생활문화사적인 측면에서 한글의 위상과 역할을 조명해보기도 했다.

이 책에서는 그간 한글을 탐구하며 축적된 성과를 바탕으로 하되, 기존의 성과를 한국 과학문명사적 맥락에서 재구성함으로써, 한글에 대한 이해의 지평을 넓히고자 하였다. 한국 과학문명사라는 거시적인 관점에서 한글을 조망함으로써, 한글의 위상과 역할 그리고 그 가치를 새롭게 설명할 계기를 마련하고자 했던 것이다.

저자들도 이전에 한글에 대한 책을 몇 권 쓴 적이 있다. 이 책들은 주로 한글 창제의 배경이나 문자사적 의의, 그리고 생활문화사적 역할을 중점적으로 살펴본 것이었다. 좀 더 큰 틀에서 한글을 다룰 필요성을 느끼던 차에, 우리는 '한국의 과학과 문명' 총서 프로젝트에 참여하게 되었다. 저자에게는 큰 행운이자 좋은 기회였다. 과학문명사의 관점에서 한글을 새롭게 조망하는 작업은 이렇게 시작되었다.

그러나 이 작업이 그리 간단치만은 않았다. 과학문명이라는 개념과 범위를 어떻게 이해할 것인지, 한글이 과학문명과 어떤 관련이 있는지, 과학문명사에서 한글의 위상과 역할을 어떻게 규정하고 기술할 것인지 등 해결해야 할 문제는 산더미처럼 많았다. 저자들만의 힘으로 이 문제를 해결해야 했다면 아마도 이 책은 세상에 나오지 못했을 것이다.

다행히도 '한국의 과학과 문명' 총서 프로젝트에는 한국 과학문명사를 연구하는 수십 개의 연구팀이 있었고, 이들이 저자들에게는 천군만마가 되었다. 먼저 간행된 『조선후기 과학사상사』, 『한국 근대과학 형성사』, 『세종시대의 과학기술』 등은 물론이고, 의학, 교통, 종교, 토목, 금속, 여성 등 여러 연구팀들의 참신한 연구 성과는 저자들의 시각을 넓히는 데 큰 도움이 되었다. 특히 날카로운 문제제기와 치열한 토론이 있었던 정기 세미나는 우리 자신의 문제를 되돌아보고 저술 방향을 검토해볼 수 있었던 소중한 시간이었다.

때로는 토론이 너무 치열하여 그 지나침에 서운함을 토로하기도 하고 때로는 다른 분야에 대한 이해가 부족한 것이 아니냐는 항변과 푸념을 쏟아내기도 했다. 그러나 이러한 과정을 거치면서 저자들은 한글을 좀 더 거시적이고 객관적으로 바라볼 수 있었고 부족하나마 과학문명사라는 관점에서 한글을 새롭게 조망할 수 있는 힘이 생겼다. 이 자리를 빌려 한국 과학문명사 연구팀들에게 감사의 마음을 전한다.

이 책은 총 6장으로 구성되어 있는데, 서론과 결론을 제외하면 네 부분으로 나뉜다. 2장에서는 한글 탄생의 시대적 배경을 다루었다. 동아시아 문자문명의 전개 과정과 새로운 동아시아 질서의 형성 맥락 안에서 한글 창제의 의의를 살펴보았다. 3장에서는 15세기 조선의 과학문명과 한글의 상관성에 대해서 논의했다. 한글이 15세기 사상의 틀이었던 성리학의 관점으로 말소리를 이해했던 사유의 결정체였음을 논증하면서, 한글의 과학성을 설명했다. 4장에서는 한글이 조선 사회에 어떻게 확산되고 문명 발전에 기여했는지를 교육문화적 측면, 지식사회적 측면에서 살펴보았다. 5장은 한글과 근대 과학문명의 탄생에 대해서 다루었다. 19세기 말 국문이 된 한글이 이후 근대 과학문명의 전개 양상에서 어떤 역할을 했는지 고찰했다. 특히 신문을 중심으로 한 인쇄활자문화, 과학기술지식 확산을 가능케 한 한글 교육, 한글 기계화의 시초가 된 한글타자기 등을 살펴보았다.

책을 집필하면서 저자가 가장 고민했던 부분은 내용이 충실하면서도 대중들이 쉽게 이해할 수 있도록 기술하는 것이었다. 사실에 부합하여 내용을 기술하고 충분한 근거를 토대로 분석한다는 기본 원칙은 충실히 따르되, 일반 독자도 흥미롭게 읽고 쉽게 이해할 수 있도록 집필하고 싶었다. 그러나 이 두 가지 관점이 잘 녹아들지 못하고 서로 충돌하는 지점도 군데군데 있을 것이다. 독자들의 너그러운 이해를 구한다.

책이 나오기까지 많은 분들의 도움이 있었다. 먼저 '한국의 과학과 문명' 총서를 주관하는 전북대학교 한국과학문명학연구소에 감사드린다. 연구소의 야심찬 기획과 부단한 추진력이 없었다면 이 책은 세상에 나오지 못했을 것이다. 책의 초고를 읽고 소중한 의견을 주신 한국학중앙연구원 전용훈 교수, 바쁜 가운데서도 초고의 잘못된 부분을 꼼꼼하게 지적해주신 한국교원대 이동석 교수에게 깊은 감사를 드린다. 이들의 지적으로 원고를 좀 더 객관적으로 다듬을 수 있었다. 또한 책의 기획에서부터 출판에 이르기까지 세심한 배려와 도움을 주신 한국과학문명학연구소 소장 신동원 교수와 신향숙 교수에게도 감사를 전한다. 마지막으로 촉박한 일정에도 책다운 책을 만들기 위해 애써준 들녘 출판사에도 감사드린다.

이 책으로 한국 과학문명의 발전 과정에서 한글의 위상과 역할이 오롯이 드러났다고는 볼 수 없다. 이를 위해서는 좀 더 체계적이고 깊이 있는 연구가 계속 이어져야 할 것이다. 향후 연구를 다짐해보면서 이번 연구가 이를 위한 작은 디딤돌이라도 되었기를 기대해본다.

2018년 한글날 즈음에
지은이

訓·훈民민正·졍音ᅙᅳᆷ

訓·훈·은ᄀᆞᄅᆞ·칠·씨·오民민·은百·빅姓·셩·이·오音ᅙᅳᆷ·은소·리·니訓·훈民민正·졍音ᅙᅳᆷ·은百·빅姓·셩ᄀᆞᄅᆞ·치시·논正·졍ᄒᆞᆫ소·리·라

國·귁之징語:ᅌᅥ音ᅙᅳᆷ·이

國·귁·은나·라히·라之징·ᄂᆞᆫ입·겨지·라語:ᅌᅥ·ᄂᆞᆫ:말ᄊᆞ미·라

나·랏:말ᄊᆞ·미

異·잉乎ᅘᅩᆼ中듕國·귁ᄒᆞ·야

異·잉·ᄂᆞᆫ다·ᄅᆞᆯ·씨·라乎ᅘᅩᆼ·ᄂᆞᆫ아·모그에·ᄒᆞ논겨체·쓰·는字·ᄍᆞᆼ·ㅣ·라中듕國·귁·ᄋᆞᆫ皇ᅘᅪᆼ帝·뎽:겨·신나·라·히·니우·리나·랏常

제1장

서론

연구 배경과 방향

'문명(文明)'은 사전적으로 '인류가 이룩한 물질적, 기술적, 사회구조적인 발전의 총체'를 이른다. 곧 인류가 발전하면서 만들어낸 결과물이 바로 문명인 것이다. 그런데 이 문명의 시작은 다름 아닌 문자의 탄생을 뜻하는 것이기도 하다. 역사가 인류 사회의 변천과 흥망의 과정에 대한 기록이라면 문자의 탄생으로부터 인류 역사가 시작되었고, 문자와 더불어 문명의 발전이 이루어졌다고 할 수 있다. 이 책에서는 바로 이러한 관점에서 한글의 위상과 그 영향에 대해 살펴보고자 한다.

우리 고유문자인 한글은 1443년 조선의 임금인 세종대왕이 창제했다. 그간 한글의 과학적 원리와 창제 배경 그리고 한글의 활용 양상에 대해서는 많은 논의가 있었으나, 한국 과학문명의 흐름이라는 거시적 관점에서 한글 창제라는 사건을 고찰하고 한글의 역할과 위상 변화의 맥락을 천착한 논의는 상대적으로 부족했다. 이에 따라 이 책에서는 한글과 관련한 기존의 논의를 수렴하여 한글의 원리와 창제 배경, 한글의 역할과 위상 변화 양상을 보여주되, 이를 과학문명사의 맥락 안에서 살펴보는 서술 방법을 취할 것이다.

　이 책에서 한글에 대한 거시적인 고찰은 크게 두 가지 방향으로 진행할 것이다. 첫 번째 고찰은 한글이 15세기 조선에서 창제될 수 있던 이유는 무엇일까, 그리고 19세기 후반에 와서 비로소 국문의 지위에 올라선 이유는 또한 무엇일까에 대한 것이다. 두 번째 고찰은 한글이 조선 사회와 조선의 과학문명에 미친 영향은 무엇이며, 개화기 이후 한글이 우리 근대 과학문명의 초석이 될 수 있었던 배경은 무엇인지에 대한 것이다. 전자가 15세기와 19세기 후반의 시대적 배경에 초점을 맞춘 것이라면, 후자는 한글의 보급과 확산에 따른 과학문명의 발전 양상을 구체적으로 살펴보는 작업이다. 따라서 두 가지 방향에서의 고찰은 네 가지 질문에 대한 답을 찾는 과정이라 할 수 있다. 네 가지 질문의 개요와 전제 사항은 다음과 같다.

　첫째로, 15세기 한글의 창제와 19세기 말 국문으로의 격상 문제는 당시 세계질서의 흐름과 관련지어 논의한다. 15세기 한글의 창제와 관련한 논의에서는 한글이 아시아 문자문명 전개 과정에서 탄생했으며, 당시 중화문명의 핵심 이념인 성리학에 바탕을 둔 창조물이라는 시각을 전제한다.

　한글의 창제 원리를 보면 발음기관의 모양과 오행원리(五行原理)를 응용하여 다섯 개의 기본 자음자를 만들고 여기에 가획의 원리를 이용하여 비슷한 계열의 문자를 파생시켰다. 천지인(天地人)의 모양을 본떠 기본 모음자를 만들고 음양(陰陽)의 원리와 개폐(開閉)의 원리를 이용하여 다양한 모음자를 파생시켰다. 그리고 이렇게 만든 음소문자(音素文字)를 음절 단위로 모아쓰는 서사규범을 채택하여 한자와의 조화를 도모하였다. 한글은 독창적인 문자였지만, 이처럼 그 창제 원리는 성리학의 사유체계에 근거하였고, 문자의 운용법은 한자와의 조화를 염두에 두었던 것이다. 따라서 한글의 과학성과 사용 맥락을 이해하는 데 있어서 중화질서와 그것의 이념적 틀인 성리학적 사유체계에 대한 이해는 필수적이다.

〈그림 1〉 세종대왕 어진 (출처: 운보문화재단)

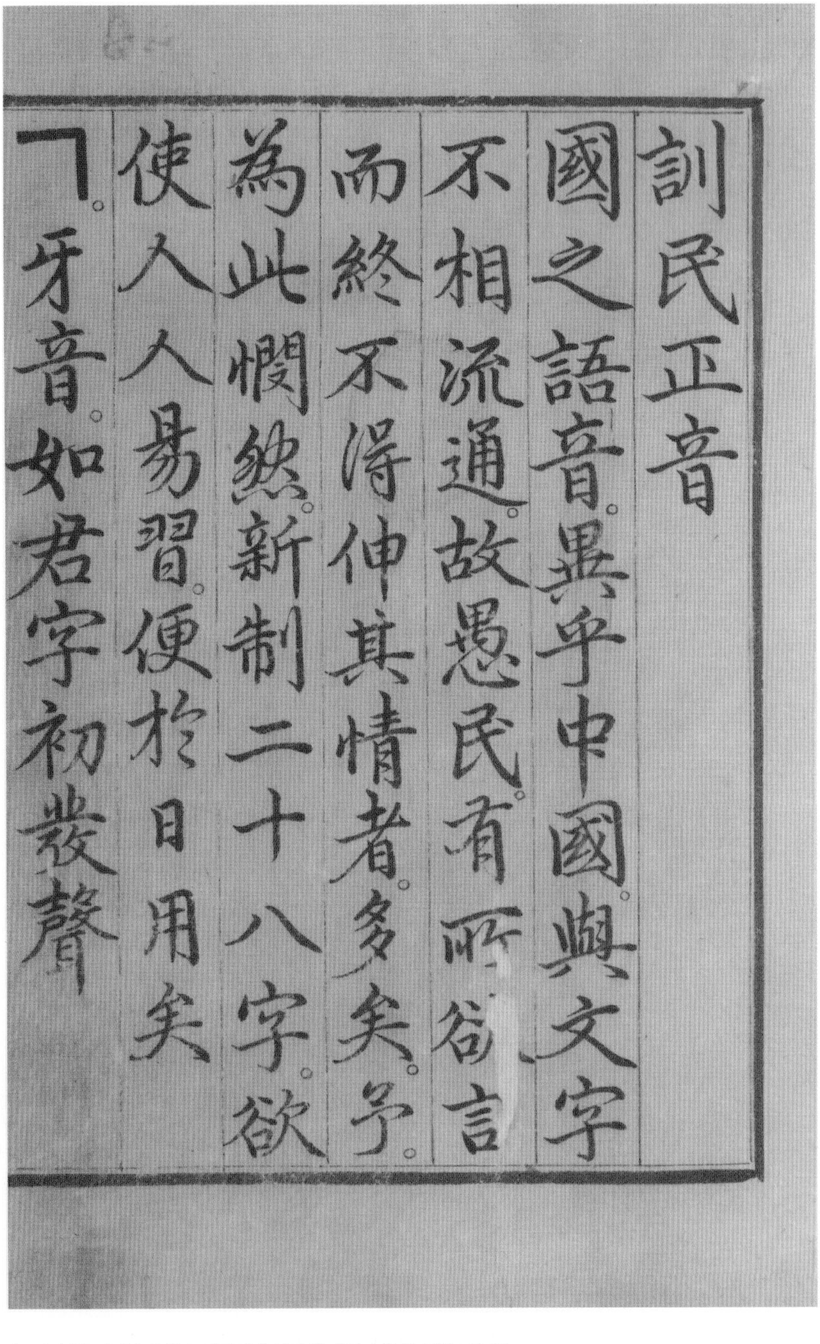

訓民正音

國之語音異乎中國與文字
不相流通故愚民有所欲言
而終不得伸其情者多矣予
爲此憫然新制二十八字欲
使人人易習便於日用矣

ㄱ牙音如君字初發聲

〈그림 2〉『훈민정음 해례본』 세종어제 서문 첫 페이지 (출처: 간송미술관)

또한 한글 창제의 배경은 15세기 과학문명의 전개 맥락에서 살펴볼 필요가 있다. 세종시대 과학기술의 전개 방향은 중화질서의 틀 내에서 우리 실정과 풍토에 맞는 새로운 체제와 기술을 도입하고 우리 식 표준을 개발하는 것이었다. 이는 조선의 실정에 맞는 새로운 농사법과 품종 개량이 등장하고, 천문, 기상, 역법 등에서 우리 실정에 맞는 정확한 측정을 위한 기술이 발달한 사실, 의학 분야에서도 우리 풍토에 맞는 약재와 치료 방법을 개발하고 정리한 사실, 소리에서 우리 식 표준을 찾기 위한 노력이 이어지며 조선 음학과 음운학이 발달한 사실 등을 통해 확인할 수 있다. 이렇게 볼 때, 한글은 중화 질서라는 보편적 틀에서 우리 식 표준을 만들고자 했던 시대적 모색의 한 결과물이라 할 수 있을 것이다.

둘째로, 19세기 말 국문으로의 격상 문제와 관련한 논의에서는 서구문명의 도입과 중화문명의 해체라는 변화 과정에서 한글의 역할이 변화하는 맥락에 주목한다. 1894년 갑오개혁으로 한글은 국문이 되었다. 국문이 된 한글은 일반 대중들에게 커다란 영향을 끼쳐 근대 문명의 초석이 되었다. 문명사의 관점에서 보면 갑오개혁은 세계질서의 중심이 중국에서 서구로 바뀌었음을 상징적으로 보여주는 사건이다. 중국식 연호를 버리고 자체 연호를 사용하며, 전통적 신분제를 폐지하고, 중국식 달력이 아닌 태양력을 사용하고, 중국식 관료 선발제도인 과거제도를 폐지했으며, 서구식 의료체계인 종두법을 시행하고, 소학교를 설치하여 모든 대중이 체계적인 교육을 받을 기회를 부여하는 등 사회 전반이 서구식으로 바뀌게 되었다. 그리고 이러한 시대적 흐름 속에서 한글이 국문이 되어 중화문명의 상징인 한자와 한문을 대체하였다. 서구문명의 질서에 편입되면서, 서양의 문자처럼 배우기 쉽고 일반 대중이 쉽게 이해할 수 있는 문자인 한글이 전면에 나서 중화질서의 해체와 근대 과학문명의 확산에 중추적 역할을 하게 된 것이다. 과학문명사의 관점에서 보면 한글의 국문화(國文化)는 한국 과학문명의 혁신적 변화와 맥을 같이하는 것이다.

셋째로, 한글이 중세 문명에 끼친 영향이 무엇인지를 살피는 논의에서는 한글이 성리학적 사고의 틀을 근간으로 창제된 문자로 중세 질서를 공고히 하는 한편 중세 문명의 성과물을 공유하고 확산하는 역할을 했음에 주목한다. 한글 창제 후 한글은 위에서 아래로 지배 이념을 확산하는 데 중요한 역할을 했다. 그런데 한글이 보급되고 확산되면서 조선 사회는 소통 방식에서 일대 변혁을 맞이했다. 한글 투서와 한글 연서를 비롯하여 억압된 일반 민중의 목소리가 쉬운 문자인 한글을 통해 발산되었다. 이후 한글이 민중생활에 확산되면서 소통의 도구에서 문화생활의 도구로서 확대 발전한다. 한글 소설의 등장과 이를 통한 세책(貰冊)문화의 발전, 그리고 출판과 번역문화로 발전하는 양상이 이를 말해준다. 이러한 변화는 중세 과학의 성과를 대중적으로 공유할 수 있는 기반이 되었다.

넷째로, 한글이 근대 문명에 끼친 영향과 관련한 논의에서는 19세기 말 이후 근대화 과정에서 한글이 근대적 과학기술지식의 착근과 확산에 끼친 영향에 주목한다. 19세기 말 한글이 국문으로 격상된 이후, 〈독립신문〉과 같은 순한글 신문이 등장하고, 한글 활자가 널리 퍼지면서 인쇄문화가 발달하게 된다. 한글 인쇄문화의 발달은 빠른 기간 안에 서구적 과학지식을 보급하고 수용하는 데 결정적인 역할을 하게 된다. 이와 더불어 주목할 점은 한글을 개량하고 한글을 구현하는 매체를 발전시키려는 시도가 있었다는 사실이다. '한글 풀어쓰기'를 통한 문자 개혁과 한글타자기 개발을 통한 '한글 기계화 운동'은 근대적 관점에서 한글 제자원리의 과학성을 조명되는 계기가 되었다.

연구사 정리

훈민정음 연구는 선행 연구가 방대할 뿐만 아니라 각 연구들이 상호 긴밀하게 연결되어 논의의 선후 관계를 따지기가 어려운 경우도 많다. 이런 이유로 이 책의 서술에 직접적으로 반영된 연구를 중심으로 연구사를 정리하면서 훈민정음 연구사의 경향만을 약술해 보이고자 한다.[1]

이 책에서는 훈민정음의 과학성과 보급 및 확산에 주목하여 지금까지의 연구를 크게 네 가지 측면에서 정리해보았다.[2] 첫째는 성리학의 이념과 역학의 원리가 한글의 창제에 미친 영향을 파악하여 한글 창제의 사상적 배경을 탐구한 연구이다. 둘째는 한글 창제를 운서(韻書) 편찬의 측면에서 조망한 것으로, 중국의 한자음을 파악하고 조선의 한자음을 규범화하는 과정을 훈민정음의 탄생과 연관지어본 연구이다. 셋째는 위의 첫째 및 둘째 연구와 직간접적으로 관련되는 것인데, 음운론 및 문자론적 관점에서 훈민정음의 제자원리를 파악한 연구이다. 넷째는 훈민정음이 보급되고 확산되면서 우리 생활에 어떤 영향을 주었는지에 대한 연구이다.

1. 훈민정음의 철학적 연구

훈민정음 창제의 사상적 배경이 성리학(性理學)과 역학(易學)이었음은 훈민정음 연구의 전제로 받아들여진다. 훈민정음 창제의 정당성을 과시하기 위해 성리학과 역학을 수사적으로 원용(援用)한 것이 아니란 것이다. 성리학의 이념과 역학의 원리에 근거해 훈민정음의 제자원리를 밝힌『훈민정음(해례본解例本)』(이하『훈민정음』) 때문에 이러한 전제는 움직일 수 없는 사실로 받아들여졌다. 이에 따라 훈민정음에 대한 철학적 연구는 주로 당대에 유통되었던 성리학과 역학 서적들에서 제시된 내용과『훈민정음』및『동국정운(東國正韻)』등의 내용을 비교하는 방식으로 이루어졌다.

강신항(1963)에서는『훈민정음』과『성리대전(性理大全)』과의 연관성을 논하였는데,『성리대전』에 포함된 소옹(邵雍)의『황극경세서(皇極經世書)』와『훈민정음』의 공통점에 주목하였다. 이러한 접근은『성리대전』이 전래된 조선 초기 사상계의 동향을 주목한 결과라 할 수 있는데,『성리대전』이 훈민정음 창제의 사상적 토대를 제공했다고 보는 관점은 이후 대부분의 연구에서 수용되었다. 특히 김만태(2012)에서는 인간의 본성과 우주의 근본원리에 관심을 가졌던 송대 신유학, 즉 성리학의 영향에 주목하면서, 훈민정음이 역학적 관점에서 인간의 성음을 이해했던 사유의 결정체였음을 치밀하게 논증하였다.

『성리대전』과『훈민정음』의 연관성에 대한 논의는 결국 성리학적 세계관이 훈민정음 창제 당시의 문자관 및 언어관과 밀접히 관련된다는 논의로 귀결된다. 훈민정음 논의를 종합적으로 정리한 강신항(1990)에서는 세종시대 언어관의 형성을 고찰하면서 유교와 언어관의 상관성에 대해 고찰하고 있다. 특히 역(易)과 성음(聲音), 예악사상(禮樂思想)과 성음, 정음(正音)과 정성(正聲) 사상, 성운학(聲韻學)과 성인지도(聖人之道), 문자학과 성인지도 등에 대해 언급했다.

이런 맥락에서 훈민정음의 제자원리와 운용법을 역학의 원리에 따라 설명하는 연구가 나타났다. 이성구(1984)에서는 제자원리와 가획의 원리는 역괘(易卦)의 가획, 초성자(初聲字)는 태극사상, 음양사상, 오행사상 등과, 중성자(中聲字)는 삼재(三才)와 팔괘(八卦)의 원리와 관련지어 설명하였다. 이는 음양오행과 하도낙서의 원리를 초성과 중성의 배열, 청탁(淸濁), 합자(合字), 사성(四聲), 자형(字形) 등의 현상과 원리를 설명하는 데 활용한 섭보매(2016)로 이어진다. 이처럼 훈민정음의 제자원리에 대한 철학적 논의는 훈민정음의 문자 및 음운체계가 성운학과 동양철학의 이원론적 언어관에 바탕을 두고 있다는 것을 전제로 한다.

김송원(1985)에서는 훈민정음 중성 'ㆍ, ㅡ, ㅣ'는 천지인 삼재를 뜻하는데 이것의 이론적 기반은 오행의 운행원리를 그림으로 보여준 하도(河圖)에서 기원했다고 언급했으며, 반재원·허정윤(2007)에서도 훈민정음 창제의 바탕 이론을 천문학으로 규정하고 이들의 상관성을 고찰했다. 특히 훈민정음의 자음 28자가 천문의 28개 별자리에서 기원했다고 주장하고, 모음 제자원리로 하도(河圖) 기원설을 제기했다. 김성범(2003)에서는 창제원리와 역학의 상관성에 대해 고찰했는데, 자음 창제는 종시(終始)원리와 모음 창제는 삼재지도(三才之道)와, 초중종성의 운용은 합덕(合德)원리와 연결지어 설명했다.

그러나 모음자를 하도(河圖)와 연결하고 자음자를 낙서(洛書)와 연결 짓는 것과 같이 훈민정음의 제자원리와 역학의 원리를 대응시키는 것만으로 훈민정음의 원리를 설명했다고 말할 수는 없을 것이다. 이런 점에서 안명철(2005)과 노마 히데키(野間秀樹)(2010)는 훈민정음의 제자원리에 적용된 철학을 새로운 차원에서 고찰한 연구로 평가할 수 있다.

안명철(2005)에서는 훈민정음의 상형원리가 성리학적 세계관의 상형, 즉 세계에 대한 인지모형(認知模型)의 도상적(圖像的) 기호화에 있음을 밝히고 훈민정음의 상형이 음운의 영역만을 표시하는 것이 아니라 의미 상징의 시각적 기호화라는 의의도 가지고 있음을 논증하고 있다. 노마 히데키(野間秀樹)(2010)에서는 소리의 형태(Gestalt)화를 훈민정음 창제의 기본 철학으로 설정하고 있다. 한자가 눈에 보이는 지시 대상을 문자로 형상화한 것인 반면, 훈민정음은 '눈에 보이지 않는 소리'를 그 발생론적인 근원으로 거슬러 올라가 눈에 보이는 형태로 형상화한 것임에 주목한 것이다. 결국 이러한 연구들은 "훈민정음이 동양철학의 근본을 꿰뚫고 이를 바탕으로 한 자연과학적 분석을 인간학적 관점에서 우리의 소리체계에 적용한 문자체계"(김양진, 2015)임을 강조한 것으로 볼 수 있다.

2. 훈민정음의 음운학적 연구

중국의 표준 한자음을 수용하고 조선의 한자음을 정리하는 과정에서 훈민정음은 정밀한 발음기호로서의 역할을 했다. 이 때문에 소리와 문자를 관련짓는 연구가 활발하게 이루어졌다. 특히 훈민정음에 대한 평가 중 대부분이 훈민정음의 음운론적 완전성에 대한 찬사라는 것은 이와 관련한 연구가 집중적으로 이루어졌음을 말해준다. 그런데 훈민정음의 표음문자적 특성을 고찰하는 데 있어서 기본이 되어야 할 것은 중국 음운학의 내용과 훈민정음의 제자원리를 연결지어보는 것이다. 이 때문에 중국 운서들과 『훈민정음』 및 『동국정운』의 내용적 연결성을 탐구하는 것이 이 분야 연구의 핵심 주제가 되었다.

중국의 운서를 이용하지 않고 조선의 운서인 『동국정운』을 편찬하게 된 동기에 주목하며 본격적인 운서 연구가 시작되었다. 김철헌(1958, 1959)에서

『동국정운』의 초성과 운모에 대한 논의를 시작했으며, 이를 심화하고 중국 운서와의 영향 관계를 천착한 유창균(1966)과 이동림(1968)의 종합적인 연구가 있었다. 이후『홍무정운』과『동국정운』의 편찬 의도가 유사하다는 점에 주목하면서,『홍무정운』을 훈민정음으로 번역한『홍무정운역훈』에 대한 음운론적 연구가 깊이 있게 진행되었다. 박병채(1983)에서는『홍무정운역훈』의 편찬 경위와 특징,『홍무정운역훈』에 나타난 정음과 속음의 개념과 본질 등에 대해 고찰하였고, 김무림(1999)에서는 훈민정음의 문자음운론적 체계 그리고 음절 구성의 원리와 관련지어『홍무정운역훈』을 분석하였다.

강신항(2000)에서는 조선시대의 운서(韻書)의 성격과 편찬 경위에 대해 전반적으로 검토하였고, 이와 더불어『용비어천가』내 반절의 성격과『동국정운』음계(音階)의 성격, 그리고 15세기 현실 한자음으로서『훈몽자회(訓蒙字會)』한자음의 성격 등을 논의하였다. 정경일(2002)에서도 조선시대 운서를 포괄적으로 검토하고 있는데, 조선시대 운서를 조선 한자음만을 표기한 것(『동국정운』)과 중국 한자음만을 표기한 것(『홍무정운역훈(洪武正韻譯訓)』과『사성통해(四聲通解)』), 그리고 둘 다를 표기한 것(『화동정음통석운고(華東正音通釋韻考)』와『삼운성휘(三韻聲彙)』,『규장전운(奎章全韻)』), 한자음을 표기하고 있지 않은 것(『삼운통고보유(三韻通考補遺)』와『증보삼운통고(增補三韻通考)』) 등으로 나누어 살펴보고, 더불어 조선에서 만들어진 운도(韻圖)에 대해 고찰하였다.

훈민정음 창제의 철학적 배경에 관심이 모아지면서 운도(韻圖)와 훈민정음의 제자원리를 연관지어 설명하려는 시도도 등장했다. 강규선(1985)은「절음지장도(切音指掌圖)」와 같은 운도(韻圖)를『훈민정음』의 제자해(制字解)와 관련지어 그 영향 관계를 규명하려는 연구였다. 또한 운서의 철학적 배경과 관련지어 음운관의 계승 문제를 다룬 연구도 진행되었다. 심소희(2013)에서는 한자음의 정음관(正音觀)에 대해 고찰한 것으로, 중국 북송 시대의 성음학자 소옹이 저술한 『황극경세서』를 바탕으로 동아시아 한자문화권에 상존했던 한자음과 정음관에 대한 논의를 통시적으로 분석했다. 정음관 형성의 배경과 『황극경세서』의 「성음창화도(聲音唱和圖)」를 살펴보고, 중국에서 정음관이 어떻게 계승과 발전되었는지, 그리고 그것이 조선시대 정음관에 어떻게 수용되고 창조적으로 변용되었는지를 『훈민정음』, 『동국정운』, 『홍무정운역훈』 등을 중심으로 기술하고 있다.

한자로 표기된 운서 이외에 표음문자로 표기한 운서도 관심의 대상이 되었는데, 이는 훈민정음 창제 후 한자를 훈민정음이란 표음문자로 표기한 것과 대비될 수 있기 때문이다. 이와 관련하여 원나라의 운서인 『몽고자운(蒙古字韻)』과 훈민정음의 상관성에 대한 연구가 있었다. 정광(2009)에서는 원나라의 『몽고자운』에 대해 살펴보았는데, 파스파문자(八思巴文字)라는 표음문자를 만들어 한자음을 정리하려 했던 『몽고자운』의 편찬 경위와 내용, 그리고 파스파문자의 제정과 『몽고자운』의 상관성에 대해서도 언급했다.

훈민정음에 대한 음운학적 연구는 자연스럽게 조선후기 실학자들의 문자음운학 연구로 이어졌다. 실학자들은 한자음을 고증하면서 훈민정음으로 역훈된 운서를 검토하였고 훈민정음의 제자원리에 대한 연구를 진행했기 때문이다. 배윤덕(2005)은 실학자들의 우리말 운서에 대해 고찰한 것으로, 신경준(申景濬)의 『운해(韻解)』, 최석정(崔錫鼎)의 『경세정운(經世正韻)』, 황윤석(黃胤錫)의 『이수신편(理藪新編)』, 박성원(朴性源)의 『화동정음통석운고』, 홍계희(洪啓禧)의 『삼운성휘』, 이덕무(李德懋)의 『규장전운』, 홍순보(洪純甫)의 『전운옥편(全韻玉篇)』, 유희(柳僖)의 『언문지(諺文志)』 등에 대해 살펴보았다.

이승자(2003)에서는 조선조 운서 한자음의 전승 양상과 정리 규범을 살폈는데, 『동국정운』 한자음으로부터 시작하여 『화동정음(華東正音)』, 『삼운성휘』, 『규장전운』, 『전운옥편』, 『자전석요(字典釋要)』, 『신자전(新字典)』 등에서 한자음을 정리하고 규범을 세우려는 노력을 고찰했다. 이돈주(2003)에서도 『동국정운』에서부터 『전운옥편』에 이르기까지 조선과 중국의 한자음을 정리하려는 일단의 노력을 정음과 속음의 비교를 통해 고찰했다.

3. 훈민정음 제자원리에 대한 연구

훈민정음과 관련한 연구에서 가장 두드러진 것은 훈민정음의 제자원리에 대한 연구라고 할 수 있다. 제자원리는 훈민정음의 독창성과 우수성을 입증할 수 있는 명확한 근거이기 때문이다.

제자원리에 대한 연구는 『훈민정음』에 대한 연구가 중심이 된다. 홍기문(洪起文)(1946)에서는 『훈민정음』을 최초로 완역하고 이에 대한 종합적 연구를 시도하였다. 이후의 연구는 홍기문(1946)의 연구를 토대로 이를 심화하는 것이라 할 수 있는데, 홍기문(1946) 이후의 연구를 집대성한 연구로서 두드러진 것은 강신항(1990)이다. 강신항(1990)에서는 훈민정음 창제의 배경과 조선조 어문정책의 내용 및 『훈민정음』의 내용을 자세히 설명하였다. 안병희(2007)에서는 『훈민정음』에 대해 고찰하고 훈민정음의 제자원리, 해례본의 8종성, 훈민정음의 창제와 보급에 대해 다루고 있다. 박종국(2007)에서는 훈민정음의 기원설, 제자의 원리와 조직, 자모의 이름 등과 훈민정음 보급책과 우수성에 대해 언급했다.

백두현(2013)은 문자 창제라는 작업 단계의 관점에서 훈민정음의 제자과정을 체계화한 연구인데, 최근까지 이루어진 훈민정음 제자원리에 대한 연구의 문제의식과 성과를 종합한 연구로서도 중요한 의미가 있다. 여기에서는 주역(周易)에 근거한 역학 이론, 중국에서 유입된 성운학, 한자 분석으로부터 나온 문자학 이론을 배경으로 제자 작업이 시작되었다고 정리한 후, 이 이론들이 각 작업 단계, 즉 제자 단위 설정 단계, 제자 단계, 글자 운용법 마련 단계 등에서 어떻게 적용되었는지를 설명하고 있다. 이를 통해 음절 삼분법, 음성 목록의 체계적 분류, 기본자 결정, 글자꼴 형상화, 합용법, 합자법, 팔종성법, 한자 혼용법, 방점법 등에 대한 설명이 체계적이면서 구체적으로 이루어질 수 있었다.

김봉태(2001)에서는 훈민정음의 음운체계와 제자원리에 대해 산스크리트문자, 티베트문자, 파스파문자 등과 비교 연구를 시도하고, 훈민정음이 산스크리트 문자나 티베트 문자보다는 파스파문자를 참조했다고 했다. 이와 관련하여 정광(2012)에서는 제자원리의 측면에서 훈민정음과 파스파문자와의 관련성에 대한 논의를 심화했는데, 이 연구에서는 원대(元代)에 만들어진 파스파문자가 훈민정음 제자에 미친 영향을 초성, 중성, 종성으로 나누어 비교·검토하였다.

노마 히데키(野間秀樹)(2010)에서는 한글의 제자원리를 설명하며, 훈민정음을 사분법적 음절구조를 제시한 것으로 평가했다. 『훈민정음』에서 소리를 초성, 중성, 종성, 그리고 악센트까지 포함한 사분법으로 보고 이를 형태(초성자, 중성자, 종성자, 방점)로 구현했음에 주목한 것이다. 이러한 견해는 중국 음운학과 다른 훈민정음의 특징을 이분법적 음절구조(성모와 운모)가 아닌 삼분법적 음절구조(초성, 중성, 종성)에서 찾았던 기존 논의와 다른 점이다.

훈민정음의 과학성과 우수성에 대한 논의에서 주목할 것은 훈민정음을 자질문자(featural system)의 시각에서 다룬 논의이다. 자질문자는 문자가 음소 단위로 끝나지 않고 그 속에 음성적 자질을 담고 있는 문자를 말한다. 예를 들어 음성 [d]와 [t]는 조음위치(치음)와 조음방법(파열음)은 같지만,

전자가 유성음이고 후자가 무성음인 점에서 차이가 난다. 그러나 영문자 'd', 't'에는 이러한 음성적 자질의 공통점이 전혀 드러나 있지 않다. 반면에 한글의 경우 비슷한 음성적 자질을 갖고 있는 [t]와 [th]는 'ㄷ'과 'ㅌ'으로 표기가 되는데, 이때 'ㄷ'과 'ㅌ'의 문자 모양에는 음성적 자질의 공통점이 그대로 드러나 있다.[3]

이런 사실에 주목하여 한글을 음소문자보다 한 단계 더 발전한 자질문자로 분류하려는 시도가 있는데 대표적으로 김진우(Kim, C. W.)(1980), 샘슨(Sampson)(1985), 김진우(1997)를 들 수 있다. 이들 논의에서는 자음자와 모음자의 제자원리를 파악하면서 훈민정음이 단순히 음소문자에 그치지 않고, 음성자질에 근거하여 만들어진 자질문자체계임을 주장했다.

자음자의 경우에는, 조음위치에 따라 기본자를 설정하고 기본자에 가획하며 조음방법의 특성을 반영한다는 점에 주목하여 자음자의 체계를 파악하였다. 모음자의 경우에는, 『훈민정음』에서 거론된 '縮/不縮', '深/淺', '蹙/張' 등의 개념을 혀의 상태, 음감, 입술의 모양 등의 자질과 관련지어 모음자의 체계를 파악하였다.[4]

이환묵(1987)에서도 위와 같은 맥락에서 기본모음이 갖는 음성적 자질(혀의 상태나 청각 인상)에 입술 모양 자질을 가하여 만들어진 것이 초출자(初出字)이며, 이러한 초출자에 반모음 자질을 가하여 만든 것이 재출자(再出字)임을 밝히고 있다. 영국의 언어학자 제프리 샘슨(Geoffrey Sampson)도 『문자체계(Writing Systems)』(1985)를 통해, 한글을 '자질체계(featural system)'라는 세계 문자사에서 유례가 없는 독립된 문자로 구분하였다.

이러한 자질문자설은 결국 한글의 자형이 소리의 속성을 반영하고 있다는 점에 주목한 것이라 할 수 있다. 그리고 자질문자설은 훈민정음의 과학성을 증명하는 데 크게 기여했다고 할 수 있다. 그러나 이는 훈민정음의 특성을 음운론적 관점에서만 파악한다는 점에서 비판을 받기도 했다. 안명철(2004)에서는 훈민정음의 가획자나 초출 및 재출자와 같은 파생자의 제자 과정에 비음운론적 성격이 곳곳에 들어 있고, 합용자(合用字)나 연서자(連書字)와 같은 복합자(複合字)는 문자의 결합이라는 점을 들며, 자질문자설의 한계를 지적한 바 있다.

이처럼 훈민정음의 제자원리에 대한 연구는 성운학(聲韻學)과 훈민정음을 관련지으며『훈민정음』에서 제시한 발음기관 상형의 원리와 그 의의를 설명하는 데로 모아졌다. 이러한 흐름과 별도로『세종실록』(1443.12.30)의 기사에 나온 '자방고전(字倣古篆)', 즉 훈민정음이 고전을 모방했다는 것에 주목한 논의가 이루어지기도 했다. 이 논의는 한자와 훈민정음의 형태적 유사성을 찾는 한편, 한자의 제자원리, 즉 육서법(六書法)과 훈민정음의 제자원리를 연결짓는 방향으로 전개되었다.

문효근(2015)에서는 훈민정음 창제자가『설문해자(說文解字)』의 문자형체학적(文字形體學的)인 이해의 바탕에서 한 걸음 더 나아가 문자형체학을 음소문자인 훈민정음을 만드는 데 원용했다는 점에 주목하였다. 안명철(2006)에서는 유창균(1996), 안병희(1990) 등 훈민정음과 육서(六書)의 관련성을 다룬 선행 연구를 종합하면서, 훈민정음 자음자의 기본자는 상형의 원리를, 자음의 가획자나 모음자의 기본자와 초출자 및 재출자는 지사의 원리를, 자음자의 연서자와 병서자 그리고 모음자의 합용자는 회의의 원리를 적용한 것으로 설명했다.

한자와 훈민정음의 제자원리를 연관짓는 견해의 장점은 문자관과 세계관을 일치시키는 철학적 토대를 유지하면서 훈민정음의 제자원리를 설명할 수 있다는 것이다. 한자를 만든 원리와 훈민정음을 만든 원리를 모두 '음양오행의 원리'와 '천인상관적(天人相關的) 자연관'으로 설명하는 것은 당시 견고했던 중세적 세계관을 감안할 때 훈민정음의 창제원리를 객관적으로 설명할 수 있는 근거가 된다. 또한 이러한 견해를 유지할 경우 "이달에 임금이 친히 언문(諺文) 28자(字)를 지었는데, 그 글자가 옛 전자(篆字)를 모방하고[是月, 上親制諺文二十八字, 其字倣古篆]"라는 실록 기사의 의미도 설명할 수 있을 것이다. 그런데 이러한 논의의 난점은 '자방고전'이란 말과 『훈민정음』에 명시된 '(발음기관)상형'이란 말의 간극을 원리적으로 설명해야 하는 것이다. 이 간극을 원리적으로 설명하려는 시도에서 다양한 견해가 나타났다.

안명철(2005)에서는 이 간극을 원리적으로 설명하기 위해 "'자방고전(字倣古篆)'을 바탕으로 제자된 훈민정음을 새로운 상형의 논리로 재창조한 것이 『훈민정음』의 상형(象形)"의 개념이라고 보았다. 글자의 모양은 고전에서 가져왔지만, 이를 발음기관의 모양과 연관지어 체계화함으로써 훈민정음이 완성된 것으로 설명한 것이다. 반면 홍윤표(2005)에서는 '象形而字倣古篆'이란 문구에 주목하여 '자방고전'의 의미를 해석했는데, '상형'은 기본 글자(ㄱ, ㄴ, ㅁ, ㅅ, ㅇ)를 만드는 원리로, '자방고전'은 기본 글자 외의 가획 글자를 만드는 원리를 가리키는 것으로 설명하였다.

그런데 이상규(2015)처럼 '자방고전'의 '자(字)'를 낱글자가 아닌 합성된 글자 즉 음절을 나타내는 글자로 해석하면서, '자방고전'을 고대 한자의 방패형을 본떴다는 의미로 보는 견해도 있다. 이상규(2015)는 방종현의 『훈민정음통사』를 주해한 것인데, 그는 여기에서 "上親制諺文二十八字, 其字倣古篆, 分爲初中終聲, 合之然後乃成字(임금이 친히 언문 28자를 지었는데, 그 글자는 옛 전자를 모방하고, 초성, 중성, 종성으로 나누어 합한 연후에야 글자를 이루었다)"의 문맥에 주목한다. 이 문맥상 '其字'는 초, 중, 종성을 분리하기 이전의 음절글자를 말하는 것으로 봐야 한다는 것인데, 이렇게 볼 경우 방패형(方罫形)인 고대 한자의 형태를 본떠 초, 중, 종성을 합한 글자를 만들었다고 설명할 수 있는 것이다. 그러나 문맥적 해석만을 근거로 했다는 점에서 논란의 여지는 있다.

4. 훈민정음 보급과 사용에 대한 연구

이제까지 훈민정음의 보급과 사용에 대한 연구는 훈민정음이 어떻게 사용되었는지에 초점을 맞춘 것이었다. 예를 들어 기관, 법, 제도 측면에서 훈민정음이 어떻게 사용되었으며, 지배계층에서 교화를 위해 훈민정음을 사용했고, 외교 문서나 상소문과 같은 공식적인 글에 훈민정음이 쓰였다는 점 등이 밝혀졌다.[5] 또한 한글 문헌 간행을 통해 훈민정음을 보급하였고,[6] 왕실과 일반 사대부 가문에서 여성들의 의사소통에 훈민정음이 쓰였다는 사실도 드러났다.[7]

이러한 연구는 문자로서 훈민정음이 등장하는 장소와 계층을 중심으로 그 현상과 현황을 파악하는 데 주목했다는 의의가 있으나, 교육적인 측면이나 사회문화적 측면 등 사회 전반적인 측면에서 훈민정음을 바라보려는 시각은 부족했다. 예를 들어 구체적으로 일반 백성들이 훈민정음을 어떻게 배웠는지, 또 교육기관에서는 훈민정음을 가르쳤는지, 그리고 얼마나 많은 사람들이 훈민정음을 알고 있었는지 등에 대한 체계적인 연구는 없었다. 또 사회, 문화, 경제적인 차원에서 훈민정음의 확산을 가능케 한 요인은 무엇이었는지 등에 대해서도 체계적인 연구가 없었다.[8]

최근에 한글을 언어생활사의 시각으로 바라보려는 시도들이 나타나기 시작했는데, 대표적으로 정주리·시정곤(2011), 김슬옹(2012), 홍윤표(2013) 등을 들 수 있다. 정주리·시정곤(2011)에서는 『조선왕조실록』에 등장하는 한글 관련 생활사를 파악하기 위해 사대부와 언문 편지, 여성의 삶과 언문, 백성들의 언문 상소와 언문 소설 등을 주제별로 풀어서 정리하였다. 홍윤표(2013)에서는 한글의 역사와 한글 교육에 대해 설명하고, 생활문화재, 족보, 제문, 놀이문화 등을 통해 일상생활에서 한글의 사용 양상을 설명하였다. 김슬옹(2012)에서는 어문생활사의 연구방법론을 정교화한 후, 종교, 문학, 교육, 실용(의학, 농업, 병서, 조리 등) 분야를 망라하여 조선시대 훈민정음의 확산 과정을 밝혔다.

서술 방법과 내용

1. 서술 방법

이 책의 서술 방법을 정리하면 다음과 같다. 첫째, 이 책에서는 한글을 한국 과학문명사의 관점에서 고찰하려고 노력했다. 이는 한국 과학문명의 흐름을 정리한다는 이 총서의 기본 취지에 맞춰 거시적인 관점에서 한글의 탄생과 확산 과정을 조망한다는 뜻이다. 물론 한글이 15세기 과학문명의 결정체라는 점에서 한글의 문자적 특성을 미시적으로 분석하는 논의도 이루어지지만, 이 책의 기본 줄기는 한국 과학문명의 발전 과정에서 한글의 탄생과 확산 맥락을 설명하는 데 있다. 따라서 전통적인 한글 관련 연구서와 달리 언어학 및 문자학과 관련된 주제별 고찰이나 항목별 기술은 되도록 지양하였다.

둘째, 한글을 고찰하면서 동아시아적 보편성과 특수성을 찾는 데 노력했다. 이 또한 본 총서의 대전제 조건이기도 하다. 한국 과학문명사를 더욱 효과적으로 보여주기 위해 동아시아 과학문명, 더 나아가 세계 과학문명에서 한국 과학문명이 지니는 공통적인 가치와 독특한 특성이 무엇인지 밝히는 것을 총서의 목적으로 삼은 만큼, 한글에 대한 연구에서도 이러한 점이 잘 드러날 수 있도록 서술했다. 특히 동아시아 문명과 문자의 맥락에서 한글을 바라보고, 성리학적 질서와 서구 근대 질서의 틀에서 한글의 탄생과 위상 변화를 논의한 것은 바로 이러한 이유 때문이다.

셋째, 한글의 특성을 설명할 때는 가능하면 국제 비교의 관점과 서술을 포함하도록 노력했다. 이를 통해 한글의 우수성과 독창성만을 강조하는 민족주의적 관점을 벗어나 한글을 좀 더 객관적으로 기술해보고자 했다.

넷째, 이 책에서는 시기적으로 15세기 한글 창제부터 근대화가 시작되었던 20세기 초까지만을 연구 대상으로 삼는다. 물론 한글 이전에도 한자를 이용한 우리만의 표기방식이 있었고, 이를 정교하게 발전시켜 우리말을 표기하려는 노력이 진행되었다. 그러나 이 책의 주요 연구 대상은 한글이므로 한글 창제 이전의 표기 역사에 대해서는 부분적으로만 언급하고 자세히는 다루지 않는다.

마찬가지로 한글이 현대 한국의 과학문명에서 구체적으로 어떤 역할과 기능을 하고 있는지에 대해서도 자세히 다루지 않는다. 이는 이 책이 전근대 총서의 일환으로 구상되었다는 점 때문이기도 하지만, 현대 과학문명의 발전 과정에서 한글의 역할에 대한 고찰은 새로운 관점과 접근법이 필요하기 때문이다. 근대화 이후 문맹률이 영(零)에 수렴하고 세계화와 정보화가 급속도로 진행되는 상황에서, 한글의 역할과 과학문명사적 의의를 구체화하기 위해서는 새로운 접근법을 모색해야 한다는 것이다. 이는 근대적 문제의식으로 전개된 한글 연구가 봉착한 새로운 국면이라 할 수 있다. 따라서 이 문제에 대한 해결은 이후의 연구로 미루고, 여기서는 근현대 과학문명의 초석으로서 한글의 역할에만 초점을 맞추기로 한다.

다섯째, 이 책에서는 역사적인 사료와 선행 연구를 통해 밝혀진 내용을 독자에게 구체적으로 전달하되, 건조한 지식 전달에만 그치지 않도록 하기 위해 필자들의 해석을 최대한 많이 포함하려고 노력했다. 책의 중간중간에 가설을 제기하거나 추측성 기술이 등장하는 이유도 바로 이러한 이유 때문이다.

여섯째, 이 책은 전문가는 물론이고 일반 독자도 읽고 쉽게 이해할 수 있도록 문체를 다듬으려고 노력했다. 사실에 근거한 꼼꼼한 학술적 글쓰기를 지향하지만 동시에 일반 독자도 편안하게 접근할 수 있도록 배려한 것이다. 이와 관련하여 이 책에서는 용어를 되도록 원문 그대로 사용하는 것을 원칙으로 하면서도, 독자의 이해를 돕기 위해 문맥에 따라 적절히 바꾸어 사용했음을 밝혀둔다. 예를 들어 한글은 시기별로 '훈민정음, 언문, 한글, 국문' 등 다양하게 사용되었는데, 시대적 상황에 꼭 필요하다고 판단되면 원문 그대로의 용어를 사용하지만, 그렇지 않고 일반적인 서술을 할 때에는 독자의 이해를 위해 '한글'로 통칭하고자 한다. 국명 또한 비슷한 예이다. '조선, 대한제국, 대한민국, 한국, 우리나라' 등 다양한 용어가 사용되지만 꼭 필요한 경우를 제외하고는 맥락에 따라 독자가 쉽게 이해할 수 있도록 적절히 사용했다.

2. 책의 구성

이 책은 크게 6장으로 나뉘어 있다. 1장 서론과 6장 결론을 제외하면 본론은 총 4장이 되는 셈이다. 책의 구성에 대해 간략히 살펴보면 다음과 같다.

2장은 '한글 탄생의 시대적 배경'에 대해 논의한다. 이 장은 전체 논의의 도입 부분에 해당하는 것으로, 여기에서는 동아시아 문자문명의 영향 관계라는 측면에서 한글이 만들어지게 된 배경을 밝히고, 동아시아 질서의 재편에 따른 문화적 대응으로 한글 창제가 촉진되었음을 밝힌다.

첫째, 한글이 만들어지기 이전, 몽고, 거란, 일본 등지에서 고유문자가 만들어지게 되었고, 이는 동아시아 문자문명이 다양하게 발전하는 계기가 되었다. 세종은 이러한 국제적 흐름을 간파하고 있었고, 조선에도 고유한 문자가 필요하다는 점을 절감하게 된다. 따라서 세종이 한글을 창제하는 과정에서 타 문자를 널리 참조하였음은 당연하다. 이 장에서는 이러한 관계를 상세하게 보여주면서 한글의 독창성과 우수성을 강조하고자 한다.

둘째, 한글 창제를 즈음한 내외적 변화를 서술하면서 한글 창제가 15세기에 이루어질 수 있었던 정치사회적 맥락을 짚어본다. 외적으로 볼 때, 중국은 중원에서 북방으로 정치경제적 중심지가 이동하는 격변을 겪는다. 원나라가 들어서면서 현재 북경 지역에 수도를 정하였고, 그 뒤를 이은 명나라도 북경으로 천도를 단행했다. 이는 중국어의 변화를 의미했고, 중국 한자문화의 변화로 이어졌다. 내적으로는 고려가 멸망하고 조선이 건국되면서 성리학을 지배이념으로 하는 새로운 지배층이 형성되었다. 한글 창제는 이러한 내외적 변화, 즉 중국어 변화와 지배이념의 변화에 대응하는 성격을 띠고 있었음을 설명한다.

3장은 '15세기 조선의 과학문명과 한글'에 대해 다룬다. 첫째, 한글 창제 배경이 된 성리학에 주목하면서, 조선전기 학자들에게 성리학은 무엇이었는지를 논의하고, 『훈민정음』의 음운관과 성리학의 상관성에 대해서도 논의한다. 둘째, 음운학의 정립과 한글의 탄생에 대해서 고찰한다. 중국의 음운학은 언제 도입되었으며, 조선 사회에 어떤 영향을 끼쳤는지를 살펴본다. 그리고 세종시대 조선 음운학이 정립되는 배경과 한글 창제를 연결지어 논의한다. 셋째, 한글의 과학성을 당대의 과학주의와 관련지어 고찰한다. 이를 위해 훈민정음의 제자원리 속에 스며 있는 동양철학과 한글의 독창성에 대해 살펴본다. 넷째, 세종시대의 과학문명을 포괄적으로 다룬다. 우리만의 표준을 만들고자 했던 세종의 노력을 살펴보고 한글 창제도 그 연장선에서 바라봐야 한다는 점을 강조할 것이다.

4장은 '한글의 확산과 문명의 발전'에 대해 논의한다. 16-17세기는 한글이 보급되고 이를 통해 과학문명의 대중화가 이루어진 시기이다. 여기에서는 한글의 보급과 확산 과정을 중세 문명의 발전이라는 측면에서 설명하고자 한다. 즉, 한글의 보급이 교육 방법의 혁신, 문화와 과학의 대중화에 결정적으로 기여했음을 이 당시 간행된 다양한 한글 서적을 소개하며 증명하고자 한다. 또한 한글이 확산되면서 한글 소설을 낳고 또 이를 통해 한글이 더 확산될 수 있었던 시대적 배경에 대해 논의하고, 문명의 대중화에 한글이 기여한 점을 중점적으로 다룬다. 이 밖에도 한글 번역서와 한글 저서를 통해 한글의 보급과 확산이 조선의 문명과 지식사회를 어떻게 변화시켰는지를 실증할 수 있을 것이다.

5장에서는 '한글과 근대 과학문명'에 대해서 다룬다. 먼저, 19세기 서구 열강의 침략과 이에 따른 동아시아 질서의 재편에 대해 논의한다. 19세기의 시대적 변화로 조선이 서구 질서로 편입되며 서구 문물이 들어오고, 이러한 배경에서 지식과 정보의 대중화를 위해 새로운 글쓰기가 출현하는 과정을 다룬다. 한글이 국문이 된 것은 바로 이러한 배경에서 가능했음을 주목할 것이다. 둘째, 근대 과학기술지식의 확산과 국민 계몽을 위해 한글이 전면에 등장하고, 그 일환으로 한글 신문이 발간되는 배경을 기술한다. 또한 이러한 변화가 근대 인쇄문화를 발전시키고 한글 기계화 운동의 밑거름이 되었다는 점도 강조할 것이다. 그리고 그 연장선에서 한글이 어떻게 오늘날 정보화 시대와 연결되었는지를 언급하면서 전체 논의를 마무리할 것이다.

제2장

한글 탄생의
시대적 배경

고대로부터 중세에 이르기까지 한자는 동아시아의 국제문자로서 그 위상을 확고히 하고 있었지만, 몽고, 거란, 일본 등지에서 고유문자가 만들어지고 사용되면서 동아시아의 문자 판도는 새로운 국면에 접어든다. 고유문자의 제작과 사용 양상은 시대와 나라마다 차이가 있었지만 공통적인 것은 문자의 표음화(表音化)를 지향하였다는 사실이다. 이러한 흐름은 한반도에도 영향을 미쳤다.

동아시아 문자 판도가 새로운 국면에 접어든 10-13세기경, 한반도에 이두와 구결 등 한자의 음(音)과 훈(訓)을 이용해 우리말을 표기하는 차자표기(借字表記)의 전통이 확립되어 있었음을 볼 때, 당시 문자의 표음화에 대한 지향은 분명했던 것으로 보인다. 또한 원 제국이 국제적인 문자로 제정한 파스파문자(八思巴文字)가 고려에까지 영향을 미친 것을 볼 때, 13세기 사람들은 이미 한자의 틀을 벗어난 표음문자를 경험했고 이 문자의 역할과 효율성을 이해했을 것으로 보인다. 그렇다면 세종은 이러한 흐름을 숙지한 상태에서 한글을 창제할 계획을 세웠을 것이고, 당연히 다른 문자를 널리 참조하면서 그것의 활용 가능성까지 파악했을 것이다.

이러한 시대적 배경을 참고하여 1절에서는 동아시아 지역 표음문자의 유형과 그것의 사용 양상을 서술할 것이다. 이를 통해 한글을 창제한 배경과 세종의 구상 그리고 창제 당시 한글의 위상을 가늠해보고자 한다.

그런데 동아시아 문자사의 흐름을 짚어보는 것만으로는 한글 창제의 배경을 제대로 파악할 수 없다. 한글 창제의 배경을 온전히 알기 위해서는 한글을 창제한 시기가 중국 대륙과 한반도의 정치, 사회, 문화적 격변기와 맞물려 있다는 점에도 주목할 필요가 있다. 그리고 한글 창제 전후의 내외적 변화를 주목하면서 한글 창제가 15세기에 이루어질 수 있었던 문명사적 맥락을 짚어봐야 한다. 외적인 맥락에서는 중국 대륙의 정치·문화적 변화를, 내적인 맥락에서는 중국 대륙의 변화와 연동되었던 조선의 건국을 주목해야 할 것이다.

이에 2절에서 한글 창제의 배경을 두 가지 측면에서 서술할 것이다. 첫째, 중국의 정치경제적 중심지가 이동하는 격변 속에서 이루어진 새로운 운서 편찬 정책에 주목하고, 이때의 운서 편찬 철학이 조선의 어문정책에 일정한 영향을 끼쳤음을 서술할 것이다. 둘째, 정치사회적 변동과 더불어 성리학이 국가의 통치이념이자 세계 이해의 준거가 됨으로써 독특한 제자(制字)방식의 표음문자가 창제되고 활용될 수 있었음을 서술할 것이다.

동아시아 문자 문명의 발달과 한글의 탄생

세종은 한글을 창제하는 과정에서 동아시아 제민족의 문자를 널리 참조했을 것이다. 한글이 만들어지기 이전, 한자문화권에 포함된 몽고, 거란, 일본 등지에서는 고유문자를 만들었고 이를 한자와 더불어 사용하는 상황이었다. 더구나 고유문자가 없는 경우에도 한자의 음과 훈을 빌려 고유어를 표기하는 차자표기방식은 천 년 가까이 지속되어오고 있었다. 한글 창제를 앞두고 세종은 이러한 동아시아 문자 상황을 파악했을 것이며, 조선에도 한자와 공존할 수 있는 새로운 문자가 필요하다고 판단했을 것이다. 새로운 문자와 관련한 세종의 상상력은 동아시아 문자문명의 토대 위에서 펼쳐지게 된 것이다.

이 절에서는 문자의 수용과 개신에 대한 우리 민족의 인식을 중심에 놓고 아시아 문자문명의 전개 양상을 설명할 것이다. 이를 통해 동아시아 문자문명의 흐름이 한글 창제로 귀결되고 있음을 보이고자 한다.

1. 동아시아의 문자문명의 전개 양상

세종이 한글을 창제할 15세기 당시 조선의 주변 국가들은 어떤 문자를 사용하고 있었을까? 그리고 세종을 비롯한 조선 지식인들은 주변 국가들의 문자를 어떻게 이해하고 있었을까? 『세종실록』의 기록은 이에 대해 파악할 수 있는 단초가 된다. 『세종실록』에 실린 최만리(崔萬理)의 한글 창제 반대 상소문이 그것이다.

> 옛부터 구주(九州)의 안에 풍토는 비록 다르오나 지방의 말에 따라 따로 문자를 만든 것이 없사옵고, 오직 몽고(蒙古)·서하(西夏)·여진(女眞)·일본(日本)과 서번(西蕃)의 종류가 각기 그 글자가 있으되, 이는 모두 이적(夷狄)의 일이므로 족히 말할 것이 없사옵니다. 옛글에 말하기를, '화하(華夏)를 써서 이적(夷狄)을 변화시킨다.' 하였고, 화하가 이적으로 변한다는 것은 듣지 못하였습니다. 역대로 중국에서 모두 우리나라는 기자(箕子)의 남긴 풍속이 있다 하고, 문물과 예악을 중화에 견주어 말하기도 하는데, 이제 따로 언문을 만드는 것은 중국을 버리고 스스로 이적과 같아지려는 것으로서, 이른바 소합향(蘇合香)을 버리고 당랑환(蟷螂丸)을 취함이오니, 어찌 문명의 큰 흠절이 아니오리까.[1] 『세종실록』 권103, (1444).2.20.

최만리는 '구주(중국의 전 국토)'의 예를 들어 말이 다르다고 문자가 다를 필요가 없다는 주장을 하는 한편, 몽고, 서하, 여진, 일본, 서번 등에서 고유문자를 만들어 쓰는 것은 오랑캐의 일이라 참고할 가치가 없다고 규정했다. 그런데 최만리의 상소에서 직간접적으로 내비친 사실 중 본 장의 주제와 관련하여 주목할 점은 두 가지이다.

첫째는 한글 창제자인 세종이 '말이 다르면 그 말을 표기할 수 있는 문자도 달라야 한다'는 문제의식을 가지고 있었다는 점이다. 최만리는 세종의 문제의식을 좋은 향이 나는 영약인 '소합향'을 버리고 말똥구리가 쇠똥으로 만든 '당랑환'을 취하는 것에 비유하여 비판하고 있지만, 이러한 노골적인 비판을 예상하면서도 한글 창제를 강행할 만큼 세종의 문제의식은 분명했다. 둘째는 몽고, 서하, 여진, 일본, 서번 등 한자문화권에 속한 중국 주변 국가에서 고유문자를 창제하게 된 동기와 문제의식이 세종의 문제인식과 같았을 가능성이 높다는 점이다. 최만리는 '지방의 말에 따라 따로 문자를 만든 것'이 정도(正道)가 아니었음을 강조하였지만, 이러한 최만리의 말은 아시아 문자문명이 자국어 표기를 원활히 하기 위해 새로운 문자를 만들었고 이러한 방향으로 발전하고 있었음을 역설적으로 보여준다.

위에 언급한 두 가지 점에 주목하면서 여기에서는 말과 문자의 관련성에 대한 우리의 인식을 역사적으로 검토하고, 최만리의 상소문에서 언급된 국가들을 중심으로 당시 아시아 문자문명 현황을 간략하게 기술할 것이다.

1) 한국 역사에서 문자 인식의 흐름

한글 창제와 관련한 당대의 논쟁은 말과 문자에 대한 인식의 차이에서 비롯된 것이다. 한글 창제자가 우리말의 특수성을 반영할 수 있는 문자가 필요하다는 인식을 보였다면, 한글 창제 반대론자는 우리말의 특수성을 반영한 문자를 창제하여 얻는 것이 당대의 보편 문자인 한자를 사용함으로써 얻는 것에 미치지 못하다는 인식을 보였다. 이러한 상반된 인식은 한자문화권에 포함된 우리말 공동체의 딜레마를 잘 나타낸다.

가) 우리말의 특수성에 대한 문제의식

우리말 공동체에서는 한자를 받아들이면서 말과 문자의 관계를 특별히 의식하게 되었다. 6세기경에 한자는 주류 문자로 완전히 자리를 잡은 것으로 보인다. 그런데 여기에서 특별히 주목할 점은 우리말 공동체에서 한자와 한문을 그대로 받아들인 것이 아니라는 사실이다. 한자를 이용한 표기는 진화를 거듭하면서 한자의 음과 훈을 이용하여 우리말을 표기하는 단계로까지 발전하였다. 특히 한자를 이용한 우리말 표기는 한문의 문장구조와 다른 우리말의 어순과 조사와 어미가 발달한 교착어적인 특성을 살리는 방향으로 전개되었다. 이처럼 한자를 이용해 우리말을 표기하는 방법을 정교화한 것은 말과 글의 불일치 현상을 극복한 나름의 성과라 할 수 있다.

이두(吏讀), 구결(口訣), 향찰(鄕札)이라는 이름으로 불린 차자표기체계는 당시 사람들이 말과 문자의 관계를 얼마나 진지하게 고민하였는지를 잘 보여준다. 특히 이러한 고민은 불교와 유학의 경전을 해석하여 수용하는 문제와도 관련된다. 차자표기체계를 정립하기 위한 모색은 곧 해당 공동체의 학문과 문화의 수준을 높이기 위한 노력이었던 것이다. 『삼국유사(三國遺事)』와 『삼국사기(三國史記)』에 실린 설총(薛聰)에 대한 기록은 이를 잘 보여준다.

공주가 과연 태기가 있어 설총을 낳았다. 설총은 나면서부터 명민하여 경서와 역사서에 두루 통달하니 신라 10현(十賢) 중의 한 분이다. 우리말로써 중국과 외이의 각 지방 풍속과 물건 이름에 통달하고 6경(六經)

문학을 훈해하였으니, 지금까지 우리나라에서 경학을 공부하는 이들이
전수하여 끊이지 않는다. 원효가 이미 실계(失戒)하여 설총을 낳은 이
후로는 속인의 옷으로 바꾸어 입고 스스로 소성거사(小姓居士)라고 하
였다.[2] 『삼국유사』 권4 「원효불기(元曉不羈)」

설총은 성품이 똑똑하고 분명하여 배우지 않고서도 도덕과 학술을 알
았다. 방언(方言)으로 구경(九經)을 풀이하여 후학들을 가르쳤으므로 지
금[고려]까지 학자들이 그를 종주로 받든다.[3] 『삼국사기』 권46 「열전(列傳)」 제6

이처럼 『삼국사기』와 『삼국유사』에는 설총이 방언(우리말)으로 6경(經)
문학을 훈해(訓解)하였다거나 중국의 9가지 경서인 9경(九經)을 풀이하여
후학들을 가르쳤다는 사실이 기록되어 있다. 이 기록은 설총이 경전에 '구
결'을 달면서 경전을 해석했고, 설총이 달아놓은 구결과 그의 해석이 이
후 경전 해석의 표준이 되었다는 사실을 말한 것으로 볼 수 있다.[4] 그런데
『훈민정음』의 정인지(鄭麟趾) 서문에서는 설총이 처음으로 이두를 만들었
다고 언급하고 있다.

옛날에 신라의 설총(薛聰)이 처음으로 이두(吏讀)를 만들어 관부(官府)
와 민간에서 지금까지 이를 행하고 있지마는, 그러나 모두 글자를 빌려
서 쓰기 때문에 혹은 간삽(艱澁)하고 혹은 질색(窒塞)하여, 다만 비루하
여 근거가 없을 뿐만 아니라 언어의 사이에서도 그 만분의 일도 통할 수
가 없었다.[5]

위의 내용은 설총이 이두를 창제했다는 근거로 활용되기도 하는데, 이
두 식으로 표기된 기록이 5세기경부터 나타나는 사실을 감안한다면 위
의 내용이 과장된 것임이 분명하다. 아마 정인지가 강조하고 싶었던 것은

한자를 이용해 우리말을 표기하려는 시도가 오래전부터 있었지만 그것이 만족스럽지는 않았다는 점일 것이다. 그런 점에서 이두와 구결의 차이에 대한 구분은 그리 중요하지 않았을 수 있다.

『삼국사기』와 『삼국유사』 그리고 『훈민정음』의 기록을 종합하면 설총은 경전에 구결을 달았고 이 일은 경전을 우리말에 근접하게 재구성하는 일이었다고 할 수 있다. 결국 설총과 같은 대학자가 구결 표시에 매달렸다는 사실은 당시 지식인들이 선진 학문과 문화를 우리말화하여 받아들이는 것을 중요하게 생각하였음을 반증하는 것이다. 그리고 구결을 통해 경전을 해석하고 이해하는 전통은 "설총이 경전을 훈해한 것을 경학을 공부하는 이들이 전수하여 끊이지 않았다."는 기록이 암시하는 것처럼 고려와 조선으로 이어졌다. 훈민정음 창제 이후 간행된 『능엄경언해(楞嚴經諺解)』의 발문에는 "親加口訣(上이 입겨흘 드르샤)"이라는 대목이 나온다. 이는 '임금이 구결을 달았다'라는 뜻인데, 이 말은 본격적인 언해 작업 전에 구결을 달아 경전을 재구성하는 과정이 있었음을 말해준다.

나) 국제적 보편성에 대한 문제의식

문자와 말의 불일치를 극복하고자 하는 움직임은 한자를 도입할 때부터 시작되어 끊임없이 이어졌지만, 거꾸로 이에 대응하여 선진 학문과 문화를 우리말화하여 받아들이려는 시도를 비판하는 흐름도 계속되었다.

설총이 살았던 시대로부터 3백년 뒤이지만, 967년 고려시대 한림학사(翰林學士)였던 최행귀(崔行歸)는 설총의 태도를 비판하고 나섰다. 그는 『균여전(均如傳)』[6]의 '역가현덕분(譯歌現德分)'에 균여대사(均如大師)의 향가(鄕歌) 11수를 한문으로 번역해 싣고 설총을 비판하는 언어·문자관을 피력한 바 있다.[7]

시는 당시(唐詩)로 읽었으므로 五言七子로 이루어졌고, 歌는 향어(鄕語)로 배열하였으므로 三句六名으로 이루어졌다. 소리로 논하면 西星과 東星처럼 떨어져 있으므로 동방과 서방은 쉽게 분별할 수 있으나, 이치에 의거하면 창과 방패처럼 실력이 맞서므로 강약을 분간키 어렵다. (중략) 다만, 한스러운 것은 우리의 才子와 名公은 唐詩를 읊을 줄 알지만, 중국의 巨儒와 碩德은 향가를 알지 못한다. 하물며 唐文은 帝釋의 그물이 잘 짜여진 것과 같아서 우리나라 사람들도 쉽게 읽지만, 향찰은 梵書가 잇달아 펼쳐진 것과 같아서 중국인은 알기 어렵다. 그래서 梁과 宋의 구슬 같은 작품은 자주 동방으로 흘러왔지만, 秦韓의 비단 같은 문장은 서방으로 전해감이 드물었다. 그 국한되고 통함에 있어서는 몹시 탄식할 일이다. 이 어찌 공자가 이 땅에 살려다 동국에 이르지 못한 것이 아니며, 설총이 經傳을 억지로 우리말로 바꾸려다 쑥스럽게 쥐꼬리만 이루었던 것이 아니랴?[8]

최행귀는 균여의 향가를 한시(漢詩)로 번역한 이유를 향찰로 쓰인 균여의 시가 국제적으로 널리 퍼지지 못함이 안타까웠기 때문이라고 하였다. 그리고 한문의 국제성과 향찰의 제한성을 대조하면서, 한문으로 쓰인 경전을 우리말의 구조에 맞게 재구성한 설총의 시도를 비판하였다. 결국 최행귀가 지적한 것은 향찰과 같은 차자표기체계에 따라 글을 쓰는 것은 그 효과가 제한적일 수밖에 없으며, 이런 점에서 한문으로 된 경전을 억지로 번역해 교육하는 것은 발전의 길을 스스로 막아버리는 꼴이라는 것이었다. 이처럼 말과 글을 일치시키려는 노력을 과소평가한 것은 한문의 효용성을 강조하기 위함이었다. 한문은 우리도 읽고 중국인도 읽기 때문에 중국의 것을 받아들이고 우리의 것을 알리는 것을 한문으로 할 경우 훨씬 편리하고 효율적이라는 것이다. 이러한 인식은 시대를 건너뛰어 한글 창제를 반대했던 최만리의 논리로 이어진다.

> 우리 조선은 조종 때부터 내려오면서 지성스럽게 대국(大國)을 섬기어
> 한결같이 중화(中華)의 제도를 준행(遵行)하였는데, 이제 글을 같이하고
> 법도를 같이하는 때를 당하여 언문을 창작하신 것은 보고 듣기에 놀라
> 움이 있습니다.[9] 『세종실록』 권103, (1444).2.20.

위의 인용문에서 최만리가 "글을 같이하고 법도를 같이하는 때"라 언급
한 맥락에서는 중국과 조선이 문화 교류를 자연스럽게 할 수 있는 경지에
이른 데 대한 사대부의 자부심을 읽을 수 있다. 이러한 자부심이 한글에
대한 거부감으로 드러났던 것이다. 그렇다면 최행귀와 최만리의 주장은
한문의 국제성을 강조하면서 국제적으로 통용될 수 없는 표기수단의 무
용함 혹은 해악을 경계한 것으로 이해할 수 있을 것이다.

그런데 최행귀의 논설에서 주목할 것은 그가 한문과 향찰의 구문적 차
이를 말하고 있다는 점이다. 최행귀가 한문을 잘 짜인 그물에 비유하고 향
찰을 범서(梵書)를 펼친 것으로 비유한 것은 한문과 고려어의 구문적 차이
와 더불어 범어와 고려어의 유사성을 인식하고 있음을 보여준다. 이때 최
행귀가 인식한 것은 향찰에 나타나는 고려어의 교착어적 속성이다. 범어
에서는 성, 수, 격을 나타내는 형태 변화가 복잡하게 이루어지는데, 한문과
대비되는 이러한 특성을 범어와 향찰의 유사성으로 이해했던 것이다. 이러
한 인식은 최행귀 주장의 타당성 여부와 관련 없이 두 가지 사실을 확인시
켜준다.

첫째, 차자표기의 정착 과정이 한문과 우리말의 차이를 극복하기 위한
노력의 일환이었음을 확인시켜준다. 둘째, 당시 범어와 범어문자가 교착
어와 이를 표기하는 문자의 대표적인 형식으로 받아들여졌다는 사실을

확인시켜준다. 이는 당시 동아시아 문자 상황과 관련하여 시사하는 바가
크다.

2) 동아시아 지역의 고유문자 창제

중국의 영향권에 있었던 동아시아 지역 국가들은 한자를 사용하는 한편
으로 고유의 문자를 창제하고자 했다. 한글 창제 당시인 15세기 상황을 보
면 이미 몽고, 서하, 여진, 일본, 서번(티베트) 등지에서 해당 민족어를 표기
할 수 있는 고유문자가 사용되고 있었다. 고유문자의 창제는 해당 민족어
를 기록할 수 있는 문자를 만드는 것을 목표로 했기 때문에 당시 고유문
자는 기본적으로 표음문자를 지향하게 되었다. 특히 문자의 표음화는 민
족어의 음운적 특성을 나타내는 데뿐만 아니라, 민족어의 형태적 특성을
나타내는 데에도 필요했다.

여기서 중국 주변 민족들의 언어적 특징을 잠시 살펴보자. 먼저 몽골어

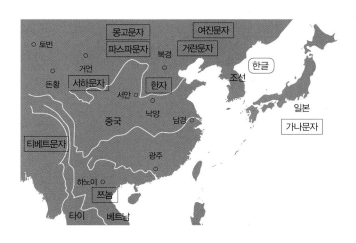

〈그림 3〉 15세기 동아시아 문자 지도 (출처: 『세계의 문자』 (범우사, 1997) 460쪽을 참조로 다시 그림)

는 대표적인 교착어이며, 어순은 '주어-목적어-서술어'(SOV) 형태이다. 또한 수식어는 피수식어의 앞에 놓이며 체언에 다양한 격조사가 붙는다. 거란어는 사멸된 언어이므로 이에 대한 기록은 거의 없으나 알타이제어로서 몽고어와 유사하다고 한다.[10] 또한 여진어도 오늘날에는 그 흔적을 찾아볼 수 없으나 학계에서는 알타이제어의 퉁구스어족 계열로 짐작하고 있다.[11] 일본어는 언어 유형상 한국어와 유사성이 높은 언어이다.

티베트어는 알타이제어가 아니라 중국 티베트어족에 속하는 언어로 고립어의 요소가 강하지만 다분히 교착어적인 성격도 있다. 접사에 의한 조어법이 발달해 있고, 어순이 '주어-목적어(보어)-서술어'(SOV) 형태이다. 서하어는 탕구트어라고도 하는데, 티베트어와 같은 계열로서 지금은 사라진 말이다. 어순은 '주어-목적어-서술어'(SOV)이며 조사가 쓰인다는 특징이 있다.

이처럼 중세 시대 중국 주변에 있던 민족들의 언어는 대개 알타이어족에 속하는 교착어이거나 그렇지 않더라도 교착어적 성격이 강하다는 특징이 있다. 이들 언어가 한국어와 상당히 유사한 언어적 특징이 있음을 볼 때, 몽고, 서하, 여진, 일본, 서번 등도 자신의 언어를 한자로 기록하면서 우리와 비슷한 어려움을 겪었을 것으로 보인다. 한자로는 자신들의 모어에 나타나는 문법형태소를 제대로 기록할 수 없었기 때문이다. 더구나 지적 소양이 풍부하지 않은 이상 관리들조차도 모어와 전혀 다른 구조의 한문을 자유자재로 사용하기는 어려웠다. 이런 점에서 보면 동아시아 지역 국가들이 부족국가의 단계를 벗어나 국가 체제를 정비하기 시작했을 때 고유문자를 창제하고자 했던 것은 자연스러운 일이었다. 이때 고유문자를 창제하는 데 깊은 영향을 미쳤던 것이 한자와 범어문자였다.

중국의 한자는 중국뿐 아니라 고유문자가 없던 이웃나라에까지 영향을 미쳤다. 이것은 마치 유럽에서 로마자가 문자가 없는 이웃나라에 영향을 미쳤던 것과 마찬가지이다. 로마자가 이웃나라에 그대로 보급되거나 일부가 변형되어 전파되었던 것처럼, 한자도 고유문자가 없던 아시아의 이웃나라에 보급되고 일부는 변형되어 전파되었다. 유럽의 경우 대부분 인도유럽어족이라는 단일한 어족으로 묶여 있어 로마자의 변형이 그리 심하지 않았지만, 아시아의 경우는 중국어와 인접국가의 언어가 서로 다른 어족으로 묶이는 경우가 많아 그 변형의 강도와 유형이 유럽보다 더 심하고 다채로웠다.

거란, 일본, 한국이 한자를 변형하여 글자를 만들었는데, 문자의 형식은 사뭇 달랐지만 그 전개 방식은 한자의 음과 훈을 이용하여 자국의 말을 표기하는 것으로부터 시작하였다. 앞에서도 밝혔듯이 우리의 경우는 교착어인 우리말을 중국 한자로 표기하는 것이 어려웠기 때문에 한자를 활용하는 표기체계를 만들었다. 한자를 가져와서 우리말 어순으로 표기하는 방식(임신서기석의 표기), 한자를 우리말 어순에 따라 배열하고 문법형태소를 주로 한자의 음을 빌려 표기하는 방식(이두), 한자의 음과 훈을 빌려 표기한 문법형태소를 한문 문장에 부기하는 방식(구결) 등이 그것이다. 이 중 구결은 한문 경전에 부기하는 방식으로 쓰였기 때문에 한자를 약자화(略字化)하는 방식으로 발전하였다. 구결의 약자화는 일본 가나[假名]의 발전과 관련하여 주목할 필요가 있다.

한자를 기원으로 한 문자 창제의 흐름을 정리하면 다음과 같다.

㉮ 거란문자

10세기 중국 북부에 요(遼) 왕조를 세운 거란족은 대자(大字), 소자(小字) 두 종류의 문자를 만들었다. 현재 모두 사용되지 않고 최근에야 겨우 해독되기 시작했다.[12] 대자는 요의 태조 야율아보기(耶律阿保機)가 920년에 만들었으며 소자는 그 동생 야율질라(耶律迭剌)가 만들었다. 대자는 한자를 변형하여 만든 것으로 한자와 같이 한 글자가 한 낱말을 표시하는 표의문자였는데, 그중 한자의 자형과 자의를 차용한 것도 있고, 자형만 차용한 것도 있다. 대부분의 자형은 한자를 모방하여 만든 것이지만 한자의 모양과 꼭 같지는 않다.[13] 쓰기는 위에서 아래로 수직으로 써 내려갔으며 오른쪽에서 왼쪽으로 기록했다. 일부 글자는 한자에서 왔고 별도로 만든 글자도 있었지만 기본 형태는 한자를 모방한 것이다.

거란어는 중국어와는 체계가 달라서 대자로 자신의 언어를 표기하는데에는 한계가 있었다. 그래서 태조의 동생인 야율질라가 위구르 문자의 영향을 받아 표음문자의 성격을 지닌 새로운 문자를 만들어 보급하였다. 소자에는 한자의 획이나 글자를 변형하여 만든 글자의 구성요소(원자[原字])가 있다.[14] 원자는 단독으로 사용될 수 있는 것이 일부 있으나 대부분은 한글과 같이 다른 글자와 결합되고, 많게는 7개의 원자로 이루어지는 글자도 있다. 현재까지 밝혀진 원자 수는 약 400여 개이다. 원자 개별 글자가 모음이나 자음을 표기하지 않는다는 점에서 한글과는 다르지만, 음절 단위로 모아쓰고, 방형(方形)으로 쓰는 점은 한글과 유사하다.[15] 소자는 대자에 비해 더 기호화되었지만 기본적인 형태는 여전히 한자에 기원하고 있음을 알 수 있다.

여진문자는 중국 금(金)나라 시대에 여진족이 만든 문자로 대자(大字)와

소자(小字) 등 두 종류가 있다. 대자는 1119년에 완안희윤(完顏希尹)이 만

든 것으로 거란문자를 모방한 것이지만 기본적으로 한자에 기원을 두고

있다. 소자는 1138년 제3대 황제 희종(熙宗)이 만든 것으로 1145년 이후

흠정문자(欽定文字)라 하여 금나라 안에서 공식적으로 널리 사용되었다.

이 문자에는 표음문자와 표의문자(발음과는 관계없이 한자의 자형을 변형시켜서

만든 문자)가 있었다고 알려져 있으나 문법상으로나 발음상으로 밝혀지지

않은 점이 많고, 현재까지도 완전히 해독되지 않았다. 금나라 멸망 후에는

만주 동부의 여진족 사이에서 14-15세기의 명대에 이르기까지 사용되었

다.[16]

서하는 중국의 하서(河西) 지방에 있던 서하국(西夏國: 1032~1227)을 가리

키는 것으로 서하국을 건국한 경종(景宗) 이원호(李元昊)가 1036년 문자를

창제하여 공포한 후 몽고에 멸망하기까지 400여 년 동안 사용되었다. 기

본적으로 한자와 거란문자를 기반으로 하여 만들어졌다. 외견상으로는

한자와 비슷하지만 상형자나 지사자(指事字)는 없고, 서하인의 독특한 발

상에서 만들어진 회의자(會意字)가 많으며 형성자(形聲字)가 그다음으로

많다.[17]

문자는 기본 글자인 단체자(單體字)와 단체자가 결합한 합체자(合體字)

로 구분할 수 있다. 단체자는 더 이상 분석할 수 없는 문자로서, 고유의 음

과 의미를 표시하고 합체자의 기초가 된다. 일반 사용어, 고유명사, 차용어

표기글자들의 다수가 단체자이다. 합체자는 보통 2자 합성이지만 3-4자

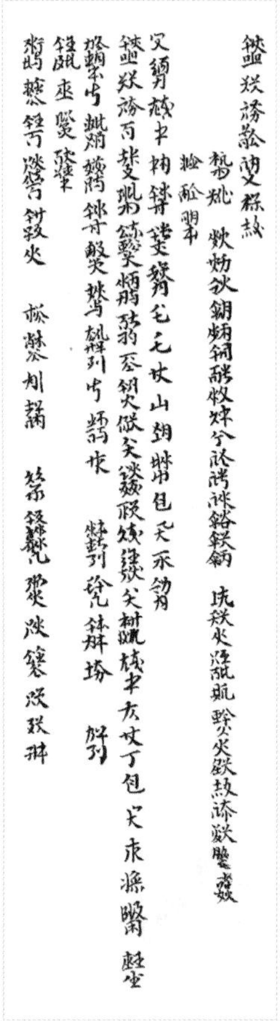

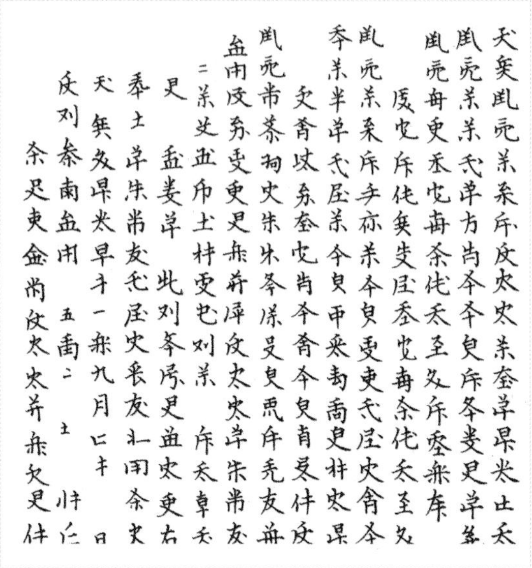

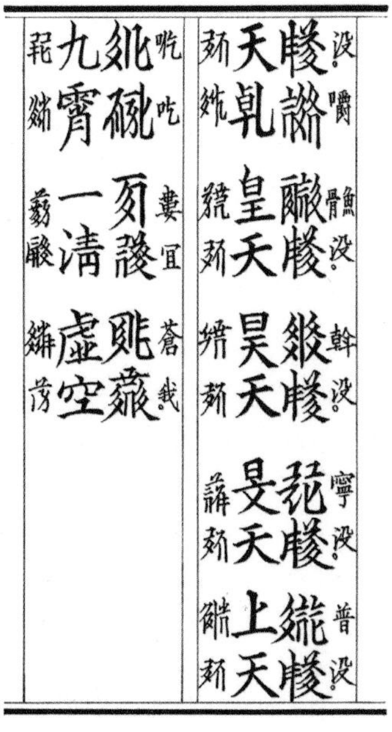

〈그림 4〉 거란문자 [왼쪽 위]
〈그림 5〉 여진문자 [오른쪽 위]
〈그림 6〉 서하문자 [오른쪽 아래]
(이상 출처: 『세계의 문자』 (범우사, 1997))

합성자도 있다. 합성은 어떤 글자 전체가 통째로 합성되는 것이 아니라 한 글자의 좌우상하 중 일부분과 다른 글자의 어떤 부분이 합성된 것이다. 처음에는 불경, 자전(字典), 운서(韻書) 등 중요 문서를 작성하는 데 쓰이다가 점차 법률, 역사, 문학 등 다양한 분야로 확대되어 쓰였다.[18] 이 문자는 서하국이 멸망하면서 사람들에게서 잊혀졌다.

㉔ 일본의 가나문자

일본도 한문과 한자의 영향권에 있었다. 한문을 그대로 사용하다가 한자를 이용한 차자표기법인 만요가나[萬葉假名]의 단계를 거쳐서, 획수를 간략히 하거나 일부만을 차용하는 식으로 발전했다. 한자 해서체를 간략화한 가타카나[片假名], 한자 초서체를 간략화한 히라가나[平假名] 등이 그것이다. 가나는 한자의 뜻은 버리고 음만을 취한 문자인데, 실제 문장을 표기할 때는 실사에 해당하는 부분에 한자를 그대로 쓰고 허사에 해당하는 부분에만 가나문자를 사용한다. 가나문자는 표음문자(表音文字)이며 음절문자(音節文字)이다.[19]

■ 참고자료 　차자표기(借字表記)의 방식과 문자사적 의의[20]

한자가 들어오면서 차자표기 방식이 나타나기 시작했는데 이러한 방식은 먼저 우리말 고유명사를 한자로 표기하는 데 적용되었다. 신라의 1대 왕인 박혁거세에 대한 『삼국사기』의 기록은 차자표기를 활용한 고유명사 표기의 실제를 잘 보여준다.

身生光彩鳥獸率舞天地振動日月淸明. 因名赫居世王, 蓋鄕言也 或作弗矩內王
言光明理世也(몸에는 광채가 나고 새와 짐승들이 모조리 춤을 추며
천지가 진동하고 해와 달이 맑게 빛났다. 따라서 이름을 혁거세왕,
아마도 향언일 것이다. 혹은 불구내왕이라고도 하니 광명으로써
세상을 다스린다는 말이다.)

위 기록을 보면 '赫居世王'과 '弗矩內王'은 같은 이름을 표기한 것임
을 알 수 있다. 그렇다면 왜 동일한 이름을 두 가지로 표기했을까? 그
런데 두 가지 표기를 대응시키면, '赫(붉다)'은 '弗(불)'에, '居(거)'는 '矩
(구)'에, '世(누리)'는 '內(내)'에 각각 대응함을 볼 수 있다. 그 대응 관
계로 보면 '불구내(弗矩內)'는 신라말(鄕言)을 음차(音借)한 표기이고,
'혁거세(赫居世)'는 이를 훈차(訓借)의 방식으로 표기한 것임을 알 수
있다. 이에 따르면 '혁거세'와 '불구내'는 표기는 다르지만, 신라인들
은 이들을 '광명으로써 세상을 다스리는 사람'이란 동일한 뜻을 나
타내는 이름으로 동일하게 부르고 읽었을 것이다.

이러한 차자표기 방식은 한문과 어순(語順)이 다르고 조사와 어미
가 발달한 우리말 문장을 표기하는 데에도 활용되었다. 이러한 차자
표기 방식을 이두(吏讀)라 하는데, 이두는 한자를 사용해 문장을 쓰
되 그 어순을 우리말 어순에 근접하게 하고 조사와 어미를 음차와
훈차의 방식으로 표기하는 것이다. 591년에 새겨진 경주남산신성비
(慶州南山新城碑)의 내용 일부를 보면 이 문장이 한문과 다른 방식으
로 쓰였음을 알 수 있다.

辛亥年二月廿六日 南山新城作節 如法以作後三年崩破者 罪敎事 爲聞敎令
誓事之(신해년 2월26일에 남산신성을 만들 때, 법에 따라 만든 후 3

년 이내에 무너져 파괴되면 罪로 다스릴 것을 널리 알려 誓約하게

하였다.)

위의 문장을 보면 한문의 어순보다 우리말 어순에 가깝게 문장이

구성되었고, '以(-로써), 之(-다)'를 사용하여 우리말 어미를 표기하였

음을 알 수 있다. 이러한 초기 이두문은 후대로 내려오면서 점차 정

교해지는데 어미와 조사를 나타내는 이두자가 다양해지는 특징을

보인다. 『대명률직해(大明律直解)』(1395)의 이두문을 한문으로 된 원문

과 비교하여 보면 그 차이를 짐작할 수 있을 것이다.

〈대명률 원문〉 凡以妻爲妾者 杖一百 妻在以妾爲妻者杖九十 並改正

〈대명률 이두문〉 凡 嫡妻乙爲妾爲在乙良杖一百齊 嫡妻生存爲去乙以妾

爲妻者杖九十遣 並只改正齊(무릇 처를 첩으로 하거들랑 장 일백에 처

한다. 처가 생존하거늘 첩으로써 처를 삼은 자는 장 구십에 처하고

모두 다시 바로잡는다.)

그런데 이상과 같은 차자표기가 한자를 이용하여 우리말을 표기

한 특별한 방식임을 인정하더라도 이를 문자사적인 측면에서 문자의

발달로 봐야 할 것인지는 확실하지 않다. 그러나 문자의 차용을 넘

어 문자를 변형하는 단계에 이르면 그 변형된 문자에 의미를 부여하

지 않을 수 없다. 그 예가 구결(口訣)이다. 구결은 한문으로 된 원문을

그대로 유지한 상태에서 중간에 토를 집어넣어 해석을 편리하게 하

는 기능을 하는데, 여기에 사용된 구결자들은 원문 사이의 공간에

집어넣기 위해 약자(略字)로 만든 것이 특징이다. 『대학(大學)』의 첫

문장을 예로 하여 구결의 사용 방식을 설명하면 다음과 같다.

〈원문〉

大學之道在明明德在親民在止於至善

〈구결문〉

大學之道隱 在明明德爲古 在親民爲古 在止於至善是羅

大學之道ʳ 在明明德ﾉﾛ 在親民ﾉﾛ 在止於至善ﾍﾑ

大學之道는 在明明德하고 在親民하고 在止於至善이라

『구결문』의 첫째 줄과 둘째 줄은 원문에 구결자를 포함한 것인데, 첫째 줄의 구결자가 한자의 원형을 유지한 것이라면 둘째 줄의 구결자는 이 한자를 간략화한 약자이다. 그런데 이러한 방식으로 한자를 변형시킬 경우 이는 차자표기를 넘어서서 별도의 음절문자로서 활용할 수 있는 여지가 있다. 일본 가나문자가 그러한 경우에 해당된다.

나) 인도 범어문자를 기원으로 한 문자

음운구조가 복잡한 언어의 경우 표의문자인 한자로 정확히 표기하기는 매우 어려웠다. 이러한 이유 때문에 한자와는 다른 새로운 표음문자를 모델로 문자 창제를 시도하기도 했다. 이때 모델이 되었던 문자는 인도 범어문자(梵語文字)였다. 티베트문자는 불경의 전래와 더불어 도입된 범어문자를 직접적으로 모방하여 만들었으며, 여진과 몽고는 범자에서 유래한 위구르문자를 활용하였다. 몽고에서는 전통 고유문자 외에 새로운 표음문자인 파스파문자를 만들어 사용했는데 이는 범자에서 유래한 티베트문자를 개량한 것이었다. 그 현황을 보면 아래와 같다.

㉑ 몽고문자

몽고는 원래 문자가 없다가 칭기즈칸이 몽고제국을 건설하면서 문자의 필
요성을 느끼던 차에, 위구르를 정복할 때 당시 서기관이었던 타타르통가
(Tatar-Tonga)를 생포하게 된다. 그리고 그가 고대 위구르문자를 응용하여
몽고어를 표기할 수 있는 몽고문자를 만들게 된다. 몽고문자는 모음 7자,
이중모음 2자, 자음 17자 등 총 26자이다. 자형(字形)도 어두(語頭), 어중(語
中), 어미(語尾) 등, 그 위치에 따라 달라지며 위에서 아래로 내려쓴다.

몽고문자에 영향을 준 위구르문자는 서아시아의 시리아계 문자에서 나
온 것으로 이란, 소그드를 거쳐 8세기경 위구르인에게 전해졌다. 위구르문
자는 다시 동쪽으로 전파되면서 몽고문자에 영향을 주었다. 가장 오래된
자료는 1225년경의 칭기즈칸 비문에 나타난다.

한편, 위구르문자는 티베트문자에 영향을 주었는데, 이 티베트문자에서
다시 몽고의 파스파문자가 탄생한다. 1260년 쿠빌라이 칸은 티베트 승려
인 파스파(八思巴)에게 새로운 문자를 만들도록 명하였다. 기존의 위구르
문자를 변형한 전통적 몽고문자는 교착어인 몽고어를 표기하기에는 한계
가 있었기 때문이다. 1265년 파스파는 문자를 만들었고 1269년부터 공식
문서를 작성하는 데 이 문자를 사용했다. 쿠빌라이 칸은 새로운 문자가 제
국의 모든 언어를 표기할 수 있기를 원했다. 따라서 몽고어와 중국어를 비
롯하여 티베트어, 산스크리트어, 투르크어 등을 표기하는 데도 쓰였다. 그
러나 기존의 문자를 대체하기란 어려웠다. 관리들은 쉽게 받아들이지 못
했고 원나라가 망하면서 이 문자도 함께 더 이상 쓰이지 않았다.

이 문자는 음절 단위로 쓰는 음소문자라는 점에서 한글과 그 운용법이
동일하다. 좌에서부터 우로 쓰며 세로로 쓴다. 글자 모양은 네모진 문자로
자음 30자, 모음 8자, 기호 9개로 되어 있다.[21]

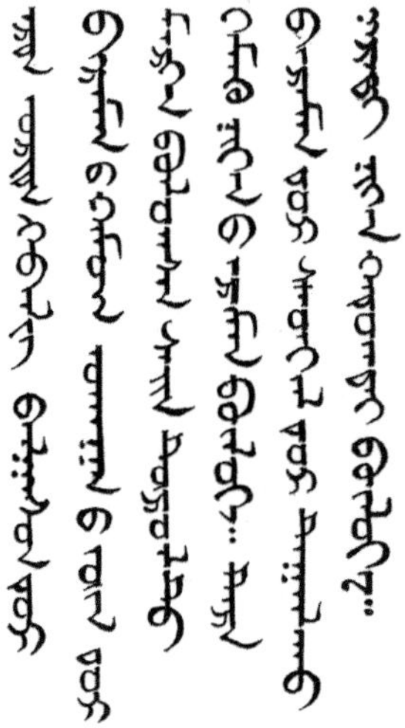

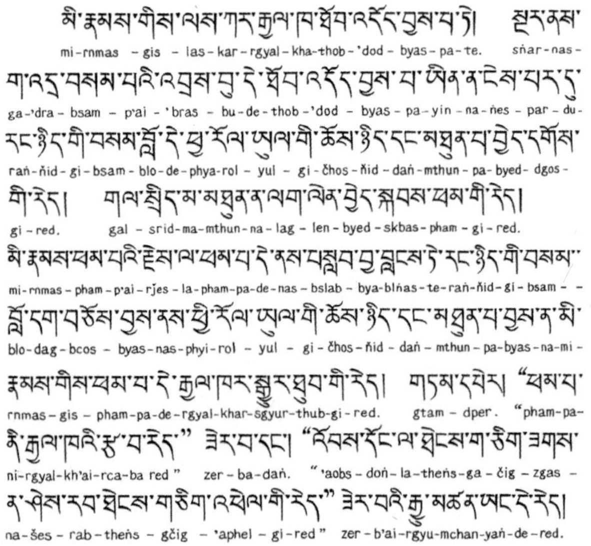

ꡌ	p p b	ꡑ	cʻ tsh tsʻ	ꡝ	y y y			a a a
ꡎ	b b p	ꡐ	c ts dz	ꡀ	k k g			o o o
ꡤ	v w w	ꡒ	j dz ts	ꡁ	kʻ khʻkʻ 경모음			u u u
ꡏ	m m m	ꡛ	s s s	ꡂ	g g k			e e e
ꡈ	t t d	ꡕ	z z z	ꡢ	q			ë ɛ
ꡉ	tʻ thʻ tʻ	ꡐ	t c dẓ	ꡃ	jⁿ ɣ 연모음			ö
ꡊ	d d t	ꡅ	tʻ chʻ tṣ	ꡃ	ng ṅ ng			ü ĭu
ꡋ	n n n	ꡆ	j j tṣ	ꡜ	h h h			i i i
ꡔ	r r	ꡮ	š śṣ		· · ·			
ꡙ	l l l	ꡒ	ẑ ż ž		(y) ɣ			

ꡆ ñ   ꡨ N   ꡰ,ꡱ f   ꡒ z̧   ꡪ pʻ(ph)   ꡮ y   ꡬ ɦ

ꢀ aḥ

mi – rnmas – gis – las-kar-rgyal-kha-thob-'dod – byas-pa-te.   sñar-nas-

ga-'dra-bsam – pʻai-'bras – bu-de-thob-'dod – byas-pa-yin-na-ñes-par-du-

raṅ-ñid-gi-bsam-blo-de-phya-rol – yul – gi-čhos-ñid-daṅ-mthun-pa-byed-dgos-

gi-red.   gal – srid-ma-mthun-na-lag – len-byed-skbas-pham-gi-red.

mi-rnmas-pham-pʻai-rjes-la-pham-pa-de-nas-bslab – bya-blñas-te-raṅ-ñid-gi-bsam –

blo-dag-bcos – byas-nas-phyi-rol – yul – gi-čhos-ñid-daṅ-mthun-pa-byas-na-mi-

rnmas-gis – pham-pa-de-rgyal-khar-sgyur-thub-gi-red.   gtam-dper. "pham-pa-

ni-rgyal-khʻai-rca-ba red "   zer-ba-daṅ.   "ʻaobs-doṅ-la-theṅs-ga – čig – zgas –

na-šes-rab-theṅs – gčig – 'aphel-gi-red "   zer-bʻai-rgyu-mchan-yaṅ-de-red.

<그림 7> 몽고문자 [왼쪽 위]
<그림 8> 파스파문자 [오른쪽 위]
<그림 9> 티베트문자 [아래]
(이상 출처: 『세계의 문자』 (범우사, 1997))

④ 서번(티베트) 문자

서기 640년대를 전후한 시기에 범어로 된 불경을 티베트어로 번역하기 위해 만든 문자이다. 고대 인도의 파니니문법학과 음성학의 영향을 받아 만든 표음문자이다. 좌에서부터 우로 쓰며, 가로로 쓴다는 점이 특징이다. 자음을 중심으로 하는 기본자 30개와 5개의 모음부호가 있다. 모음부호는 기본자에 특정한 부호들을 붙임으로써 모음이 결정된다. 예를 들어 모음 /a/ 글자 위에 부호를 붙이면 /i/ 글자가 되고 모음 /a/ 글자 밑에 부호를 붙이면 /u/ 글자가 되는 식이다. 따라서 /ka/ 글자는 ཀ가 되고, /ki/ 글자는 ཀི, /ku/ 글자는 ཀུ, /ke/ 글자는 ཀེ, /ko/ 글자는 ཀོ가 된다. 자음자와 모음부호가 결합하는 것은 음소문자의 성격을 갖지만 자음자가 기본적인 모음을 내포하고 있다는 측면에서는 음절문자의 형식을 띤다.[22]

다) 동아시아 문자 문명의 발전 단계

아시아 특히 동아시아 지역 국가들의 문자 현황을 통해 알 수 있는 것은 한자의 영향이 막대했다는 점이다. 완전한 소리문자로의 단일 서사체제(書寫體制)를 지향했던 경우는 몽고와 티베트의 경우였지만, 몽고의 파스파문자가 한자와 같은 사각형 문자의 형태로 개발되어 한자음의 표기에 적극적으로 활용되었다는 점을 감안하면 아시아 문자문명은 한자의 영향력 아래에서 표음문자를 지향하며 발전하였다고 할 수 있다. 이를 세 가지 측면에서 정리해보면 다음과 같다. 첫째는 표의문자에서 표음문자로 나아가는 측면이고, 둘째는 한자의 자형으로부터 벗어나 추상적인 기호로 나아가는 측면이며, 셋째는 음절문자에서 음소문자로 나아가는 측면이다.

이러한 점을 고려하여 아시아 문자문명의 흐름을 단계별로 정리해보면 다음과 같다. 먼저 1단계로는 거란문자의 대자(大字)나 서하문자가 여기에 속한다. 이들 문자는 대개 표의문자이거나 한자의 자형을 조금 변형하여 새로운 문자를 만든 경우이다.

2단계는 거란문자 중 소자(小字)나 여진문자를 들 수 있다. 이들은 한자의 부수와 같이 더욱 간단한 자형으로 새로운 글자를 만들어 추상성을 더했다는 특징이다. 여진문자는 거란문자의 영향을 받아 한 단계 더 단순한 자형으로 진화한 셈이다. 또한 이들은 표의문자뿐 아니라 표음문자의 성격도 가졌다는 것으로 보아 기존의 표의문자였던 거란문자(대자)나 서하문자보다는 진일보한 문자였다.

3단계는 일본의 가나문자를 들 수 있다. 한자를 모태로 하여 간략한 기호로 발전한 가나문자는 표음문자이면서 음절문자이다. 일본의 경우에는 표의문자를 새로 만들지 않고 한자를 이용하면서 새로 만든 표음문자를 한자와 섞어 쓰는 서사체제를 보였다. 이는 한국이 이두와 구결을 사용하던 상황과 거의 같다. 다만 한국의 경우 한자를 변형한 표음문자를 본격적으로 사용하지 않았지만, 일본의 경우는 그러한 표음문자를 사용하였다는 데 차이가 있다.

4단계는 몽고문자와 티베트문자인데, 이들은 인도계 문자로 표음문자이며 음소문자라는 공통점이 있다. 몽고문자와 티베트문자는 소그드문자와 위구르문자와 같이 표음문자에서 영향을 받은 것이어서 자형도 한자와는 다르고 모두 음소문자로 자음자와 모음자로 구분된다. 티베트문자에서 영향을 받은 원나라의 파스파문자도 표음문자이자 음소문자여서 이 단계에 포함될 수 있다. 음소문자를 음절 단위로 모아쓴 한글도 이 단계에 포함할 수 있지만 한글의 자형은 특정 문자를 모태로 하지 않고 발음기관을 상형했다는 특수성이 있다. 이런 점에서 한글은 동아시아 문자문명의 발전 단계에서 새로운 지평을 연 것으로 볼 수 있다.

2. 아시아 문자문명의 결정체, 한글

조선의 인접국가에서는 다양한 문자가 쓰이고 있었다. 말이 다를 뿐 아니라 한자를 변형하는 수준과 정도가 다르고 표의문자(表意文字)부터 표음문자(表音文字), 음절문자(音節文字)와 음소문자(音素文字)에 이르기까지 다양한 문자가 존재하고 있었다. 언어학에 조예가 깊었던 세종은 당연히 이러한 주변 문자를 모두 참조했을 것이다. 그리고 당시 조선의 학문적 역량, 특히 성운학에 대한 연구 역량을 감안할 때 이들 문자의 장단점을 파악할 수 있었을 것이다. 세종은 이러한 동아시아 문자문명의 배경 아래에서 한글을 구상했고 각 문자의 장단점을 분석한 결과를 수렴함으로써 완벽에 가까운 음소문자를 만들 수 있었다.[23]

그런데 당시 동아시아가 한자문화권을 이루고 있었다는 점에서 한자와 신문자와의 조화 문제는 필연적으로 제기될 수밖에 없었다. 이러한 문제의식은 음소문자를 음절 단위로 모아쓰는 서사 양식을 채택한 데에서 확인할 수 있는데, 이는 몽고의 신문자인 파스파문자의 서사 양식에서도 확인할 수 있다.

파스파문자는 티베트문자를 개량한 문자였지만, 문자의 모양을 방형(方形) 즉 사각형으로 함으로써 한자와의 조화를 고려했던 것이다. 파스파문자가 중국 운서의 발음을 표기하는 데 활용되었다는 사실도 문자 모양을 결정하는 데 영향을 미쳤을 것이다. 『몽고자운(蒙古字韻)』(1308)은 중국어를 표음문자로 표기한 최초의 책인데, 이는 파스파문자로 중국 한자의 표준음을 표기한 운서이다. 한글 창제 후 『홍무정운역훈(洪武正韻譯訓)』(1455)과 같은 운서가 편찬되었고, 한글과 한자를 혼용하는 서사 양식이 일반화된 것을 볼 때, 세종 역시 '한자음의 정확한 표기'와 '한자와의 조화'를 염두에 두었음을 알 수 있다.

한자문화권의 문화적 영향력을 한자와의 조화를 염두에 둔 한글의 서사 양식에서만 확인할 수 있는 것은 아니다. 한글의 제자원리를 보면 발음기관의 모양과 오행원리를 응용하여 다섯 개의 기본 자음자를 만들고 여기에 가획의 원리를 이용하여 비슷한 계열의 문자를 파생시켰다. 그리고 천지인의 모양을 본떠 기본 모음자를 만들고 음양의 원리와 개폐의 원리를 이용하여 다양한 모음자를 파생시켰다. 이런 점을 보면 한글은 한자문화권의 사유체계 즉 성리학적 사유체계를 반영한 문자라고 할 수도 있다. 한글이 성리학적 사유체계에 입각하여 문자체계를 세웠음은 2절에서 설명할 것이다.

결론적으로 한글은 한자문화권의 철학을 바탕으로 창제한 문자이자, 한자와의 조화와 한자문화의 수용을 염두에 둔 문자이면서, 당시 동아시아에서 사용되던 문자의 장단점을 분석한 결과를 수렴하여 우리말을 완벽하게 표기하는 소리문자로 창제되었다고 할 수 있다. 전상운(1992:142)에서는 세종시대의 과학기술을 '동아시아의 모든 과학문명을 하나로 용융시키는 도가니'로 표현했는데, 세종시대에 창제된 한글 또한 동아시아의 모든 문자문명을 하나로 용융시키는 도가니였던 것이다.

동아시아 질서의 재편과
문화적 대응으로서의 한글 창제

15세기의 대내외적 상황을 염두에 두고 한글 창제의 맥락을 살펴보면, 한글 창제는 동아시아 질서가 재편되는 과정에서 발생한 조선의 문화적 대응으로 이해할 수 있다. 이러한 관점에서 이 절에서는 한글 창제를 즈음하여 발생한 조선 내외의 변화를 서술하면서 한글 창제가 15세기에 이루어질 수 있었던 정치사회적 맥락을 짚어본다. 먼저 외적으로 볼 때, 중국은 중원에서 북방으로 정치경제적 중심지가 이동하는 격변을 겪는다. 원나라가 들어서면서 현재 북경 지역에 수도를 정하였고, 그 뒤를 이은 명나라도 처음에는 남경을 수도로 정했다가 머지않아 다시 북경 지역에 수도를 정했다. 이를 통해 남북을 망라한 중국의 통일어를 담아내려는 시도를 하게 된다. 이러한 과정에서 중국어는 새롭게 재정비되어야 했다. 내적으로는 고려가 멸망하고 조선이 건국되면서 성리학을 국가통치이념이자 세계 이해의 준거로 삼은 새로운 지배층이 형성되었다. 이 절에서는 이러한 점에 주목하여 한글 창제가 이러한 내외적 변화, 즉 중국어 변화와 지배이념의 변화에 대응하는 성격을 띠고 있었음을 설명한다.

1. 중국의 정치적 재편과 새로운 중국어의 탄생

1) 중국의 정치적 재편

14세기 중엽, 주원장(朱元璋)은 '오랑캐를 몰아내고 중화를 회복한다[驅逐 胡虜恢復中華].'라는 기치를 내걸고 몽고족이 세운 원(元)나라를 무너뜨렸다. 그리고 1368년 자신의 정치적 근거지였던 응천부(應天府, 남경)를 수도로 삼아 '명'을 건국했다. 이때 중화를 회복한다는 것은 한족을 부흥시킨다 는 것인데, 정치적으로는 '한(漢), 당(唐), 송(宋)'을 잇는 나라를 세운다는 것을 뜻했다. 원나라의 수도였던 북평(北平, 북경)에 수도를 정하지 않고 주 원장의 정치적 근거지이자 고대 중국의 중심지 중 하나였던 남경을 수도 로 한 것도 이와 관련된다.

그러다가 1402년 명나라 3대 황제인 영락제(永樂帝)가 즉위하게 된다. 그 는 오랫동안 북평 일대를 다스리며 몽고와 여진족 등 북방 민족의 침입을 막아냈던 인물이었다. 그는 누구보다도 북평의 중요성을 깨닫고 있었고, 오랜 준비 끝에 1421년 자신의 정치적 근거지인 북경으로 다시 천도하였 다. 이러한 일련의 변화는 두 가지 측면에서 중국을 변화시켰다.

첫째, 명의 정치적 개혁은 이전 한족 국가의 유교적 통치이념을 되살리 는 것과 연결되었다. 송나라 때까지의 유학 논의를 총집대성한 『성리대전 (性理大全)』(1415년)을 펴내고, 유교 경전을 학습한 지식인을 관리로 선발하 는 과거제도를 정비한 것은 한족 국가의 정체성을 확립하는 일이었다.

둘째, 북경으로의 천도는 명의 정치적 중심지가 북방으로 이동하는 것 을 의미했다. 이는 북방 민족을 견제하는 전략의 일환이기도 했지만, 남과 북을 연결하여 전국적인 통일적 지배체제를 확립하려는 목적에서 진행된 일이었다. 결국 영락제의 북경 천도는 강남체제라는 지방정권적 성격을 벗어나 중화제국이라는 통일적 지배체제를 확립할 수 있게 하였다는 점에서 큰 의미를 지니고 있다.[24]

2) 중국어의 변화와 운서

중국 대륙의 정치적 중심지가 북방으로 이동함에 따라 중국어에도 일정한 변화가 나타났고, 이는 운서(韻書)의 개편 사업을 추진하는 계기가 되었다. 그러나 운서의 개편이 당시 현실음(現實音)이었던 북경 중심의 북방음(北方音)을 그대로 반영하는 방향으로 전개되지는 않았다. 명(明)이 건국되면서 편찬된 『홍무정운』[25]에서는 전통적인 운서의 한자음을 기준으로 현실 북방음을 일부 반영한 표준안을 제시하였다. 명의 운서 개편의 원칙은 이처럼 이상적인 표준안으로 현실 중국어의 변화에 대응하는 것이었다.

　『홍무정운』의 서문(序文)을 보면, 반절(反切)[26]은 송나라 운서를 증보한 『증수호주예부운략(增修互注禮部韻略)』의 것을 따르고, 운(韻)의 분류 배합은 원나라 운서인 『중원음운(中原音韻)』의 방식을 따랐음을 밝히고 있다. 주요 형식을 보면 평(平)·상(上)·거(去)성은 각각 22운, 입(入)성은 10운, 총 76운이며 하나의 운을 여러 개로 나눈 뒤 이들을 다시 묶어 기술하는 방식을 취했다. 그러나 기존의 북방음과 남방음을 절충하다 보니 음계(音系)에 모순점도 없지 않았다. 강식진(康寔鎭)(2003)에서는 이러한 특성을 "남방음을 아울러 반영하고자 하는 인위적 노력으로『중원음운(中原音韻)』에서 이미 다른 성조로 편입된 입성을 존치시키거나 이보다 훨씬 전에 이미 북방어에서는 소실한 탁성(濁聲)을 대립시키고 있어 남북과 고금을 융합하겠다는 인위적 요소가 가미되었다."고 설명하였다.

이런 인위성 때문에 당시 중국의 지식인이라 할지라도 특별히 음운학에 조예가 깊지 않은 한 표준 한자음을 정확하게 구사하기는 어려웠던 것으로 보인다. 그렇다면 이러한 운서가 편찬된 이유는 무엇일까? 이는 앞서도 언급했지만 남과 북을 연결하는 통일적인 지배체제를 확립하고자 하는 목표가 있었기 때문이다. 결국 현실음에서 동떨어진 이상적인 운서가 표준 운서로 수백 년 동안 통용될 수 있었던 것은 황실의 권위와 철저한 중앙집권적 국가체제에 힘입은 바가 컸던 것이다.

『홍무정운』은 조선에도 커다란 영향을 미쳤다. 명의 건국으로 조성된 새로운 중화질서에 편입된 조선으로서는 새로운 중국어의 규범을 제시한 『홍무정운』을 중요시하지 않을 수 없었다. 중국과의 외교관계는 중국어로 이루어져야 했고 그 표준이 바로 『홍무정운』이었기 때문이다. 세종대왕은 『홍무정운』을 번역하는 데 훈민정음을 사용하였다. 『홍무정운』에 나타난 한자음을 훈민정음으로 표기했던 것이다. 그리하여 단종 3년(1455)에 『홍무정운역훈(洪武正韻譯訓)』이 완성된다.

그런데 여기에서 주목해야 할 또 하나의 사실은 세종이 『홍무정운』에서 제시한 중국의 표준음을 나타내는 문제를 중시했을 뿐만 아니라, 『홍무정운』의 운서 편찬 철학에 주목했다는 점이다. 즉, 『홍무정운』의 운서 편찬 철학의 핵심은 남북의 한자음과 고금의 한자음을 융합하여 이상적인 한자음을 제시한다는 것인데, 세종은 인위적인 노력을 통해 언어의 이상음(理想音)을 규범화할 수 있다는 사실에 큰 감명을 받았던 것이다. 이는 세종이 조선의 한자음을 표준화하는 데 결정적인 영향을 미쳤다. 그 결과는 『동국정운(東國正韻)』의 간행으로 이어졌다.

2. 조선의 건국과 새로운 지배이념의 탄생

14세기 중반 원나라가 몰락하고 명나라가 중국을 지배하면서 동아시아의 국제질서에 커다란 변동이 일어났다. 이는 원나라와 긴밀한 관계에 있던 고려에도 격변의 바람을 몰고 왔다. 고려가 중국 대륙의 세력 재편에 대응해야 하는 상황에 직면하면서 이에 대한 입장 차이가 구체제에 대한 변혁의 요구와 맞물려 신구 세력 간의 갈등을 증폭시켰던 것이다. 변혁 세력의 중심에는 이성계(李成桂)로 대표되는 무인(武人) 세력과 정도전(鄭道傳)으로 대표되는 신진 사대부들이 있었다. 친원(親元) 정책에 반대한 변혁 세력은 위화도 회군(1388년)을 감행하여 권력을 잡게 되었다. 그들은 대외적으로 친명사대(親明事大)를 표방하였고, 대내적으로는 권문세족을 제거하고 토지 개혁을 실시하였다. 그리고 1392년 유교를 지배이념으로 하는 새로운 국가 조선을 건국하였다.

1) 조선 초 통치 기반의 구축 맥락

명의 대외정책은 주변국들과 조공체제를 구축하고 이를 통해 주변국들을 통제하는 것을 기조로 하고 있었다. 이 무렵 명의 장군 정화(鄭和)는 1405년에서 1433년까지 인근 해역은 물론 인도양과 더 나아가 아프리카 연안까지 해외 원정을 시도했는데, 이 또한 조공체제를 확대하고 강화하기 위한 전략의 일환이었다. 그러나 북방의 주변국들과 조공체제를 구축하는 것은 쉽지 않은 일이었다. 명이 중국을 지배하면서 북방으로 밀려난 몽고는 가장 큰 위협이 되었는데, 영락제(永樂帝)는 1424년 몽고와의 전투에서 사망하였으며, 영종(英宗)은 1449년 몽고와의 전쟁에서 포로로 잡히는 수

모를 겪기도 했다. 그만큼 북방 주변국들의 세력이 만만치 않았고, 내치를 강화해야 하는 명의 입장에서는 주변국들의 동향에 민감하게 반응할 수밖에 없었다.[27]

조선이 건국한 1392년은 명의 통치체제가 자리를 잡기 시작한 홍무제(洪武帝)의 말기였다. 친명사대를 표방한 신진 세력이 건국한 조선은 자연스럽게 명의 조공체제에 편입되었다. 그럼에도 불구하고 명의 통치체제가 안정적으로 구축되지 않은 상황에서 명의 의심과 견제는 태조 이성계의 재위기간(1392-1398) 내내 계속되었다. 따라서 조선 초기의 왕들은 명과의 사대관계를 군건히 하면서 집권 기반을 강화해야 하는 과제를 안게 되었다. 태조의 뒤를 이은 태종은 조세제도와 신분제도 등을 비롯하여 사회문화제도를 정비하고 중앙집권의 기틀을 마련한 왕이었다. 태종이 이렇게 왕조의 기틀을 다질 수 있었던 데에는 태종의 뛰어난 지도력도 있었겠지만 명의 내부 사정도 어느 정도 영향을 미쳤다.

명의 영락제(재위 1402-1424)는 수도를 북경으로 옮기고 자금성을 짓는 등 거대한 국책 사업을 시행했다. 또한 정화로 하여금 서방 원정을 하게 했다. 이 과정에서 과도한 세금과 부역에 내몰린 백성들의 원성이 잦아지고 홍수와 역병(疫病)까지 돌게 되자 곳곳에서 민란이 일어나게 되었다. 이러한 사정으로 영락제의 통치력은 약화하게 되고 주변국에 대한 견제와 압력도 약해지게 되었다. 이처럼 명의 견제와 압력이 약화된 상황에서 태종은 국가체제와 통치 기반을 확고하게 다질 수 있었던 것이다. 이러한 상황은 세종의 재위기간에도 지속되었다.

3대 황제인 영락제(永樂帝)는 1424년 몽고와 싸우다 죽고, 뒤를 이은 홍희제(洪熙帝)는 1년 만에 죽었으며, 이어 등극한 선덕제(宣德帝: 재위 1425-1435)는 위기를 극복하기 위해 대외관계를 줄이고 내실을 다지게 된다. 그리고 정통제(正統帝: 재위 1435-1449, 1457-1464)가 9세에 황제가 되었으나, 나이가 너무 어려 태후가 수렴첨정을 해야 했다. 정통제는 1449년 몽고와 싸우다가 포로로 잡혀갔고, 이 때문에 동생 경태제(景太帝: 재위 1428~1457)가 즉위하게 된다. 정통제는 나중에 풀려나와 환궁하였으나 태상황제로 남궁에 유폐되었다가 1457년 경태제가 중병에 걸린 틈을 타서 다시 황제로 복위하는 우여곡절을 겪기도 했다.

이처럼 명의 황실이 불안정한 기간 동안 조선은 명의 견제 없이 통치 기반을 안정적으로 구축하였다. 특히 태종의 뒤를 이은 세종은 북진정책으로 압록강과 두만강까지 영토를 확장하고 4군 6진(四郡六鎭)을 세웠을 뿐만 아니라, 조선의 사회문화제도를 정비하고 중국의 문물제도를 수용하여 정치, 사회, 문화 전 영역에 걸쳐 조선에 맞는 규범을 마련하였다.

2) 새로운 지배이념의 구축 맥락과 한글

조선은 사대정책을 기반으로 대외관계를 안정시키는 한편, 유교이념을 기반으로 중앙집권적인 국가 틀을 만들어갔다. 이러한 상황에서 조선의 정치, 경제, 문화의 모든 틀이 명을 모델로 만들어질 수밖에 없었고, 더 나아가 이러한 모든 틀에 유교 철학적 의미를 부여하게 되었다. 세종 원년(元年)에 세종의 이복동생인 경녕군(敬寧君)이 사은사(謝恩使)로 명나라에 가서 영락제로부터 성리학을 집대성한 『성리대전(性理大全)』과 『사서오경대전(四書五經大全)』를 하사받았고, 조선 왕실에서는 이를 인쇄하여 보급함으로써 유학의 전통을 확립하고자 했다. 이러한 사실은 명과 조선의 관계 그리고 조선에서의 유교이념의 위상 등을 상징적으로 보여준다.

이처럼 조선은 중국의 영향력을 인정하고 중국문화를 수용해 발전을 도모했다. 그런데 세종대의 조선은 정치·사회적으로도, 학문적으로도 자신감이 충만해 있었다. 앞서 간략히 설명한 바와 같이 중국은 어지러운 상황이었지만 조선은 강력한 중앙집권적 토대를 마련했을 뿐만 아니라 정치, 사회, 문화 전 영역에서 조선의 독자적인 기틀을 다질 수 있었다. 이러한 과정은 곧 중국의 문물과 제도를 수입한 후 이를 조선의 규범으로 전환하는 과정이라고 할 수 있다.[28]

이때 조선의 규범을 관통하는 것은 성리학적 사유체계(思惟體系)였다. 성리학적 사유는 조선 지식인들이 세상을 보고 이해하고 살아가는 준거(準據)가 되었던 것이다. 15세기는 조선이 이러한 준거의 틀을 마련하는 시기였다. 당시 성리학적 사유체계를 준거의 틀로 삼는 것은 정치, 사회, 문화의 혁신을 의미할 뿐만 아니라 과학적 사유 방식의 혁신을 의미하는 것이었다. 정치적 자율성이 확보된 상태에서 성리학을 토대로 조선의 규범이 정립되면서 조선 사회는 소중화(小中華)를 실현할 수 있다는 자신감에 가득 찼다.

세종은 이러한 자신감과 실용주의 정신을 발휘하여 '한글'이라는 독특한 표음문자를 창제했다. 이와 관련한 문제는 3장에서 상세히 설명할 것인데, 3장은 한글의 독특한 제자원리가 성리학적 사유방식을 소리에 대한 과학적 인식의 근거로 삼은 결과라는 입장에서 서술될 것이다.

조선이 성리학을 이념으로 새로운 질서를 확립하고자 했던 것은 결국 독특한 제자(制字) 방식의 표음문자인 한글을 창제하고 이를 일상에서 활용하는 결정적인 계기가 되었다. 그러나 세종의 이러한 시도는 '글을 같이하고 법도를 같이한다.'는 이른바 '동문동궤(同文同軌)'의 관점에서 사대주의를 실현하고자 했던 사대부들과의 갈등을 초래했다. 성리학적 사유체계를 적용한 다양한 과학적 시도들이 별다른 저항 없이 수용되었음에도 한글 창제가 거센 반발에 직면했던 것도 당시 사대부들이 '동문동궤'라는 중화문명의 근간이 한글 창제로 인해 흔들릴 수 있다고 판단했기 때문이다.

이상을 종합해볼 때, 15세기 조선에서 동아시아의 어느 나라의 문자보다 체계적이면서도 합리적인 문자를 만들 수 있었던 배경으로는 세 가지를 들 수 있다. 첫째, 조선 초기 주변 나라에서 썼던 다양한 방식의 문자, 둘째, 이들의 장단점을 파악하여 우리말을 표기하는 데 활용할 수 있는 학문적 역량, 셋째, 한자문화권의 철학을 우리식으로 수용하여 우리만의 독창적인 음소문자를 창제할 수 있었던 자신감과 문화적 역량이 그것이다.

御醫　臣　許浚奉教

◯痘瘡源委　히여되느군뵘이라

醫學入門曰太古無痘疹周末秦初乃有之

의호임문의골오디쟝뒤는히역비리업더

쥬젹내죵과진쳐업브터인느니라

醫學正傳曰諸痛痒瘡瘍皆屬心火盖因胎毒流行

命門遇少陰少陽司天君相二火太過熱毒藏

年則發作矣　子午歲少陰君火司天　寅申歲少陽相火司天

의호졍뎐의골오디모든알프며다기오며

의곳오디모든알프며지라오며

제3장

15세기 조선의
과학문명과 한글

15세기 들어 조선왕조는 중국에 버금가는 문명국가를 이루기 위해 다각도로 노력하였다. 이 과정에서 중국의 문명을 받아들이고 이를 적용하여 조선을 문명화하는 것은 조선왕조의 최대 과제였다. 15세기의 눈부신 과학적 성과는 이러한 노력의 산물이라고 할 수 있으며, 한글의 탄생 역시 이러한 맥락에서 의미를 찾을 수 있을 것이다.

이와 관련하여 주목해야 할 것은 당시 조선을 문명화하기 위한 모든 활동이 중세적 질서와 세계관의 토대 위에서 이루어졌다는 사실이다. 따라서 15세기 조선의 과학문명을 이해하기 위해서는 중세적 질서의 상징인 사대중화(事大中華) 의식과 중세적 세계관의 기반이었던 성리학적 사유의 특징을 이해할 필요가 있다.

주체성과 자주성의 아이콘으로 평가받아온 한글의 창제 의의를 이해하는 데에도 이러한 관점은 절실하다. 중국에서 발달한 음운학의 성과를 성리학적 사유체계를 바탕으로 재구성함으로써 조선 음운학이 정립되었고 이를 바탕으로 한글 창제가 이루어졌기 때문이다. 가장 과학적인 문자 한글이 이처럼 중세적 세계관의 기반이었던 성리학적 사유체계에서 비롯한 것이라고 한다면, 과학적 사유의 틀로서 15세기의 성리학적 과학주의[1] 에 주목할 필요가 있다.

한글 창제를 가장 극렬히 반대했던 최만리는 "우리 조선은 조종 때부터 내려오면서 지성스럽게 대국(大國)을 섬기어 한결같이 중화(中華)의 제도를 준행(遵行)하였는데, 이제 글을 같이하고 법도를 같이하는 때를 당하여 언문을 창작하신 것은 보고 듣기에 놀라움이 있습니다."[2] 라 하며 한글의 운용법이 모두 옛것과 반대되는 것임을 지적했다.[3] 그러나 『훈민정음』에 설명된 한글의 제자원리와 운용법(運用法)을 보면 한글이 철저하게 성리학적 사유의 틀에서 만들어진 것임을 알 수 있다. 표면적으로는 한글 창제가 "글을 같이하고 법도를 같이하는[同文同軌]" 중세 질서를 거스른 것처럼 보이지만, 궁극적으로는 중세 질서를 떠받치는 이념의 틀에 충실했던 것이다.

이러한 관점은 자칫 조선의 과학문명과 한글의 탄생이 지닌 자주적 의의를 과소평가하는 데 이용될 수 있는 위험성을 지닌다. 그러나 이 책에서는 선진 문명을 받아들이는 것과 이를 자주적으로 응용하는 것은 배타적 관계가 아니라는 관점을 유지할 것이다. 또한 형이상학적인 이념의 틀이 자연과학적 탐구의 틀로 작용했던 중세 과학문명의 특수성에 주목하여 한글의 과학문명사적 의의를 탐색할 것이다.

이러한 문제의식에 따라 이 장에서는 한글 창제에 미친 중국 음운학과 성리학의 영향을 객관적으로 살펴봄과 동시에, 중국의 음운학과 성리학을 받아들여 전유(專有)함으로써 이룬 독자적 성과가 한글의 창제였음을 강조할 것이다.

한글 창제 배경으로서의 15세기 성리학

이 절에서는 두 가지 문제를 다루고자 한다. 첫째는 성리학이 한글 창제와 『훈민정음』 편찬에 관여한 세종과 집현전 학사들에게 어떤 영향을 끼쳤는지를 알아볼 것이다. 이를 위해 『세종실록』의 기사를 중심으로 조선에서 성리학적 사유가 확대, 심화되는 맥락을 검토하고자 한다. 둘째는 성리학적 사유체계를 통해 과학적 음운학을 체계화함으로써 한글 창제가 이루어졌음을 밝히고자 한다. 이를 위해 『훈민정음』과 『동국정운』의 내용을 통해 유추할 수 있는 성리학적 사유체계의 특성을 살펴보고자 한다.

1. 세종과 사대부들에게 성리학은 무엇이었나?

조선의 건국은 성리학을 국가의 통치이념으로 삼고자 했던 세력이 주도했던 혁명의 결과였다. 그런데 세종이 조선의 통치 기반을 공고히 할 시대적 과제를 부여받은 왕이었다는 점을 감안한다면, 세종이 성리학적 사유를 심화하는 맥락은 세종과 세종시대의 정체성을 파악하는 데에서 중요한 부분일 것이다.

1) 세상사를 설명하는 보편의 학문

세종과 조선 사대부들에게 성리학이 무엇이었는지 알기 위해서는 다음 두 가지 사실을 먼저 이해할 필요가 있다. 첫째, 성리학은 남송의 주희에 의해 재편된 유교의 학술체계로, 명 시대에 학문의 기본원리이자 국가의 통치이념으로 확립되었다. 둘째, 성리학의 핵심은 인간과 세계를 일관하는 항상성[법칙성]인 이(理)를 탐구하는 것이다. 이 두 가지 사실은 성리학이 명과 조선에서 차지하는 위상, 그리고 당대인의 사유방식에 끼친 영향을 판단하는 데 중요한 근거가 된다.

가) 명과 조선을 잇는 이념적 고리

첫째 사실은 성리학적 이념을 공유하면서 긴밀해진 명(明)과 조선의 관계와 관련지어 이해할 필요가 있다. 이와 관련하여 다음 실록 기사에 주목할 필요가 있다. 세종 원년 12월 7일에 세종의 이복동생인 경녕군이 사은사(謝恩使)로 명나라에 가서 성조(成祖)로부터 총애를 받았다는 『세종실록』의 기사인데, 이 기사는 명과 조선의 사대관계를 생각할 때 시사하는 바가 크다.

> 경녕군(敬寧君) 이비(李裶)와 찬성 정역(鄭易), 형조참판 홍여방(洪汝方) 등이 북경에서 돌아왔다. (중략) 황제가 비를 매우 후하게 대접하였는

데, 예부에 명하여 세자 이제(李禔)가 조현(朝見)할 때의 예(例)에 의하여 접대하게 하고, (중략) 어제 서문(御製序文)이 붙은 《신수성리대전(新修性理大全)》과 《사서오경대전》 및 황금 1백 냥, 백금 5백 냥, 색 비단·채색 비단 각 50필, 생명주 5백 필, 말 12필, 양 5백 마리를 하사하여, 별나게 총애하였다.[4] 『세종실록』 권6, (1419).12.7.

밑줄 그은 부분을 통해 명 성조의 하사품 중에 『성리대전』과 『사서오경대전』이 포함되었음을 알 수 있다. 서적의 수입이 사신을 통해 이루어졌던 것을 생각하면 그리 두드러진 내용이라 볼 수 없지만, 이 두 책이 명 성조의 지시로 1415년 동시에 편찬된 것이었다는 사실을 의미 있게 볼 필요가 있다.

『성리대전』은 송 시대의 성리학설을 집대성한 것이고, 『사서오경대전』은 사서와 오경에 대한 학자들의 주석을 모아놓은 것이다. 명 황실에서 『성리대전』과 『사서오경대전』을 편찬한 것은 그간 국가통치이념에서 소외되었던 성리학을 국가통치이념으로 재건한다는 의지를 표명한 것이라 할 수 있다. 당시는 이민족인 몽고족의 지배를 끝내고 한족의 나라를 세운 시점이었다. 그렇다면 명 성조가 『성리대전』과 『사서오경대전』을 조선 왕제에게 내린 행위는 조선을 명과 통치이념을 공유하는 국가로 인정한 것으로 볼 수 있다.

이러한 의미를 지닌 책이 세종 원년에 조선에 들어오게 되었으니, 이 책은 조선 왕실에서도 특별한 의미를 띨 수밖

〈그림 10〉 『성리대전』 (출처: 국립민속박물관)

에 없었다. 세종은 이 책을 복각하여 널리 읽힐 수 있도록 했을 뿐만 아니라, 세종 자신도 이를 통해 성리학에 대한 이해의 폭을 넓히고자 했다. 세종 10년의 실록 기사는 세종이 『성리대전』의 이해에 얼마나 노력했는지를 잘 보여준다.

> 윤대를 행하고 경연에 나아갔다. 임금이 집현전 응교 김돈(金墩)에게 이르기를, "《성리대전서(性理大全書)》가 지금 인쇄되었는지라, 내가 이를 시독(試讀)해보니 의리(義理)가 정미(精微)하여 궁구(窮究)하기에 쉽지 않으나, 그대는 정상(精詳)한 사람이니 마음을 써서 한번 읽어보라." 하니, 김돈이 아뢰기를, "스승에게 배우지 않으면 쉽사리 궁구해볼 수 없지마는, 신이 마땅히 마음을 다하겠습니다." 하였다. 임금이 말하기를, "비록 스승을 얻고자 하나 진실로 얻기가 어렵다." 하였다.[5] 『세종실록』 권39, (1428).3.2.

세종 10년의 실록 기사는 세종이 『성리대전』의 이해를 위해 노력했음과 당시 지성계에서도 이에 대한 이해가 숙제였음을 잘 보여준다. 이는 15세기가 성리학을 교육의 기본 내용으로 확립하는 시대였음을 말해주는 것이기도 하다.

나) 근본을 향한 탐구

앞서 설명한 것처럼 세종과 당시 사대부들이 『성리대전』을 이해하는 데 노력했다는 것은 세종이 세상의 근본이 되는 학문을 제대로 해야 한다는 원칙을 가지고 있었음을 보여주는 사례이다. 이러한 원칙은 학문하는 태도를 규정하는 것으로 이어진다.

임금께서 집현전 부교리 이계전(李季甸)·김문(金汶) 등에게 명하시기를, "무릇 학문하는 방법은 경학(經學)을 근본으로 삼을지니, 진실로 마땅히 먼저 읽어야 될 것이다. 그러나 다만 경학만 공부하고 사기를 통하지 않는다면 그 학문은 넓지 못할 것이다."[6] 『세종실록』 권74, (1436).7.29.

또한 세종의 부고를 알리는 실록 기사에서는 세종의 인품과 업적을 기술하고 있는데, 다음 대목은 세종의 학문하는 태도가 어떠했는지를 사실적으로 보여준다.

경서(經書)를 읽는 데는 반드시 백 번을 넘게 읽고, 자사(子史)는 반드시 30번을 넘게 읽고, 성리(性理)의 학문을 정밀하게 연구하여 고금에 모든 일을 널리 통달하셨습니다.[7] 『세종실록』 권127, (1450).2.22.

위와 같은 실록 기사가 일관되게 보여주고 있는 것은 세종이 경학을 근본으로 하는 학문 태도를 지녔다는 것이다. '경학(經學)'은 말 그대로 유교 경전을 연구하는 학문인데, 『사서오경대전』을 들여온 세종시대 경학은 사서(四書)와 오경(五經)에 대한 주희(朱熹)의 주석을 익히는 것을 의미한다고 할 수 있다. 따라서 경학을 근본으로 한다는 것은 곧 성리학적 원리를 제대로 탐구하는 것이 학문의 기본이라는 뜻이다. 이러한 생각은 당시의 일반적 기류였다고 할 수 있는데, 당시 경학은 과거제도를 통해 학문으로서 절대적인 권위를 가지고 있었다. 따라서 경학을 어느 정도의 비중으로 시험해야 할 것인지는 과거와 관련한 논의에서 중요한 지점이었다.

우리 전하께서 천성이 총명하신 데다가 학문에 밝으시고 또 넓으시며,

과거를 설시하시고 성리학을 숭상하시니, 위로는 왕궁으로부터 아래의 시골까지 한 지방도 배우지 않는 곳이 없고, 한 사람도 가르치지 않는 바가 없으니, 이는 학문의 본체가 이미 서고 학문의 공효가 이미 행하는 것으로서, 비록 도당씨(陶唐氏)·유우씨(有虞氏)의 진실을 바탕으로 한 학문이라 할지라도 이보다 더할 수가 없을 것입니다. (중략) 문장에 능한 자는 조정에서 칭송을 받고, 명색 경학(經學)하는 자는 결국 한평생을 교수(敎授)로 늙어버리기 때문에, 그 자제들이 먼저 문사(文辭)에 마음을 두고 애당초 경학에 뜻을 주지 않을 뿐더러, 간혹 부지런히 독서하는 자가 있으면 친우들에게 도리어 멸시를 받는 정도입니다.[8] 『세종실록』 권49, (1430).8.22.

　위의 상소에서 황현(黃鉉)은 경서에서 주제를 뽑아 글을 쓰게 하는 것보다는 경서를 외우게 하는 강경(講經)이 경학의 본체임을 주장하며 과거제도의 개선을 요청하였다. 강경 능력을 보고 인재를 등용해야 한다는 것이다. 비슷한 시기에 이루어진 세종과 정초(鄭招)의 대담에서도 이와 관련한 논쟁이 있었는데, 세종은 두 가지 방식이 모두 학문의 능력을 판단하는 데 필요하다고 보고 이 요청을 받아들이지 않는다.

　　총제(摠制) 정초(鄭招)가 대답하기를, "신의 생각으로는 강경이란 기억하고 외는 것뿐이요, 제술은 문장에만 힘쓰는 것이니, 성인의 성명도덕(性命道德)의 학문이 아닙니다. 역대에서 인재를 시험보이는 데에 모두 제술의 제도를 썼고, 또 명경(明經)의 과목이 있었습니다. 만일 경학(經學)과 역사에 마음을 가진 사람이라면, 아무리 기억하고 외는 공부를 한다 할지라도 오히려 이치에 통달하며 사리를 알게 되는 이익이 있을 것입니다. 베껴 모으는 것만 일삼고 실제의 학문에는 힘쓰지 않는 것이 오늘날에 있어서 큰 폐단이 되고 있사옵니다."

하니, 임금이 말하기를,

"아무리 베껴 모으는 일에 힘쓴다 할지라도 이것도 모두 경(經)과 역사에서 나오는 글인데, 그렇게 공부한대서 무엇이 나쁜가."[9] 『세종실록』 권50,

(1430).10.25.

이러한 논쟁에서 주목해야 할 점은 그 시대 많은 지식인들이 경학(經學)을 통해 세상의 이치와 사리를 깨치는 것을 중시했다는 것이다. 세종은 학문의 능력을 판단하는 데에서는 경학 이외의 것도 시험할 필요가 있다는 입장이면서도 앞선 인용에서 봤듯이 "무릇 학문하는 방법은 경학(經學)을 근본으로 삼을지니, 진실로 마땅히 먼저 읽어야 될 것이다."는 태도를 보이고 있다. 이런 점을 보면 당시 사물에 대한 과학적 이해의 틀이 성리학적 사유체계인 것은 당연한 일일 것이다. 『아악보(雅樂譜)』가 완성된 후 지은 정인지(鄭麟趾)의 서(序)는 조선 사대부의 사유방식을 잘 보여준다.

"㉠음악은 성인이 성정(性情)을 기르며, 신과 사람을 화(和)하게 하며, 하늘과 땅을 자연스럽게 하며, 음양(陰陽)을 조화시키는 방법이다. (중략) 우리 주상 전하께옵서 특별히 생각을 기울이시와 선덕(宣德) 경술년 가을에 경연(經筵)에서 채씨(蔡氏)의 《율려신서(律呂新書)》를 공부하시면서, 그 법도가 매우 정밀하며 높고 낮은 것이 질서가 있음에 감탄하시와 음률을 제정하실 생각을 가지셨으나, 다만 황종(黃鍾)을 급작이 구하기가 어려웠으므로 그 문제를 중대하게 여기고 있었다. 마침내 신 등에게 명하시와 옛 음악을 수정하게 하였다. (중략) ㉡이제 황종을 음성의 기본에서 찾아내어 28개의 음성을 마련하였고, ㉢크고 작으며 높고 낮은 것이 제 차례를 문란시키지 아니한 점에 있어서는, 주자(朱子)와 채씨(蔡

氏)의 뜻이 천 년 이후에 이르러 조금이라도 펴게 되었으니, 이것은 반드시 우리 왕조를 기다리어 이루어졌다고 아니할 수 없다."[10] 『세종실록』권 50, (1430).윤12.1.

위의 실록 기사는 음률을 제정하게 된 맥락을 설명하는 내용이다. 이 기사에는 세종이 경연을 통해『율려신서』를 학습했다는 내용이 나오는데, 이를 보면『율려신서』가『아악보』편찬의 기반이 되었음을 알 수 있다. 『율려신서』는 주희(朱熹)가 서문을 쓴 악서로『성리대전』에 포함된 것이다. 이러한 사실은『율려신서』가 성리학의 체계화 과정에서 중요하게 취급된 이유를 말해준다. 따라서 밑줄 친 ㉠의 내용은 성리학적 음악관을 압축적으로 설명한 대목이라 할 수 있고, ㉡의 내용은 인간과 세계를 하나로 꿰뚫는 보편 원리인 이(理)가 존재한다고 보는 성리학적 관점에서 이해할 필요가 있을 것이다. 그렇다면 ㉢의 내용은 세종이 음률 제정에 관심을 보인 것이 성리학적 질서 구축의 일환이었음을 말해준다고 할 수 있다.

이런 점을 감안하면 성리학적 사유체계를 기반으로 음운학을 연구하고 한글을 창제했음을 어렵지 않게 짐작할 수 있다. 결국 보편 원리인 이(理)를 탐구하는 것은 변화하는 사물에 내재한 항상성과 법칙성을 발견하는 것이고, 이러한 탐구 방식은 모든 분야의 연구에 적용할 수 있기 때문이다. 세종의 뛰어난 성취는 이러한 배경에서 이루어진 것이다. 실제『훈민정음』에서 보인 제자원리는 성리학적 사유방식으로 언어음의 보편 원리를 파악하고 이를 문자체계로 재구성한 결과물이었다. 이에 대해서는 2절과 3절에서 상세하게 설명할 것이다.

성리학의 사유체계에서는 인간의 본질이 마음에 있는 본성이고, 본성은
곧 이(理)에 대응한다. 그런데 몸과 마음을 이루는 기질에 따라 이(理)가 발
현하는 정도에 차이가 있을 수 있기 때문에, 이 기질을 변화시켜 이(理)가
완전히 발현되도록 하는 과제가 남게 된다. 그렇다면 이 과제를 수행하는
것이 바로 교육의 목적이라 할 수 있다.

세종은 성리학적 통치이념을 지닌 계몽군주로서, 이(理)가 발현될 수 있
도록 백성을 가르치고자 했고, 이를 위해 성리학적 통치이념을 상하 계층
모두와 공유하고자 했다. 한글 창제 또한 이러한 계획의 일환으로 볼 수
있다. 자신이 창제한 문자를 '백성을 가르치는 바른 소리[訓民正音]'란 뜻
을 담아 '훈민정음(訓民正音)'으로 명명했다는 것은 한글을 창제한 동기가
무엇이었는지를 잘 말해준다. 세종이 한글 창제 이전부터 성리학적 통치이
념을 상하 계층 모두와 공유하려 했음은 『삼강행실도(三綱行實圖)』에 대한
세종의 관심에서 확인할 수 있다.

> 임금이 말하기를,
> 삼강은 인도의 대경(大經)이니, 군신·부자·부부(夫婦)의 벼리를 마땅히
> 먼저 알아야 할 것이다. 이제 내가 유신(儒臣)에게 명하여 고금의 사적
> 을 편집(編集)하고 아울러 그림을 붙여 만들어 이름을 《삼강행실(三綱
> 行實)》이라 하고, 인쇄하게 하여 서울과 외방에 널리 펴고 학식(學識)이
> 있는 자를 선택하여 항상 가르치고 지도하여 일깨워 주며, 장려 권면하
> 여 어리석은 백성으로 하여금 모두 알아서 그 도리를 다하게 하고자 하
> 는데 어떻겠는가.[11] 『세종실록』 권64, (1434).4.27.

세종은 '삼강(三綱)'은 인간의 도리이고 사람들이 이 도리를 지키도록 하기 위해서는 사람들에게 '삼강'을 교육할 필요가 있다고 생각했다. 이러한 교육은 궁극적으로 성리학적 사회질서를 유지하는 일이다. 이때 사회질서 유지의 핵심은 사직(社稷)을 안정시키고 왕권을 확립하는 데 있다. 그렇다면 세종은 사직의 안정과 왕권의 확립이라는 시대적 과제를 교육정책을 통해 이루려 했던 통치자였다고 볼 수 있다.

세종의 명을 받은 집현전(集賢殿) 부제학 설순은 1432년(세종 14)에 『삼강행실도』를 편찬하여 세종에게 진상한다. 『삼강행실도』는 중국에서부터 우리나라에 이르기까지 효자·충신·열녀로서 기술할 만한 사람을 찾아내어, 앞에는 형용을 그림으로 그리고 뒤에는 사실을 기록하였으며 여기에 모두 시(詩)를 붙여 편찬한 책이었다.

> 백성을 몸소 실행하고, 마음으로 얻게 한 결과로써 감화되게 하는 것은 이미 그 지극함을 다하였건만, 그러고도 오히려 흥기(興起)시키는 방법에 다하지 못한 것이 있을까 염려하여, 드디어 이 책을 만들었습니다. 널리 민간(民間)에 펴서 어진 이거나 어리석은 자이거나 귀한 사람·천한 사람·어린이·부녀자의 구별 없이 다 즐겨 보고 익히 들으며, 그 그림을 구경하여 그 형용을 상상하고, 그 시를 읊어서 인정과 성품을 본받게 한다면, 흠선(欽羨)하고 감탄하고 사모(思慕)하여서 권면(勸勉)과 격려(激勵)로 그들의 다 같은 본연(本然)의 선심(善心)이 감발(感發)되어, 자기들의 직분의 마땅히 해야 할 것을 다하지 않는 자가 없을 것입니다.[12] 『세종실록』 권56, (1432).6.9.

그런데 위의 인용문에서 주목할 것은 세종은 성리학적 질서의 핵심이었던 '삼강'을 모든 사람에게 알리기 위한 방법을 생각했고 이를 위해 『삼강행실도』를 편찬했다는 점이다. 그런데 "펴 보고 읽는 가운데에 느껴 깨달음이 있게 되면, 인도하여 도와주고 열어 지도하는 방법에 있어서 도움됨이 조금이나마 없지 않을 것이다. 다만 백성들이 문자를 알지 못하여 책을 비록 나누어 주었을지라도, 남이 가르쳐 주지 아니하면 역시 어찌 그 뜻을 알아서 감동하고 착한 마음을 일으킬 수 있으리오."[13] (세종 16년(1434) 4월 27일)이라 했던 세종의 고민에 주목한다면, 세종은 문자로 읽고 깨닫는 것이 교육의 효율성을 제고하는 데 도움이 될 것으로 생각했음을 짐작할수 있다. 그렇다면 세종은 일찍부터 백성의 문자를 생각했을 것이고, 어렴풋하게나마 백성의 문자로 『삼강행실도』를 설명하는 것을 상상했을 수 있다.[14] 이는 한글 창제를 반대하는 신하들을 질타한 세종의 말에서 다시금 확인할 수 있다.

> "정창손(鄭昌孫)은 말하기를, '삼강행실(三綱行實)을 반포한 후에 충신·
> 효자·열녀의 무리가 나옴을 볼 수 없는 것은, 사람이 행하고 행하지 않
> 는 것이 사람의 자질(資質) 여하(如何)에 있기 때문입니다. 어찌 꼭 언문
> 으로 번역한 후에야 사람이 모두 본받을 것입니까.' 하였으니, 이따위 말
> 이 어찌 선비의 이치를 아는 말이겠느냐. 아무짝에도 쓸데없는 용속(庸
> 俗)한 선비이다." 하였다. 먼젓번에 임금이 정창손에게 하교하기를, "내
> 가 만일 언문으로 삼강행실(三綱行實)을 번역하여 민간에 반포하면 어
> 리석은 남녀가 모두 쉽게 깨달아서 충신·효자·열녀가 반드시 무리로
> 나올 것이다." 하였는데, 창손이 이 말로 계달한 때문에 이제 이러한 하
> 교가 있은 것이었다.[15] 『세종실록』 권103, (1444).2.20.

위에서 밑줄 친 세종의 말은 세종이 한글을 창제한 목적이 무엇이었는지, 그리고 세종이 만들고자 했던 나라는 어떤 나라였는지를 말해준다.

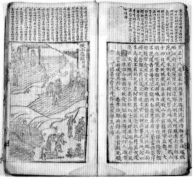

〈그림 11〉 『삼강행실도』 〈그림 12〉 『삼강행실도』 언해 〈그림 13〉 『삼강행실도』 언해
(출처: 한국학중앙연구원) (출처: 국립중앙박물관) (출처: 양산시립박물관)

즉, 한글은 백성을 가르치기 위한 문자로 계획된 것이고, 세종이 가르치고
자 했던 것은 인간의 도리였던 것이다. 이처럼 백성을 교화하는 것이 세종
이 생각하는 선비의 도리였다. 정찬손이 세종으로부터 '아무짝에도 쓸모
없는 선비'란 질책을 받았던 것은 단순히 한글 창제를 반대한 데 있지 않
았다. 인간의 기질을 바꿔 그 본성을 발현시킨다는 성리학적 교육의 근본
목적을 망각했다는 것이 세종이 정찬손을 질책하고 벌을 내린 가장 큰 이
유였다. 그만큼 세종에게는 조선을 성리학의 나라로 만드는 것이 중요했던
것이다.

2. 소리의 이치가 곧 세상의 이치:
   『훈민정음』에 나타난 음운관과 성리학

앞서서 『성리대전』이 중국으로부터 전해진 것이 조선의 성리학 발전에 결
정적으로 기여했음을 거론하였다. 그런데 지금까지 훈민정음 연구를 통해
밝혀진 바로는 『성리대전』 중 『황극경세서(皇極經世書)』가 언어학과 언어철

학 및 운서 연구에 특별한 영향을 끼친 것으로 알려져 있다. 특히 언어철학적인 관점에서 『황극경세서』의 내용은 『동국정운(東國正韻)』 및 『훈민정음』에서 반복적으로 나타난다는 점이 주목을 끌었다. 신숙주(申叔舟)가 쓴 『동국정운』 서문의 내용을 보자.

> 대저 음(音)이 다르고 같음이 있는 것이 아니라 사람이 다르고 같음이 있고, 사람이 다르고 같음이 있는 것이 아니라 지방이 다르고 같음이 있나니, 대개 지세(地勢)가 다름으로써 풍습과 기질이 다르며, 풍습과 기질이 다름으로써 호흡하는 것이 다르니, 동남(東南) 지방의 이[齒]와 입술의 움직임과 서북(西北) 지방의 볼과 목구멍의 움직임이 이런 것이어서, 드디어 글뜻으로는 비록 통할지라도 성음(聲音)으로는 같지 않게 된다.[16]

위에서 신숙주는 음이 절대적으로 존재하는 것이면서 자연의 영향을 받아 변하는 것으로 설명하고 있다. 이때 음이 절대적으로 존재하는 것이라는 음운관은 한자음의 성모를 지음(地音), 운모를 천성(天聲)이라 규정하고 천지의 배합에 의하여 음절이 생성되는 것으로 보는 『황극경세서』의 음운관에서 비롯된 것이라 할 수 있다.[17] 그리고 절대적인 음이 지세와 풍습과 기질에 따라 달라진다는 음운관은 항상적인 이(理)와 변동적인 기(氣)의 결합으로 우주만물이 존재한다는 성리학적 존재론에서 비롯되었다 할 수 있다. 아래 제시한 『황극경세서』의 구절은 위에 제시한 『동국정운』 서문이 『황극경세서』와 동일한 음운관에서 나온 것임을 명확히 보여준다.

> 소리가 다르고 같음이 있는 것이 아니라 사람이 다르고 같음이 있고, 사람이 다르고 같음이 있는 것이 아니라 곳에 다르고 같음이 있으니,

풍토가 다르면 호흡이 다른 까닭을 말함이라.[18]

천지자연의 이치와 말소리의 이치를 동일하게 본 『동국정운』과 『황극경세서』의 성리학적 음운관은 『훈민정음』의 정인지 서문에서도 반복된다.

천지(天地) 자연의 소리가 있으면 반드시 천지 자연의 글이 있게 되니, 옛날 사람이 소리로 인하여 글자를 만들어 만물(萬物)의 정(情)을 통하여서, 삼재(三才)의 도리를 기재하여 뒷세상에서 변경할 수 없게 한 까닭이다. 그러나, 사방의 풍토(風土)가 구별되매 성기(聲氣)도 또한 따라 다르게 된다.[19]

이러한 음운관은 글자의 제자원리를 설명하는 데에서 더 구체화된다. 『훈민정음』의 제자해에서는 음양의 이치를 탐구함으로써 알게 된 말소리의 이치를 적용하여 훈민정음을 만들었음을 강조하고 있다. 문자의 창제를 발명이 아닌 발견의 차원에서 설명하고 있는 것이다.

하늘과 땅의 도(道)는 오직 한 가지 음양과 오행뿐이다. 곤괘와 복괘 사이가 태극인데, 이것이 동(動)하고 정(靜)한 뒤가 음양이다. 무릇 생명이 있는 무리로 천지 사이에 있는 것이 음양을 버리고 어디로 갈 것인가? 그러므로 사람의 말소리에도 다 음양의 이치가 있지만, 다만 사람들이 살피지 않았을 뿐이다. 이제 정음을 만듦에 있어서도, 처음부터 온갖 지혜를 다 부려 쓰고, 애써 더듬어 찾은 것이 아니라, 다만 그 소리를 좇아 그 이치를 끝까지 밝혔을 따름이다. 이치는 이미 둘이 아니니, 어찌 천지·귀신과 더불어 그 작용을 한 가지로 하지 않을 수 있겠는가?[20]

더구나 『훈민정음』에서 사성(四聲), 즉 '평성(平聲), 상성(上聲), 거성(去聲), 입성(入聲)'을 계절 '춘하추동(春夏秋冬)'에 대비하고, 오음(五音), 즉 '아음(牙音), 설음(舌音), 순음(脣音), 치음(齒音), 후음(喉音)'을 계절 '춘(春), 하(夏), 계하(季夏), 추(秋), 동(冬)', 방위 '동(東), 남(南), 말(末), 서(西), 북(北)' 등에 대비한다. 이처럼 자연과 대비하여 음의 성격을 설명하는 것은 『황극경세서』의 설명 방식에서도 찾을 수 있다. 『황극경세서』에서는 성음(聲音)을 10성 12음으로 분류하고, 10성은 4개의 성(聲), 즉 '평, 상, 거, 입'으로 나누며, 12음은 4개의 음(音), 즉 '개(開), 발(發), 수(收), 폐(閉)'로 나누는데, 4성과 4음은 각각 '일월성신(日月星辰)'과 '수화토석(水火土石)'에 대비된다. 김민수(1980: 103)에서는 『황극경세서』의 성음 분류가 지닌 의의를 다음과 같이 언급한 바 있다.[21]

"『황극경세서』에 제시된 운도(韻圖)는 한글음절표와도 같은 한자음표 혹은 한자음절표로 볼 수 있다. 그런데 이 운도는 반절이나 운서에 비해 간결하고 계통적인 것이 장점이지만, 칸이 하나뿐이어서 동음자를 수록하지 못하는 것이 결점이다. 결국 『황극경세서』에서 제시하는 운도는 운서의 구성과 유사한 점도 있지만 그 구성내용도 다르고 뜻하는 목표가 서로 같지 않은 것으로 보인다."

김민수(1980: 103)의 평가를 고려할 때, 『황극경세서』가 음운 연구에 미친 실질적인 영향은 음절에 대한 인식을 높여준 것에서 찾아야 할 것으로 보인다. 이런 점을 볼 때 『황극경세서』는 성리학적 음운관을 피력한 책으로서 의미가 있는 것이지, 세종시대 음운학에 구체적으로 영향을 미친 책으로 보기는 어렵다. 그러나 결국 성리학적 세계관이 훈민정음의 제자원리에 그대로 반영되었다는 사실을 본다면, 이 책에서 음을 설명하면서 피력하는 성리학적 세계관은 세종이 훈민정음을 구상할 수 있는 단초를 제공하였다고 볼 수 있을 것이다.

사실『훈민정음』에서 말소리의 원리를 천지작용과 대비하는 방식은『황극경세서』를 뛰어넘는 경지를 보여주고 있다.『훈민정음』제자해의 설명은 이러한 경지를 잘 보여준다.

> 초성을 중성에 대립시켜 말할 것 같으면, 음양은 하늘의 도(道)고, 강유(剛柔)는 땅의 도다. ㉠중성은 하나가 깊으면 하나는 얕고, 하나가 합(闔)이면 하나는 벽(闢)이니, 이것은 음양이 나누어지고, 오행의 기운이 갖추어진 것이니, 하늘의 작용이다. ㉡초성은 어떤 것은 허하고, 어떤 것은 실하고, 어떤 것은 드날리고, 어떤 것은 걸리고, 어떤 것은 무겁거나 가벼우니, 이것은 강유가 드러나고, 오행의 바탕이 이루어진 것이니, 땅의 공이다. ㉢중성이 심천(深淺)과 합벽(闔闢)으로 앞에서 부르면, 초성이 오음과 청탁으로 뒤에서 화답하여, 처음도 되고 끝도 되니, 역시 만물이 처음 땅에서 나서 다시 땅으로 돌아가는 것을 볼 수 있다.[22]

특히 그 비유를 통해 자음과 모음의 자질적 특성을 설명한 내용은 탁월하다. ㉠은 개구도에 따른 모음의 분류를, ㉡은 조음방식에 따른 자음의 분류를 보여주고 있다. ㉢은 중성이 음절의 중심이 됨을 보이고, 초성과 종성이 성격이 같은 것임을 보여주고 있다. 이러한 설명 내용을 통해 볼 때, 『훈민정음』편찬자들이 자신들이 익힌 성리학적 사유체계를 소리에 대한 과학적 탐구에 적용함으로써 새로운 음운학의 경지를 개척했다고 평가할 수 있다.

결국『훈민정음』편찬자들이 보여준 소리에 대한 새로운 인식은 근대 국어학의 발전에까지 영향을 미치게 되었다. 주시경과 지석영 등 근대 국어

학자들은 훈민정음 창제의 본뜻을 살려 현재의 혼란한 국문을 정리하겠다는 생각을 피력했을 뿐만 아니라, 훈민정음의 원리적 정합성을 통해 근대 음운론의 논의를 심화했고, 말소리의 이치와 자연의 이치를 하나로 보는 세계관을 이어받아 국어의 보편성과 특수성을 새롭게 인식하였다.[23]

음운학의 정립과 훈민정음의 탄생

이 절에서는 훈민정음 창제의 바탕이 되었던 음운 의식이 중국 음운학의 도입과 더불어 성립되었다는 것을 가정하고 이러한 가정의 근거를 보여줄 것이다. 이때 중국 음운학의 영향은 두 가지 측면에서 살펴볼 것인데, 첫째는 중국 음운학이 훈민정음 창제에 끼친 실질적인 영향을 살펴보는 것이고, 둘째는 중국 음운학이 훈민정음 창제에 끼친 이념적 영향을 살피는 것이다. 특히 두 번째 방향의 연구는 중국 음운학과 성리학적 이론의 연관성을 밝히는 것으로 귀결될 것인데, 이는 훈민정음 창제의 원리를 설명하는 근거가 될 수 있다.

1. 중국 음운학의 수용

1) 중국 음운학의 성격과 도입 맥락

음운학(音韻學) 또는 성운학(聲韻學)은 한자음의 특성을 분석하여 한자를 성조(聲調), 성모(聲母)(또는 자모(字母)), 운모(韻母)의 기준으로 분류하는 학문이다.[24] 음운학이 중국을 통해 우리나라로 도입되는 맥락을 제대로 이해하기 위해서는 먼저 다음 두 가지 사항을 이해할 필요가 있다.

첫째, 중국의 음운학은 표준 한자음을 제시하는 것을 중요한 과제로 삼아 발전했다. 중국은 땅이 넓어 지역별 방언의 차이가 심했기 때문에 중앙집권적 통치를 위한 관화(官話)를 사용하였다. 표준 한자음을 정하는 것은 곧 이 관화의 한자음을 정하는 것이었다. 따라서 중국 대륙을 통일했던 제국들은 자신이 정한 수도 일대의 현실음을 중심으로 하되 전국적으로 통용될 수 있는 표준 한자음을 정하고자 했다. 황하 이남의 중원을 중심으로 제국이 번성했던 시대에는 중원음을 바탕으로 한자음이 표준화되지만, 황하 이북으로 제국의 중심이 이동하면서는 북방음을 반영하여 한자음이 표준화된 것이다. 그런데 표준 한자음은 전국적으로 통용하기 위한 것이었기 때문에, 표준 한자음을 정하는 것은 전통적인 운서에 현실음을 반영하는 방향, 즉 절충적인 이상적 표준음을 정하는 방향으로 전개되었다.

둘째, 음운학의 내용은 한자를 성조(聲調), 성모(聲母), 운모(韻母)의 기준으로 분류하는 것이었기 때문에 음운학 연구의 결과물이라 할 수 있는 운서(韻書)는 자연스럽게 사전의 역할을 하였다. 다만 운서가 성조와 운목(韻目)에 따라 한자를 배열하였기 때문에 글자를 찾기 어려워 운서를 보조하는 옥편이 만들어졌다. 옥편은 자획의 순서에 따라 한자를 배열하고 그 뜻을 풀이한 것이다. 결국 사용상의 편리성을 좇아 후대에는 운서가 아닌 부수별로 분류한 옥편(玉篇)이 널리 활용되었지만 15세기에는 운서 역시 자전(字典)의 역할을 하였다.

위의 두 가지 사항은 "음운학은 한자를 성조(聲調), 성모(聲母), 운모(韻母)의 기준으로 분류하고 이를 통해 한자의 표준음을 제시하는 학문이고, 운서는 이러한 음운학의 연구 결과로 만들어지는 것이다. 이때 음을 기준으로 한자를 분류하여 수록한 운서는 사전의 역할도 했다."로 요약할 수 있다. 이를 보면 중국문화에서 음운학은 언어 연구와 언어정책의 출발점이자 귀결점이라고 할 수 있다.

이에 따라 중국에서는 역사적으로 수많은 운서들이 편찬되었다. 수(隋)의 육법언(陸法言)[25]이 편찬한 『절운(切韻)』(601)은 당(唐)에서 널리 활용되면서 운서의 표준으로 가장 먼저 자리를 잡았고, 북송시대 『광운(廣韻)』(1008)은 『절운』의 뒤를 이어 가장 영향력을 미친 운서로 사용되었다. 이 두 운서는 황하 이남의 중원 한자음에 기반한 것이었다. 이때 편찬된 운서는 이후 운서 편찬의 기준이 되었을 뿐만 아니라, 이 시기 운서에서 채택한 성운체계는 후대 운서에서 대체적으로 존중되었다.

그런데 원(元)의 건국 이후 북경 일대가 수도가 되고 북방음의 영향력이 커지면서 북방음을 반영한 운서가 새롭게 편찬되었다. 이 시기는 중국 운서가 고려에 들어오면서 중국 음운학이 고려의 지식인들에게 영향을 미치기 시작한 때이다. 이 시기 편찬된 대표적

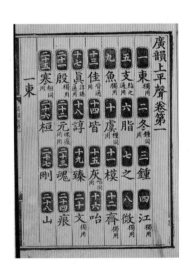

〈그림 14〉 북송시대 운서 『광운(廣韻)』

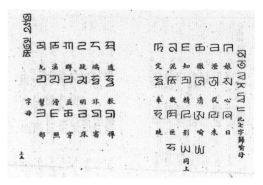

〈그림 15〉
『고금운회거요(古今韻會擧要)』
부운회옥편
(출처: 국립중앙박물관)

〈그림 16〉
『중원음운(中原音韻)』

〈그림 17〉
『몽고자운(蒙古字韻)』

인 운서로 고려 지식인들에게 가장 영향을 미친 운서가 황공소(黃公紹)의 『고금운회(古今韻會)』(1292 이전으로 추정)[26]였다. 여기에서는 『광운』의 206운을 107운으로 병합하며 현실음의 변화를 반영하였다. 그러나 『고금운회』가 당시 북방 현실음을 그대로 반영한 것은 아니었기 때문에, 이후 북방음의 중요한 변화였던 입성(入聲)의 소멸을 반영한 주덕청(周德淸)의 『중원음운(中原音韻)』(1324)이 편찬되기도 했다.

이 과정에서 특기할 만한 것으로는 원의 주종문(朱宗文)이 1269년에 라마승 파스파가 창제한 파스파(八思巴)문자로 한자음을 기록한 운서 『몽고자운(蒙古字韻)』(1308)을 편찬했다는 사실이다. 『몽고자운(蒙古字韻)』은 전통적인 반절법(反切法)이 아닌 표음문자를 이용해 한자음을 기록한 최초의 운서였다.[27] 1367년 명나라가 들어서자 황제는 다시 한자음 정리를 명했다. 1375년에 악소봉(樂韶鳳)과 송염(宋濂) 등이 황제의 연호를 따서 운서를 편찬했는데 그것이 바로 『홍무정운(洪武正韻)』이다. 『홍무정운』은 전통적인 운서의 한자음을 기준으로 현실 북방음을 일부 반영한 절충적인 표준안이었다. 이는 세종시대 조선에 들어와 조선의 음운학에 지대한 영향을 끼쳤다.

현실음과 전통음을 어떻게 운서에 반영할 것인지를 고민해야 했고, 더불어 한자음을 표음문자로 기록할 필요성을 느꼈던 시기라는 점에서 13-14세기는 중국 음운학사에서 가장 격동의 시기였다. 그런데 이 시기가 고려에서 중국 음운학을 수용한 시기와 겹치고, 조선에서 음운학 연구가 본격화한 시기에 근접한다는 것은 특별히 주목할 필요가 있다. 운서의 도입과 더불어 중국 음운학의 문제의식이 함께 수용되었을 가능성이 높기 때문이다. 특히 파스파문자로 중국 한자음을 기록한 운서 『몽고자운』이나 이상적 표준음을 제시한 『홍무정운』의 도입은 중국 음운학의 성과를 훈민정음 창제와 관련짓는 데에서 흥미로운 지점이 될 것이다.

2) 중국 운서는 조선 사회에 어떤 영향을 끼쳤나?

중국의 운서는 고려시대에 들어왔고, 이때부터 중국의 운서를 복각하여 활용했던 것으로 보인다. 그렇다면 운서는 왜 필요했을까? 물론 운서가 시를 지을 때 압운(押韻)에 활용되기도 했고, 한자음의 심음(審音) 즉 한자음을 탐구하는 데에도 활용되었다는 사실도 이유 중 하나일 수 있다. 그러나 그보다는 삼국시대부터 한자가 유입되었고, 고려와 조선이 중국과 사대관계를 맺고 있었다는 정치적 상황을 고려할 필요가 있다. 이러한 상황 속에서 고려나 조선이 한자문화권에서 문자생활을 했다는 점을 생각해보면, 우리의 입장에서는 중국의 표준 한자음을 알아야 했고 이를 체계적으로 정리한 운서에 관심을 기울이는 것은 자연스러운 일이었을 것이다.

이러한 지적 전통의 영향으로 세종은 훈민정음을 창제하기 이전부터 음운학을 접할 수 있었고 이에 몰두하여 이 분야에 일가견을 갖출 수 있었다. 세종의 음운학 수준은 최만리와의 논쟁을 기록한 실록 기사에서 확인할 수 있다.

> 네가 운서(韻書)를 아느냐. 사성칠음(四聲七音)에 자모(字母)가 몇이나 있느냐. 만일 내가 그 운서를 바로잡지 아니하면 누가 이를 바로잡을 것이냐.[28] 『세종실록』 권103, (1444).2.20.

훈민정음 창제의 부당성을 강조하는 최만리에게 세종이 던진 질문은 세종이 이미 음운학에 숙달하고 현재 운서의 문제점을 개선하는 계획을 세울 만큼 운학에 정통하였다는 것을 말해준다. 이와 관련하여 주목할 것은 세종이 훈민정음 창제 후 운서의 번역을 가장 먼저 시도했고, 이때 번역의 대상이 되었던 중국의 운서가 『고금운회거요(古今韻會擧要)』(1297)(이하, 운회)였다는 사실이다.

> 집현전 교리(集賢殿校理) 최항(崔恒)·부교리 박팽년(朴彭年), 부수찬(副修撰) 신숙주(申叔舟)·이선로(李善老)·이개(李塏), 돈녕부 주부(敦寧府注簿) 강희안(姜希顏) 등에게 명하여 의사청(議事廳)에 나아가 언문(諺文)으로 《운회(韻會)》를 번역하게 하고, 동궁(東宮)과 진양대군(晉陽大君) 이유(李瑈)·안평대군(安平大君) 이용(李瑢)으로 하여금 그 일을 관장하게 하였는데, 모두가 성품이 예단(睿斷)하므로 상(賞)을 거듭 내려 주고 공억(供億)하는 것을 넉넉하고 후하게 하였다.[29] 『세종실록』 권103, (1444).2.16.

이처럼 세종이 『운회』를 가장 먼저 번역하고자 했다는 사실은 훈민정음 창제의 목적 중 하나가 한자음의 정확한 표기였음을 말해준다. 그렇다면 다음 질문을 던져볼 필요가 있다.

"왜 하필『운회』를 번역하고자 했던 것일까?"

이 질문에 답하기 위해서는『운회』가 지닌 의미를 알 필요가 있다. 이 책은 고려시대를 거쳐 세종 당시까지 조선에서 가장 많이 참조되었던 운서였다. 또한『운회』는 한자음의 발음을 알기 위해 참조한 책이면서 동시에 한자에 대한 지식을 얻을 수 있는 사전으로서의 역할도 하고 있었다.

> 상왕이 조말생과 원숙을 불러서 말하기를,
> "근일에 부엉이가 와서 우는데, 내가 괴이하다고는 생각지 않지마는, 궁을 떠나 피해 있는 것은 옛부터 있는 일이다. 또《운회(韻會)》에 유(鶹)자를 풀이하기를, '유는 새 이름인데, 울면 흉하다.' 하였으니, 나는 피해 있고자 한다.[30] 『세종실록』 권6, (1419).11.23.

> 예조에서 원경왕태후(元敬王太后)의 상제(祥祭)·담제(禫祭)의 의식(儀式)을 계하였는데, 그 상제(祥祭)의 의식에 이르기를,
> "기일 전에 상의원(尙衣院)에서 담복(禫服)을 【참포의(黲布衣)·오사모(烏紗帽)·흑각대(黑角帶)이다. 참(黲)은《운회(韻會)》에 엷은 푸르고 검은 색이라고 했다.】 재전(齋殿)에 진열하고, 통례문이 전하의 판위(版位)를 동계의 동남쪽에 서향으로 설치하고……."[31] 『세종실록』 권12, (1421).6.20.

위의 『조선왕조실록』 기사는 세종시대의 사람들이 한자와 관련한 지식을 얻을 때『운회』를 흔히 참조하였음을 말해준다. 이러한 수요가 있었기에, 중종시대의 역관 최세진이『운회』를 쉽게 검색할 수 있는『운회옥편』을 편찬했던 것이다.

상호군(上護軍) 최세진(崔世珍)이 《운회옥편(韻會玉篇)》과 《소학편몽(小學
便蒙)》을 가지고 들어와서 아뢰기를,

"우리나라에는 《운회》는 있으나 《옥편》이 없기 때문에 상고하여 보기
가 어려우므로 신이 글자의 유(類)를 모아 《운회옥편》을 만들어 바칩니
다. 만약 간행(刊行)하도록 하신다면 글자를 상고하는 데 보탬이 있을 것
입니다. 그리고 우리나라는 《소학》으로 자제(子弟)들을 가르치는데 내
편(內篇)은 모두가 본받을 만한 성현의 일이지만 외편(外篇)은 아이들이
배우는 데 긴요하지 않은 듯하고, 또한 두루 읽을 수 없기 때문에 신이
그 중에서 본받을 만한 일을 유(類)대로 뽑아서 네 권으로 나누어 만
들어서 바칩니다. 본편(本篇)에서 더하거나 덜어 버린 것이 없습니다. 간
단하고 복잡하지 않으며 편리하고 쉬우니 만약 간행하도록 명하신다면
아이들이 배우는 데 보탬이 있을 것입니다."[32] 『중종실록』 권86, (1537).12.15.

세종이 조선의 표준 한자음을 정하는 사업에서 『운회』를 참고하였던 것
은 이 운서가 오랫동안 널리 활용되어 한자음을 상고하는 데 편리함이 있
었기 때문일 것이다. 그런데 여기에서 주목할 점은 『몽고자운(蒙古字韻)』
(1308)의 36자모도가 『운회』 권두의 '예부운략칠음삼십육모통고(禮部韻略
七音三十六母通攷)'에 의거하여 수정된 36자모에 파스파문자를 대응시킨 것
이다(정광, 2012: 169). 파스파문자가 음소문자라는 점에서 『운회』의 번역, 즉
『운회』의 반절을 훈민정음 식으로 역음하는 데 『몽고자운(蒙古字韻)』을 참
조했을 가능성이 높다고 할 수 있다. 결국 『운회』는 당시 한자음을 상고하
는 데 여러모로 유용한 참고서였던 것이다.

세종이 『운회』를 번역하라고 명한 것은 이를 토대로 조선의 표준 한자
음을 정하고자 했기 때문이다. 『운회』의 한자음 체계를 정확히 파악한 후

이를 저본으로 조선 표준 한자음을 재설정하려 했던 게 세종의 계획이었던 것이다. 조선 표준 한자음 표기안이었던 『동국정운』은 이렇게 탄생했다.

2. 조선 음운학의 정립

1) 세종시대, 조선 음운학의 두 가지 과제

조선시대에는 중국 운서를 그대로 복각(復刻)하는 데 그치지 않고 운서를 언해(諺解)하거나 새로운 운서를 편찬하였다. 운서를 언해한다는 것은 반절(反切)이 아닌 소리문자로 한자음을 표기하는 것을 말한다. 이때 조선의 운서 편찬은 두 가지 방향으로 진행되었는데, 첫째는 조선 한자음을 기록

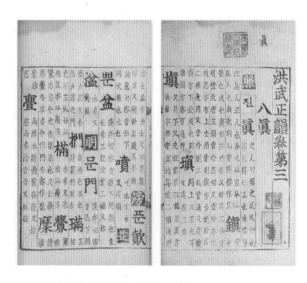

〈그림 18〉 『홍무정운역훈(洪武正韻譯訓)』 (출처: 고려대학교도서관)

하기 위해 편찬한 것이었고, 둘째는 중국 한자음을 기록하기 위해 편찬한 것이었다. 중국 한자음을 기록하기 위해 편찬한 것으로는 『홍무정운역훈(洪武正韻譯訓)』과 그 축약본인 『사성통고(四聲通考)』가 있다. 조선 한자음을 기록하기 위해 편찬한 것으로는 『동국정운』이 대표적이다.

한자음에 대한 연구가 두 가지 방향으로 진행되었다는 사실은 『세종실록』에서도 확인할 수 있다. '조선의 한자음을 표준화하는 것'과 '중국의 표준 한자음을 정확히 기록하는 것', 이 두 가지는 조선 음운학의 절대 과제였다. 결국 조선 한자음의 표준화와 관련한 사업은 『동국정운』의 편찬으로 귀결되었고, 중국의 표준 한자음을 정확히 기록하는 것은 『홍무정훈』과 같은 중국 운서의 역훈, 즉 『홍무정운역훈(洪武正韻譯訓)』과 그 축약본인 『사성통고(四聲通考)』[33]의 출판으로 귀결되었다. 다음 실록 기사를 보자.

> 집현전 부수찬(副修撰) 신숙주(申叔舟)와 성균관 주부(注簿) 성삼문(成三問)과 행사용(行司勇) 손수산(孫壽山)을 요동에 보내서 운서(韻書)를 질문하여 오게 하였다.[34] 『세종실록』 권107, (1445).1.7.

『운회』의 번역을 명한 후 조선 한자음의 표준을 제시하기 위한 연구가 진행되었다면, 위의 기사는 중국의 표준 운서였던 『홍무정운』의 한자음을 훈민정음으로 표기하기 위해 했던 일의 기록일 것이다. 위 기록에서 신숙주와 성삼문이 요동에 귀양 온 한림학사 황찬(黃瓚)에게 『홍무정운』에 대해 물은 것이 1445년임을 알 수 있는데, 이를 통해 본다면 『동국정운』을 편찬하기 시작한 시기와 『홍무정운』을 역훈(譯訓)하기 시작한 시기가 거의 일치한다는 것을 알 수 있다. 그런데 이 두 가지 과제 중 『홍무정운』을 역훈하는 데 더 많은 시간이 필요했다.

㉠직 집현전(直集賢殿) 성삼문(成三問)·응교(應敎) 신숙주(申叔舟)·봉례

랑(奉禮郎) 손수산(孫壽山)에게 명하여 운서(韻書)를 사신에게 묻게 하였

는데, (중략) 정인지(鄭麟趾)가 말하기를, "소방(小邦)이 멀리 해외(海外)

에 있어서 바른 음(音)을 질정(質定)하려 하여도 스승이 없어 배울 수

없고, ㉡본국(本國)의 음(音)은 처음에 쌍기학사(雙冀學士)에게서 배웠는

데, 기(冀) 역시 복건주(福建州) 사람입니다." 한즉, 사신이 말하기를, "복

건(福建) 땅의 음(音)이 정히 이 나라와 같으니 이로써 하는 것이 좋겠

소." 하였다. 하가 말하기를, ㉢"이 두 사람이 대인(大人)에게서 바른 음

(音)을 배우고자 하니, 대인(大人)은 가르쳐 주기를 바랍니다." 하였다.

삼문(三問)과 숙주(叔舟)가《홍무운(洪武韻)》을 가지고 한참 동안 강론하

였다.[35] 『세종실록』 권127, (1450),1,3.

위의 실록 기사는 세종과 집현전 학사들이 조선의 한자음과 중국의 한

자음을 '바른 음[正音]'으로 표기하기 위해 중국 학자들의 견해를 최대한

구했다는 사실을 잘 보여주는 기록이다.

위의 인용문에서 ㉠은 세종 27년의 기사 내용과 동일한 사실을 기록

한 것이다. 즉, 사신에게 『홍무정운』의 음을 질문했다는 것으로, 이는 ㉢의

내용과 연결되는 것이다. 그런데 ㉡의 내용은 조선의 표준 한자음을 정하

기 위해 복건(福建) 사람인 쌍기학사에게 지도를 받았다는 사실을 기록한

것이다. 이는 중국의 남방인 복건주의 한자음이 조선의 한자음과 비슷하

여 복건의 한자음을 기준으로 조선 한자음의 표준, 즉 『동국정운』의 한자

음을 정했다는 사실을 말해준다. 중국 사신에게 『홍무정운』의 음을 질문

하며 '바른 음'을 파악하기 위한 작업을 할 때 이미 조선 한자음의 표준은

정해졌던 것이다.[36] 이를 보면 『홍무정운』의 음을 훈민정음으로 표기하는

데 더 많은 검토가 필요했음을 알 수 있다.

결국 『홍무정운역훈』은 1443년 훈민정음의 창제와 함께 시작한 지 12년 만인 1455년(단종 3)에야 비로소 완성되었다. 정확한 외국어 발음 표기가 얼마나 어려운 일이었는지 단적으로 보여주는 사례이다. 『홍무정운역훈』의 신숙주 서문에는 역훈 과정의 어려움이 잘 드러나 있다.

> 오가며 바로잡은 것이 이미 많으나, 끝내 한 번도 운학에 정통한 사람을 만나지 못하여서 성모(紐)와 운모(攝)를 고르게 분별하는 요령을 터득하지 못했지만, 다만 말하고 책 읽는 것 등에 바탕을 두고 성모[청탁]와 운모[개합]의 근원을 거슬러 올라가 이른바 가장 어려운 운학의 이치를 밝히고자 했으니, 이는 어렵게 힘쓰고 오랜 세월을 지내고서 겨우 얻게 된 까닭이다.[37] 신숙주, 『홍무정운역훈』序

그런데 이 대목에서 흥미로운 것은 『홍무정운』에서 표시한 정확한 발음을 중국 학자들조차 잘 알지 못했다는 사실이다. 1445년 신숙주와 성삼문이 요동에 가서 황찬에게 『홍무정운』의 발음을 확인하는 일을 했지만 황찬 역시 표준 발음에 능숙하지 않아 소기의 목표를 달성하지 못하였고, 그로부터 5년 후인 1450년까지 완벽한 중국 표준 발음을 기록하지 못했다는 것은 특기할 만한 일이다.

그렇다면 중국의 학자들을 찾아갔는데도 불구하고 운학에 정통한 사람을 만나지 못한 것은 무슨 이유일까? 『홍무정운』의 한자음은 현실음에서 동떨어진 이상적인 표준음이었다는 데에서 그 이유를 찾을 수 있다. 북방민족에 의해 송이 멸망한 이후 정치적 중심지가 북경으로 이동하면서 북방음이 확산되었지만, 운서는 이러한 현실음을 제대로 반영하지 않았다. 특히 '오랑캐를 몰아내고 중화를 회복한다[驅逐胡虜恢復中華].'는 기치를 내걸고 건국한 명은 『홍무정운』을 편찬하며 남송시대 운서의 한자음을 반영한 표준안을 제시하고자 했다.

　이러한 까닭으로 당시 중국의 지식인이라도 표준 한자음을 정확하게 구사하기는 어려웠을 것이다. 그럼에도 이러한 운서가 통용될 수 있었던 것은 황실의 권위와 철저한 중앙집권적 국가체제에 기댐으로써 가능했다고 할 수 있다. 그런데 여기에서 간과할 수 없는 것은 현실음을 반영하는 것보다 음운의 질서를 중시했던 『홍무정운』 편찬자들의 태도이다. 따라서 운서의 편찬 자체가 고전의 아언(雅言)을 유지하려는 데에서 시작되었고, 이는 현실음과 다른 음이 표준음으로 수백 년 동안 유지될 수 있는 배경이 되었다. 이러한 점은 세종과 집현전 학사들에게 시사하는 바가 컸을 것으로 보인다. 이러한 사실은 『홍무정운역훈』의 서문에서도 확인할 수 있다.

　　　명나라 태조 황제께서 성운체계가 어그러지고 순서가 어지러워진 것을
　　　근심하여, 유신들에게 명하여 중원 아음으로써 통일하도록 하니 홍무
　　　정운이 만들어졌다. 실로 이를 천하만국 성음의 으뜸으로 삼았다.[38] 신숙
　　주, 『홍무정훈역훈』 序

　그런데 위의 신숙주 서문에서 주목해야 할 것은 "홍무정운을 천하만국 성음의 으뜸으로 삼았다."라고 한 태도이다. 신숙주가 『동국정운』 편찬의 주역이었다는 점을 감안한다면 조선 한자음의 표준을 정하는 데에도 이러한 태도가 유지되었다고 봐야 하며, 이는 곧 지성사대(至誠事大)를 강조했던 세종의 신념이기도 했다. 나라에 따라 음이 변하는 것을 자연의 이치로 받아들이더라도 성운의 체계가 어그러지는 것은 용납할 수 없는 일이니 전통적인 성운체계를 바탕으로 혼란한 조선 한자음을 바로잡아야 한다는 것이 세종의 생각이었을 것이다. 이는 신숙주가 쓴 『동국정운』 서문을 통해서도 확인할 수 있다.

글자의 음에 있어서는 마땅히 중국음과 서로 합치될 것 같으나, 호흡의 돌고 구르는 사이에 가볍고 무거움과 열리고 닫힘의 동작이 역시 반드시 말의 소리에 저절로 끌림이 있어서, 이것이 글자의 음이 또한 따라서 변하게 된 것이니, 그 음(音)은 비록 변하였더라도 청탁(淸濁)과 사성(四聲)은 옛날과 같은데, 일찍이 책으로 저술하여 그 바른 것을 전한 것이 없어서, 용렬한 스승과 속된 선비가 글자를 반절(反切)하는 법칙을 모르고 자세히 다져 보는 요령이 어두워서 혹은 글자 모양이 비슷함에 따라 같은 음(音)으로 하기로 하고 (중략) 혹은 한음(漢音)을 따르거나, 혹은 속음[俚語]에 따르거나 하여서, 자모(字母) 칠음(七音)과 청탁(淸濁)·사성(四聲)이 모두 변한 것이 있으니…….[39] 신숙주,『동국정운』서문

이상 논의한 사항을 정리하면 세종은 조선 음운학의 과제가 조선 한자음의 표준을 정하는 것과 중국 한자음을 정확하게 기록하는 것이라고 생각했다. 그리고 조선 한자음의 표준을 정할 때는 전통적 성운체계에 기반하는 것이 중요하다고 생각했으며 이에 따라 현실음과 동떨어진 인위적인 개신도 필요하다고 생각했다. 이는 곧 천지자연의 질서에 따르는 것이면서 성인의 도를 배울 수 있는 기틀을 마련하는 것이란 점에서 이상적 군주의 임무였던 것이다.

청탁(淸濁)이란 것은 음양(陰陽)의 분류(分類)로서 천지의 도(道)이요, 사성(四聲)이란 것은 조화(造化)의 단서(端緒)로서 사시(四時)의 운행이라, 천지의 도(道)가 어지러우면 음양이 그 자리를 뒤바꾸고, 사시(四時)의 운행이 문란하면 조화(造化)가 그 차례를 잃게 되나니, 지극하도다 성운(聲韻)의 묘함이여. 음양(陰陽)의 문턱은 심오(深奧)하고 조화(造化)의 기

틀은 은밀한지고. 더구나 글자[書契]가 만들어지지 못했을 때는 성인의 도(道)가 천지에 의탁했고, 글자[書契]가 만들어진 뒤에는 성인의 도가 서책(書冊)에 실리었으니, 성인의 도를 연구하려면 마땅히 글의 뜻을 먼저 알아야 하고, 글의 뜻을 알기 위한 요령은 마땅히 성운(聲韻)부터 알아야 하니, 성운은 곧 도를 배우는 시작[權輿]인지라, 또한 어찌 쉽게 능통할 수 있으랴. 이것이 우리 성상(聖上)께서 성운(聲韻)에 마음을 두시고 고금(古今)을 참작하시어 지침(指針)을 만드셔서 억만대의 모든 후생들을 길 열어 주신 까닭이다.[40] 신숙주, 『동국정운』 서문

이처럼 당시 음운학자들은 성운(聲韻) 연구를 통해 천지자연의 질서를 따르면서 성인의 도를 배울 수 있는 기틀을 마련해야 한다는 문제의식을 가지고 있었다. 이러한 문제의식 아래에서 15세기 조선 음운학은 음운 분석의 정밀한 체계를 갖추면서 성운(聲韻)을 정밀하게 구현할 수 있는 소리 문자를 창제하는 방향으로 전개될 수 있었다. 결국 성리학적 과학주의로 무장한 성인의 도를 전승할 수 있는 문자, 즉 "만고(萬古)의 한 소리로 털 끝만큼도 틀리지 아니하고 음(音)을 전하는 중심줄[樞紐]"[41] 인 훈민정음을 창제하기 위한 이론적 기반을 닦을 수 있었다.

2) 혼란한 한자음을 어떻게 바로잡았을까?

한자는 훈민정음이 만들어지기 전부터 우리가 사용한 문자였다. 자형('國'), 뜻('나라'), 소리('국')로 구성된 한자는 중국에서 조선으로 전래되어 사용된 것이다. 이들 중에서 자형과 뜻은 세월이 흘러도 큰 변화가 없지만, 소리에서는 중국과 우리나라 간의 언어적 차이로 인해서 변화된 모습을 보이게

된다.

앞 항목에서는 전통적인 성운체계를 바탕으로 이처럼 혼란한 조선 한자음을 바로잡아야 한다는 것이 세종의 생각이었다는 점을 거론하였다. 그런데 혼란한 조선 한자음의 실체는 무엇인지 구체적으로 확인해야 표준적인 한자음 제정의 의미를 정확하게 알고 이를 통해 세종시대 언어정책의 철학을 이해할 수 있을 것이다. 이를 위해 앞서 인용했던 『동국정운』 서문의 다음 대목을 살펴볼 필요가 있다.

> 혹은 한음(漢音)을 따르거나, 혹은 속음[俚語]에 따르거나 하여서, 자모(字母) 칠음(七音)과 청탁(淸濁)·사성(四聲)이 모두 변한 것이 있으니, 아음(牙音)으로 말할 것 같으면 계모(溪母)의 글자가 태반(太半)이 견모(見母)에 들어갔으니, 이는 자모(字母)가 변한 것이고, 계모(溪母)의 글자가 혹 효모(曉母)에도 들었으니, 이는 칠음(七音)이 변한 것이라. 우리나라의 말소리에 청탁(淸濁)의 분변이 중국과 다름이 없는데, 글자음[字音]에는 오직 탁성(濁聲)이 없으니 어찌 이러한 이치가 있을 것인가.[42] 신숙주,

『동국정운』 서문

위에 인용한 내용은 『동국정운』에서 당시 조선 한자음의 혼란상으로 거론한 예이다. 서문의 특성상 압축적으로 서술되었는데, 이해를 돕기 위해 해당 내용과 관련된 실제 예를 포함하여 다음과 같이 설명할 수 있을 것이다.

아음(牙音)에서는 계모(溪母)인 'ㅋ'이 대부분 견모(見母)인 'ㄱ'으로 변하였다. (예를 들면, '克'은 원래 '큭'이었는데 '극'이 되었고, '困'은 원래 '콘'이었는데 '곤'이 되었다.) 계모(溪母) 'ㅋ'은 혹 효모(曉母)인 'ㅎ'으로 변하였다. (예를 들

면, '酷'은 원래 '콕'이었는데 '혹'이 되었고, '欽'은 원래 '큼'이었는데 '흠'이 되었다.) 그런데 이는 아음(牙音) 계열에서 변한 게 아니라 후음(喉音)으로 바뀐 것이니 칠음(아음, 설음, 순음, 치음, 후음, 반설음, 반치음)의 체계에 변화가 생긴 것이다. 우리말에서 청음과 탁음을 구분하는 것은 중국과 다름없다. 그런데 탁성이 없어져 청탁이 구분되지 않는다. (예를 들어, '君'의 첫소리는 청음 'ㄱ'이니 '군'으로 읽고, '食'의 첫소리는 탁음 'ㅆ'이니 '씩'으로 읽어야 하지만 그 구분이 없이 '군'과 '식'으로 읽게 되었다.) 이것은 이치에 맞지 않는 일이다.

　위의 설명을 통해 『동국정운』의 서문 내용을 음미해보면, 조선 한자음의 혼란상이 무엇이었는지 알 수 있을 것이다. 세종은 위의 설명처럼 현실 한자음이 전통적 성운체계에서 벗어나는 현상을 이치에 맞지 않는 현상으로 보고 이를 바로잡으려 했다. 즉, '克'을 '극', '困'을 '곤', '酷'을 '혹', '欽'을 '흠', '食'을 '식' 등으로 발음하던 현실을 혼란이라 규정하고, 『동국정운』을 통해 '克'은 '큭', '困'은 '콘', '酷'은 '콕', '欽'은 '큼', '食'은 '씩'으로 발음하도록 새롭게 규정한 것이다. 이는 『홍무정운』처럼 인위적 규정이었다. 그때나 지금이나 우리나라에서 이 한자가 '극, 곤, 혹, 흠, 식'으로 읽히는 걸 보면, 『동국정운』의 표준안은 현실에서 수용되지 않았다는 걸 알 수 있다. 실제 동국정운식 한자음은 세종대에 편찬된 『석보상절(釋譜詳節)』(1447)이나 『월인천강지곡(月印千江之曲)』(1447) 등에서 사용되었을 뿐이고, 16세기 이후에는 전혀 사용되지 않았다.

　그렇다면 '혼란스러운 한자음'이라는 의미는 일차적으로 전통적인 성운체계에 맞지 않는 한자음을 뜻한다고 할 수 있다. 물론 현실의 한자음이 읽는 사람에 따라 달리 발음되었을 수도 있겠지만,[43] 『동국정운』 서문의 내용은 전통을 모름으로써 한자음 읽기가 성운체계에 어긋난 현실을 우선적으로 지적하고 있음을 분명히 알 필요가 있다.

이처럼 세종은 현실과 괴리된 발음이라 하더라도 이치에 맞게 바꾸는 것이 필요하다고 생각했다. 기본적으로 성운체계를 지키는 것이 곧 이치라고 생각했기 때문일 것이다. 세종과 집현전 학사들이 성운체계의 질서를 무엇보다도 중시했다는 것은 『홍무정운』의 발음 표시가 성운체계에 맞지 않게 된 것에 의문을 표하는 데에서 확인할 수 있다.

> 무릇 홍무정운에서 운모로써 합하고 나눈 것은 모두 바로잡았으나 다만 칠음[성모]만은 차례대로 되지 않았다. 그러나 감히 가벼이 변경할 수 없어서 그것만 옛것을 따라 여러 운모 각 글자의 맨 앞에 성모를 분류하여 넣어두었으며, 훈민정음으로 반절을 대신하여 음을 표시하였다. 또 그 속음과 두 가지로 사용하는 음은 몰라서는 아니 되므로, 본 글자 아래에 나누어 주를 달았다. (중략) 평, 상, 거, 입을 4성이라고 하나, 전탁자들의 평성은 차청음에 가깝고, (전탁자의) 상, 거, 입성은 전청음에 가깝다. 세상에서 사용하고 있는 바가 이와 같으나 또한 이에 이른 까닭은 알지를 못한다. 또 초성이 있고 종성이 있어 한 글자의 음을 이루는 것은 이치가 필연적인데, 입성에서만 세속에서 종성을 쓰지 않으니 심히 까닭이 없는 일이라고 할 수 있다. 몽고의 운서나 황공소의 『운회』에서도 입성에 역시 종성으로 쓰지 않았으니 어찌 된 일이냐? 이와 같은 것이 하나가 아니니, 이것 또한 의심스러운 것이다.[44] 신숙주, 『홍무정운역훈』 서

위에서는 『홍무정운』에서 '성모'의 순서가 맞지 않는 점, 입성에서 종성을 쓰지 않는 점 등에 대해 의문을 표하였다. 『운회』와 『홍무정운』에서는 '입성'이 없어진 북방음의 발음 변천을 반영하여, 사성체계에 '입성'을 남기되 종성이 없이 표기했지만, 사성의 체계와 음절 구성의 원칙을 중시한 세종과 집현전 학사들의 눈에는 이러한 처리가 비체계적으로 보였던 것이

다. 이러한 관점에 따라 훈민정음 해례에서는 입성자 '彆'을 '볃'으로 표기했으며, 『동국정운』에서는 현실음 '별'을 감안하되 입성인 것을 표시해야 한다는 생각에 따라 '볋'로 표기했다. 『홍무정운』의 원칙에 따랐다면 이를 '벼'로 표기했을 것이다. 이처럼 세종과 집현전 학사들은 성운체계를 중시했으며 이 체계에 맞춰 한자의 표준음을 정하고자 했던 것이다.

3) 『동국정운』과 『훈민정음』

세종 29년(1447)에 편찬한 『동국정운(東國正韻)』은 훈민정음을 이용한 최초의 운서이다. 제목에서 '동국'은 '조선'을 일컬으며, '정운'은 '한자의 바른 음'이라는 뜻인데, 제목의 뜻처럼 이 운서는 조선의 표준 한자음을 제시하고 있다. 『고금운회거요』의 체제를 따라 한자 18,775자를 수록하였다.[45] 그런데 한자음의 표준화 작업은 곧 훈민정음이라는 문자의 창제와 그 해설서인 『훈민정음』의 편찬과 떼려야 뗄 수 없는 관계에 있다. 이는 훈민정음의 창제를 위한 이론적 기반이 곧 한자음의 표준화를 위한 음운학 연구였기 때문이다.

　문자 훈민정음에 대한 해설서인 『훈민정음』은 문자를 창제한 3년 후인 세종 28년(1446)에 편찬되고, 1년 뒤 한자음 표준발음사전인 『동국정운』이 편찬된다. 왼쪽 사진에서 보듯이 운서인 『동국정운』에서 발음기호로 사용되었던 것이 바로 문자 훈민정음이다. 그렇다면 어떤 계기로 훈민정음을 만들어 발음기호로 사용할 생각을 했을까?

　여기에는 여러 가지 이유가 있겠으나 몇 가지를 추정해볼 수 있겠다. 첫째는 중국 운서에서는 반절법으로 발음을 표기하는데, 반절법은 한자로 한자의 음을 표기하는 방법이다. 여기서 문제는 한자의 표준음을 표기하

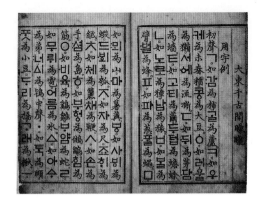

〈그림 19〉『동국정운』(출처: 건국대학교박물관) (좌)
〈그림 20〉『훈민정음』해례 용자례 (출처: 건국대학교박물관) (우)

는 것조차 다시 한자를 사용해야 한다는 것이다. '東'자의 발음을 '德洪切'로 표기할 때, '德'이나 '洪'자의 소리가 변한다면 '東'의 발음이 달라진 것으로 읽게 되는 것이다. 이를 해결하기 위해서는 항구적으로 변하지 않는 발음기호가 필요했다.

둘째는 종성이 8개나 되는 우리말의 특성상, 중국식 반절법으로는 우리 소리를 효율적으로 표기하기가 어렵다는 점이다. 한자를 이용한다면 그만큼 다양한 운모를 찾아서 표기해야 하는데 이것이 무척 어려웠던 것이다. 따라서 우리말의 다양한 소리를 반절법으로 표기하기 어려웠던 점도 훈민정음을 창제하게 된 하나의 계기가 되었을 것이다.

훈민정음 해설서인『훈민정음』과 조선 한자음 표준발음사전인『동국정운』이 거의 동시에 편찬되었다는 점 때문에 두 책의 관련성을 짚어보는 연구가 많이 이루어진 바 있다. 이를 두 가지 측면에서 짚어볼 수 있는데, 첫째는 두 책을 편찬하는 데 영향을 미친 언어철학을 살펴보는 것이고, 둘째는 두 책의 내용상 유사성과 차이점을 밝히는 것이다. 먼저 두 책을 편찬하는 데 영향을 미친 언어철학의 유사성은 앞서 1절에서『황극경세서』가

『동국정운』 및 『훈민정음』에 미친 영향을 검토하는 데에서 언급한 바 있다. 『동국정운』과 『훈민정음』에 나타난 언어철학의 핵심은 언어음의 보편성과 특수성에 대한 인식이다.

『동국정운』의 서문에서 신숙주는 중국어와 다른 우리말 소리의 특수성을 지적하고 있다. 언어음의 차이가 사용자와, 사용자가 사는 지역이 다름에 기인하는 것이라는 말은 곧 언어음의 특수성에 대한 당대의 인식 방식을 단적으로 보여준다. 사용자의 지역에 따라서, 즉 지세와 기후가 다름에 따라서 사람이 숨 쉬는 것이 다르다고 보았는데, 이는 중국의 운서를 그대로 사용하여 조선의 한자음을 기록할 수 없다는 것을 의미하며, 조선 한자음의 특수성을 반영한 운서 편찬의 정당성을 강조하는 것이다. 그런데 이러한 철학은 훈민정음 해례의 설명 과정에도 명확하게 드러난다. 『동국정운』과 『훈민정음』에서는 언어음의 특수성을 '풍토' 혹은 '지세' 등과 연관지어 설명하고 있다. 앞 항목에서도 언급했듯이 지세와 풍토의 특성에 따라 언어음이 달라진다는 것은 성리학적 세계관에 따른 인식이다.

더불어 『동국정운』과 『훈민정음』에서는 언어음의 보편성에 주목하는데, 모든 현상을 움직이는 보편적 원리가 있다는, 즉 말소리를 이루는 보편적 이치가 있다는 인식도 성리학적 세계관에 따른 것이다. 『훈민정음』 제자해의 내용은 언어음의 보편성에 대한 편찬자의 인식을 잘 드러낸다.

> 무릇 어떤 생물이든 하늘과 땅 사이에 있는 것들이니 음양을 버리고 어디로 가겠는가. 그러므로 사람의 말소리에도 다 음양의 이치가 있지만, 사람들이 이를 살피지 않았다. 이제 정음을 만든 것도 애초부터 지혜로 경영하고 힘써 찾은 것이 아니요, 다만 그 말소리에 따라 그 이치를 다했을 따름이다. 이치가 이미 둘이 아니니, 어찌 천지와 귀신과 더불어 그 쓰임을 같이하지 않으리오.[46]

위의 인용에서 말하고자 하는 바는 말소리가 자연의 이치로서 존재한다는 것이다. 이는 곧 말소리를 이루는 보편적 이치를 강조한 것이다. 말소리를 이루는 보편적 이치에 대한 『훈민정음』 편찬자의 인식은 "대저 음(音)이 다르고 같음이 있는 것이 아니라 사람이 다르고 같음이 있고, 사람이 다르고 같음이 있는 것이 아니라 지방이 다르고 같음이 있나니"(『동국정운』 서문)를 연상시킬 뿐만 아니라, "음(陰)과 양(陽)이 서로 만나 기운이 맞닿으매 소리가 생기나니, 소리가 생기매 칠음(七音)이 스스로 갖춰지고, 칠음이 갖춰지매 사성(四聲)이 또한 구비된지라"(『동국정운』 서문)[47] 를 연상시킨다.

이처럼 언어음의 보편성과 특수성을 규명하는 차원에서 말소리의 이치를 연구했기 때문에 『동국정운』과 『훈민정음』에서의 연구 방향과 내용이 일치할 수 있었다. 보편성은 중국의 음운학 체계에서, 특수성은 조선음과 중국음의 차이에서 찾았던 것이다. 따라서 『동국정운』의 23자모가 『훈민정음』의 23자모와 일치하는 것은 당연한 귀결이었다.

『동국정운』의 자모 설명을 보면 ㅋ은 快, ㆁ은 業, ㄷ은 斗, ㄷ의 병서인 ㄸ은 覃, ㅌ은 呑, ㄴ은 那, ㅂ은 彆, ㅂ의 병서인 ㅃ은 步, ㅍ은 漂, ㅁ은 彌, ㅈ은 卽, ㅈ의 병서인 ㅉ은 慈, ㅊ은 侵 등의 첫소리로 제시된다. 이러한 설명이 『훈민정음』 예의에서는 "ㅋ�牙音如快字初發聲"과 같은 방식으로 제시되는데, 이에 대응하는 언해는 "ㅋᄂᆞᆫ 엄쏘리니 快ㆆ 字ᄍᆞᆼ 처섬 펴아나ᄂᆞᆫ 소리 ᄀᆞᄐᆞ니라"이다.

여기서 주목할 점은 23자모 'ㄱ, ㄲ, ㅋ, ㆁ, ㄷ, ㄸ, ㅌ, ㄴ, ㅂ, ㅃ, ㅍ, ㅁ, ㅈ, ㅉ, ㅊ, ㅅ, ㅆ, ㆆ, ㅎ, ㆅ, ㅇ, ㄹ, ㅿ'를 설명하는 데 사용한 한자가 『훈민정음』의 것과 『동국정운』의 것이 동일하다는 것이다. 이는 『훈민정음』 편찬자와 『동국정운』 편찬자가 동일한 방식으로 자모에 대한 설명을 했음을 보여주는 것이다. 이를 정리하면 다음과 같다.

	아음	설음	순음	치음		후음	반설	반치
전청	君ㄱ	斗ㄷ	彆ㅂ	卽ㅈ	戌ㅅ	挹ㆆ		
차청	快ㅋ	呑ㅌ	漂ㅍ	侵ㅊ		虛ㅎ		
전탁	虯ㄲ	覃ㄸ	步ㅃ	慈ㅉ	邪ㅆ	洪ㆅ		
불청불탁	業ㆁ	那ㄴ	彌ㅁ			欲ㅇ	閭ㄹ	穰ㅿ

〈표 1〉『동국정운』 23자모와 일치하는 『훈민정음』 23자모

　『동국정운』과 『훈민정음』의 설명 내용이 이처럼 일치할 수밖에 없었던 또 다른 이유는 두 책의 편찬자가 거의 동일하다는 점이다. 『동국정운』의 편찬자는 총 9명으로 신숙주, 최항, 성삼문, 박팽년, 이개, 강희안, 이현로, 조변안, 김증 등이다. 훈민정음 해례의 편찬자는 총 8명으로 정인지, 최항, 박팽년, 신숙주, 성삼문, 강희안, 이개, 이선로 등이다. 이 중에서 신숙주, 최항, 성삼문, 박팽년, 이개, 강희안 등 6명이 두 사업에 모두 참여한 인물이다. 훈민정음 해례를 편찬한 8명 중에 6명이 『동국정운』 편찬에 관여한 것은 두 사업의 성격이 동질적임을 말해준다. 더구나 훈민정음을 창제한 후 착수한 첫 번째 사업인 『운회』의 언해에 참여한 인물은 신숙주, 최항, 박팽년, 강희안, 이개, 이선로 등 6명이다. 이들은 모두 『훈민정음』과 『동국정운』의 편찬 작업에 참여한 인물이다. 지금까지 밝힌 내용을 정리하면 다음과 같다.

	정인지	신숙주	최항	박팽년	성삼문	강희안	이개	이선로	비고
『운회』 언해 (1444년)		○	○	○		○	○	○	6명
『훈민정음』 (1446년)	○	○	○	○	○	○	○	○	8명
『동국정운』 (1447년)		○	○	○	○	○	○	○	조변안/김증

〈표 2〉 『운회』 언해, 『훈민정음』, 『동국정운』의 작업 인물

4) 한글 창제의 음운학적 의미

『훈민정음』과『동국정운』의 관련성을 통해 짐작할 수 있는 사실은 한자음 표준화를 위한 음운학 연구와 문자 창제를 위한 연구가 함께 진행된 일이었다는 점이다. 그런데 앞서 살펴본 것처럼 조선 한자음의 표준화를 위한 음운학 연구는 중국 음운학 연구의 성과를 응용한 것이었다. 즉, 중국의 운서에 나타난 음운체계를 기준으로 조선 한자음의 특수성을 반영해 조선 한자음의 음운체계를 완성했기 때문이다. 이처럼 중국의 운서가『동국정운』에 영향을 끼쳤고,『동국정운』의 음운체계가 곧바로『훈민정음』의 음운체계에 연결된다는 사실을 형식논리적으로 정리하면, 세종은 중국 음운학의 체계에 맞춰 한글의 체계를 고안했다고 말할 수 있다. 그러나 이러한 형식논리적 관점은 한글 창제의 의의를 제대로 보여주지 못한다는 문제가 있다.

이 책에서는 지금까지의 논의를 통해 세종을 포함한 15세기 조선의 성리학자들이 중국 음운학 이론을 성리학의 이론체계에 맞춰 재구성함으로써 한글을 창제할 수 있었다는 점을 강조했다.『훈민정음』의 내용은 곧 이러한 재구성을 통해 이룬 음운학적 성취가 무엇인지를 보여준 것이라 할 수 있다. 그간『훈민정음』의 음운학적 성취로서 주목을 받았던 것이 음절에 대한 인식 변화이다.『훈민정음』에 나타난 음절 인식과 중국 음운학의 음절 인식에는 어떤 차이가 있을까?

『동국정운』에서는 중국 음운학과 동일하게 음절을 자모와 운모로 구분하고, 조선 한자음을 23개의 자모와 91개의 운으로 표시했다. 그런데 흥미로운 것은『동국정운』과 병행하여 편찬하였던『훈민정음』에서는 음절을 자모와 운모의 이분법이 아닌 초성, 중성, 종성의 삼분법으로 설명하고 있다는 점이다. 중국의 운서와『동국정운』의 관련성 그리고『훈민정음』과

『동국정운』의 관련성을 종합한다면,『훈민정음』 편찬자들은 음절 구조를 다음과 같이 인식하였다고 추정할 수 있을 것이다.

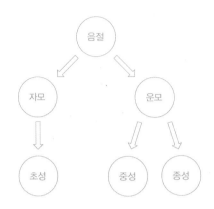

〈도표 1〉『훈민정음』 편찬자들이 인식한 조선어의 음절 구조

그런데 위의 음절구조는 중성을 완전히 독립시키고 이를 음절의 요체로 봤던『훈민정음』에서의 설명을 충실히 반영하지 않았다는 반론에 부딪힐 수 있다. 특히『훈민정음』에서의 삼분법이 중국 음운학의 이분법에 대비되는 독창적인 성과로 거론되었다는 점에서,『동국정운』의 이분법이 어떤 이유에서『훈민정음』에서의 삼분법으로 발전하였는지를 설명할 필요가 있다.

『훈민정음』이『동국정운』과 동일하게 23자모 체계를 제시하면서도 운모를 중성과 종성으로 나눈 이유는 무엇이었을까? 먼저 가정할 수 있는 것은 받침이 ㄴ, ㆁ, ㅁ, ㅭ (특별 표시였던 ㅇ, ㅱ) 등으로 제한적이었던 한자음과 달리 우리말의 경우 8개의 받침이 있었기 때문에 중성자와 결합하여 이를 운모로 제시하는 것은 상당히 복잡한 일이었다는 것이다. 따라서 한자음과 달리 고유어의 경우는 '운모'를 설정하지 않고 중성과 종성의 결합으로 설명하는 것이 효율적임은 자명하다.

여기서 주목해야 할 점은 세종과 집현전 학사들이 초성과 종성의 음운적 동질성을 파악했다는 사실이다. 이는 당시의 음운학의 수준을 단적으로 보여주는 것이다. 이를 보면 자모와 운모의 이분법이 초성과 중성과 종성의 삼분법으로 변한 것은 중국 음운학을 우리말의 표기에 적용하는 과정에서 발생한 일이라 할 것이다. 이 과정에서 중국 음운학에서 보여주지 못했던 초성과 종성의 음운적 동질성을 발견한 것은 새로운 성취였다고 할 수 있다.[48] 이러한 음절 인식은 결과적으로 다음과 같은 구조로 표현할 수 있을 것이다.

〈도표 2〉 『훈민정음』 편찬자들이 인식한 조선어의 음절 구조2

그런데 정광(2012)에서는 이러한 인식이 파스파문자의 문자체계에서도 찾을 수 있다는 점을 지적하면서 한글과 파스파문자의 영향 관계에 주목한 바 있다. 파스파문자에서는 중성 즉 모음자를 구분하였고, 초성을 종성에 다시 사용하여 『몽고자운』의 운목(韻目)에 사용하였는데, 이런 점은 『훈민정음』에서의 음절 인식에 영향을 미쳤다고 본 것이다. 단, 정광(2012: 308)에서도 지적했듯이 파스파문자에서는 모음자를 유모(喩母)에 귀속시켰는데, 『훈민정음』에서는 모음자를 완전히 독립시킨 것이 차이라 할 수 있다. 문자체계상으로 모음자를 완전히 독립시킬 수 있었던 것은 음절의 구성에 대한 음운론적 관찰 결과를 성리학적인 사유체계에 따라 해석한 결과라 할 수 있다. 『훈민정음』에서는 음절을 이루는 초, 중, 종성의 합성을 성리학적 세계관에 따라 우주의 순환 원리로 설명하면서, 중성의 독립성을 이론적으로 뒷받침하고 있다.

초성은 발동(發動)의 뜻을 가지니 하늘의 일이고, 종성은 지정(止定)의 뜻을 가지니 땅의 일이고, 중성은 초성의 생(生)함을 받고 종성의 이룸을 이으니 사람의 일이다. 대개 자운(字韻)의 요점은 중성에 있으니 초성과 종성이 합하여 음을 이루는 것이 마치 하늘과 땅이 만물을 생성하나 그 다듬고 보완하여 이룸은 사람을 힘입는 바와 같다. 종성에 초성을 다시 쓰는 것은 동이며 양인 것도 건이며, 정이며 음인 것 또한 건으로, 실상 건이 음양으로 나뉘어서도 주재하지 않는 것이 없는 까닭이다. 일원의 기운이 주류하여 다하지 않고 사시의 운행이 순환하여 끝이 없는 까닭에 정에서 다시 원으로 겨울에서 다시 봄으로 되는 것이니 초성이 다시 종성이 되고 종성이 다시 초성이 됨도 또한 이 뜻이다.[49]

위의 설명을 보면, 자운 즉 음절의 구성과 천지인(天地人)의 구성을 연결짓는 인식으로부터 초, 중, 종성을 분리하는 음절 인식이 구체화되었고, 초, 중, 종성의 연결을 우주의 순환 원리와 연결짓는 인식으로부터 초성과 종성을 같은 음으로 보는 음운 의식이 구체화되었음을 알 수 있다. 이는 당시의 음운학자들이 중국 음운학의 성과를 성리학적 사유체계로 재구성하여 음운 연구를 심화했음을 잘 보여주는 대목이다. 결과적으로 우리말의 음운적 특징에 대한 면밀한 관찰과 중국 성운학에 대한 깊은 이해, 그리고 이를 성리학적 사유체계로 재구성하는 창조성이 어우러지면서 독창적인 음절 의식에 근거한 훈민정음이 창제되었다고 할 수 있다.

그런데 『훈민정음』의 창조적 성취를 부각하는 것과 더불어 분명히 해야 할 것은 『훈민정음』에서 자모체계에 나타난 특수성을 인식하면서도 중국 음운학에서 제시하는 자모체계의 틀을 최대한 유지하여 자모체계를 설명하려 했다는 사실이다. 『훈민정음』의 자모체계가 한자음을 제시한 『동국정운』의 것과 동일하다는 것은 『훈민정음』에서 제시한 자모체계가 중국 음운학의 자모체계에서 비롯한 것임을 의미한다. 단, 『고금운회』에서 제시한 36자모를 『동국정운』과 『훈민정음』에서 23자모로 축소한 것이 차이인데, 조선의 현실음을 고려하여 중국어와 다른 조선어의 음운체계를 설정하면서 자모의 수가 줄어든 것이다.

예를 들어 『고금운회』에서 제시되었던 '설두(舌頭)/설상(舌上)', '순중(脣重)/순경(脣輕)', '치두(齒頭)/정치(正齒)'의 구분이 『동국정운』과 『훈민정음』에서는 '설음', '순음', '치음'으로 통합되었다. 이는 중국어에서 의미를 구분하는 음이 우리말에서는 의미를 구분하지 못한다는 것을 의미한다는 점에서 중국어의 음운체계와 우리말의 음운체계가 다름을 보여준 것이다. 그러나 이는 결국 중국 음운학의 체계 내에서 이루어진 통합이라 할 수 있다. 당시 조선의 현실 한자음에서 나타나지 않았던 전탁음을 '虯(뀨)ㄲ, 覃(땀)ㄸ, 步(보)ㅃ, 慈(자)ㅉ, 邪(사)ㅆ, 洪(홍)ㆅ'로 굳이 설정하고 이를 전청음인 '君(군)ㄱ, 斗(두)ㄷ, 彆(별)ㅂ, 即(즉)ㅈ, 挹(읍)ㆆ'과 구분 지으려 했던 것은 성운체계를 흩트리지 않으려는 의도가 작용했을 것이기 때문이다. 이러한 점들을 보면 『동국정운』과 『훈민정음』 편찬자들은 중국 음운학의 성운체계를 바탕으로 조선 한자음을 표기하려 했음을 알 수 있다.

그런데 『훈민정음』에 제시된 23개의 자모는 실제 당시 우리말을 표기하는 데에 제대로 활용되지 않았다. 이에 대한 이숭녕(1976)의 지적을 옮기면 다음과 같다.

(가) 'ㆆ'자는 국어에서 초성으로 쓰인 일도 없고 어중(語中)에서 쓰인

일도 없으며, 단독으로 종성에 쓰인 일도 없다(오직 잠시 ㄹㆆ받침이나 사이ㅅ에 쓰일 정도였다). 그러면 국어 표기에는 불필요한 문자임에 틀림없다.

(나) 국어에서 'ㅿ'과 같이 많이 쓰인 'ㅸ'자가 여기에 들지 않았다. 그것은 『동국정운』에 'ㅸ'란 자모를 설정하지 않았기 때문이다.

(다) 전탁음의 'ㄲ, ㄸ, ㅃ,⋯⋯'은 초성으로 국어에는 쓰이지 않고 간혹 '흘까'와 같은 예는 있어도 원칙적으로 쓰이지 않는다.

이러한 점을 보면 훈민정음 해례에서 제시한 훈민정음의 자모체계는 당시 우리말의 현실음 표기보다는 운서의 자모체계를 우선적으로 고려한 결과로 볼 수 있다. 이는 세종이 문자의 음가 및 용법을 정하는 과정에서 한자음의 교정 문제를 심각하게 생각했음을 말해준다. 이로 인해 한자음과 고유어의 표기체계가 일부 달라지게 된 것이다.

결론적으로, 세종은 보편적 음운체계로서 운서의 자모체계를 가정하고 이에 맞춰 훈민정음의 문자체계를 고안했음을 알 수 있다. 이때 운서의 자모체계 틀을 그대로 유지하려다 보니 그 틀에 맞게 조선 한자음을 발음하는 것이 바람직한 것이라 생각했고, 이상적인 『동국정운』식 표기법이 탄생한 것이다. 이처럼 조선 한자음과 고유한 조선어를 분리하여 처리하려다 보니 『훈민정음』에서 제시한 23자모 중 일부가 고유어 표기에는 쓰이지 않게 된 것이다. 결국 『동국정운』식 한자음 표기가 소멸되면서 고유어와 조선 한자음을 분리해 표기하려는 세종의 의도는 실패하게 되었다.

한글의 과학성과 성리학

1절과 2절에서는 성리학적 사유체계를 통해 중국 음운학의 성과를 수용함으로써 조선 음운학이 정립될 수 있었고 이러한 연구 성과를 토대로 훈민정음이 탄생할 수 있었다는 점을 지적하였다. 그러나 중국 음운학의 성과와 성리학적 사유체계의 수용을 중심으로 논의하다 보니, 훈민정음 창제를 통해 이룬 독자적인 성과를 특별히 부각하지는 않았다. 그러나 훈민정음은 중국의 음운학과 성리학을 받아들여 전유(專有)함으로써 이룬 독자적 성과이다. 훈민정음의 제자원리는 이를 가장 극명하게 보여주는 예이다. 이 절에서는 훈민정음의 제자원리와 성리학적 세계관의 관련성을 설명하고, 훈민정음 제자원리의 핵심이라고 할 수 있는 '가획'과 '발음기관 상형'의 원리를 설명하면서, 훈민정음의 창제 과정에서 성리학적 과학주의가 어떻게 구현되었는지를 알아볼 것이다.

1. 말소리의 근본을 구현한 문자

『훈민정음』에서 설명하는 제자원리를 이해하기 위해서는 설명의 방식에 반영된 성리학적 세계관을 이해할 필요가 있다. 훈민정음의 제자 방식은 음양오행과 삼재론을 근간으로 하는 성리학적 세계관에 따른 것이기 때문이다. 음양오행론과 삼재론은 우주와 인간 세계의 기본적인 구성요소, 그리고 우주만물의 운용 원리를 설명하는 이론이라고 할 수 있다. 음양오행론이나 삼재와 같은 역학(易學)은 원래 중국 고대로부터 전해 내려온 사상이었지만 성리학이 이를 적극 수용하여 우주만물의 법칙과 원리를 규명하고자 한 것이다.[50] 조선도 성리학과 함께 이러한 세계관을 수용했고 세종과 『훈민정음』 편찬자들은 이를 말소리와 문자의 설명에까지 적용했던 것이다.

이러한 인식은 앞서 살펴봤던 『훈민정음』의 정인지 서문에 잘 나타나는데, 이 중 "人之聲音 皆有陰陽之理 顧人不察耳 今正音之作 初非智營而力索 但因其聲音而極其理而已(사람의 말소리도 다 음양의 이치가 있지만 사람들이 살피지 못할 따름이다. 이제 정음을 만든 것도 애초부터 지혜로 경영하고 힘써 찾은 것이 아니요, 다만 그 말소리에 따라 이치를 다했을 따름이다)."는 부분은 당시 과학 탐구의 원칙, 즉 성리학적 과학주의의 관점을 압축적으로 보여준다.

우주 삼라만상의 작용에는 보편 원리인 음양의 이치가 내재해 있고 이는 말소리에서도 예외는 아니기 때문에 말소리에 내재한 음양의 이치를 살핀 결과 훈민정음을 창제할 수 있었다는 것이 『훈민정음』에서의 설명이다. 훈민정음이 음양의 이치에 따라 만든 문자라는 설명은 곧 훈민정음이 성리학적 과학주의의 산물임을 명확히 하는 것이다. 먼저 『훈민정음』에서 자음자의 제자원리를 밝힌 부분을 보자.

대개 사람의 소리 있음은 오행에 근본을 둔 것이므로 사철에 어울려 보아도 어그러짐이 없고, 오음에 맞추어 보아도 틀리지 않는다. 목구멍은 입안 깊은 곳에 있고 젖어 있으니 수(水)에 해당한다. 소리는 비고 통하여 물의 허명(虛名)하고 두루 흐름과 같으니, 철로는 겨울이요 음(音)으로는 우(羽)이다. 어금니는 서로 어긋나고[錯] 길어서 목(木)에 해당한다. 소리는 목구멍소리와 비슷해도 여물기 때문에 나무가 물에서 나되 그 형상이 있음과 같으니, 철로는 봄이요 음으로는 각(角)이다.[51]

위의 설명은 자음 글자가 오행에 근본을 두고 만들어졌기 때문에 훈민정음의 제자 원리가 천지자연의 작용 원리와 맞닿아 있음을 강조하는 것이다. 이처럼 제자원리를 천지자연의 작용 원리와 연관지은 『훈민정음』에서의 설명 방식을 오늘날의 관점으로 이해하면 지극히 정치한 비유적 설명이라고 할 수도 있다. 그러나 이러한 설명이 하나의 원리로 일관성 있게 전개되고, 이러한 설명 방식이 음운학뿐만 아니라 의학과 천문학 등의 전 학문 분야에 동일하게 적용된다는 점에서, 이는 단순한 비유가 아닌 과학적 인식의 소산이라고 해야 할 것이다.

『훈민정음』에서는 위에 인용한 설명에 이어 나머지 자음들도 위와 같은 방식으로 설명하고 있는데 설명 내용은 다음과 같이 하나의 표로 정리할 수 있다.

ㅇ	ㄱ	ㄴ	ㅅ	ㅁ
물(水)	나무(木)	불(火)	쇠(金)	흙(土)
우(羽)	각(角)	치(徵)	상(商)	궁(宮)
겨울(冬)	봄(春)	여름(夏)	가을(秋)	늦여름(季夏)
목구멍(喉)	어금니(牙)	혀(舌)	이(齒)	입술(脣)
북(北)	동(東)	남(南)	서(西)	

〈표 3〉 『훈민정음』에서의 자음의 제자원리에 대한 설명

『훈민정음』에서는 위의 설명에 이어 말소리의 조음음성학(調音音聲學)적 특징을 오행의 원리에 따라 다음과 같이 설명한다.

> 그러나 물은 만물을 낳는 근원이요, 불은 만물을 이루는 작용이기 때문에, 오행 가운데서도 물과 불[水火]이 큰 것이 된다. 목구멍(=水)은 소리를 내는 문이요, 혀(=火)는 소리를 구별하는 기관(器管)이기 때문에 오음(五音) 가운데서도 목구멍소리와 혓소리가 주가 된다. 목구멍은 뒤에 있고 어금니가 다음이므로 북쪽과 동쪽의 방위요, 혀와 이가 또 그 다음이므로 남쪽과 서쪽의 방위요, 입술이 끝에 있으므로 토는 일정한 방위 없이 사철에 덧붙어서 왕성하게 한다는 뜻이다.[52]

오행에서 물과 불이 근본이듯이 오음 중에서도 물을 상징하는 목구멍소리와 불을 상징하는 혓소리가 주된 소리라는 것이다. 이것은 단지 철학적인 의미에서뿐 아니라 현대 조음음성학적인 관점에서 볼 때도 의미 있는 말이다. 즉, 현대 음성학에서 조음원리를 설명할 때는 기도에서 발생한 공기의 흐름을 가두어두는 목구멍과 그 흐름을 막아서 구체적인 소리로 만드는 혀의 역할을 중요하게 본다. 이러한 점을 고려하면 자연의 작용 원리와 음운의 작용 원리를 연결지은 『훈민정음』의 설명 방식은 음운학적 인식의 차원을 높이는 데 기여했다고 평가할 수 있을 것이다.

이와 관련하여 주목할 사실 하나는 『훈민정음』 예의에서는 오음을 '아음, 설음, 순음, 치음, 후음'의 순서로 배열하며 자모와 대응시켰지만, 제자해에서는 위의 설명과 같이 '후음, 아음, 설음, 치음, 순음'의 순서로 배열하여 설명했다는 점이다. 특히 '후, 아, 설, 치, 순'의 배열 순서는 소리가 조음 기관의 가장 깊은 곳인 목구멍으로부터 나와 입술에 이르는 과정을 보여준다. 그리고 이러한 조음 과정은 오행, 즉 '물(수), 나무(목), 불(화), 쇠(금),

흙(土)'의 순환 원리로 설명된다. 이는 문자와 자연이 별개의 것이 아니고 같은 원리로 작동하는 것이라는 세계관을 보여준다고 할 수 있다. 이를 보면『훈민정음』편찬자들은 조음음성학적인 관찰의 결과를 역학의 원리와 관련지어 독특한 조음음성학 이론을 정립했다고 평가할 수 있을 것이다.

자음과 마찬가지로 모음에 대한 설명도 성리학적 세계관에 근거한다. 『훈민정음』에서는 '、, ㅡ, ㅣ'라는 모음의 기본자가 각각 하늘, 땅, 사람의 모양을 본뜬 것이라 설명했는데, 이는 우주의 구성인 삼재(三才) 즉 천지인(天地人)을 근간으로 모음자의 제자를 설명한 것이다. 그리고『훈민정음』 편찬자들은 이러한 역학적 원리를 조음 및 음향음성학적인 관찰의 결과와 연계하여 이론화한다.

> 、(소리)는 혀가 움츠러들고 소리는 깊다. 하늘이 자(子)시에 열리는바, 모양의 둥글음은 하늘을 본뜬 것이다. ㅡ(소리)는 혀가 조금 움츠러들고 소리는 깊지도 얕지도 않다. 땅은 축(丑)시에 열리는바, 그 모양이 평평함은 땅을 본뜬 것이다. ㅣ(소리)는 혀가 움츠러들지 않고 소리가 얕다. 사람이 인(寅)시에 생기는바, 그 모양이 서 있는 꼴은 사람을 본뜬 것이다.[53]

위의 설명은 모음의 속성을 파악하는 데에서 '혀의 모양'과 소리의 '청각감도(聽覺感度)'가 중요한 역할을 함을 알 수 있다. '、'는 '혀가 움츠러들[舌縮]'고 소리가 '깊다[深]'고 했는데 이것은 혀가 오그라지며 나는 소리의 청각감도(聽覺感度)를 나타내는 설명이다. 이러한 방식은 다른 기본자에도 적용된다. 즉 'ㅡ'는 혀가 조금 오그라지며[舌小縮] 나는 소리로 그 소리 느낌이 '깊지도 얕지도 않으며[不深不淺]', 'ㅣ'는 혀가 오그라지지 않고 펴져 있는 상태[舌不縮]에서 나는 소리로 그 느낌이 '얕다[淺]'는 것이다. 그런데

'혀의 모양'에 따른 음성 자질은 조음음성학적으로 '혀의 위치'에 따른 자질과 일치한다. 즉, '설축(舌縮)'인 'ᆞ'는 후설, '설소축(舌小縮)'인 'ㅡ'는 중설, '설불축(舌不縮)'인 'ㅣ'는 전설 모음에 대응한다.

이러한 점을 보면 세 개의 모음 기본자가 혀의 위치와 모양이라는 조음음성학적 자질을 균형 있게 보여준 것임을 알 수 있다. 그런데 이러한 설명이 좀 더 치밀해지기 위해서는 세 가지의 조음음성학적 자질을 대표하는 모음으로 'ᆞ, ㅡ, ㅣ'를 선택한 이유를 밝힐 필요가 있다. 이를 위해 이 세 모음의 음성적 특질을 살필 필요가 있다는데, 'ᆞ, ㅡ, ㅣ'는 가장 중립적이고 무표적(無標的)인 모음을 나타내는 문자라는 특징이 있다. 즉 'ᆞ, ㅡ'로 나타내는 모음은 그 조음적(調音的) 독립성이 뚜렷하지 않아 음운 변동에서 쉽게 탈락하는 특성을 지닌 무표적인 모음이라고 할 수 있다. 또한 기본자 중 하나인 'ㅣ'는 양성모음과 음성모음의 대립을 기본으로 하는 중세국어 모음체계에서 중립성을 띠는 모음이다.

이를 볼 때 세종은 음성학적 관찰 결과를 세계를 구성하는 기본 요소인 삼재(三才), 즉 '천(天), 지(地), 인(人)'에 대응시키며 기본모음자를 설정했음을 알 수 있다. 그러나 모음자의 제자원리는 자음자의 제자원리와 비교할 때 체계성이 떨어지는 것은 사실이다. 이는 자음자의 기본자를 만든 원리가 성운학의 체계를 틀로 한 데 비해 모음자의 기본자를 만들 때는 참조할 수 있는 성운학의 체계가 없었던 상황과 관련된 것으로 보인다. 중국 음운학이 모음을 분리해 다루지 않았기 때문에 모음자의 제자원리와 관련한 설명은 중국 음운학과 직접적인 관련이 없기 때문이다. 이런 점에서 보면 모음의 기본자를 만든 제자원리는 15세기 조선 음운학의 독창적이면서 중요한 성과라 할 수 있다.

2. 만물의 생성 이치를 담은 문자

하늘과 땅의 조화는 본디 하나의 기운이니,

음양과 오행이 서로 처음과 끝이로다.

만물이 둘 사이에서 형체와 소리를 갖추었으되,

근본이란 본디 둘이 아니니 이치와 수로 통하도다.

정음의 글자 만듦에는 그 꼴의 본뜸을 존중하되,

소리의 거셈에 따라 그때마다 획을 더하였다.

소리는 어금니, 혀, 입술, 이, 목구멍에서 나니,

이것이 첫소리가 되며, 글자는 17개다.[54] 『훈민정음』 제자해 訣

　　훈민정음 제자원리 가운데 핵심적인 것이 가획의 원리이다. 가획(加劃)은 말 그대로 획을 더한다는 뜻인데, 이는 기본 글자를 정한 뒤 여기에 획을 더해 더 많은 소리를 표현하는 것을 원리로 한다.

　　앞서 설명했듯이 자음의 기본자는 우주만물과 그 운용 원리를 다섯 가지 원소인 오행과 그 작용으로 설명하는 성리학적 우주관을 발음기관과 연관지어 설정한 것이다. 이 오음(五音)의 틀은 중국 음운학으로부터 가져온 것이다. 중국 운서에서는 이에 따라 아(牙), 설(舌), 순(脣), 치(齒), 후(喉)의 조음위치를 기준으로 오음을 설정하고, 조음방법을 4개의 부류로 나누어 음운체계를 설명했는데, 세종은 중국 운서의 설명을 따라 5개의 조음위치별로 기본자를 정하였다. 여기까지는 세종이 중국 음운학의 성과를 훈민정음에 반영한 것이다.

　　그런데 세종은 여기에서 한 걸음 더 나아갔다. 먼저 발음기관을 상형한 문자의 모양과 가획의 가능성을 고려해 'ㄱ, ㄴ, ㅁ, ㅅ, ㅇ'을 기본자로 최종 확정하고, 이 기본자를 중심으로 조음방법에 따라 가획하면서 소리의 성질을 표시한 것이다. 이를 보면 기본자는 '같은 조음위치에서 나는 소리 중 어두에 나타날 수 없는 음소들을 제외한다는 원칙'과 '어두에 나타나는 음소들 가운데 각 조음위치에서 가장 여린 소리를 기본자로 삼는다는 원칙'에 의해 설정되었음을 알 수 있다.[55]

즉, '아음'인 'ㄱ, ㆁ' 중 어두에 나타날 수 없는 'ㆁ'을 제외하고 남는 'ㄱ'을 기본자로 했으며, '설음'인 'ㄴ, ㄷ'은 모두 어두에 나타나므로 이 중 더 여린 'ㄴ'을 기본자로 정한 것이다. 이렇게 기본자를 정함으로써 아래와 같이 가획을 통해 소리가 세지는 것을 형태적으로 표현할 수 있었다.

ㄱ → ㅋ
ㄴ → ㄷ, ㅌ
ㅁ → ㅂ, ㅍ
ㅅ → ㅈ, ㅊ
ㅇ → ㆆ, ㅎ

이와 관련한 『훈민정음』에서의 설명을 보자.

ㅋ은 ㄱ에 비하여 소리 나는 게 조금 센 까닭으로 획을 더하였다. ㄴ에서 ㄷ, ㄷ에서 ㅌ, ㅁ에서 ㅂ, ㅂ에서 ㅍ, ㅅ에서 ㅈ, ㅈ에서 ㅊ, ㅇ에서 ㆆ, ㆆ에서 ㅎ으로 그 소리를 바탕으로 하여 획을 더한 뜻(이치)은 다 같으나……[56]

ㄱ에 비해 소리가 더 센 소리를 나타내기 위해 획을 하나 더해 'ㅋ'을 만들고, ㄴ에 비해 소리가 더 센 소리를 나타내기 위해 'ㄷ'을, 그리고 ㄷ에 획을 더해 'ㅌ'을 만들었다는 말이다. 이처럼 글자의 형태를 파생시킨다는 것

은 글자가 소리의 성질을 그대로 반영한다는 것을 의미한다. 『훈민정음』에서는 이를 자연의 원리에 대응하여 다음과 같이 설명하고 있다.

> ㄱ은 나무가 바탕을 이룬 것이요, ㅋ은 나무의 번성하게 자람이요, ㄲ은 나무가 나이 들어 씩씩하게 된 것이므로, 여기까지 모두 어금니(즉 오행의 목)에서 본뜬 것이다.[57]

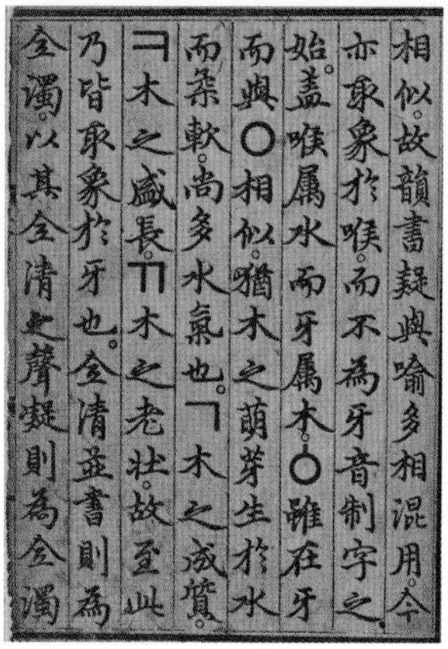
相似。故韻書疑與喻多相混用。今
亦取象於喉。而不爲牙音制字之
始。盖喉屬水而牙屬木。ㆁ雖在牙
而與ㅇ相似。猶木之萌芽生於水
而柔軟。尙多水氣也。ㄱ木之成質。
ㅋ木之盛長。ㄲ木之老壯。故至此
乃皆取象於牙也。全淸並書則爲
全濁。以其全淸之聲凝則爲全濁

〈그림 21〉『훈민정음』 해례 초성 파생자

ㄱ이라는 글자가 '나무'라면 'ㄱ'은 나무의 바탕이고 'ㅋ'은 무성히 자란 나무이며, 'ㄲ'은 나이가 들어 장년이 된 나무라는 설명은 'ㄱ, ㅋ, ㄲ'이 모두 같은 속성을 공유하는 소리라는 점을 말해주는 것이다.

기본자를 정하고 가획의 원리에 따라 글자를 파생시키면 다음과 같은 23자모 체계가 만들어진다. 단 23자모 체계에서 반설(ㄹ), 반치(ㅿ)는 이체자가 되고, 전탁음(ㄲ, ㄸ, ㅃ, ㅉ, ㅆ, ㆅ)은 가획이 아닌 병서(竝書)의 방식으로 표시했다.

	아음	설음	순음	치음		후음	반설	반치
전청	君ㄱ	斗ㄷ	彆ㅂ	卽ㅈ	戌ㅅ	挹ㆆ		
차청	快ㅋ	呑ㅌ	漂ㅍ	侵ㅊ		虛ㅎ		
전탁	虯ㄲ	覃ㄸ	步ㅃ	慈ㅉ	邪ㅆ	洪ㆅ		
불청불탁	業ㆁ	那ㄴ	彌ㅁ			欲ㅇ	閭ㄹ	穰ㅿ

〈표 4〉 23자모 체계

그런데 위의 자모체계에서 소리의 청탁에 주목해보면, ㄱ, ㄷ, ㅂ, ㅈ, ㅅ, ㆆ은 전청이 되고, ㅋ, ㅌ, ㅍ, ㅊ, ㅎ은 차청이 되고, ㄲ, ㄸ, ㅃ, ㅉ, ㅆ, ㆅ은 전탁이 되는데,[58] 가획의 원리는 바로 이러한 청탁의 구분도 정확히 반영할 수 있는 제자원리라고 할 수 있다.

이처럼 가획의 원리를 적용함으로써 글자의 모양에 소리의 속성을 반영할 수 있는 길이 열리게 되는데, 이런 사실에 주목하여 한글을 음소문자보다 한 단계 더 발전한 자질문자로 분류하기도 한다. 자질문자라는 개념은 발음기관을 상형한 기본자에 가획하는 방식으로 조음방식의 특성을 글자 형태에 반영하는 한글의 특징을 설명하는 데 적극 활용되었다.

『훈민정음』에서 설명하는 모음자의 파생은 기본 모음자(ㆍ, ㅡ, ㅣ)끼리의 조합이란 점에서 기본자에 가획을 하는 자음자의 파생과는 성격이 다르다. 그러나 음성학적 관찰 결과를 성리학적 이론체계와 결부하여 문자의 파생을 원리화한다는 설명 방식을 취한다는 점에서는 공통적이다.『훈민정음』을 보면, '입술 모양'과 같은 음성 자질을 천지인(天地人)의 작용과 관련지으면서 모음자 파생 과정을 설명하고 있다.

기본자에서 일차적으로 파생된 초출자(初出字)는 'ㅗ, ㅏ, ㅜ, ㅓ'이다.『훈민정음』에서는 'ㅗ/ㅜ'를 하늘(ㆍ)과 땅(ㅡ)이 처음으로 사귀는 이치를 취한 것으로, 'ㅏ/ㅓ'를 천지의 쓰임이 사물에 나타나되 사람(ㅣ)을 기다려서 이루어지는 이치를 취한 것으로 설명한다. 이러한 성리학적 원리는 모음의 음성학적 특징을 나타내는 '개구도(開口度)' 및 '원순성(圓脣性) 자질과 결부되어 모음자의 파생 원리가 된다.

이 아래 여덟 소리(모음)는 하나가 합(闔)이면 하나가 벽(闢)이다. ㅗ는 ㆍ와 한 종류인데 '입을 오므리니'[口蹙] 그 모양인즉 ㆍ와 ㅡ가 어울려서 이루어진 것이며, 하늘과 땅이 처음으로 사귀는 뜻을 취한 것(이치)

이다. ㅏ는 ㆍ와 한 종류인데 '입을 벌리니'[口長] 그 모양인즉 ㅣ와 ㆍ가 어울려서 이루어진 것이며, 천지의 용(用)이 사물에 나타나되 사람을 기다려서 이루어지는 뜻(이치)을 취한 것이다. ㅜ는 ㅡ와 한 종류인데 '입을 오므리니'[口蹙] 그 모양인즉 ㅡ와 ㆍ가 어울려서 이루어진 것이며, 역시 하늘과 땅이 처음 사귀는 뜻(이치)을 취한 것이다. ㅓ는 ㅡ와 한 종류인데 '입을 벌리니'[口長] 그 모양인즉 ㆍ와 ㅣ가 어울려서 이루어진 것이며, 역시 천지의 용(用)이 사물에 나타나되 사람을 기다려서 이루어진 뜻을 취한 것이다.[59]

'ㆍ, ㅡ, ㅣ' 기본자를 조합하여 새로운 글자 'ㅗ, ㅏ, ㅜ, ㅓ'를 만드는데, 여기서 'ㅗ, ㅜ'는 입을 오므리는 구축(口蹙), 즉 '원순(圓脣)'의 자질로 묶이고, 'ㅏ, ㅓ'는 입을 벌리는 구장(口長), 즉 '비원순(非圓脣)'의 자질로 묶인다. 이러한 부류는 '개구도'에 따른 부류, 즉 '닫힘[闔]'과 '열림[闢]'의 자질에 따른 부류와 일치한다. 즉, '닫힘'의 자질에 따라 묶이는 모음자가 'ㅗ, ㅜ'이고, '열림'의 자질에 따라 묶이는 모음자가 'ㅏ, ㅓ'인 것이다. 또한 ㆍ와 한 종류인 'ㅗ, ㅏ'와 ㅡ와 한 종류인 'ㅜ, ㅓ'는 양성모음과 음성모음으로 구분된다.

초출자에 다시 파생된 재출자(再出字)는 'ㅛ, ㅑ, ㅠ, ㅕ'이다. 『훈민정음』에서는 초출자인 'ㅗ, ㅏ, ㅜ, ㅓ'에 사람(ㅣ)이 관여하여 재출자가 이루어지는 것으로 설명하고 있다. 즉, 반모음[60] 이 단모음과 결합하여 이중모음이 되는 음성학적 원리를 하늘과 땅과 사람의 인과관계에 대한 성리학적 인식 체계와 연결지어 재출자의 파생 원리를 설명한 것이다.

ㅗ, ㅏ, ㅜ, ㅓ는 하늘과 땅에서 시작되어 초출이 되고 ㅛ, ㅑ, ㅠ, ㅕ는 ㅣ에서 일어나서 사람까지 겸하여 재출이 되는 것이니, ㅗ, ㅏ, ㅜ, ㅓ의

동그라미가 하나인 것은 그 초생의 뜻을 취한 것이요, ㅛ, ㅑ, ㅠ, ㅕ의 동 그라미가 둘인 것은 재생의 뜻을 취한 것이며 (중략) ·가 팔성을 통하 여 꿰어 있는 것은 양이 음을 통솔하여 만물에 두루 미침과 같으며, ㅛ, ㅑ, ㅠ, ㅕ가 모두 사람을 겸한 것은 사람은 만물의 영장이 되어 능히 양 의(하늘과 땅)에 참여하는 까닭이니……[61]

이상과 같이 초출자와 재출자의 제자에서 모음자의 조합과 음성 자질이 체계적으로 대응하는 것은 그만큼 음성학적 관찰 결과와 성리학적 이론 체계를 치밀하게 연결하여 모음자를 만들었다는 것을 말해준다. 특히 '·' 가 모든 모음의 파생에 관여하는 것을 하늘(·)이 모든 만물에 두루 미치 는 것으로 설명한 것이나, 'ㅣ'가 반모음으로 ㅗ, ㅏ, ㅜ, ㅓ와 결합하여 'ㅛ, ㅑ, ㅠ, ㅕ'를 파생하는 것을 만물의 영장인 사람(ㅣ)의 관여로 보는 논리는 성리학적 인식체계에 기대지 않고서는 상상할 수 없는 것이다. 더구나 각 부류의 모음자는 정확하게 음(陰)과 양(陽)의 짝을 이루고 있다. 이는 모음 이 양성모음과 음성모음의 짝을 이룬다는 음성학적 관찰 결과를 음양의 원리와 연결지은 것이다.

ㅗ, ㅏ, ㅛ, ㅑ의 동그라미가 위와 바깥쪽에 놓인 것은, 그것이 하늘에서 생겨나서 양이 되는 까닭이요, ㅜ, ㅓ, ㅠ, ㅕ의 동그라미 아래와 안쪽에 놓인 것은, 그것이 땅에서 생겨나서 음이 되기 때문이다.[62]

위의 설명 내용을 글자의 모양에 직접 대응시켜 재구성하면 다음과 같 이 서술할 수 있다.

ㅗ, ㅏ, ㅛ, ㅑ의 '·'가 'ㅡ'의 위와 'ㅣ'의 바깥쪽에 놓인 것은, 그것이 '·'

에서 생겨나서 양이 되기 때문이다. ㅜ, ㅓ, ㅠ, ㅕ의 'ㆍ'가 'ㅡ'의 아래와 'ㅣ'의 안쪽에 놓인 것은, 그것이 'ㅡ'에서 생겨나서 음이 되기 때문이다.

'ㅗ, ㅏ, ㅛ, ㅑ'의 경우는 하늘을 나타내는 ㆍ가 땅과 사람의 위와 밖에 머물고 있는 형태이므로 양의 성질을 가진 것으로 해석한 것이고, 반대로 'ㅜ, ㅓ, ㅠ, ㅕ'는 ㆍ가 땅과 사람의 아래와 안에 머물고 있는 형태이므로 음의 성질을 가진 것으로 본 것이다. 지금까지 설명한 모음의 파생 과정을 표로 정리해보면 아래와 같다.

자형	제자 방법	음양	오행
ㆍ		양	土
ㅡ		음	土
ㅣ			
ㅗ	ㆍ + ㅡ	양	水
ㅏ	ㅣ + ㆍ	양	木
ㅜ	ㅡ + ㆍ	음	火
ㅓ	ㆍ + ㅣ	음	金
ㅛ	ㅣ → ㅗ	양	水
ㅑ	ㅣ → ㅏ	양	木
ㅠ	ㅣ → ㅜ	음	火
ㅕ	ㅣ → ㅓ	음	金

〈표 5〉 모음의 파생 과정

그런데 『훈민정음』에서는 지금까지의 설명에서 한 걸음 더 나아가 역학의 제반 원리를 문자체계와 연결지어 설명하고 있다. 모음자를 주역의 역법(曆法)에 따른 방위의 수와 연결짓는 것이 그것이다. 모음의 기본자에 대한 설명을 예로 들면, 'ㆍ'는 天5이고 흙을 낳는 자리로, 'ㅡ'는 地10이고 흙을 이루어내는 수로, ㅣ는 홀로 자리가 없는 수[63] 로 설명한다. 이처럼 복잡한 체계를 문자체계와 연결지은 것을 볼 때, 성리학적 이론체계에 의거하여 문자체계를 고안했고, 이러한 문자체계를 성리학적 이론체계에 따라 정교화했음을 짐작할 수 있다. 여기에서는 역법에 따른 방위의 수와 모음자를 연결지은 설명은 생략하고, 강신항(1990: 107)에서의 표를 제시하는 것으로 대신한다.

방위(方位)	오행(五行)	生	位	成	數
北	水	天	一 ㅗ	地	六 ㅠ
南	火	地	二 ㅜ	天	七 ㅛ
東	木	天	三 ㅏ	地	八 ㅓ
西	金	地	四 ㅓ	天	九 ㅑ
中	土	天	五 ·	地	十 ㅡ

〈표 6〉 역법에 따른 방위의 수와 모음자
(출전: 강신항, 『증보판 훈민정음연구』(성균관대학교 출판부, 1990), 107쪽.)

자음자와 모음자에서 문자의 체계성이 음운의 체계성과 상응하는 것은 훈민정음 창제 시 소리에 대한 조음음성학적 분석이 깊은 경지에 이른 것이었음을 말해준다. 그런데 이 대목에서 특별히 주목해야 되는 것은 모음의 제자원리에도 성리학적 과학주의의 원칙이 그대로 적용되고 있다는 사실이다. 즉, 15세기 조선에서 치밀한 체계를 갖춘 문자 훈민정음이 창제될 수 있었던 것은 성리학적 사유체계에 따라 우주의 생성 및 작용 원리를 말소리의 생성 및 작용 원리와 관련지어 탐구하고, 이를 문자의 제자원리로 승화할 수 있는 지적 토대가 마련되었기 때문이라 할 수 있다. 이와 같은 성리학적 과학주의를 고양할 수 없었다면 정치한 소리문자인 훈민정음은 탄생할 수 없었을 것이다.

■ 참고자료 『문자 체계(Writing Systems)』에 나온 자질문자론[64]

영국의 언어학자 제프리 샘슨(Geoffrey Sampson) 교수는 1985년 자신의 저서 『문자 체계(*Writing Systems*)』에서 한글을 '자질체계(featural system)'라는 세계 문자사에서 유례가 없는 독립된 문자로 구분하였다. 기존에는 한글이 영어의 알파벳과 같은 음소문자로 분류되던 것이 일반적이었는데, 샘슨 교수는 이러한 기존 학설과 달리 한글을 자질문자로 새롭게 명명한 것이다. 샘슨은 한글 제자원리인 가획의 원리에 주목하였고 이를 근거로 한글을 음소문자에서 더 발전한 자질문자라 부른 것이다.

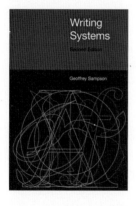

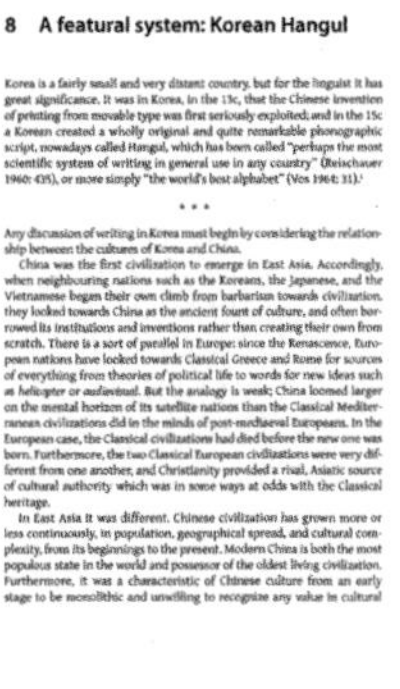

8 A featural system: Korean Hangul

Korea is a fairly small and very distant country, but for the linguist it has great significance. It was in Korea, in the 13c, that the Chinese invention of printing from movable type was first seriously exploited; and in the 15c a Korean created a wholly original and quite remarkable phonographic script, nowadays called Hangul, which has been called "perhaps the most scientific system of writing in general use in any country" (Reischauer 1960: 435), or more simply "the world's best alphabet" (Vos 1964: 31).[1]

* * *

Any discussion of writing in Korea must begin by considering the relationship between the cultures of Korea and China.

China was the first civilization to emerge in East Asia. Accordingly, when neighbouring nations such as the Koreans, the Japanese, and the Vietnamese began their own climb from barbarism towards civilization, they looked towards China as the ancient fount of culture, and often borrowed its institutions and inventions rather than creating their own from scratch. There is a sort of parallel in Europe: since the Renascence, European nations have looked towards Classical Greece and Rome for sources of everything from theories of political life to words for new ideas such as *helicopter* or *audiovisual*. But the analogy is weak; China loomed larger on the mental horizon of its satellite nations than the Classical Mediterranean civilizations did in the minds of post-mediaeval Europeans. In the European case, the Classical civilizations had died before the new one was born. Furthermore, the two Classical European civilizations were very different from one another, and Christianity provided a rival, Asiatic source of cultural authority which was in some ways at odds with the Classical heritage.

In East Asia it was different. Chinese civilization has grown more or less continuously, in population, geographical spread, and cultural complexity, from its beginnings to the present. Modern China is both the most populous state in the world and possessor of the oldest living civilization. Furthermore, it was a characteristic of Chinese culture from an early stage to be monolithic and unwilling to recognize any value in cultural

〈그림 22〉 『문자 체계(*Writing Systems*)』 표지 [좌]
〈그림 23〉 한글을 자질문자로 분류한 『문자 체계(*Writing Systems*)』 제8장 [우]

샘슨은 책에서 한국은 비록 중국문화권에 속해 있는 주변 국가였지만 같은 주변 국가였던 일본과 달리 새롭고 독창적인 문자를 창안해내었다는 점을 강조하고 있다. 유럽에서 모든 문명의 근원이 그리스-로마에서 비롯되었듯이 동아시아에서는 중국에서 비롯될 수밖

에 없다는 점을 전제하면서도, 한국어는 음성언어로서 중국어와 아주 달랐고, 이러한 차이점이 새로운 문자의 탄생을 낳았다고 보았다.

문자체계의 발전 과정에서 보면 처음에는 상형문자(그림문자)에서 시작해서 점점 추상적인 문자의 단계로 나아가는 것이 일반적이다. 고대 이집트문자나 고대 중국의 갑골문자가 상형문자였고, 갑골문자에 바탕을 둔 한자처럼 상형문자가 점차 추상적으로 변형되면서 뜻글자(표의문자)가 되었다. 이후 뜻글자는 더 추상화되어 소리를 강조한 음절문자로, 더 나아가 자음과 모음을 분리하여 표기할 수 있는 음소문자로 발전되었다. 일본의 히라가나와 가타카나는 한자의 초서체에서 발전한 대표적인 음절문자이며, 그리스문자나 로마문자와 키릴문자, 그리고 한글이 대표적인 음소문자에 속한다.

그런데 샘슨은 한글을 단순한 음소문자가 아니라 문자의 모양과 체계가 자질로 이루어진 새로운 문자라고 주장한 것이다. 먼저 『문자체계』의 내용을 간략히 소개해보자.

〈자음〉

조음위치/조음방식	양순음	설단음	치찰음	연구개음	후두음	
이완음	이완 연속음	ㅁ	ㄴ	ㅅ		ㅇ
	이완 폐쇄음	ㅂ	ㄷ	ㅈ	ㄱ	ㆆ
긴장음	긴장 유기폐쇄음	ㅍ	ㅌ	ㅊ	ㅋ	ㅎ
	긴장 연속음			ㅆ		
	긴장 무기폐쇄음	ㅃ	ㄸ	ㅉ	ㄲ	
	유음		ㄹ			

일반언어학에서 자음을 분류하는 데 사용하는 기준으로 두 가지를 들 수 있는데, 조음점과 조음방식이 그것이다. 입안에서 소리가 만들어지는 위치가 조음점이고, 소리를 만들어내는 방법이 조음방식이다. 입술에서 소리가 나면 양순음, 목구멍에서 소리가 나면 후두음이 된다. 조음방식의 경우 음성학적으로 한국어의 자음은 '긴장음' 대 '이완음'(혹은 '경음' 대 '연음')의 대립으로 볼 수 있다. '긴장' 자음은 이완의 대응음보다 더 큰 근육-긴장과 더 높은 공기 압력을 받는다고 보면 된다. 위의 표에서 보는 것처럼 한글은 5개의 조음위치와 '긴장음/이완음'이라는 두 개의 조음방식으로 결합된 질서 정연한 기호체계를 이루고 있다. 15세기에 만들어진 한글이 오늘날의 언어학이론으로 봐도 결코 손색이 없는 잘 짜인 체계를 이루고 있다는 점은 놀라울 일이다.

우리가 가획의 원리라고 알고 있는 것을 샘슨은 자질체계로 설명하고 있어 관심을 끈다. 그는 연속적 조음과 대립되는 폐쇄조음은 연속음 기호 위에 수평의 선을 첨가함으로써 표시되며, 아마 ㅁ 글자는 이미 수평의 선이 충분히 갖추어져 있어서인지 양순음의 세로줄에서 예외적인 해결책이 채택되어 ㅂ이 되었다고 했다. 또 긴장 유기 조음은 수평의 선을 중복 사용함으로써 표시되며, 긴장 무기조음은 이완음 기호를 중복함으로써 표시된다고 했다. 한국인은 긴장 무기음의 기호를 별개의 글자로 보지 않고 그것을 이완음 글자의 짝으로 본다는 것이 흥미롭다고도 했다.

그는 세종대왕은 ㅇ : ㆆ : ㅎ의 대비를 ㅁ : ㅂ : ㅍ과 비슷한 것으로 보았으며, 여기서 수평선(가획) 없음, 수평선 하나, 수평선 둘은 각각 '발음의 방해-없음', '순간-방해', '연장-방해'를 의미한다고 말하고 있다. 음성적으로 같은 계열에 속하는 글자들이 그 모양에서도 동질성을 유지하면서 기본자에 획을 더함으로써 새로운 문자를 파생시켰다는 점을 매우 높이 평가한 것이다. 음소문자로 인식되던 한글을 새로운 차원의 자질문자(featural system)로 분류한 이유가 바로 여기에 있다.

한글의 자질적 속성은 자음에 그치지 않는다. 샘슨은 모음에 대해서도 다음과 같이 설명하고 있다.

〈모음〉

양	음	중립
·	ㅡ	ㅣ
ㅗ	ㅜ	
ㅏ	ㅓ	

모음에 대한 그의 설명도 우리에게 낯이 익다. "세종대왕은 비교적 닫힌 모음부류와 열린 모음부류를 각각 여성과 남성의 원리를 표시하는 중국의 철학 용어인 음/양과 연관시켰고, 천(天), 지(地), 인(人)이라는 신비의 삼위일체와 다시 관련을 시켰다. 즉, 음은 지(地)에 양은 천(天)과 연관지었으며, 사람을 뜻하는 모음 ㅣ는 하늘인 양과 땅인 음 사이를 중재한다. 세종대왕은 나아가 선의 위쪽 혹은 바깥쪽(오른쪽)에 있는 점을 갖는 기호는 양으로 분류하고, 선의 아래쪽 혹은 안쪽(왼쪽)에 있는 점을 갖는 기호는 음으로 분류했다. 이 가정은 그림에서 보는 것처럼 정연한 체계를 제공한다." 그는 내용을 마무리하면서 한글에 대해 이렇게 결론을 짓는다.

"한글의 특별한 성질은 더 이상 분석될 수 없는 완전한 분절음이 기보다는 음성적 자질에 기초를 두고 있다는 점이다." (The special characteristic of Hangul is that it is based on phonetic features rather than on segments as unanalysed wholes.) (p.162)

그리고 한글이 15개의 변별적 요소로 구성된다고 주장한다. 여기서 15개의 변별 요소란 조음점을 위한 5개의 요소(아음, 설음, 순음, 치음, 후음), 4개의 조음방식의 요소(전청, 차청, 전탁, 불청불탁), 3개의 양모음(ㆍ, ㅗ, ㅏ)과 ㅣ를 위한 요소, 그리고 양 외형을 음 외형으로 변환하는 원칙(ㆍ를 위→아래/오른쪽→왼쪽으로 이동), 그리고 /j/로 이중모음을 표시하는 원칙 등이다. 이처럼 15개의 변별적 요소로 운용되는 문자 체계, 이것은 세계 어디에도 없는 한글만의 독창적인 특징이 아닐 수 없다. 샘슨은 바로 이러한 점을 주목한 것이다. 샘슨 교수는 마지막을 다음과 같은 말로 마감하고 있다.

"한글은 분명히 인류가 만든 가장 위대한 지적 산물 중의 하나로 자리매김되어야 한다." (Hangul must surely rank as one of the great intellectual achievements of Mankind.) (p.165)

3. 음성을 시각화한 문자

어금닛소리는 혀뿌리가 목구멍을 닫는 꼴을 취하였으되
다만 業(ㅇ)은 欲(ㅇ)과 비슷하기로 다른 데서 이치를 취하였다.

혓소리는 곧 혀가 윗잇몸에 붙은 모양을 본떴고

입술소리는 분명히 입의 꼴을 취했으며

잇소리와 목구멍소리는 바로 이와 목구멍의 모습을 취하였으니

다섯 가지 이치를 알면 소리는 절로 분명해진다.

또 반혓소리, 반잇소리가 있으니

꼴을 취함은 한 가지이나 체계는 다르다.[65] 『훈민정음』 제자해 訣

1) 발음기관의 모습이 곧 소리의 실체

훈민정음이 발음기관을 상형한 것임은 앞 항목에서 여러 번 언급하였다. 여기에서는 발음기관 상형의 원리를 설명하면서 문자 형태를 결정하는 데 발음기관의 상형이란 원칙을 세우게 된 이유를 성리학적 과학주의의 구현이라는 관점에서 설명할 것이다. 이와 관련한『훈민정음』의 설명을 다음과 같다.

> 정음 스물여덟 글자는 각각 그 모양을 본떠서 만들었다.
>
> (正音二十八字各象其形而制之)

자음 17자와 모음 11자가 모두 모양을 본떠 만들었다는 설명이다. 먼저 자음 17자에 대해 살펴보자.

> 어금닛소리(글자) ㄱ은 혀뿌리가 목구멍을 닫는 모양을 본뜨고 혓소리
> (글자) ㄴ은 혀가 윗잇몸에 붙는 모양을 본뜨고, 입술소리(글자) ㅁ은 입

모양을 본뜨고, 잇소리(글자) ㅅ은 이
[齒]의 모양을 본뜨고, 목구멍소리(글
자) ㅇ은 목구멍의 모양을 본뜬 것이
다.[66]

아설순치후 다섯 가지 종류의 기본음을
표시할 문자로, 'ㄱ, ㄴ, ㅁ, ㅅ, ㅇ'을 설정했
는데, 이것은 각각 소리가 날 때 관여하는
발음기관의 모양을 본뜬 것이다. 『훈민정
음』의 설명을 보면, ㄱ은 혀 뒷부분이 목구

〈그림 24〉 『훈민정음』 해례 초성 기본자

멍 바로 앞인 연구개의 뒤에 닿는 것을 보여주며, ㄴ은 혀끝이 올라서 경구
개의 앞면에 닿고 있음을 보여준다. 이러한 모양은 세종대왕이 현대 음성
학 교과서의 저자와 마찬가지로 분명히 화자가 좌측을 향하고 있음을 마
음속에 그리면서 문자를 발명했다는 걸 말해준다. 이처럼 『훈민정음』의 설
명은 해당 음을 발음할 때 발음기관의 모습을 본떠서 만들었다는 사실을
명쾌하게 보여주고 있다. 기본 소리를 다섯 가지로 나누는 것은 이미 중국
의 운서의 틀을 따른 것이지만, 이에 해당하는 글자를 모양을 본떠 만든
것은 세종의 아이디어였다.

그렇다면 어떻게 발음기관을 본뜰 생각을 했을까? 문자학의 관점에서
보면 희한한 결정이었지만, 성리학적 사유체계에서는 어찌 보면 당연한 결
정일 수 있다. 성리학적 사유체계에서는 세상의 이치가 하나이기 때문에
모든 것은 하나의 원리로 작동한다고 보기 때문이다. 즉, 모든 만물의 모양
에 이치가 있듯이 문자에도 그 이치가 작동하는 것이다. 이러한 이치는 한
자의 제자에서 먼저 적용했던 원리라고도 볼 수 있다. 한자의 모양은 사물
의 모양을 본뜬 것을 기본으로 하여 확장하는데, 이는 사물과 관련지어

문자의 모양을 정하고자 했던 사유방식이 반영된 것이다. 이러한 사유방식이 훈민정음이라는 소리문자를 창제하는 데 적용되었다고 본다면 성리학적 과학주의의 관점에서 다음과 같은 제자원칙으로 정했을 것으로 추정할 수 있다.

어떤 소리를 낼 때의 발음기관 모습에 그 소리의 속성이 있다면, 소리문자인 훈민정음의 글꼴은 발음기관의 모양을 본떠야 하는 것이다.

이런 관점으로 보면 모음의 글자도 발음기관의 모양을 따라야 마땅할 것이다. 3장 1절에서는 『훈민정음』에서 모음의 제자원리를 설명한 부분을 인용하며 모음자 설정과 조음음성학적 이론의 관계를 설명한 바 있다. 이 부분의 『훈민정음』 내용을 상형의 측면에서 요약하면 다음과 같다.

ㆍ(소리)는 혀가 움츠러들고 소리는 깊다. 하늘이 자(子)시에 열리었는바, 모양의 둥글음은 하늘을 본뜬 것이다. ㅡ(소리)는 혀가 조금 움츠러들고 소리는 깊지도 얕지도 않다. 땅은 축(丑)시에 열리었는바, 그 모양이 평평함은 땅을 본뜬 것이다. ㅣ(소리)는 혀가 움츠러들지 않고 소리가 얕다. 사람이 인(寅)시에 생기었는바, 그 모양이 서 있는 꼴은 사람을 본뜬 것이다.[67]

위의 설명을 보면, 'ㆍ'는 하늘의 둥근 모양을 본뜬 것이라 했고, 'ㅡ'는 평평한 땅의 모양을 본뜬 것이며, 'ㅣ'는 서 있는 사람의 모양을 본떴다고 볼 수 있다. 이는 발음기관의 모양을 본뜬다는 원칙과는 다른 선택이다. 만약 발음기관의 모양을 본떴다면 모음을 조음할 때의 모양, 즉 3장 1절에서 살펴본 바와 같이 '혀가 오그라져 있는 모양', '혀가 조금 오그라져 있는 모양', '혀가 오그라지지 않고 펴져 있는 모양'을 상형했어야 할 것이다.[68] 그런데 기본모음자를 천지인을 상형한 것으로 한 것은 위와 같은 발음기관의 모양을 글자의 모양으로 구현하기 어려웠기 때문일 수도 있다. 다만 'ㆍ'가 혀가 오그라져 있는 모양과, 'ㅡ'는 혀가 조금 오그라져 있는 모양과 연관시킬 수도 있다는 점을 감안하면, 모음 기본자와 연결되는 발음기관의 모양과 천지인의 모양을 연관지어 기본모음자를 만들었다고 볼 수도 있을 것이다.

2) 훈민정음 자형(字形)과 고전(古篆)의 관계

훈민정음 창제자의 지시로 만든 해설서 『훈민정음』에서 훈민정음 자형이 발음기관을 상형했다고 밝혔으므로 상식적으로는 훈민정음 자형의 기원에 대해 다른 의견을 제시하기는 어렵다. 그런데도 훈민정음 자형의 기원은 지금까지 논란거리로 남아 있다. 이는 어찌된 영문인가?

 이러한 논란의 단초를 제공한 건 아이러니하게도 세종과 그의 지시로 편찬한 『훈민정음』이다. 1443년 12월 30일 『세종실록』에는 "이달에 임금이 친히 언문(諺文) 28자(字)를 지었는데, 그 글자가 옛 전자(篆字)를 모방하고, 초성(初聲)·중성(中聲)·종성(終聲)으로 나누어 합한 연후에야 글자를 이루었다."라는 기록이 있고, 『훈민정음』의 정인지 서문에도 훈민정음의 글꼴이 옛글자를 본떴다고 설명되어 있다.

 계해년 겨울에 우리 전하(殿下)께서 정음(正音) 28자(字)를 처음으로 만들어 예의(例義)를 간략하게 들어 보이고 명칭을 《훈민정음(訓民正音)》이라 하였다. 물건의 형상을 본떠서 글자는 고전(古篆)을 모방하고, 소리에 인하여 음(音)은 칠조(七調)에 합하여 삼극(三極)의 뜻과 이기(二氣)의 정묘함이 구비 포괄(包括)되지 않은 것이 없어서, 28자로써 전환(轉換)하여 다함이 없이 간략하면서도 요령이 있고 자세하면서도 통달하게 되었다. 그런 까닭으로 지혜로운 사람은 아침나절이 되기 전에 이를 이해하고, 어리석은 사람도 열흘 만에 배울 수 있게 된다.[69] 『세종실록』 권 113, (1446).9.29.

더구나 최만리는 훈민정음 창제 반대 상소문에 훈민정음의 글꼴이 고전을 본뜬 것이라는 창제자의 말을 사실로 인정하고 있다.

> 설혹 말하기를, '언문은 모두 옛글자를 본뜬 것이고 새로 된 글자가 아니라' 하지만, 글자의 형상은 비록 옛날의 전문(篆文)을 모방하였을지라도 음을 쓰고 글자를 합하는 것은 모두 옛것에 반대되니 실로 의거할 데가 없사옵니다. 만일 중국에라도 흘러 들어가서 혹시라도 비난하여 말하는 자가 있사오면, 어찌 대국을 섬기고 중화를 사모하는 데에 부끄러움이 없사오리까.[70] 『세종실록』 권103, (1444).2.20.

이 두 가지 사실을 통해 본다면 발음기관을 상형하였다는 의미를 말 그대로 이해하기 어려움을 알 수 있다. 이에 대해서는 두 가지 해석이 있다.

첫째는 이를 당시 상황과 관련지어, 새로운 문자를 만들었으나 유생들의 반대를 의식하여 표면상 고전을 본뜬 것이라고 했다는 의견이다. 그러나 최만리까지 고전을 모방했다는 데 이견을 달지 않았던 것을 보면 이러한 해석은 그리 적절하지 못한 것으로 판단된다.

둘째는 "형상을 본떠서 글자는 고전(古篆)을 모방하고[象形而字倣古篆]"의 의미와 "글자의 형상은 비록 옛날의 전문(篆文)을 모방하였을지라도[字

形雖倣古之篆文"의 의미 자체에 주목한 의견이다. 이 견해에서는『설문해자
(說文解字)』[71]의 내용에서 착안하여 훈민정음의 자형을 정하였다고 주장한
다.[72] 특히 '牙, 舌, 脣, 齒, 喉'에 대한『설문해자』의 해설과 초성의 기본자인
'ㄱ(牙), ㄴ(舌), ㅁ(脣), ㅅ(齒), ㅇ(喉)'의 자형을 연결짓는 논의는 그 나름대로
타당성을 지닌다.

그렇다면 훈민정음 자형을 발음기관을 상형하여 만들었다는『훈민정
음』의 설명과 고전을 모방했다는 설명을 어떻게 연결지어야 하는가? 이와
관련한 기존 연구에서 주목한 부분은 훈민정음의 기본자가 발음기관의 모
양과 동일하고, 동시에 기본자의 조음위치를 나타내는 '牙, 舌, 脣, 齒, 喉'의
한자와 일정한 관계를 가진다는 점이었다. 그리고 두 번째로 주목한 점은
훈민정음 자형과 한자와의 관련성은 한자의 자형 자체에서 찾기보다는 한
자에 대한『설문해자』의 설명에서 찾아야 한다는 것이다. 즉,『설문해자』의
설명에 훈민정음의 자형을 유추해낼 수 있는 내용이 기술되어 있다는 것
이다. 한 예로『훈민정음』에서 'ㄱ'의 자형을 설명한 것과『설문해자』에서
'牙'의 자형을 설명한 것을 비교해보자.

『훈민정음』ㄱ, 象舌根閉喉之形(제자해)

　　ㄱ은 혀뿌리가 목구멍을 닫는 모양을 본떴다.

『설문해자』牙, 壯齒也, 象上下相錯之形(二篇, 下)

　　장(壯, 크다)한 치(齒)다. 아래위가 서로 맞닿는 꼴
　　을 본떴다.

위에서 이의 아래위가 서로 맞닿는 꼴이라는 것을 'ㄴ'형과 'ㄱ'형의 맞
물림으로 볼 수 있다. 그렇다면 'ㄴ'의 자형도 이와 관련된 것으로 볼 수 있
다. 이 외에도 'ㅅ'을 '齒'에 포함된 'ㅅ'에서 따온 것이라고 볼 수도 있고, 입

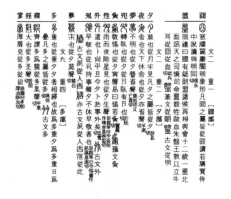

〈그림 25〉『설문해자』본문

술소리의 자형인 'ㅁ'의 경우도 한자 '口'와 관련지어 생각해볼 수 있다.

훈민정음 창제자가 『설문해자』를 연구하여 자형을 결정했다는 기록은 없지만, 최만리와 정인지의 글과 당시 문자학의 경향을 연관지어 본다면, 훈민정음 창제자가 중국의 운서를 의식했을 뿐만 아니라 문자학의 경전이라 할 수 있는 『설문해자』를 의식하며 훈민정음을 만들었다고 할 수도 있을 것이다. 여기에서 발음기관의 모양과 발음기관을 나타내는 한자의 기원을 일치시키기 위한 노력은 성리학적 원리와 훈민정음을 관련지어 보고자 했던 노력과 같은 차원의 것이라 할 수 있다. 그러나 앞서 봤듯이 어금닛소리[牙音]과 상관없는 자음 'ㄴ'의 자형을 '牙'와 관련지어 본 것에서도 알 수 있듯이, 이러한 견해는 훈민정음의 제자원리와 일치하지 않는다는 문제가 있다. 따라서 "형상을 본떠서 글자는 고전(古篆)을 모방하고[象形而字倣古篆]"의 의미는 발음기관을 상형하여 문자를 만들었으되, 이를 문자학의 전통과 연결지어 설명했다는 것으로 이해하는 것이 합리적일 것이다.

그런데 『훈민정음』에서 제시된 발음기관의 상형원리가 실제 발음기관의 상형이 아니라, '자방고전'을 바탕으로 제자된 훈민정음을 발음기관 상형이라는 새로운 상형의 논리로 재창조한 것(안명철, 2005)으로 설명할 수도 있을 것이다. 그러나 성리학적 과학주의에 입각해 문자를 만들었다는 점을 고려하면, 발음기관 상형의 원칙은 '어떤 소리를 낼 때의 발음기관 모습에 그 소리의 속성이 있다면, 소리문자의 글꼴은 발음기관의 모양을 본떠야 하는 것이다.'라는 믿음에서 비롯한 것으로 봐야 할 것이다. 성리학적 과학주의에 철저했던 세종으로서는 소리문자를 만들기로 한 이상 발음기관의 모양을 본떠야 한다는 원칙을 먼저 세울 수밖에 없었다는 말이다.

■ 참고자료 '보이는 음성'이란?[73]

알렉산더 멜빌 벨(Alexander Melville Bell, 1819-1905)은 영국의 유명한 언어치료사로, 전화를 발명한 알렉산더 그레이엄 벨(Alexander Graham Bell)의 아버지이다. 그는 발음기관을 본떠 새로운 글자를 만든 후 문자 이름을 '보이는 음성(Visible Speech)'이라고 명명하였다.

알렉산더 멜빌 벨은 농아 학생들을 치료하면서 그들도 알 수 있는 문자가 있었으면 좋겠다는 생각을 했고, 그러던 끝에 소리를 정확히 문자 형태로 기록하기 위한 표기체계에 관심을 기울이기 시작했다. 이러한 흐름은 이미 19세기 중엽 몇몇 음성학자들이 시도한 것이었고, 벨은 영국에서 이러한 작업에 착수한 선구자 가운데 한 사람이었던 것이다. 벨의 부호들은 로마 알파벳과는 관련이 없었지만, 그 대신 입에서 발화하는 동안 조음기관들의 위치와 움직이는 모습을 그림으로 추상화한 것이었으니, 발음기관을 본떠 만든 상형문자였다. 벨은 연구 끝에 1867년에 『보이는 음성: 보편적 알파벳 체계의 과학 (Visible Speech: The Science of Universal Alphabetics)』이라는 책을 간행하고 그의 문자를 세상에 소개했다.

흥미로운 것은 벨이 그의 아들(알렉산더 그레이엄 벨)과 함께 한 실험이다. 그는 아들과 함께 자신이 만든 새로운 문자가 얼마나 쉽고 소리를 얼마나 정확히 표기할 수 있는 것인지를 세상 사람들에게 증명하곤 했다. 그는 대규모 강연 도중 청중들 가운데 임의의 사람을 택해 무대로 올라오게 한 다음, 그가 택한 단어 몇 개를 읽어보라고 하고, 그 소리를 듣고 자신이 고안한 글자로 쓰기 시작했다. 그러고 나서 강연회장 밖에 있던 아들을 불러 자신이 쓴 글자를 청중에게 큰 소리로 읽게 하여 원래 청중의 발음과 비교했다. 새로운 문자가 얼마나 소리를 정확하게 표기할 수 있는지를 직접 보여준 것이다.

『보이는 음성』의 제자원리가 훈민정음의 제자원리와 유사하다는 점을 감안하면, 세종이 훈민정음을 만들 당시에 벨이 했던 것과 비슷한 실험을 하지 않았을까? 사람들에게 한자를 보여주고 소리를 내보라고 하고, 이를 훈민정음으로 받아 적은 다음, 다른 사람

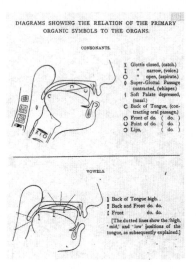

〈그림 26〉 '보이는 음성' 창제원리

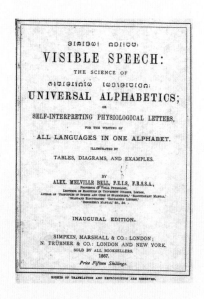

〈그림 27〉 『보이는 음성』 표지

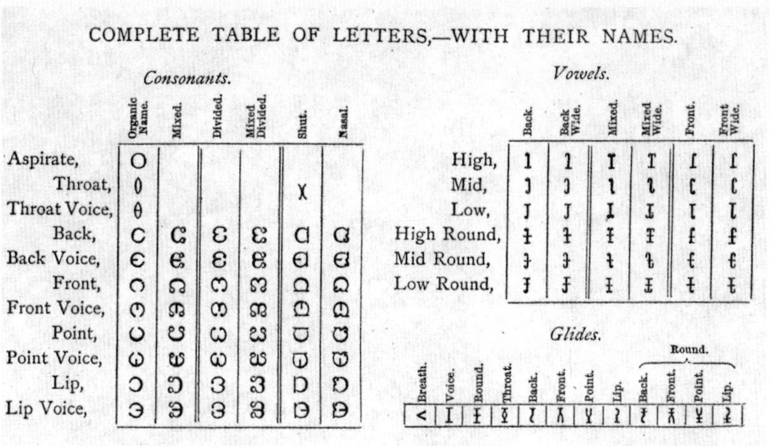

COMPLETE TABLE OF LETTERS,—WITH THEIR NAMES.

〈그림 28〉 '보이는 음성' 자음자, 모음자

에게 이를 읽어보라고 한 뒤 원래 한자음과 소리가 같은지 비교하는 실험 말이다. 이러한 실험을 통해 발음의 원리를 문자의 제자원리와 관련지을 수 있지 않았을까 추정해본다.

『보이는 음성』과 훈민정음의 관계를 처음으로 언급한 학자는 네덜란드 라이덴 대학(Leiden University) 교수였던 포스(Frits Vos)였다. 그는 1963년 논문에서 다음과 같이 말했다.[74]

"발음기관의 모양을 본떠 기본글자를 만든 것을 고려할 때, 이것은 마치 "보이는 음성(visible speech)"의 아이디어와 같다고 말할 수 있다." (If we take this in account, we might characterize these basic letters of the alphabet as "visible speech".) (p.33)

"한국인들은 세계에서 가장 좋은 알파벳을 발명하였다!" (They invented the world's best alphabet!) (p.31)

"한국 알파벳(한글)은 간단하면서도 논리적이며, 더욱이 고도의 과학적인 방법으로 만들어졌다는 사실은 분명하다." (It is clear that the Korean alphabets is not only simple and logical, but has, moreover, been constructed in a purely scientific way.) (p.34)

세종시대 과학문명의 성격

이 절에서는 앞서 한글 창제의 사상적 기반으로 언급했던 성리학적 과학
주의를 구체화하는 차원에서 세종시대의 과학문명을 조망하고자 한다. 이
는 곧 훈민정음을 창제하게 된 사상적 배경과 성취를 과학문명사적 관점
에서 설명하는 것이기도 하다. 한국 과학사의 개척자라 할 수 있는 홍이섭
은 "훈민정음의 창제는 우리 과학사 상에서 본다면 너무나 큰 의의를 갖
게 되는 위대한 사업"이라고 하면서, 훈민정음의 창제와 활용을 '과학보급
정책'의 일환으로 파악하여 한국 과학기술사에서 특기할 만한 사실이라고
강조했다.[75]

이러한 시각을 견지하면서 우리는 항목 1에서는 중화문명의 질서 내에
서 조선의 과학문명을 구축하기 위한 당대의 노력을 조선의 특수성에 대
한 인식이라는 관점에서 설명할 것이다. 항목 2에서는 중화적 보편성과 조
선적 특수성을 조화하기 위한 당대의 노력을 각 분야의 과학적 성취를 서
술하며 설명할 것이다.

1. 중화문명의 질서와 조선의 특수성에 대한 인식

조선은 유교사상을 기반으로 하여 건국한 나라였다. 불교의 폐단이 쌓여 멸망한 고려를 뒤이어 등장한 조선이었기에 건국 초기 왕들은 새로운 나라의 질서를 뿌리내리고 새로운 나라의 기틀을 세우기 위해 노력했다. 조선을 건국한 태조가 그러했고, 그의 아들 태종도 왕권을 강화하면서 새로운 국가의 틀을 세우기 위해 힘썼다. 그럼에도 불구하고 건국 초기의 조선은 사상적으로, 정치사회적으로 모든 면에서 새로운 나라로서의 기틀이 확고히 서기에는 역부족이었다. 이러한 상황에서 왕위에 오른 이가 바로 세종이다. 세종은 국시(國是)였던 유교사상을 더욱 확고하게 뿌리내리고, 유교적 문물제도를 체계적으로 정비하는 것을 시대적 과제로 삼았다. 이는 조선을 중화문명의 질서 내에서 확고한 위상을 지닌 유교 국가로 건설하려는 것이었다. 이러한 소명 의식은 1432년 예문관 대제학 정초(鄭招)가 새로 주조(鑄造)한 종의 명(銘)을 지어 올리는 글에도 잘 나타나 있다.

"아아, 거룩하신 태조이시여. 총명하시고 신무(神武)하사 천명에 순응하고 인심에 호응하시니 동쪽 나라의 땅 남김없이 가지시어 백성들의 왕이 되셨네. 용감하고 굳센 태종께서는 밝은 정치 잘하시어 임금 노릇 잘하시고, 천자(天子)를 극진하게 섬기시니 크게 훌륭한 명성(名聲)은 일어나고 나라는 창성하였네. 지금 임금 즉위하여 기업(基業)을 이으시매 선왕의 남기신 훈업(勳業)을 더욱 두텁게 하시네. 정신을 가다듬어 정치를 힘쓰시니 모든 것이 마땅하여 결함(缺陷)이 없으시나, 겸허하여 그 광명을 드러내지 않으시네. 충심(忠心)으로 사대하고 성의로 교린(交隣)하시니, 천자는 은총을 내리고 우방(友邦)은 평화를 지키며 백성들은 태평하고 편안하네. 이에 전적(典籍)을 고증(考證)하여 예와 악을 일으키니

문물은 찬란하게 빛이 나고, 피리와 종경(鍾磬) 소리 번갈아 일어나니 화기(和氣)는 상서(祥瑞)를 불러오네."[76] 『세종실록』 권56, (1432).4.29.

이 명문에는 나라를 창업한 조부와 나라를 부강하게 만든 선왕, 그리고 그 뜻을 받들어 왕이 된 세종은 모든 것이 결함이 없을 만큼 나라를 반석 위에 올려놓았다고 적혀 있다. 여기에는 중화문명의 질서 내에서 확고한 위상을 지닌 유교 국가를 건설하는 것을 당위의 목표로 삼았던 당시의 인식이 잘 드러나 있다. 특히 밑줄 친 부분과 같이 세종에게는 중화문명의 질서에 편입하여 예(禮)와 악(樂)으로 대표되는 유교문물을 꽃피우는 것이 중요한 시대적 과제였으며, 이를 충실히 수행하여 조선만의 찬란한 문물제도를 완성해내었음을 알 수 있다.

그런데 실제 진행한 정책을 보면 세종이 이 과제를 중화문명의 이식이라는 차원에서만 보지 않았음을 알 수 있다. 세종에게는 중화문명의 질서라는 틀 내에서 조선의 역사·문화·언어·지리·풍습 등을 반영한 새로운 유교문명을 어떻게 구축할 것인지가 근본적인 고민이었다. 이는 곧 유교적 보편성과 조선적 개별성을 어떻게 조화할 것인가의 문제이기도 했다.[77] 당시 중화문명의 질서라는 틀 내에서 조선의 특수성을 인식한 흔적은 실록 이곳저곳에서 찾아볼 수 있다.

내가 등에 큰 종기를 못 견디어 빨리 떠나가려고 한 것이니, 이것이 바로 사리에 있어 얼른 작정하기 어려운 것이다. 좌·우 의정의 말도 옳다. 그러나 황제가 만일 윤허하지 않는다면, 어떻게 수습할 것인가. 우리나라는 중국 영토 안에 들어 있는 나라가 아니다. 예로부터 반드시 주청한 연후에야 전위하지는 아니하였다. 이제 비록 이미 왕위를 계승하여 위(位)에 나아갔다 하더라도 황제가 반드시 노하지는 않을 것이니, 마땅히 여러 사람들의 의논을 따르도록 하라.[78] 『세종실록』 권1, (1418).8.14.

위의 기록에서 '태종이 세종에게 왕위를 양위하고 상왕으로 물러나 앉은 사실'을 황제에게 보고하여 윤허를 받아야 하지 않겠느냐는 신하들의 말에 대한 태종의 답변은 조선의 정체성에 대한 집권자의 인식을 잘 보여준다. 여기에서 조선의 정체성에 대한 인식은 "우리나라는 중국 영토 안에 들어 있는 나라[海內之國]가 아니"라는 대목에서 분명하게 드러나는데, 이는 곧 조선이 중국에 사대하는 나라이기는 하지만, 중국의 영토 안에 있는 나라가 아니니 나름대로의 독자성을 가지고 있어야 한다는 말이다.

이러한 관점은 성삼문과 신숙주가 한어(漢語)를 질정하기 위해 중국 학자를 찾아갔다는 대목에도 언급되어 있다. "소방(小邦)이 멀리 해외(海外)에 있어서 바른 음(音)을 질정(質定)하려 하여도 스승이 없어 배울 수 없고[小邦遠在海外, 欲質正音, 無師可學]"(『세종실록』 권127, (1450).1.3.)라는 대목에서 조선은 중국의 해외(海外)에 있는 나라라고 구체적으로 명시하고 있다.

이처럼 조선이 나름의 자의식을 가지고 조선의 독자성을 강조할 수 있었던 것을 중국의 정치 상황과 관련지어볼 수도 있다. 태종이 조선왕조의 기틀을 다질 때 명의 영락제(재위 1402-1424)는 북경 천도, 자금성 축조 등의 국책사업을 시행했고 15년 동안 5차례나 직접 북벌 원정에 나섰으며, 정화(鄭和)를 통해 1405년부터 1433년까지 7차례 남해 바닷길을 통해 아프리카까지 대항해 원정을 하게 하는 등 명의 대내외적 영향력을 강화하는 정책을 폈다. 그러나 이러한 국책사업과 대외 원정은 취약한 국내 정치 세력을 규합하고 중앙집권체제를 강화하려는 방책이기도 했지만 이로 인해 인적, 재정적 부담이 증가하였다.[79] 그러자 백성들의 삶은 점점 피폐해져갔으며, 대외적으로도 베트남과 몽고처럼 명의 정치적 혼란을 틈타 명에 적극 대항하는 나라가 나타나기 시작했다.[80] 이처럼 명의 대내외적 혼란기를 틈타 조선왕조는 통치기반을 더욱 확고히 할 수 있었다. 이러한 시대 상황에서 특히 정치 상황이 안정적이었던 세종시대에는 조선의 독자성과 특수성에 대한 인식이 깊어질 수 있는 여건이 조성되었다.

세종은 중화문명의 질서에 조선의 특수성을 구현한 새로운 질서를 구축하기 위해 다양한 정책을 추진했다. 실록에는 그러한 흔적이 여럿 등장한다.

"그러나 우리나라의 풍속이 중국과 다르니, 민간에서 농사짓는 괴로움과 부역하는 고생을 달마다 그림으로 그리고 거기에 경계되는 말을 써서 보는 데 편하게 하여 영구히 전하려고 한다."[81] 『세종실록』 권26, (1424),11,15.

"옛사람은 소리에 따라서 음악을 제작했는데, 우리나라 사람은 소리가 중국과 다르기 때문에 아무리 옛 제도를 조사하여 관(管)을 만든다 할지라도 올바르게 된다고 볼 수 없다."[82] 『세종실록』 권50, (1430),10,18.

"그러나 방서(方書)가 중국에서 나온 것이 아직 적고, 약명이 중국과 다른 것이 많은 까닭에, 의술을 업으로 하는 자도 미비하다는 탄식을 면치 못하였다."[83] 『세종실록』 권60, (1433),6,11.

"공법(貢法)이 비록 좋은 법이기는 하나, 우리나라는 산과 계곡이 험한 것이 중국의 평평하고 넓은 땅과 달라서, 좋은 밭은 적고 척박한 밭이 많은데, 품등(品等)을 나누어 관원이 잠깐 경과(經過)하는 사이에 갑작스레 6등의 밭으로 나누어 좋은 밭을 나쁜 밭으로 하고, 나쁜 밭을 좋은 밭으로 하여, 등급의 법칙(法則)을 그르친 것이 많고,"[84] 『세종실록』 권112, (1446),4,30.

세종은 풍속이 중국과 다르니 우리의 풍속을 중심으로 월령(月令)을 제작하도록 하고, 중국의 소리와 우리의 소리가 다르니 이를 측정하는 방법도 달라야 한다고 하고, 우리 땅에서 나는 약이 중국 것과는 다르니 우리 약재(藥材)와 약명(藥名)을 우리 식으로 정리하고, 조세를 거두는 기준도 우리 실정에 맞도록 기준을 바로 세우도록 명령했다. 조선의 독자성과 특수성에 대한 인식은 중화문명의 질서라는 틀 내에서 조선의 특수성을 반영하는 질서를 구축하기 위한 다양한 시도로 이어졌다. 새로운 역법을 만들고, 조선에 맞는 농법을 개발하고, 새로운 의료 처방법과 토종 약재를 개발하고, 음악을 정비하는 일 등을 그러한 시도로 볼 수 있다.[85]

그러나 여기에서 주의할 것은 조선의 독자성과 특수성에 대한 인식이 명으로부터의 자주(自主)나 중화문명으로부터의 이탈을 뜻하는 것은 아니라는 사실이다. 이러한 연구 사업은 철저하게 성리학적 세계관을 기반으로 이루어졌다. 중화문명의 질서는 성리학적 세계관을 기반으로 하고 있었듯이 조선의 특수성에 대한 인식 또한 성리학적 세계관을 기반으로 하고 있었던 것이다. 앞서 언급했던 『훈민정음』의 정인지 서(序)는 중화문명의 질서라는 틀 내에서 조선적 질서를 구축하려 했던 당대의 인식을 가장 명료하게 보여주고 있다.

사방의 풍토(風土)가 구별되매 성기(聲氣)도 또한 따라 다르게 된다. 대개 외국(外國)의 말은 그 소리는 있어도 그 글자는 없으므로, 중국의 글자를 빌려서 그 일용(日用)에 통하게 하니, 이것이 둥근 장부가 네모진 구멍에 들어가 서로 어긋남과 같은데, 어찌 능히 통하여 막힘이 없겠는가. 요는 모두 각기 처지(處地)에 따라 편안하게 해야만 되고, 억지로 같게 할 수는 없는 것이다.[86] 『세종실록』 권113, (1446).9.29.

위의 글에서는 보편적 질서를 전제한 상태에서 '풍토의 구별'이라는 특수성을 강조하고 있는데, 이러한 인식은 성리학적 세계관에 맞닿아 있는 것이다. 따라서 성리학적 세계관으로 보면 조선적 특수성을 구현하여 문물제도를 정비하는 것은 중화문명의 질서에 따르는 것과 전혀 모순되지 않는다. 이러한 인식이 있었기에 지성사대(至誠事大)를 내세우면서 조선의 독자성을 추구할 수 있었던 것이다.

2. 보편성과 특수성에 기반한 조선의 과학문명

앞서 살펴본 바와 같이 성리학적 과학주의에 철저했던 세종은 보편적인 중화문명의 질서를 유지하면서도 조선의 특수성을 고려하여 새로운 문물제도를 세우기 위해 노력했다. 당시 과학문명의 흐름을 보면 이러한 움직임을 뚜렷하게 확인할 수 있다. 세종시대 새롭게 등장한 역법, 농법, 의학, 음악 등과 관련한 기록을 통해 그 시대 과학문명의 흐름을 이끌던 성리학적 과학주의의 문제의식을 확인해보자.

1) 천문역법

세종은 천문학을 체계화할 때에도 조선의 특수성을 강조했다. 1432년 세종 때 일식(日蝕) 예보가 틀리는 사건이 일어났다. 그동안 중국의 역법(曆法)을 사용했는데, 이것이 조선에서 정확하게 들어맞지 않는 문제가 발생한 것이다. 세종은 그간 사용하던 역법(曆法)을 우리 실정에 맞게 다시 바로잡기 위해 일식과 월식(月蝕)을 잘 관찰하여 기록할 것을 명한다.

　　천문(天文)을 추산(推算)하는 일이란 전심전력(全心全力)해야만 그 묘리를 구할 수 있을 것이다. 일식·월식과 성신(星辰)의 변(變), 그 운행의 도수(度數)가 본시 약간의 차착(差錯)이 있는 것인데, 앞서 다만 선명력법(宣明曆法)만을 썼기 때문에 차오(差誤)가 꽤 많았던 것을, 정초(鄭招)가 수시력법(授時曆法)을 연구하여 밝혀낸 뒤로는 책력 만드는 법이 좀 바로잡혔다. 그러나 이번 일식의 휴복 시각(虧復時刻)이 모두 차이가 있었으니 이는 정밀하게 살피지 못한 까닭이다. 삼대(三代)와 같은 성대(盛代)의 역법도 차오가 없지 않았으니, 중국과 같이 천문을 자세히 관찰하여 수시로 이를 바로잡아도 오히려 또 이와 같은 일이 있었거늘, 하물며 우리나라이겠는가. 그러기 때문에 옛날에는 책력을 만들되 차오가 있으면 반드시 죽이고 용서하지 않는 법이 있었다. 내가 일식·월식 때마다 그 시각과 휴복(虧復)의 분수(分數)를 모두 기록하지 않아서 뒤에 상고할 길이 없으니, 이제부터 일식·월식의 시각과 분수(分數)가 비록 추보(推步)한 숫자와 맞지 않더라도 서운관으로 하여금 모두 기록하여 바치게 하여 뒷날 고찰에 대비토록 하라.[87] 『세종실록』 권49, (1430).8.3.

〈그림 29〉 『칠정산내편(七政算內篇)』
(출처: 규장각한국학연구원)

위의 인용에서 '선명력법'은 신라 때 쓰던 당나라의 역법을 말하며, '수시력법'은 고려 말에 쓰던 역법을 말한다. 세종은 1423년에 이미 당의 선명력과 고려의 수시력을 비교 연구하도록 하였는데, 이는 우리 실정에 맞는 역법을 만들기 위한 것이었다. 이런 점에서 보면 역법과 천문을 연구하는 데 기초가 되었던 산법, 즉 수학에 주목한 것은 당연한 순서라 할 수 있다.

임금이 공조판서 정초(鄭招)에게 이르기를,

"역서(曆書)란 지극히 정세(精細)한 것이어서 일상생활에 쓰는 일들이 빠짐없이 갖추어 기재되어 있으되, 다만 일식(日食)·월식(月食)의 경위만은 상세히 알 길이 없다. 그러나 이는 고인(古人)도 역시 몰랐던 모양이니, 우리나라는 비록 이에 정통하지 못하더라도 무방하긴 하나, 다만 우리나라를 예로부터 문헌(文獻)의 나라로 일컬어왔는데, 지난 경자년에 성산군(星山君) 이직(李稷)이 역법(曆法)의 교정(校正)을 건의한 지 이미 12년이 되었거니와, 만약 정밀 정확하게 교정하지 못하여 후인들의 기소(譏笑)를 사게 된다면 하지 않는 것만도 못할 것이니, 마땅히 심력을 다하여 정밀히 교정해야 될 것이다. 우리나라 사람으로서 산수(算數)에 밝아서 방원법(方圓法)을 상세하게 아는 자가 드물 것이니, 내가 문자를 해독하고 한음(漢音)에 통한 자를 택하여 중국으로 보내어 산법을 습득케 하려고 하는데 어떤가."[88] 『세종실록』 권51, (1431).3.2.

세종은 김한(金澣)과 김자안(金自安)을 명에 보내 산법(算法)을 배워 오도록 명하는데, 이는 명의 역법을 연구하도록 하기 위한 조처였다. 조선에 맞는 역법을 만들되 중국의 역법을 철저히 연구한 뒤 이를 토대로 조선에 맞는 역법을 만들려고 했던 세종의 생각을 읽을 수 있는 대목이다. 이는 세종이 조선 음운학을 정립하기 이전 중국의 음운학을 철저히 연구하고 훈민정음을 창제한 후 중국의 운서를 번역한 것과 비교할 수 있다. 결국 이러한 노력으로 1443년 조선의 상황에 맞는 새로운 역법이 탄생했으니, 그것이 바로 『칠정산내외편(七政算內外篇)』이다.

이러한 역법의 정리는 학문적으로는 천문학과 긴밀히 관련되며 산업적으로는 농업의 육성과 긴밀히 관련되는 것이었다. 이처럼 세종시대에는 역법의 정리와 연동되어 천문 관측기구와 농업기술서를 개발하고 표준화하는 연구가 심도 있게 진행되었다.

2) 농업기상학

조선왕조의 물적 토대는 토지와 노동력이었고, 주산업은 농업이었다. 따라서 농업인구를 확보하고 농업생산력을 증대시키는 문제야말로 국왕의 가장 큰 관심사였다. 과학기술사의 측면에서 본다면 농업기술의 개량과 발전, 농서(農書)의 보급과 아울러 농업에 영향을 주는 기상 여건을 파악하는 문제가 중요했다. 이를 실현하기 위해서 강우량을 측정하는 도구인 측우기를 발명하였고, 하천의 수위를 특정하는 수표(水標)와 풍향과 풍속 등 바람의 변화를 측정하는 풍기(風旗)를 발명하였다. 또 조선의 풍토에 맞는 『농사직설(農事直說)』을 편찬케 했다.[89]

세종은 1429년 정초 등에게 명하여 조선 풍토에 맞는 농법을 정리한 『농사직설』을 편찬토록 했다. 고려 말 이래로 중국의 농서인 『농상집요(農桑輯要)』를 토대로 농업기술을 수용하여 농사를 지었지만 근본적인 문제는 해결되지 못했다. 그것은 중국의 풍토와 조선의 풍토가 서로 맞지 않기 때문이었다. 세종은 조선의 풍토에 맞는 농업기술을 개발하고 이를 통해 농업생산력을 증진시켜야 한다고 생각했다. 이러한 배경에서 『농사직설』이 탄생하게 되었다.[90] 실록에는 『농사직설』의 서문이 나오는데 이러한 배경이 잘 설명되어 있다.

농사는 천하의 대본(大本)이다. 예로부터 성왕(聖王)이 이를 힘쓰지 아니한 사람이 없었다. (중략) 태종 공정대왕(太宗恭定大王)께서 일찍이 유신(儒臣)에게 명하시어 옛날 농서(農書)로서 절실히 쓰이는 말들을 뽑아서 향언(鄕言)으로 주(註)를 붙여 판각(板刻) 반포하게 하여, 백성을 가르쳐서 농사를 힘쓰게 하셨다. 우리 주상 전하께서는 명군(明君)을 계승하여 정사에 힘을 써 더욱 민사(民事)에 마음을 두셨다. <u>오방(五方)의 풍토(風土)가 같지 아니하여 곡식을 심고 가꾸는 법이 각기 적성(適性)이 있어, 옛글과 다 같을 수 없다</u> 하여, 여러 도(道)의 감사(監司)에게 명하여 주현(州縣)의 노농(老農)들을 방문(訪問)하게 하여, 농토의 이미 시험한 증험에 따라 갖추어 아뢰게 하시고, 또 신(臣) 초(招)에게 명하시어 그 까닭을 더하게 한 다음, 신(臣)과 종부시 소윤(宗簿寺 少尹) 변효문(卞孝文)이 낱낱이 살피고 참고(參考)하게 하시어 그 중복(重複)된 것을 버리고 그 절요(切要)한 것만 뽑아서 찬집하여 한 편(編)을 만들고 제목을 《농사직설(農事直說)》이라고 하였다.[91] 『세종실록』 권44, (1429).5.16.

서문에서는 조선의 풍토에 맞는 농법과 농서를 만들기 위해 치밀한 과정을 거쳤음을 알 수 있다. 이러한 사업을 추진하게 된 문제의식은 밑줄 친 부분에서 확인할 수 있는데, "오방의 풍토가 같지 아니하다"는 것은 "사방의 풍토(風土)가 구별되매 성기(聲氣)도 또한 따라 다르게 된다."(『훈민정음』, 정인지 서)는 문제의식과 일맥상통하는 것이다.

이러한 점을 보면 농서의 편찬도 조선의 실정에 맞는 농업기술을 체계화하고 표준화하는 사업의 일환이었다고 할 수 있다. 세종은 중국 농서의 기본 체계를 따랐지만, 구체적인 내용에서는 조선의 축적된 농사 경험을 정리하여 조선의 농업기술을 체계화하고자 했던 것이다. 그리고 이를 농서로 편찬하여 새로운 농업기술을 널리 확산하려 했다. 그런데 왕의 의도에도 불구하고 새로운 농법을 전파하는 것은 쉽지 않은 일이었다. 아래 실록

의 기사를 통해 세종이 『농사직설』의 농법을 전파하는 데 얼마나 심혈을
기울였는지 확인할 수 있다.

함길도·평안도의 감사에게 전지하기를,

"도내가 땅은 넓고 사람은 드물어, 집집마다 토전을 넓게 차지하고 있는
데, 경작할 때에 힘쓰는 것은 간단하고 쉬우나 수확하는 것은 매우 많
으니, 만일 타도와 같이 힘을 다하여 경작한다면 반드시 곡식이 잘되어
쉽게 풍작을 이룰 수 있을 것이다. 지난번에 《농사직설(農事直說)》을 찬
집(撰集)하여 각도에 반포하였으니, 성의껏 친절하게 가르치고 일러서
농민으로 하여금 고루 알지 못하는 사람이 없게 하고, 관가에서도 역시
농서에 의하여 갈고 심어서 백성으로 하여금 법을 받게 하라. 대개 인정
이 예전 관습을 편안하게 여기고 새 법을 좋아하지 아니하여, 비록 부
지런히 가르치고 일러도 준수하려고 하지 않는다. 만일 인심이 따르려
고 하지 않거든 반드시 억지로 시키지 말고, 마땅히 점차로 잘 달래어
농서(農書)와 타도에서 행하는 방법에 의하여 경작하게 하고, 또 관가로
하여금 또한 지난날의 유시(諭示)한 바에 의하여 갈고 심게 하고, 가을
에 수확한 수량을 자세히 아뢰도록 하라."[92] 『세종실록』 권76, (1437).2.15.

위의 인용문을 통해 『동국정운』의 표준 한자음을 전파하는 것만큼이나
『농사직설』의 농법을 전파하기 위해 들인 노력도 만만치 않았음을 알 수
있다. 세종은 『농사직설』의 농법이 실질적으로 효과적임을 입증하는 것으
로 이 농법을 확산시키고자 했다.

《농상집요(農桑輯要)》에 이르기를, '수도(水稻)는 3월에 파종하는 것이
상시(上時)가 되고, 4월 상순(上旬)이 중시(中時)가 되고, 중순(中旬)이 하

시(下時)가 되며, 조도(早稻)는 2월 반달이 상시가 되고, 3월이 중시가 되며, 서제(黍稷)는 3월 상순이 상시가 되고, 4월 상순이 중시가 된다.'고 하고, 《사시찬요(四時纂要)》에 이르기를, '곡식의 파종은 2월 상순이 상시가 된다.'고 하고, 《농사직설(農事直說)》 주(註)에 이르기를, '절후가 늦게 갈아 심은 것은 잘 결실하지 않는다.'고 하며, 또 지금 사람들이 이미 징험한 일로 말하더라도 일찍 파종하면 소출이 배나 많고, 늦게 파종하게 되면 화곡(禾穀)이 무성하게 자라도 소출이 적다는 것이다. 이것으로 보건대, 무릇 농사란 모두 일찍 갈아 심는 것을 귀히 여기는 바이다.[93]

『세종실록』 권82, (1438).7.5.

위의 인용문을 보면 세종이 『농사직설』의 농법에 확신을 가지고 있음을 알 수 있다. 파종의 시기와 관련하여 중국의 농서인 『농상집요』와 『사시찬요』의 설명을 제시한 뒤 궁극적으로 『농사직설』에서 제시하는 방법이 적절함을 강조하고 있는 것이다. 조선의 풍토에 맞는 농법이 결국 경제성이 높은 현실적인 농법이라 본 것이다.

이렇게 체계화한 농업기술이 빛을 발하기 위해서는 자연 기후가 뒷받침되어야 한다. 이런 점에서 세종은 천문과 관련된 문제, 특히 강우량을 측정하는 문제에 깊은 관심을 가졌고, 이는 천문 관측기구의 개발로 이어졌다.

측우기는 1441년에 발명되었는데, 그 과정은 『세종실록』에 잘 나와 있다. 그해 4월에 하늘에서 비가 왔는데 누런 비[黃雨]라는 설과 송홧가루가 섞인 것이라는 설이 맞붙은 적이 있었다. 이를 설명하는 대목에서 측우기가 만들어진 과정이 드러난다.

근년 이래로 세자가 가뭄을 근심하여, 비가 올 때마다 젖어 들어간 푼수[分數]를 땅을 파고 보았었다. 그러나 적확하게 비가 온 푼수를 알지 못하였으므로, 구리를 부어 그릇을 만들고는 궁중(宮中)에 두어 빗물이 그릇에 괴인 푼수를 실험하였는데, 이제 이 물건이 만일 하늘에서 내렸다면 하필 이 그릇에 내렸겠는가. 또 이 물건이 지샛물[簷溜]이 많이 흘러 모여 들어가는 곳에 있는 것도, 또한 송화가 기왓고랑[瓦溝]에 흩어져 있었기 때문에 비를 따라 내려온 것이다.[94] 『세종실록』 권92, (1441).4.29.

강우량은 땅속에 빗물이 스며든 깊이를 재어 얻는 것이었는데, 땅의 상태에 따라 정확한 강우량을 측정하기는 어려웠다. 이를 개선하기 위해 세자 문종은 구리 그릇을 만들어 강우량을 측정할 수 있는 측우기를 만든 것이었다.

〈그림 30〉 측우기   〈그림 31〉 수표

수표는 하천의 수위를 정확하게 측정하고자 만든 것이다. 수표를 설치한 것도 측우기를 설치한 시기 (1441)와 정확히 일치한다.

마전교(馬前橋) 서쪽 수중(水中)에다 박석(薄石)을 놓고, 돌 위를 파고서 부석(趺石) 둘을 세워 가운데에 방목주(方木柱)를 세우고, 쇠갈구리[鐵鉤]로 부석을 고정시켜 척(尺)·촌(寸)·푼수(分數)를 기둥 위에 새기고, 본조(本曹) 낭청(郞廳)이 우수(雨水)의 천심 푼수(分數)를 살펴서 보고하게 하고, 또 한강변(漢江邊)의 암석(巖石) 위에 푯말[標]을 세우고 척·촌·분수를 새겨, 도승(渡丞)이 이것으로 물의 천심을 측량하여 본조(本曹)에 보고하여 아뢰게 하며, 또 외방(外方) 각 고을에도 경중(京中)의 주기

례(鑄器例)에 의하여, 혹은 자기(磁器)를 사용하든가, 혹은 와기(瓦器)를
사용하여 관청 뜰 가운데에 놓고, 수령이 역시 물의 천심을 재어서 감
사(監司)에게 보고하게 하고, 감사가 전문(傳聞)하게 하소서.[95] 『세종실록』권
93, (1441).8.18.

실록의 내용을 보면 다리 아래 수표를 설치하고 한강에도 돌기둥을 세
워 척(尺)·촌(寸)·푼수(分數) 단위로 수표를 측정했다는 기록이 나온다.

3) 의학

세종은 천문학과 비슷하게 의학에서도 우리의 상황을 고려하여 우리만의
표준을 만들기 위해 노력했다. 그것이 바로 세종조에 편찬한 『향약집성방
(鄕藥集成方)』과 『의방유취(醫方類聚)』이다.
　우리나라에서는 아주 오래전부터 중국에서 의학을 수입해 발전시켜왔

〈그림 32〉 『향약집성방(鄕藥集成方)』 (사진 출처: 허준박물관)

〈그림 33〉 『의방유취(醫方類聚)』 (사진 출처: 『조선왕실의 생로병사』 전시회 도록

다. 의학의 수입은 그저 의학책이나 기술을 수입하는 데 그치지 않고 처방에 들어가는 약재의 수입까지 같이 해야 했다. 그러다가 1232년 몽고가 침입했을 때 우리 국산 약재를 이용한 처방집이 절실히 필요했고 그래서 나온 것이 『향약구급방(鄕藥救急方)』이었다.

그러다가 1433년 『향약집성방』이 간행되었다. 그사이 향약을 적용하는 병의 증상도 크게 늘었고 처방도 한결 많아졌기 때문에 새로운 의학서가 필요했던 것이다. 이와 더불어 새로운 국산 약재가 많이 발견된 것도 새로운 의학서를 편찬하는 계기가 되었다. 『향약집성방』의 의의와 가치는 이 책의 방대한 규모에서 확인할 수 있다. 『향약구급방』에서는 국산 약 180종을 수록했는데, 『향약집성방』에서는 517종으로 3배 이상 늘었다. 또한 『향약집성방』과 비교할 때 국산 약재로 고칠 수 있는 병의 증상도 54개에서 959개로 증가했으며, 처방도 다양해져서 수록한 처방의 수가 1만706개나 되었다. 이는 모든 병을 오로지 국산 약으로 치료할 수 있다는 자신감의 발로가 아닐 수 없다.[96]

『의방유취』는 1445년(세종 27)에 편찬된 15세기 세계 최대 규모의 의학백과사전으로, 중국과 조선의 고금 의학이론과 처방을 충실하게 종합하였다. 이 책은 자료 수집에서부터 편찬에 이르기까지 총 3년이 걸렸다. 그리고 편찬 후에 교정에 교정을 거듭하여 1477년(성종 8)에 최종 인쇄될 만큼 당시 조선의 의학적 역량이 총동원된 방대한 작업이었다. 『의방유취』의 편찬은 천문학 분야에서 중국의 역법과 아라비아의 역법에 통달한 후 『칠정산』 내외편을 편찬한 것에 비견된다. 1444년에 『칠정산』 내외편이 간행되고, 1445년에 『의방유취』 초고의 편찬이 완료되었으니 두 작업은 세종시대의 시대정신이 담긴 결과물로 볼 수 있다.[97]

4) 음악

세종이 음을 정비한 것도 조선의 특수성을 고려한 표준화의 관점에서 볼 수 있다. 동양에서는 오래전부터 황종(黃鍾)이라는 음을 중시했다. 역법(曆法)에서 황력(皇曆)이 있듯이 음악에서 황종은 다른 음을 정할 때 기준이 되는 음이다. 조선은 음악에서 음을 정할 때 중국의 황종을 써왔는데, 이것이 우리 실정과 맞지 않은 부분이 있었다. 세종과 박연(朴堧)이 고민한 지점이 이 부분이다.

박연은 황종 음과 다음 황종 음 사이에 11음을 얻기 위해 황종의 길이를 얼마로 삼느냐를 정해야 했다. 동양의 전통적인 방법은 대나무관에 기장 낱알 1,200개를 가득 채웠을 때 불어서 기준음인 황종과 꼭 같은 소리가 나는 관을 만드는 식이었다. 그러나 중국의 기장과 조선의 기장이 크기나 모습이 달랐기에, 박연은 밀랍을 녹여 만든 기장 모형 1,200개를 만들어 황종의 음을 찾는 실험을 하게 된다. 결국 박연은 중국에서 보내온 편경(編磬)과 편종(編鐘)도 기본음인 황종만 빼고 나머지 음들의 비례가 모두 잘못되었다는 것을 알게 된다.[98] 이는 세종시대에 문물제도의 표준화 정책을 얼마나 치밀하게 진행하였는지를 보여주는 사례이다. 1427년에 박연은 새로운 석경(石磬)을 제작하여 세종에게 올리는데, 이는 조선에 맞는 새로운 표준을 만든 것이라 할 수 있다.

> 악학별좌(樂學別坐) 봉상판관(奉常判官) 박연(朴堧)이 1틀에 12개 달린 석경(石磬)을 새로 만들어 올렸다. 처음에 중국의 황종(黃鍾)의 경쇠로써 위주하였는데, 삼분(三分)으로 덜고 더하여 12율관(律管)을 만들고, 겸하여 옹진(甕津)에서 생산되는 검은 기장[秬黍]으로 교정(校正)하고 남양(南陽)에서 나는 돌을 가지고 만들어보니, 소리와 가락이 잘 조화되는지라, 그것으로 종묘와 조회 때의 음악을 삼은 것이다.[99] 『세종실록』 권36, (1427).5.15.

이처럼 세종은 중국의 것과 조선의 것에 차이가 있다는 점을 인식하고, 이를 조선의 식으로 바로잡기 위해 노력했다. 실록에는 다음과 같은 내용도 나온다.

> 임금이 이르기를,
> "주척(周尺)의 제도는 시대에 따라 모두 같지 아니하며, 황종(黃鍾)의 관(管)도 다르다. 옛사람은 소리에 따라서 음악을 제작했는데, 우리나라 사람은 소리가 중국과 다르기 때문에 아무리 옛 제도를 조사하여 관(管)을 만든다 할지라도 올바르게 된다고 볼 수 없다.(하략)"[100] 『세종실록』 권50, (1430).10.18.

세종은 중국과 우리나라의 소리가 서로 다르기 때문에 중국의 황종을 기준으로 하면 음악의 기본이 되는 음이 정확하지 않다는 것을 알았던 것이다. 이러한 관점은 세종이 신하들에게 음악에 대해 이야기하는 대목에서도 잘 드러나 있다.

> 박연(朴堧)이 조회(朝會)의 음악을 바로잡으려 하는데, 바르게 한다는 것은 어려운 일이다. 《율려신서(律呂新書)》도 형식만 갖추어놓은 것뿐이다. 우리나라의 음악이 비록 다 잘 되었다고 할 수는 없으나, 반드시 중국에 부끄러워할 것은 없다. 중국의 음악인들 어찌 바르게 되었다 할 수 있겠는가.[101] 『세종실록』 권50, (1430).12.7.

5) 세종시대 과학 정신의 의의

지금까지 살펴본 것처럼 세종시대 과학기술의 각 영역에서 이루어진 사업의 문제의식과 목표는 '중국과 조선의 차이를 인식하고, 중화적 보편성과 조선적 특수성을 한 데 어우러지게 할 수 있는 통합모델을 만드는 것'이라고 정리할 수 있다. 세종은 과학기술의 각 분야와 관련된 중국의 학문을 수용하여 체계화의 틀로 삼고 여기에 우리 역사에서 축적된 경험을 정리하여 적용함으로써 새로운 표준을 만들고자 했던 것이다. 이러한 시도는 중화문명의 질서라는 보편성의 바탕 위에 조선의 특수성을 구현하는 것이었지만, 조선의 특수성에 대한 문제의식이 없었다면 시도될 수 없는 일이기도 했다. 세종은 중화문명의 질서를 지향하였지만, 조선의 특수성에 대한 문제의식이 투철하였기에 보편과 특수를 아우르는 새로운 성취를 통해 조선을 동아시아 문명국의 반열에 올려놓을 수 있었던 것이다.[102]

이러한 관점에서 세종은 문자 분야에서도 '동문동궤(同文同軌)'라는 중화적 보편주의를 지향하되, 그 틀에 매몰되지 않고 조선의 특수성을 구현하고자 했고, 그 결과로 보편과 특수를 아우를 수 있는 문자인 훈민정음을 창제할 수 있었다. 훈민정음은 그 창제 원리가 성리학적 과학주의에 토대한 것으로 중화적 보편성과 조선적 특수성의 조화를 통한 새로운 성취를 보여준 것이다. 훈민정음 창제를 계기로 이루어진 어문정책도 중화적 보편성과 조선적 특수성을 조화하려는 인식의 소산이라 할 수 있는데, 중국의 표준 운서인 『홍무정훈』을 역훈하는 동시에 그 편찬 원칙을 준용하여 조선 한자음을 정리한 『동국정운』을 편찬한 것은 당대 어문정책의 관점을 잘 보여준다. 이에 대해서는 앞의 2절에서 자세히 논의한 바 있다.

제4장

한글의 확산과
문명의 발전

조선시대 전 계층에서 통용되던 문자는 다름 아닌 한글이다. 한글은 어떻게 이러한 지위를 얻을 수 있었을까? 일반 백성들에게 어떤 과정을 통해 확산되고 어떻게 교육을 했을까? 그리고 한글의 확산으로 인해 조선시대의 삶은 어떻게 달라졌으며 조선의 문명은 어떻게 발전했을까? 이러한 질문에 답하기 위해 4장에서는 한글의 확산과 문명의 발전에 대해 크게 세 가지 측면에서 서술할 것이다.

첫째, 한글의 보급과 교육을 위해 민관에서 실시한 여러 가지 노력들에 대해 살펴본다. 둘째, 한글의 확산으로 인해 우리의 삶이 어떻게 달라졌는지를 구체적으로 서술할 것이다. 셋째, 근대화의 초석으로서 한글의 역할에 대해 서술한다.

1절에서는 세종이 건국 초기에 일반 백성을 위해 새로운 문자를 만든 이유에 주목하며 한글 확산의 배경을 살펴볼 것이다. 특히 유교이념을 민간에 확고하게 뿌리내리고자 한 교화에 대해 살펴보고, 훈민정음이 일반 백성을 교화하는 데 어떻게 활용되었는지를 알아볼 것이다. 또한 교화의 대상인 백성과 교화의 주체인 지배계층 모두가 훈민정음을 익혀야 하는 상황에 주목하며 훈민정음 교육정책이 등장하게 된 배경을 서술한다.

2절에서는 한글의 보급 방법에 대해 살펴본다. 세종은 과거시험에 『훈민정음』을 포함했고 이 때문에 조선시대 제도적인 교육기관에서도 자연스럽게 한글을 교육하게 되었다. 또한 외국어를 교육할 때도 한글을 활용하여 교육 효과를 배가하는 방법이 등장하기도 했다. 한편 사대부가의 여성들은 사대부가 자체의 교육을 통해 한글을 익혀 의사소통 수단을 획득하였다. 이 절에서는 이러한 역사적 사실을 짚어보면서 훈민정음 보급 방법의 특징을 설명할 것이다.

3절에서는 한글이 조선의 생활문화와 과학문명을 송두리째 바꿔버린 배경과 그 과정을 서술한다. 1443년 훈민정음이 창제된 지 불과 몇 년 후(1449년)에는 정승을 비난하는 한글 익명서(匿名書)가 장안(長安)에 등장했고, 또 몇 년 후에는(1453년) 궁녀와 별감이 한글 연애편지를 주고받은 사건이 터지기도 했다. 급기야는 왕이 교지를 한글로 번역하여 전국에 방을 붙이도록 명령할 만큼, 수십 년 만에 조선은 새로운 소통과 변혁의 시대를 맞이하게 되었다. 또한 전문서나 과학실용서 등이 한글로 번역되어 민간에 널리 퍼져나감으로써 조선의 문명을 비약적으로 발전시키고 조선의 과학문명을 대중화하는 데 앞장서게 된다.

4절에서는 한글 소설의 등장과 훈민정음의 역할에 대해 알아보고, 이를 통해 조선시대 출판문화와 출판업이 어떻게 성장하게 되었는지를 살펴본다. 조선후기에 접어들면서 훈민정음이 전 계층에 차츰 확산되자 한글 서적이 등장하면서 상업적인 출판문화가 성행하게 된다. 이 절에서는 훈민정음이 한글 소설을 낳고 한글 소설이 훈민정음을 확산시키는 상호작용을 중심으로 훈민정음이 일반 백성에게 확산되는 과정을 설명할 것이다.

5절에서는 한글의 확산으로 조선의 지식사회가 어떤 변화를 겪게 되었는지를 살펴본다. 먼저 16-17세기 한글이 확산되고 이를 통해 과학문명의 대중화가 이루어진 내용을 다룬다. 즉, 다양한 전문서들이 한글로 번역되어 민간에 배포되고 이를 통해 농업지식, 음식문화, 의학지식 등의 대중화가 진행되었음을 보여줄 것이다. 또한 화약제조법이나 군사무예를 설명한 언해본을 소개하면서 한글의 확산이 과학문명 대중화에 어떻게 기여했는지 설명한다. 더 나아가 한글의 확산이 17세기부터 움텄던 실학사상과 어떤 관련을 맺고 있는지도 살펴볼 것이다. 이를 위해 근대 국어학자들이 실학자들의 한글 연구에 그토록 주목했던 이유와 배경이 무엇인지 살펴봄으로써 근대화의 맹아로서 한글의 위상에 대해 알아볼 것이다. 특히 근대 실학자들의 한글 연구와 사전류의 간행을 통해 우리말을 매개로 한 지식 기반 구축 작업이 태동되었음을 기술할 것이다.

훈민정음의 보급

훈민정음의 보급 문제에서 가장 기본이 되는 것은 세종이 과연 어떤 이유 때문에 훈민정음 보급에 앞장섰는가 하는 점이다. 우리는 그 기저에 백성들을 유교의 덕목으로 교화(教化)하고자 하는 세종의 마음이 있었다고 본다. 이 절에서는 세종은 교화를 통해 무엇을 얻고자 했으며, 일반 백성들에 대한 교화가 왜 필요했는지를 고찰하면서, 교화의 주체였던 지배계층이 훈민정음을 먼저 배우고 이해해야 했던 상황을 설명하고자 한다.[1]

1. 훈민정음의 보급과 교화

『훈민정음』 서문에는 "어리석은 백성이 말하고자 하는 것이 있어도 마침내 그 뜻을 표현하지 못하는 사람이 많다[故愚民有所欲言 而終不得伸其情者多矣]."는 대목이 나온다. 우리는 먼저 '어리석은 백성'을 위해 세종이 훈민정음을 만들었다는 것이 어떤 의미를 갖는지를 짚고 넘어갈 필요가 있다. 세종은 글자를 모르는 백성을 위해 왜 훈민정음을 만들었을까?

어리석은 백성이 글자를 익힌다면 좀 더 의미 있는 생활을 할 수 있을 것이고, 이를 통해 그들의 삶이 윤택해질 것이라 믿었던 것일까? 아니면 문자를 익혀 진정한 나라의 주인으로서 사회정치적 역할을 다하길 기대한 것일까? 민주주의를 근간으로 하는 오늘날의 시각에서 본다면 이러한 가정이 그럴듯하겠지만, 전제군주제(專制君主制)였던 조선시대의 상황을 고려해 본다면 이러한 가정은 당시의 현실과는 커다란 괴리가 있는지도 모른다.

세종이 글자를 몰라 자신의 억울한 사정도 제대로 표출할 수 없는 백성들의 안타까움을 불쌍히 여겨서 알기 쉬운 문자를 선물한 것은 사실이지만, 그 기저에는 유교이념을 하루빨리 뿌리내리려는 세종의 간절함이 자리 잡고 있었다.[2] 그 발단이 된 사건이 1428년(세종 10) 9월에 진주에서 벌어진 김화의 사건이다.

> 형조(刑曹)에서 계하기를, "진주(晉州) 사람 김화(金禾)는 제 아비를 죽였사오니, 율에 의하여 능지처참(凌遲處斬)하소서." 하니, 그대로 따랐다. 이윽고 탄식하기를, "계집이 남편을 죽이고, 종이 주인을 죽이는 것은 혹 있는 일이지만, 이제 아비를 죽이는 자가 있으니, 이는 반드시 내가 덕(德)이 없는 까닭이로다."[3] 『세종실록』 권41, (1428),9.27.

아들이 아버지를 죽인 패륜 범죄가 벌어진 것이다. 세종은 이 소식을 듣고 충격에 빠졌다. 충효사상을 근간으로 하는 유교의 나라 조선에서는 결코 있을 수 없는 일이 벌어진 것이다. 세종의 심경이 어떠했는지는 실록에도 고스란히 나와 있다.

> 경연에 나아갔다. 임금이 일찍이 진주(晉州) 사람 김화(金禾)가 그 아비

를 살해하였다는 사실을 듣고, 깜짝 놀라 낯빛이 변하고는 곧 자책(自責)하고 드디어 여러 신하를 소집하여 효제(孝悌)를 돈독히 하고, 풍속을 후하게 이끌도록 할 방책을 논의하게 하니, 판부사(判府事) 변계량(卞季良)이 아뢰기를,

"청하옵건대《효행록(孝行錄)》 등의 서적을 널리 반포하여 항간의 영세민으로 하여금 이를 항상 읽고 외게 하여 점차(漸次)로 효제와 예의(禮義)의 마당으로 들어오도록 하소서."

하였다. 이에 이르러 임금이 직 제학(直提學) 설순(偰循)에게 이르기를,

"이제 세상 풍속이 박악(薄惡)하여 심지어는 자식이 자식 노릇을 하지 않는 자도 있으니,《효행록》을 간행하여 이로써 어리석은 백성들을 깨우쳐 주려고 생각한다. 이것은 비록 폐단을 구제하는 급무가 아니지만, 그러나 실로 교화하는 데 가장 먼저 해야 할 것이니, 전에 편찬한 24인의 효행에다가 또 20여 인의 효행을 더 넣고, 전조(前朝)와 및 삼국시대(三國時代)의 사람으로 효행이 특이(特異)한 자도 또한 모두 수집하여 한 책을 편찬해 이루도록 하되, 집현전(集賢殿)에서 이를 주관하라."[4] 『세종실록』 권42, (1428).10.3.

사건을 보고받은 후 세종은 낯빛이 변하고 끝내 자신이 덕이 없음을 책망할 정도로 충격이 컸다. 그리고 그 대비책으로 『효행록』을 지어 백성들에게 널리 보급하려는 방책을 지시한다. 그로부터 4년 후에 『삼강행실도』(1432)가 탄생했다. 『삼강행실도』는 한문으로 설명이 되어 있고 옆에 그림을 덧붙여 글을 모르는 백성들도 그림만으로도 그 내용을 이해할 수 있도록 만든 책이었다. 그렇게 해서라도 백성들에게 충과 효를 중심으로 한 유교의 덕목을 심어주고자 했던 것이다. 『삼강행실도』가 완성이 되자 세종은 다음과 같이 말했다.

내가 그 중 특별히 남달리 뛰어난 것을 뽑아서 그림과 찬을 만들어 중앙과 지방에 나누어 주고, 우매한 남녀들까지 다 쉽게 보고 느껴서 분발하게 되기를 바란다. 그렇게 하면, 또한 백성을 교화하여 풍속을 이루는 한 길이 될 것이다.[5] 『세종실록』권56, (1432),6.9.

그러나 이러한 그림책만으로 일반 백성들이 유교이념을 깨우치는 데에는 한계가 있었다. 세종은 만약 백성들이 알기 쉬운 글자로 설명을 덧붙인다면 교화가 더욱 효과적일 것이라고 생각했고, 몇 년 후 훈민정음이 탄생한 것이다. 『조선왕조실록』에는 이러한 과정과 취지가 잘 드러나 있다.

임금이 말하기를, "전번에 김문(金汶)이 아뢰기를, '언문을 제작함에 불가할 것은 없습니다.' 하였는데, 지금은 도리어 불가하다 하고, 또 정창손(鄭昌孫)은 말하기를, '삼강행실(三綱行實)을 반포한 후에 충신·효자·열녀의 무리가 나옴을 볼 수 없는 것은, 사람이 행하고 행하지 않는 것이 사람의 자질(資質) 여하(如何)에 있기 때문입니다. 어찌 꼭 언문으로 번역한 후에야 사람이 모두 본받을 것입니까.' 하였으니, 이따위 말이 어찌 선비의 이치를 아는 말이겠느냐. 아무짝에도 쓸데없는 용속(庸俗)한 선비이다." 하였다. 먼젓번에 임금이 정창손에게 하교하기를, "내가 만일 언문으로 삼강행실(三綱行實)을 번역하여 민간에 반포하면 어리석은 남녀가 모두 쉽게 깨달아서 충신·효자·열녀가 반드시 무리로 나올 것이다." 하였는데, 창손이 이 말로 계달한 때문에 이제 이러한 하교가 있는 것이었다.[6] 『세종실록』권111, (1446),2.20.

위의 내용은 최만리의 상소에 대해 세종이 최만리에게 한 말 중 일부인데, 훈민정음을 창제하여 『삼강행실도』를 번역하고 이를 널리 보급하면 충신, 효자, 열녀가 많이 나올 것이라는 세종의 생각이 잘 드러나 있다. 세종은 훈민정음을 통해 백성을 교화하고자 한 것이다.

조선시대 '교화'를 한마디로 정의한다면 지배 대상인 일반 백성들을 유교의 덕목으로 무장시키는 것을 의미한다. 조선시대는 효와 충이 사회질서의 근본이념을 이루었는데, 이러한 사상을 어리석은 백성들에게 주입시키는 것이 바로 '교화'의 개념인 것이다. 15세기 중세 사회가 왕을 중심으로 한 전제군주제 사회였고, 유교이념을 새로운 사회질서로 내세우고 있던 시기라는 점을 인식한다면, 교화는 백성들을 유교이념 체제에 순응케 하는 중요한 수단이었던 셈이다.[7]

『조선왕조실록』에는 한글을 통해 백성을 교화하고자 했던 내용이 많이 등장하는데, 성종 3년(1472)에는 교화를 위한 최초의 한글 교서가 등장하기도 했다.

> (상략) "청컨대 전교서(典校署)로 하여금 전지(傳旨)를 사인(寫印)토록 하여 한성부(漢城府)와 모든 도(道)의 여러 고을에 이를 반포(頒布)해서 관문(官門)과 방시(坊市)·촌락(村落)·여항(閭巷)에 걸어두도록 하여 위로는 크고 작은 조신(朝臣)으로부터 아래로는 궁벽한 곳에 사는 작은 백성들에 이르기까지 성상께서 백성을 인도하는 지극한 뜻을 알지 아니함이 없게 하여, 각각 깨닫고 살피는 마음을 품어서 스스로 곤궁(困窮)한 짓을 남기지 말게 할 것입니다. 이와 같이 하여도 오히려 뉘우쳐 고치지 않는 자가 있으면, 이는 스스로 허물을 불러들이는 것이니, 이를 형벌케 하여 용서하여 주지 않는 것이 어떻겠습니까?" 하니, 임금이 한글[諺字]로 번역하고 인출(印出)을 해서 중외(中外)에 반포하여 부인(婦人)과 소자(小子)들까지도 두루 알지 아니함이 없도록 하라고 명하였다."[8] 『성종실록』권22, (1472).9.7.

성종은 의금부에서 주청한 내용에 대해 한문 교서를 한글로 번역하게
하여 지배계층은 물론이고 아녀자까지 읽고 이해할 수 있도록 하라고 명
령했다. 또한 중종 12년(1517)에는 일상적인 유교의 덕목을 담은 여러 책을
한글로 번역하여 반포하라고 명하기도 했다.

> 그러나 《삼강행실》에 실려 있는 것은, 거의가 변고와 위급한 때를 당했
> 을 때의 특수한 몇 사람의 격월(激越)한 행실이지, 일상생활 가운데에서
> 행하는 도리는 아닙니다. 그러므로 누구에게나 그것을 요구할 수는 없
> 는 것이지만, 《소학》은 곧 일상생활에 절실한 것인데도 일반 서민과 글
> 모르는 부녀들은 독습(讀習)하기가 어렵게 되었습니다. 바라옵건대 여
> 러 책 가운데에서 일용(日用)에 가장 절실한 것, 이를테면 《소학》이라든
> 가 《열녀전(列女傳)》·《여계(女誡)》·《여측(女則)》과 같은 것을 한글로 번
> 역하여 인반(印頒)하게 하소서. 그리하여 위로는 궁액(宮掖)으로부터 조
> 정 경사(朝廷卿士)의 집에 미치고 아래로는 여염의 소민(小民)들에 이르
> 기까지 모르는 사람 없이 다 강습하게 해서, 일국의 집들이 모두 바르
> 게 되게 하소서.[9] 『중종실록』 권28, (1517).6.27.

홍문관에서 '특수한 일을 다룬 『삼강행실』보다는 일상사를 다룬 『소
학』, 『열녀전』, 『여계』, 『여측』 등을 언문으로 번역, 반포하여 교화할 것'을
아뢰니 이를 따랐다는 내용이다. 이처럼 조선시대에는 백성들의 교화를
위해 한글을 사용했음을 알 수 있다. 『조선왕조실록』에 나타나는 언해 기
사의 분포에서도 이러한 사실이 확인된다.(김슬옹 2005: 64)

다음의 표는 실록에 나타난 언해와 관련된 기사 내용으로 총 273건의
내용 중 교화에 해당하는 기사가 218건으로 전체의 80%에 달하고 있음
을 보여준다. 따라서 '교화'는 조선왕조가 유교이념을 전파하기 위해 필요

한 것이었고, 훈민정음은 이를 더욱 극대화하기 위한 수단이었음을 확인할 수 있다.

교화	실용	문학	불교	어학
218 (80%)	43 (16%)	6 (0.2%)	4 (0.1%)	2 (0.07%)

〈표 7〉『조선왕조실록』 언해 관련 기사의 용도

한편 조선중기인 1613년에도 광해군이 '효자(孝子), 충신(忠臣), 열녀(烈女) 등의 이야기를 모아 그림을 붙이고 훈민정음으로 설명한 책'을 붙여 간행하여 배포할 것을 여러 번 전교했다는 기록이 있고,[10] 1658년 효종 때에는 완남부원군(完南府院君) 이후원(李厚源)이 백성을 교화하기 위한 책을 간행하여 배포할 것을 왕에게 요청하자 효종이 이를 윤허했다는 기록이 있다.

> "(상략) 그런데 다만 그 원본을 두루 구해도 얻지 못하다가 오래된 뒤에야 해서에서 얻었는데, 언해(諺解)가 없으면 궁벽한 시골 백성들이 잘 이해하지 못하겠기에 마침내 그 원본을 사용하여 교열하고 번역하는 한편, 진고영(陳古靈)과 진서산(眞西山)이 세속을 교화시킨 여러 편(篇)을 그 아래에 붙이되 간간이 요약 정리하여 백성들이 쉽게 이해할 수 있도록 하려 하였습니다.(하략)"[11] 『효종실록』 권20, (1658).12.25.

조선후기에 가서도 한글은 교화의 수단으로 지속적으로 사용되었다. 예를 들어 죄수를 방면할 때 그 죄목과 훈계의 내용을 죄인들이 알 수 있도록 한글로 번역하여 주기도 했다. 정조 6년(1782) 12월 황해도에서 안필복(安必復)과 안치복(安致復) 사건이 터진다. 이들은 사회적 문제가 되었던 예언 서적 『정감록(鄭鑑錄)』을 집에 가지고 있다가 체포되었다. 정조는 예언서보다도 교화가 시행되지 않았다는 점을 더 걱정한다. 이들을 방면하면서 죄목과 훈계 내용을 한글로 번역하여 주라고 한 것도 바로 그 때문이었다.

"내가 매우 두려워하는 것은 예언의 서적에 있지 않고 다만 교화가 시행되지 않고 풍속이 안정되지 않아 갖가지 이상한 일이 본도에서 발생할까 염려하는 데에 있는 것이다. 안필복과 안치복에게 이 전교로 일깨운 다음에 갇혀 있는 그의 가족도 모두 방면하라.…… 여름에 내린 유시를 경이 과연 일일이 선포하였는가? 그들도 충성하고 싶은 양심을 갖추고 있으므로 이것을 들으면 반드시 완고히 잘못을 고치지 않는 사람이 없을 것이다. 이것은 비밀히 유시한 글 한 통과 문인방을 법에 따라 결안(結案)한 것을 한문과 언문으로 베껴 써서 방면한 죄수들에게 주도록 하라. 그리고 또한 직접 수령들에게 주의시켜 반드시 조정의 뜻을 선포하여 유신(維新)의 효과를 다하기에 힘쓰도록 하라."[12] 『정조실록』 권14,
(1782).12.10.

당시 서양에서 서학이 들어왔고, 18세기 후반에는 조선 사회에 서서히 자리를 잡기 시작하면서 한글로 번역된 성경이 민간에 유통되었다.

"오늘날 세속에는 이른바 서학(西學)이란 것이 진실로 하나의 큰 변괴입니다. 근년에 성상의 전교에 분명히 게시(揭示)하였고 처분이 엄정하셨으나, 시일이 조금 오래되자 그 단서가 점점 성하여 서울에서부터 먼 시골에 이르기까지 돌려가며 서로 속이고 유혹하여 어리석은 농부와 무지한 촌부(村夫)까지도 그 책을 언문으로 베껴 신명(神明)처럼 받들면서 죽는다 해도 후회하지 않으니, 이렇게 계속된다면 요망한 학설로 인한 종당의 화가 어느 지경에 이를지 모르겠습니다."[13] 『정조실록』 권26, (1788).8.2.

이 글은 1788년 정조(正祖)에게 이경명(李景溟)이 상소한 내용이다. 백성들이 성경을 한글로 번역하여 읽으면서 시골 구석까지 종교 활동이 이루어지고 있음을 알 수 있다. 이를 막기 위해 조정에서는 1839년(헌종 5)에 '척사윤음(斥邪綸音)'을 내린다. '척사윤음'은 천주교의 폐해를 지적하고 그 논리에 반박하는 교지를 한 권의 책으로 만들어 전국의 백성에게 배포한 것이다. 이 책에는 조선의 유교 철학과 도학(道學)을 숭상한 일련의 사건들, 그리고 역대의 모범적인 말 등이 담겨 있는 일종의 교화서였다. 이 책은 한글 번역본도 함께 수록하였는데 이것은 백성들을 교화하고자 하는 뜻이 담겨 있다.[14]

2. '교화'의 집행자인 지배계층과 훈민정음

조선시대 '어리석은 백성'을 '교화'하기 위해서는 먼저 지배계층이 훈민정음을 알고 있어야 했다. 그렇다면 지배계층은 구체적으로 어떻게 훈민정음을 통해 교화를 했던 것일까? 성종 때 간행된 『경국대전(經國大典)』에서 그 실마리를 찾을 수 있다.

삼강행실을 언문으로 번역하여 서울과 지방의 사족(士族)의 가장(家長), 부로(父老) 혹은 교수(教授), 훈도(訓導) 등으로 하여금 부녀자, 어린이들을 가르쳐 이해하게 하고, 만약 대의에 능통하고 몸가짐과 행실이 뛰어난 자가 있으면 서울은 한성부가 지방은 관찰사가 왕에게 보고하여 상

을 준다.[15] 『경국대전』 권3, 「예전(禮典)」, '장려편'

위의 『경국대전』 내용에서는 『삼강행실』을 훈민정음으로 번역하여 부녀자와 어린이들에게 가르쳐 이해시키고, 이를 통해 선행하는 자가 있으면 왕에게 보고하라는 이야기가 담겨 있다. 지배계층의 수장(首長)이나 교육기관인 향교의 선생들이 교화가 이루어지도록 교육하는 집행자였으며, 부녀자나 어린이들이 교화의 대상이었다는 것을 알 수 있다.

따라서 지배계층은 피지배계층을 교화하기 위해서 먼저 훈민정음을 배우고 알아야 했으며, 피지배계층은 지배계층을 통해 훈민정음을 배우고 이를 통해 더 쉽게 '교화'되었다고 가정할 수 있겠다. 이 가정에 따른다면 훈민정음은 지배계층으로부터 순차적인 방식으로 보급되었을 것이다. 그렇다면 어떻게 이것이 가능했을까? 이를 위한 특단의 방책으로 세종은 과거시험에서 『훈민정음』을 시험 과목에 포함한다.

(1) "금후로는 이과(吏科)와 이전(吏典)의 취재(取才) 때에는 훈민정음(訓民正音)도 아울러 시험해 뽑게 하되, 비록 의리(義理)는 통하지 못하더라도 능히 합자(合字)하는 사람을 뽑게 하라." 하였다.[16] 『세종실록』 권 114, (1446).12.26.

(2) "(상략) 이제부터는 함길도 자제로서 관리 시험에 응시하는 자는 다른 도의 예에 따라 6재(六才)를 시험하되 점수를 갑절로 주도록 하고, 다음 식년(式年)부터 시작하되, 먼저 훈민정음을 시험하여 입격한 자에게만 다른 시험을 보게 할 것이며, 각 관아의 관리 시험에도 모두 훈민정음을 시험하도록 하라."[17] 『세종실록』 권116, (1447).4.20.

(3) 예조(禮曹)에서 아뢰기를, 《훈민정음(訓民正音)》은 선왕(先王)께서 손수 지으신 책이요, 《동국정운(東國正韻)》·《홍무정운(洪武正韻)》도

모두 선왕께서 찬정(撰定)하신 책이요, 이문(吏文)도 또 사대(事大)에 절실히 필요하니, 청컨대 지금부터 문과 초장(文科初場)에서 세 책을 강(講)하고 사서(四書)·오경(五經)의 예에 의하여 분수(分數)를 주며, 종장(終場)에서 아울러 이문(吏文)도 시험하고 대책(對策)의 예(例)에 의하여 분수를 주소서." 하니, 그대로 따랐다.[18] 『세종실록』 권20, (1460).5.28.

위의 기록들은 세종과 세조 시대에 과거를 통해 관리가 되려는 사람들은 『훈민정음』의 원리와 용례를 충분히 이해해야만 했다는 것을 말해준다. 과거시험을 통해 관직에 진출하려는 사람들은 모두 『훈민정음』의 원리를 이해하고 자유롭게 운용할 줄 알아야 했고, 과거시험을 준비하는 학생들도 당연히 『훈민정음』을 공부해야 했다. 따라서 과거시험을 통해 지배계층에 훈민정음이 자연스럽게 널리 보급될 수 있었을 것이다.

한글 교육과 한글의 확산

조선시대 한글의 보급 및 교육과 관련하여 여러 가지 문제를 떠올릴 수 있다. 세종은 한글을 일반 백성에게 보급하기 위해 어떤 정책을 시행했는지, 교육기관에서는 체계적으로 한글을 교육시켰는지, 지배계층에서도 한글을 배웠는지, 일반 가정에서도 한글을 가르쳤을지, 그리고 여성들은 어떻게 이를 배웠는지, 한글이 일반 대중에까지 보급될 수 있었던 사회문화적 요소는 무엇이었는지 등등.

이 절에서는 최근 연구들을 토대로 하여 한글이 조선의 전 계층에 어떻게 보급되고 또 어떻게 교육되었으며, 실생활에서 어떻게 활용되었는지 알아볼 것이다. 그리고 외국어 교육의 현장에서 한글이 새로운 학습방법으로 등장하게 되는 이유와 배경도 함께 살펴볼 것이다.[19]

1. 제도적인 교육과 한글

1) 향교와 한글

앞서 언급한 것처럼 지배계층은 훈민정음을 알아야 했고, 훈민정음으로 교화의 대상인 어리석은 백성들을 교화해야 했다. 그렇다면 그 구체적인 과정은 어떠했을까? 앞서 언급한 『경국대전』에 당시 상황을 짐작할 수 있는 대목이 나온다.

> 삼강행실을 언문으로 번역하여 서울과 지방의 사족(士族)의 가장(家長), 부로(父老) 혹은 교수(教授), 훈도(訓導) 등으로 하여금 부녀자, 어린이들을 가르쳐 이해하게 하고, 『경국대전』 권 3, 「예전(禮典)」, '장려편'

『경국대전』은 세조 때 착수하여 성종 때에 완성한 조선왕조의 법전(法典)이다. 이 법전의 완성은 조선왕조의 통치체제가 구축되었다는 것을 뜻하는 것이다. 『경국대전』은 6개 항목으로 나뉘어 있는데, 위에서 예로 든 예전(禮典)은 '과거, 제례, 외교, 교육' 등에 관련된 내용을 다루고 있는 부분이다. 여기서 우리가 주목하고자 하는 부분은 언문으로 번역된 삼강행실을 서울과 지방의 사족(士族)의 가장(家長), 부로(父老) 혹은 교수(教授), 훈도(訓導) 등이 교육했다고 언급한 대목이다. 사족의 가장이나 부로는 양반가문의 가장이나 원로를 뜻하는 것이므로, 이는 지배계층에서도 한글을 매개로 하여 부녀자나 어린아이에게 교화가 이루어졌다는 것을 말해준다(이에 대해서는 다음 항목 2의 2에서 자세히 언급하겠다).

또한 교수와 훈도도 교화의 주체였다는 대목이 나오는데, 이들은 조선

시대 교육기관이었던 향교(鄕校)에서 학생들을 가르치는 '교수관(教授官)'
이었다. 교수관은 다시 '교수'(종6품)와 '훈도'(종9품)로 구분되는데, 교수는
6품 이상의 직급으로 주나 부처럼 큰 지방의 향교에 부임했고, 훈도는 7품
이하의 직급으로 군이나 현처럼 작은 지방의 향교에 부임했는데, 바로 이
들이 '교화'를 담당했다는 것이다.[20] 한글로 번역된 삼강행실을 아이들에
게 가르쳤으므로, 교수관을 물론이고 아이들도 자연스럽게 한글을 알아
야 했다.

그렇다면 향교에서도 한글을 가르쳤을까? 우리는 향교에서 학생들이
한글을 배운 것이 아니라 『훈민정음』의 원리와 『동국정운』, 『홍무정운』 등
의 원리를 배웠을 것이라 가정한다. 그 이유는 첫째, 한글은 초등교육 기관
인 서당에서 이미 배웠을 것으로 추정하기 때문이며(이에 대해서는 뒤에서 자
세히 언급하기로 한다), 둘째, 『훈민정음』과 『동국정운』, 『홍무정운』은 과거시
험(문과 초장) 과목이었기 때문이다.

향교의 학생이 한글을 알고 있었다면 그 규모는 어느 정도였을까? 우리
는 향교의 체제와 관리 감독 등을 토대로 당시의 교육 현황을 짐작해볼
수 있다. 먼저 향교의 체제를 살펴보자. 향교는 부, 목, 군, 현에 각 하나씩
설치되었고, 학생 수도 규모가 큰 부와 목은 각각 90명, 군은 50명, 그리고
규모가 작은 현은 30명의 학생이 있었다.[21] 향교에는 보통 서당을 마친 16
세 이상의 학생 가운데 향교 학생 10명의 추천을 받고 『소학』 시험에 합격
하면 입학할 수 있었다. 양반은 물론 평민도 입학할 수 있었는데, 조선후기
로 갈수록 평민 학생의 수가 증가하였다. 그 이유는 조정의 지원이 뜸해지
고 향교 교육의 질이 떨어지면서 양반 자제들은 서원에 입학하였기 때문
이다. 이처럼 향교의 분포와 학생 규모를 고려할 때, 전국 각지에서 상당한
수의 학생들이 한글을 알고 있었으며, 『훈민정음』의 원리에 대한 교육도
이루어졌다는 것을 짐작할 수 있다.

그렇다면 이러한 교육과 교화가 어느 정도 철저히 이루어졌을까? 이 부분은 나라에서 향교를 어떻게 관리 감독했었는지를 살펴보면 알 수 있다. 나라에서는 제도적으로 향교를 정착시키기 위해 여러 가지 관리 감독체계를 마련했다. 예를 들어 수령으로 하여금 향교의 설립과 관리를 철저히 하도록 독려한 것이 대표적인 예이다. 이와 관련하여 조선 초기 태종은 '수명학교(修明學校)'라는 항목을 수령의 7가지 책무[首領七事]의 하나로 넣기도 했다.[22] 이것은 학교(學校)를 수명(修明)한 것인데, 예를 들어 학교 몇 간(間) 내에서 수리(修理)한 것이 몇 간인지, 전체 생도(生徒) 가운데 독서하는 사람이 몇 명이고 그 가운데 경서(經書)를 통한 사람은 몇 명인지 등의 성과를 파악하는 것이다. 관찰사는 매월 그 성과를 평가하였고, 그 결과에 따라 수령의 승진이 좌우되었다고 하니 조선왕조가 향교를 얼마나 중요하게 생각했는지를 짐작할 수 있다.[23] 조선에서 향교는 고려의 불교에서 조선의 유교로 교체되는 과정에서 유교의식과 유교문화의 정착과 보급을 위한 지방 교화의 중심 기관이었던 셈이다.[24]

이렇게 볼 때 향교를 통한 교화는 상당히 철저히 이루어졌을 것이고, 학생들은 이미 한글을 모두 알고 있었으며, 과거 시험과목인 『훈민정음』이나 『동국정운』, 『홍무정운』 등을 공부했을 것이라 생각할 수 있다.

2) 서당과 한글

향교가 16세 이상의 학생을 대상으로 하던 중등교육기관이었다면, 그 이전의 초등교육은 서당(書堂)에서 이루어졌다. 서당은 문중이나 마을에서 자제들의 교육을 위해 인근의 학자를 훈장으로 초빙하여 설치하기도 했으며, 훈장이 직접 서당을 열어 마을의 자제를 가르치기도 했다. 이처럼 서당은 민간 교육기관이었으나 그 목적은 국가의 통치이념과 중앙집권적 체제를 촌락에까지 확대 정착시키려는 것이었고, 이 때문에 중앙정부에서도 관찰사를 통해 서당의 실태를 파악하고 있었다.

> 경기관찰사(京畿觀察使) 이철견(李鐵堅)에게 하서(下書)하기를,
> "이제 들으니, 전 서부령(西部令) 유인달(俞仁達)이 광주(廣州)에 살면서 별도로 서당(書堂)을 세워 교회(敎誨)를 게을리하지 않아 향중(鄕中)의 자제가 서로 모여 수업(受業)하여 생원(生員)·진사(進士)가 그 문하에서 많이 나왔다 하는데, 사실인가? 경은 그 허실(虛實)을 친히 물어서 아뢰어라." 하였다.[25] 『성종실록』 권15, (1472).2.15.

위의 글은 성종시대 경기관찰사에게 특정인의 행적을 조사 보고토록 지시하는 내용으로 당시 서당의 역할을 엿볼 수 있게 한다. 서당은 입학 자격이나 정원이 매우 유동적이었으며, 『천자문』, 『동몽선습』, 『소학』 등이 주된 교재였다. 『천자문』은 한글로 음과 훈을 달아 사용되었고 『동몽선습』, 『소학』 등도 한글로 번역되어 사용되었다는 점에서 서당은 한글 교육과 보급의 중요한 창구였다고 할 수 있다. 대부분의 서당 훈장이 주석서와 한글 언해본을 참고하며 경서의 뜻을 해독하는 수준이었다는 점도 이러한 사실을 뒷받침해주고 있다.(김호동 2000) 최세진의 『훈몽자회』(1527년)에도 다음과 같이 당시의 정황을 엿볼 수 있는 대목이 있다.

> 변두리나 시골에 사는 사람들 중에는 반드시 언문을 이해하지 못하는 사람이 많을 것이다. 그렇기 때문에 지금 언문자모를 함께 기록하여 그들로 하여금 언문을 먼저 익히게 하고 다음에 훈몽자회를 익히면 깨닫고 가르치는 유익함이 있을 것이다. 문자를 통하지 못하는 사람도 언문

을 먼저 배우고 문자를 안다면 비록 스승으로부터 교수 받은 것이 없다 할지라도 또한 앞으로 문자를 이해할 수 있는 사람이 될 것이다.[26] 『성암 저작집』 7쪽, 『훈몽자회』

〈그림 34〉 『훈몽자회(訓蒙字會)』 (출처: 국립한글박물관) 〈그림 35〉 『천자문(千字文)』

〈그림 36〉 『소학언해(小學諺解)』 〈그림 37〉 『동몽선습언해(童蒙先習諺解)』

『천자문』을 비롯한 기존의 한자 교과서는 너무 추상적인 내용으로 이루어져 있어 어린아이들이 배우기 어려웠던 것이 사실이다. 이러한 문제를 보완하기 위해 일상생활을 중심으로 새롭게 만든 교과서가 바로 『훈몽자회』다. 이 책에서는 한자 3,360자의 음과 뜻을 모두 한글로 표기하고 있는데, 최세진이 밝힌 것처럼 한글을 먼저 배우고 이를 통해 한자를 학습하면 더 효과적이라는 점이 특색이다. 비록 한자 학습을 위한 선행 학습의 의미로 한글을 배우기는 했지만, 서당에서 한글을 가르쳤다는 것은 한글 보급과 확산에서 주목할 만한 일이다.

16세기 말에 등장한 서당은 17세기 이후 사설 향촌교육기관으로 자리를 잡았고, 18세기에는 소규모 자산으로도 운영이 가능한 서당계(契)가 고안됨으로써 경제적 어려움이 있는 평민층들도 서당을 직접 운영할 수 있게 되었다.[27] 이에 따라 조선후기에는 각 고을마다 아무리 적게 잡아도 약 30여 개가 넘는 서당이 있었던 것으로 추정된다. 실제로 반촌뿐만 아니라 민촌에도 서당이 세워졌으며, 그래서 평민과 천민의 자제도 교육을 받아 문자를 해독할 수 있었다. 조선후기에 작성된 토지 매매 문서 등을 보면 평민이나 천민이 작성한 문서들이 상당히 눈에 띄는데 이는 바로 그러한 결과였다.

그러다가 19세기에 오면 서당의 수는 더욱 증가한다. 서당이 증가하자 교재인 『천자문』의 수요도 급증하여, 방각본으로 간행되어 대량으로 보급되기도 했다. 1918년 조선총독부 조사에 따르면 서당은 21,619개소이고 학생은 252,595명 정도였다고 하니[28] 당시 한글의 교육과 보급에서 서당이 차지하고 있는 역할이 얼마나 컸는지를 짐작할 수 있다.

2. 가정에서의 교육과 한글

1) 사교육과 한글

향교나 서당과 같은 교육기관에서만 한글을 가르쳤던 것은 아니다. 일반 가정에서도 아이들에게 한글을 교육한 사례가 등장하기 때문이다. 17세기 초 작성된 양반 가문의 언문 편지에서 그 단서를 찾아볼 수 있다. 다음은 1612-1614년에 경상도 현풍(玄風)에 살았던 곽주(郭澍)라는 사대부가 장모에게 보낸 언문 편지이다.[29]

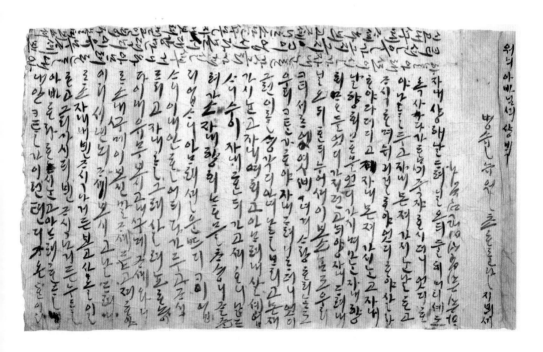

〈그림 38〉 아내가 세상을 떠난 남편 이응태에게 보낸 편지 (출처: 안동대학교박물관)

(1) ᄌᆞ식ᄃᆞᆯ 여러히 갓ᄉᆞ오니 우연히 요란히 너기읍시거냐 ᄒᆞ읍니다. (중략) 아ᄋᆞ ᄌᆞ식 둘란 게 갓ᄂᆞᆫ 제 언문 ᄀᆞᄅᆞ쳐 보내읍쇼셔. 슈고롭ᄉᆞ오신 언문 ᄀᆞᄅᆞ치읍쇼셔. (자식들이 여럿 갔으니 얼마나 요란히 여기실까 하고 염려하옵니다. 아우의 자식도 둘이 거기에 가 있을 때에 언문을 가르쳐 보내시옵소서. 수고로우시겠으나 언문을 가르치옵소서.)[곽씨 언간 2]

(2) 뎌근덧도 닛디 몯ᄒᆞ여 ᄒᆞ뇌. 쟈근 아기 언문 쾌히 ᄇᆡ화 내게 유무 수이 ᄒᆞ라 ᄒᆞ소. (잠시도 잊지 못하여 하네. 작은 아기는 언문을 쾌히 배워서 내게 유무를 빨리 하라 하소.)[곽씨 언간 36]

(3) 가온대 아기 언문 쾌히 ᄇᆡ홧다가 내게 뵈라 ᄒᆞ소. 셋재 아기도 이제ᄂᆞᆫ 쾌히 셩ᄒᆞ여 이실 거시니 언문 외와싯다가 뵈라 니ᄅᆞ소. (가운데 아기 언문을 쾌히 배웠다가 내게 보이라 하소. 셋째 아기도 이제는 쾌히 온전하여 있을 것이니 언문을 외워 있다가 보이라 이르소.)[곽씨 언간 39]

　(1)은 곽주가 장모에게 보낸 언문 편지이고, (2) (3)은 곽주가 부인 하씨에게 보낸 언문 편지이다. 이 언문 편지에는 당시 사대부가 사람들이 누렸던 언어와 생활문화가 고스란히 반영되어 있어 국어학사적으로도 의미가 깊은 자료이다. 언문 편지를 통해 우리는 몇 가지 중요한 사실을 알 수 있다. 첫째, 당시 사대부 가문의 사람들이 남녀노소를 가릴 것 없이 모두 한글에 익숙했다는 점, 둘째, 사대부가의 부녀자들이 집안에서 어린아이에게 한글을 가르쳤다는 사실 등이다. 이렇게 본다면 한글은 어리석은 백성들에게 전파되기 이전에 먼저 지배계층에 전반적으로 확산되었으며, 지배계층은 남녀노소 할 것 없이 한글을 읽고 쓸 줄 알았다고 짐작할 수 있다. 이는 앞절에서 언급한 향교나 서당의 제도권 교육과 별개로 집안에서도 사

적으로 한글·교육이 이루어졌다는 것을 말해준다.

2) 여성과 한글

조선시대 여성은 제도권의 교육을 받을 수 없었다. 지금의 입장에서 보면 이해가 안 되는 것이지만 조선시대의 사회적 분위기에서는 어쩌면 자연스러운 현상이었다.[30] 다음의 기록을 보자.

> 전교하기를, "아녀는 비록 『중용(中庸)』이나 『대학(大學)』을 안다 하여도 쓸 곳이 없으니, 다만 『천자(千字)』를 가르쳐 글자를 쓸 줄 알게 한 뒤에 의녀로 하여금 시구(詩句)를 가르치도록 하는 것이 가하고, 또 내연(內宴) 때에는 홍장(紅粧)을 별도로 만들어 주라." 하였다.[31] 『연산군일기』 권56, (1504).12.5.

위의 내용은 연산군(燕山君) 시대의 것으로, 16세기 초 조선시대 여성의 사회적 지위와 역할을 잘 말해주고 있다. 이러한 이유로 여성들은 굳이 제도권 교육을 받을 필요가 없었던 것이다. 따라서 사대부가에서는 집안에서 사적으로 여성들에게 한글을 가르치기도 했다.[32] 이에 대한 구체적인 사례가 바로 『현풍곽씨언간』에 잘 나타나 있다. 이 책은 앞에서도 언급한 것처럼 17세기에 사대부가에서 가족들 사이에 주고받은 언문 편지에 대한 것이다. 다음의 자료는 『현풍곽씨언간』을 발신자와 수신자로 구분해본 것이다.[33]

발신자	수신자	분량
곽주	장모	2매
곽주	부인 하씨	96매
곽주	곽상(노복)	1매
곽주의 아들	어머니 하씨	5매
곽주의 아들	조모	1매
하씨	곽주	4매
합산댁	사돈	1매
주씨	사돈	1매
곽주의 딸	곽주	1매
곽주의 딸	어머니 하씨	40매
곽주의 딸	올케	3매

〈표 8〉 『현풍곽씨언간』의 발신자와 수신자

위의 통계 자료에서는 하씨의 남편 곽주가 그의 부인에게 쓴 편지가 가장 많고, 하씨 부인, 출가한 아들과 딸, 사돈 등 발신자와 수신자가 다양하다. 특이한 점은 곽주가 노복(奴僕)에게 보낸 편지 1통을 제외하고는[34] 모두 여성과 관련된 편지라는 점이다. 즉, 발신자나 수신자 중 적어도 어느 한쪽이 여성이라는 것인데, 이것은 당시 지배계층에서 여성과의 의사소통에서 한글이 얼마나 중요한 역할을 했는지를 말해준다.[35]

여성들의 한글 사용은 사대부가에 국한되지 않고 왕실에서도 그대로 적용되었다. 예를 들어 성종의 비(妃)였던 윤씨를 폐위시키는 사건에서도 한글에 대한 내용이 등장하고,[36] 18세기 실록에도 이와 관련한 내용이 여럿 등장한다.[37] 또한 흥미로운 것은 남성 사대부들이 왕실 여성에게 글을 올릴 때도 한글을 사용했다는 점이다.

영평부원군 윤개, 영의정 이준경 (중략) 부제학 김귀영, 대사간 박순이 언서(諺書)로 중전에게 아뢰기를 (중략), ~하니, 중전이 언서로 답하기를 (하략)[38] 『명종실록』 권31, (1565).9.17.

왕실 여성은 사대부가의 자제여서 한문을 알고 있었지만, 굳이 신하들은 언문을 사용하고 중전도 그 답글로 언문으로 된 편지를 이용하고 있다는 것을 볼 때 언문이 그만큼 더 일상적이고 공식적인 의사소통 도구였다고 말할 수 있다.

이처럼 사대부가와 왕실에서 한글이 여성의 의사소통의 수단으로 사용되었다는 사실은 우리에게 몇 가지 시사점을 던져준다. 첫째, 당시 여성들이 제도권의 교육을 받을 수 없었다는 점, 둘째, 따라서 사대부가에서는 여성들에게 가정에서 사교육을 통해 문자를 가르쳤다는 점이다. 이렇게 보면 지배계층의 남성과 여성은 제도적인 교육과 사교육을 통해 한글을 알고 있었으며, 평민계층의 남성도 서당을 다닌 사람이라면 한글을 배웠을 것이다. 또한 조선후기 서당이 일부 천민계층에게도 문호가 개방되었다는 점을 고려한다면 천민 가운데 일부도 한글을 알고 있었을 것이다.[39]

3. 한글의 보급과 외국어 교육의 혁신

1) 외국어 교육의 의미

사대교린(事大交隣)을 외교정책의 근간으로 하는 조선에서 외국어 교육은 조선 초기부터 강조되었다. 『세종실록』의 다음 기사문을 통해 당시 역관들을 대상으로 한 외국어 교육이 어느 정도 중요했으며, 어느 정도의 강도로 교육을 진행하였는지를 가늠할 수 있다.

사역원(司譯院) 도제조(都提調) 신개(申槩) 등이 아뢰기를, ①국가에서 사대(事大)의 예(禮)가 중함을 깊이 염려하여 중국말을 힘써 숭상해서, 권과(勸課)하는 방법이 지극히 자세하고 주밀하나 중국말을 능히 통하는 자가 드물고 적으며, 비록 통하는 자가 있다 하더라도 그 음(音)이 역시 순수하지 못하므로, 중국 사신이 올 때를 당하면 어전(御前)에서 말을 전할 적당한 사람을 얻기가 매우 어렵습니다. 지금 여러 통역하는 자를 보면, 중국말을 10년이나 되도록 오래 익혔어도 사신으로 중국에 두어 달 다녀온 사람만큼도 익숙하지 못하니, 이것은 다름 아니라 중국에 가게 되면 듣는 것이나 말하는 것이 다 중국말뿐이므로 귀에 젖고 눈에 배어지는 때문입니다. 우리나라에 있을 때는 본원에 들어와서 마지못해 한어[漢音]를 익힐 뿐더러 보통 때는 늘 우리말을 쓰고 있으니, 하루 동안에 한어는 국어의 십분의 일도 못 쓰는 것입니다. 이것은 바로 맹자(孟子)가 말하는 '한 사람의 제(齊)나라 사람이 가르치고 여러 초(楚)나라 사람이 지껄여대면, 아무리 날마다 매를 때려 가면서 제나라 말하기를 바라더라도 얻지 못할 것이다.'고 하는 것과 같습니다.

지금부터 ②본원의 녹관(錄官)으로서 전함 권지(前銜權知)나 생도(生徒) 강이관(講肄官)은 중국말만 쓰기로 하며, 크기로는 공사의논(公事議論)으로부터 적기로는 음식 먹는 것이나 기거(起居)하는 것까지도 한가지로 중국말만 쓰게 하되, 항상 출사하는 제조(提調)를 시켜 근태(勤怠)를 고찰하게 하여 문적(文籍)에 기록하고, 우리 국어를 쓰는 자로서 초범(初犯)은 부과(付過) 처분하고, 재범(再犯)은 차지(次知)[40] 1명을 가두고, 삼범은 차지 2명을 가두고, 사범은 3명을 가두고, 오범 이상은 형조에

공문으로 이첩(移牒)하여 논죄(論罪)하게 하는데, 녹관(祿官)이면 파직한 후 1년 이내에는 서용(敍用)하지 아니하며, 전함 권지(前銜權知)는 1년 이 내에는 취재(取才)에 응하지 못하게 하며, 생도는 그 범한 돗수에 따라 그때마다 매를 때리도록 하소서. 그 밖에 ③몽고어(蒙古語)·왜어(倭語) ·여진어(女眞語)의 학도(學徒)들도 이 예에 의하여 시행하도록 하시옵 소서."

하니, 예조에 내려서 의논하게 하였다. 예조에서 아뢰기를,

"제조(提調)의 계청(啓請)에 따름이 좋겠습니다."

하므로, 그대로 따랐다.[41] 『세종실록』 권95, (1442년), 2.14.

위의 기사문을 보면, 밑줄 친 ①에서 외교정책상 중국어 능숙자가 필 요하나 현실적으로 문제가 많다는 점을 지적하고 있으며, 밑줄 친 ②에서 는 의사소통 중심의 중국어 교육을 위한 방안을 제시하고 있으며, 밑줄 친 ③에서는 그러한 교육 방법을 몽고어, 일본어, 여진어 교육에도 적용하 라고 권고하고 있다. 이처럼 정부에서 구체적으로 외국어 교육 문제를 고 민하였다는 것은 외국어 교육을 위한 방법론이 논의되었다는 것을 뜻하 는데, 이러한 방법론적 모색 과정에서 한글의 가치가 부각되었다. 이런 점 에서 보면 위의 기사문이 훈민정음을 창제하기 직전 해의 것이라는 사실 도 주목할 필요가 있다. 외국어 교육에서 한글의 가치는 정확한 음을 기록 할 수 있다는 점, 정확한 대역 의미를 기록할 수 있다는 점에서 찾을 수 있 었다.

2) 외국어 학습 교재의 발전

앞서 제시한 실록의 기사문에서 본 바와 같이, 조선 초기에 교육했던 외국어로는 중국어, 몽고어, 일본어, 여진어가 있었음을 알 수 있다. 이는 이후에도 그대로 이어졌는데, 한 가지 차이는 여진어를 만주어가 대체한 것이다. 이는 청의 건국과 관련이 있다.[42]

중국어: 『노걸대』, 『박통사』
만주어: 『청어노걸대』, 『소아론』, 『팔세아』
일본어: 『첩해신어』
몽고어: 『몽어노걸대』

위에 제시한 것은 사역원에서 외국어를 가르치기 위해 채택했던 교재들이다. 이때 외국어 교재는 의사소통 중심 즉 회화 중심의 교육을 위한 체계를 갖추고 있다는 특징이 있다. 이러한 교육 방식은 해당 언어의 문장에 해당하는 발음을 한글로 적고, 그 문장을 대역하여 한글로 적는 방식이 가능해짐으로써 수월하게 진행되었다고 볼 수 있다.

『노걸대(老乞大)』는 중국어 학습을 위한 교재다. '걸대(乞大)'는 중국 사람을 뜻하는 몽고어이며, '노(老)'는 상대를 높여 부르는 존칭접두사이므로, 이 책의 이름에서도 사대의 의미가 담겨 있다고 할 수 있다. 노걸대는 실용회화 책이었기 때문에 조선시대 말까지 전문 통역관[譯官]들의 교과서로 활용되었다. 『노걸대』가 초급 수준의 회화 교재라면 『박통사(朴通事)』는 상대적으로 고급 단계 교재라고 할 수 있다.

특히 중국과의 외교 관계가 중대했던 만큼 중국어 교육이 가장 중시되었는데, 조선시대 중국어 교재로 널리 쓰였던 것은 『노걸대』와 『박통사』였다. 이 책은 고려시대부터 내려오는 역학서로, 원래의 책은 순전히 한자로만 기술된 것이었다. 그런데 한글이 창제된 후 개별 한자에 정음(正音)과 속음(俗音) 두 가지 중국어음을 한글로 달고, 각 문장이나 구절 아래 우리말 번역을 덧붙인 언해본(諺解本)을 발간할 수 있게 되었다.

중종 때 역관(譯官) 최세진(崔世珍)은 『번역노걸대(飜譯老乞大)』와 『번역박통사(飜譯朴通事)』를 편찬하였고, 이 책에 나온 어려운 어구와 고유명사를 따로 모아 『노박집람(老朴集覽)』(1517)을 편찬함으로써 중국어 교육에 혁신을 이룰 수 있었다. 『번역노걸대』와 『번역박통사』는 이후 수정되어 재간행되는데, 『노걸대언해(老乞大諺解)』(1675)와 『박통사언해(朴通事諺解)』(1677) 등이 그것이다.

『청어노걸대(淸語老乞大)』는 1704년에 간행된 교재로(1765년에 중간됨) 『노걸대』를 만주어로 번역한 책이다. 각 행의 왼쪽에 만주문자로 쓰고 오른쪽에는 한글로 그 음을 표기했으며, 한 어구가 끝나면 우리말 해석을 붙여 놓았다. 교재들은 초급, 중급, 고급 등과 같이 등급에 맞게 나뉘는데, 예를 들어 『청어노걸대』와 함께 같은 시대에 만들어진 『소아론(小兒論)』, 『팔세아(八歲兒)』 같은 것은 초급 교재로서 해당국에서는 어린이들이 배우는 정

〈그림 39〉
『노걸대(老乞大)』

〈그림 40〉
『박통사(朴通事)』

〈그림 41〉
『첩해신어(捷解新語)』

〈그림 42〉
『청어노걸대(淸語老乞大)』

도의 수준이었다.

일본어 역학서인 『첩해신어(捷解新語)』 또한 중국어 학습서처럼 회화 중심의 내용으로 구성되어 있다. 총 10권 중 1-3권은 기초 회화를, 4-6권은 고급 회화를, 7-8권은 문장어를, 9-10권은 어려운 공문 등을 실었다. 이 책도 히라가나(平假字)로 쓴 일본어 오른편에 한글로 발음을 적었으며 한 어구가 끝난 곳에 우리말의 해석을 덧붙인 체제로 되어 있다.

『몽어노걸대(蒙語老乞大)』는 1684에 편찬된 역관들의 몽고어 학습 교재다. 각 행 왼편에는 몽고문자로 몽고어 문장이 쓰여 있고, 오른편에는 한글로 발음을 표시하고 그 아래에 우리말로 해석을 덧붙여 조선시대에 간행된 각종 언해본 역학서(譯學書)의 전형적인 체재를 따르고 있다.

3) 이중어사전의 개발

외국어 교육의 발달은 이중어사전의 개발로 이어졌다. 이중어사전은 17-18세기에 집중적으로 편찬된다. 중국어 『역어유해(譯語類解)』가 간행된 뒤에 유해류(類解類) 어휘집들로 몽고어를 위한 『몽어유해(蒙語類解)』, 일본어를 위한 『왜어유해(倭語類解)』, 만주어를 위한 『동문유해(同文類解)』가 편찬된다. 그리고 다언어 어휘집으로 『방언집석(方言集釋)』, 『한청문감(漢淸文鑑)』 등이 편찬된다.[43]

이 당시 편찬된 이중어사전은 해당 언어의 음을 한글로 전사하여 제시하고 그것에 대응되는 우리말 어휘를 제시하는 것으로 어휘집의 수준에 해당한다. 또한 그 언어의 어구나 문장을 한글로 전사하여 제시하기도 한다.

그런데 이중어사전에서 어휘를 배치하는 체재는 전통적인 분류어휘집과 같다. 따라서 이러한 배치 방식은 한자 학습을 위한 분류어휘집에서 비롯된 것으로 볼 수 있다.[44] 한자 학습을 위한 어휘집으로는 『훈몽자회(訓蒙字會)』, 『신증유합(新增類合)』 등을 들 수 있다. 대표적인 한자 학습용 분류어휘집인 『훈몽자회』는 사물의 유형화를 통해 귀납적으로 분류체계가 이루어진 것으로, 분류항과 사물을 직접 연결하는 분류 방식을 취하고 있다. 세부적인 항목에는 차이가 있지만, 『신증유합』과 같은 한자 학습서나 『역어유해』, 『방언집석』 등과 같은 대역(對譯) 분류어휘집에서도 『훈몽자회』에서와 같은 분류 방식을 발견할 수 있다.

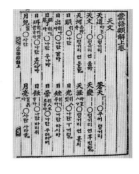

〈그림 43〉 『몽어유해(蒙語類解)』

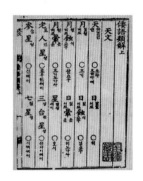

〈그림 44〉 『왜어유해(倭語類解)』

『훈몽자회』의 분류체계

천문(天文), 지리(地理), 화품(花品), 초훼(草卉), 수목(樹木), 과실(果實), 화곡(禾穀), 소채(蔬菜), 금조(禽鳥), 인개(鱗介), 곤충(昆蟲), 신체(身體), 천륜(天倫), 유학(儒學), 서식(書式)…….

『방언집석』의 분류체계[45]

천문류(天文類), 시령류(時令類), 기후류(氣候類), 지여류(地輿類), 존비류(尊卑類), 친속류(親屬類), 신체류(身體類), 용모류(容貌類), 동정류(動靜類), 기식류(氣息類), 성정류(性情類), 언어류(言語類), 궁전류(宮殿類), 조회류(朝會類), 정사류(政事類)…….

한글의 확산과 정보의 대중화

이 절에서는 정보의 대중화의 관점에서 한글의 역할에 대해 살펴본다. 이전까지 특권 계층이 지식과 정보를 생산하고 유통하고 소비하는 정보 독점의 시대였다면, 한글이 확산되면서 이러한 체계가 점차 무너지는 양상이 나타났다. 사대부 남성 계층에 국한되었던 지식과 정보가 점차 하층 계층으로 확대되고 여성 계층도 지식과 정보의 생산 주체로서 서서히 등장하게 되었다. 바야흐로 정보 대중화의 서막이 열린 것이다. 그리고 이러한 변화를 가능하게 한 것은 바로 한글이었다.

한글이 창제되자마자 10년도 안 되어 조선 사회는 일대 변혁을 겪는다. 한글은 억울한 사정을 호소하고, 편지를 주고받고, 자신의 주장을 알리는 데에서 새로운 소통도구로 자리 잡았다. 또한 한글은 조선의 과학문명을 대중화하는 데 기여하였다. 전문서나 과학실용서 등이 한글로 번역되어 민간에 널리 퍼져나가면서 정보의 대중화가 이루어진 것이다.

1. 한글의 확산과 생활문화의 변화

백성들은 훈민정음 창제 이후 문자생활이 가능해지자 자신들의 억울한 사정을 호소하는 투서를 올리기도 하고, 연애편지를 주고받으며 사랑을 나누기도 하고, 언문으로 임금에게 상소를 올리기도 했다. 특히 그동안 문자생활에서 소외되었던 여성 계층과 피지배계급에서 이러한 양상이 새롭게 등장했다는 점이 정보의 대중화와 관련하여 주목할 만하다.[46]

이러한 사건이 조선 후반기로 가면서 점차 많아진 것은 한글이라는 문자의 힘 때문이다. 그만큼 한글은 배우기 쉬웠고 이를 통해 백성들은 자신의 의사를 세상에 알릴 수 있는 통로를 확보한 셈이었다. 투서 사건이 조선 후반기로 가면서 점차 많아진 것은 순전히 문자의 편의성 때문이다. 실록을 들여다보면 최초의 언문 익명서는 훈민정음이 만들어진 세종대에 일어났다.

> (상략) 황희(黃喜)는 재상의 자리에 있기를 20여 년에 지론(持論)이 너그럽고 후한데다가 분경(紛更)을 좋아하지 않고, 나라 사람의 여론을 잘 진정(鎭定)하니, 당시 사람들이 명재상[眞宰相]이라 불렀다. 하연(河演)은 까다롭게 살피고 또 노쇠하여 행사에 착오가 많았으므로, 어떤 사람이 언문으로 벽 위에다 쓰기를, '하 정승(河政丞)아, 또 공사(公事)를 망령되게 하지 말라.'고 하였다.[47] 『세종실록』권126, (1449).10.5.

당시 관직 임명을 두고 황희 정승에 대해서는 세간에서 명재상이라 하는 데 비하여 하연은 성격이 까다롭고 노쇠하여 공사를 그르치는 일이 많다고 비난하고 있다. 하연은 당시 70세 중반의 나이였으니 아마도 노령에서 오는 실수가 있었을 것이다. 이를 비난한 계층이 누구인지는 알 수 없으나 이 사건을 통해 한글이 창제된 지 6년 만에 정치적 담론을 형성하는 문자로 등장했다는 사실을 짐작할 수 있다.

성종 16년(1485)에 일어난 언문 투서 사건도 내용으로 볼 때는 세종대의 언문 투서 사건과 그 성격이 같다. 사건은 저잣거리 상인들이 시장 이전 계획에 반대하여 언문 투서를 하면서 일어났다. 언문 투서에는 시장 이전 계획에 관련된 관리들의 비리가 조목조목 언급되었다.

이처럼 한글 사용이 일상화되자 문자생활이 가능하게 된 백성들이 직접 소장을 작성하여 상언하는 일도 있었다.

> 철비(鐵非)의 상언(上言)을 해사(該司)에 내렸다. 철비는 종실(宗室)의 딸인데, 언문(諺文)으로 상언하는 말을 써서 예(例)에 따라 성상의 덕을 입어 사천(私賤)을 면해 주기 바랐었다. 정원이 아뢰기를, "철비는 언문으로 상언을 올려 지극히 무례하고, 또한 그 소원도 들어 줄 수 없는 것이니, 추고(推考)하여 죄를 다스리시기 바랍니다." 하니, 그대로 따랐다. 철비는 곧 이과(李顆)의 어미이다.[48] 『중종실록』 권9, (1509).9.11.

위 기록에는 '철비'라는 여인이 자신의 천민 신분을 면하게 해달라고 상언하고 있다. 역사 기록에 따르면 '철비'는 연산군 때 반기를 들고 중종반정에 가담했다가 오히려 반정의 무리에 정치적 공격을 받아 몰락한 이과의 어미이다. 그러니 '철비'는 원래부터 천민 신분이 아니었으나 집안이 역적으로 몰리면서 천민 신분이 되었다. 기록에 따르면 철비의 상언은 무례하고 내용도 받아들일 수 없는 것으로 보고 상언 행위에 대해 오히려 벌을 내린다. 조선 사회에서 아녀자로 직접 문서를 작성해 상언을 감행한 일은 매우 이례적이다. 이 밖에도 『조선왕조실록』에는 백성이 언문 상소를 통해 자신의 어려움을 호소한 예가 여럿 나타난다. 다음 사건은 영조 때 일이다.

> (상략) 신이 일찍이 문충공(文忠公) 정몽주(鄭夢周)의 자손을 녹용(錄用)
> 할 것을 청했습니다. 그런데 그 봉사손(奉祀孫)인 정호(鄭鎬)가 죽어 사
> 우(祠宇)를 맡길 데가 없어졌습니다. 단지 늙은 부인(婦人)이 언단(諺單)
> 을 올려 대신 제사지낼 것을 청하고 있으니, 참으로 딱한 일입니다. 청
> 한 바에 따라 정호의 종제(宗弟)인 정집(鄭鏶)에게 우선 제사를 대신 지
> 내게 하고 종인(宗人)이 장성하기를 기다려 입후(立後)하는 것이 마땅할
> 듯합니다."
> 하니, 임금이 허락하였다.(하략)[49] 『영조실록』 권57, (1743).2.5.

　정몽주의 직계 자손이 죽어 제사를 지낼 손이 끊어졌으므로 늙은 부인
이 언문 단자를 올려 청하기를 가문의 다른 형제 집에서 제사를 지낼 수
있게 해달라고 요청하였다. 사정이 딱하니 청한 바에 따라 허락한다는 내
용이다. 조상의 제사를 누가 지낼 것인가 하는 문제를 국가의 허락에 따라
움직여야 할 정도로 엄격한 유교 질서가 지배하는 사회라는 것을 엿보게
하는 기록이다.

　일반 백성들의 생활과 밀접한 관련이 있는 사회적 문제가 발생하면, 나
라에서는 모든 백성들이 바로 읽고 이해할 수 있도록 한글로 문서를 번역
하여 방방곡곡에 방을 붙이곤 했다. 전쟁이 일어났을 때, 백성들에게 도박
을 금하거나, 도적을 잡거나, 아이를 납치한 납치범을 잡을 때 등 일반 백
성들의 삶에 직접적으로 영향을 주는 사건에 대해서는 한글을 사용하였
다. 이것은 그만큼 한글이 일반 대중에 넓게 보급이 되었다는 것을 의미
한다.

임진왜란이 일어나자 선조는 황해도에 내리는 교서를 모든 백성이 알수 있게 작성하라고 전교를 내린다.

황해도에 내릴 교서는 이미 지어 왔는데 사인(士人)들은 스스로 알아볼수 있겠지만 그 나머지 사람들은 아마 알지 못할 것이다. 이 교서는 사인이 있는 곳에 효유(曉諭)하도록 하라. 또 이두(吏讀)를 넣고 지리한 말은 빼어 버려 조정의 방문(榜文)처럼 만들고, 또한 의병장이나 감사 등에게 언문(諺文)으로 번역하게 하여 촌민(村民)들이 모두 알 수 있도록하는 일을 의논하여 아뢰라.[50] 『선조실록』 권29, (1592).8.1.

선조는 양반과 관리는 물론 일반 백성들이 읽을 수 있도록 임금의 교서를 이두와 한글로 번역하게 했다. 흉흉한 민심을 다독거리고, 일반 백성을 의병에 참여하여 전쟁터로 나오도록 하려는 복안이었다. 믿을 것은 백성뿐이었다. 황해도에 언문 교서를 내린 지 10여 일 후인 8월 19일에는 선조는 다시 한글로 방문을 써서 송언신과 유성룡에게 보내라고 전교했다.

언서(諺書)로 방문(榜文)을 많이 써서 송언신(宋言愼)에게 보내어 민간을효유하게 하라. 듣건대 유성룡(柳成龍)이 어떤 중과 함께 북도(北道)에가서 정탐한다 하니, 또한 언서를 보내어 효유하게 하라.[51] 『선조실록』 권29, (1592).8.19.

그러던 중 9월 4일에는 함경도로 피난 갔던 두 왕자[임해군(臨海君)과 순화군(順和君)]이 적장에게 잡혀 포로가 되었다는 소식이 날아든다. 선조는 바로 교서(敎書)를 반포한다.

이번의 칙서를 속히 반포하라. 또 언서(諺書)로도 베껴 함경도에 많이 보내라.[52] 『선조실록』 권30, (1592).9.4.

왕자들마저 포로가 되자 선조는 다급해졌고 백성들의 도움이 절실했다. 그가 내린 교서는 모두 한글로도 번역되어 전국 방방곡곡에 뿌려졌다. 내용은 대략 다음과 같았다.

진실로 손에 침을 바르고 일어나서 우리 조정(종)의 남아 있는 은덕을 저버리지 않는다면 내 관작을 아끼지 않겠다. 그 결과 살아서는 아름다운 칭송을 받게 되고 자손까지도 그 은택이 유전되리니 이 어찌 아름답다 하지 않을쏘냐?

임진왜란 당시 피난 중에 선조는 백성들에게 원성을 들을 수밖에 없었다. 도성과 백성을 버리고 도망가는 임금을 누가 좋은 눈으로 바라보았겠는가. 더 나아가 지배계층이던 양반과 관리들이 보여준 실망스러운 모습 또한 선조에게는 뼈아픈 일이 아닐 수 없었다. 그 와중에 백성들이 의병을 일으키고 노비들이 전쟁에 나가 공을 세운 일이 유일한 위안이었다. 선조의 언문 교지는 바로 이러한 시점에서 등장한다. 민심을 달래고 또 한편으로는 전쟁에 참여하도록 하기 위해서였다. 그렇기 때문에 백성들이 읽을 수 있는 한글로 교지를 내린 것이다.

이러한 기록들을 보면 최고통치자인 왕과 백성을 연결지어 주는 행정시스템이 한글을 매개로 가동되고 있었음을 알 수 있다. 특히 여성들까지 자신의 의사를 글로 써서 왕에게 전달할 수 있었던 것은 주목할 부분인데, 이러한 시스템이 가능할 수 있었던 것은 한글 때문이었다. 이런 관점에서 보면 한글은 백성 개개인의 효율적 의사소통 수단에 그치지 않고 사회시스템을 바꾸어버린 원동력인 셈이었다.

2. 한글과 과학문명의 대중화

앞 항목에서 살펴보았듯이 조선 사회는 한글을 통해 크게 변모하였는데, 이러한 변화는 일상생활뿐 아니라 과학문명의 대중화에도 중요한 역할을 한다. 한글이 확산되면서 문자해독층이 넓어졌고, 이전까지는 지식의 생산과 소비에서 제외되었던 계층이 주인공으로 서서히 등장하게 되었다. 즉, 과거에 특권 지배계층의 소유물이었던 과학지식이 점차 여성을 비롯하여 아래 계층으로 확산될 수 있었으며, 이를 통해 백성들도 정보와 지식을 소비하고 향유할 수 있게 되었다.

이 가운데서도 특기할 것은 여러 과학실용서가 민간에서 활용될 수 있도록 한글로 번역되었다는 점이다. 대표적인 것이 한글로 언해된 의서(醫書)와 병서(兵書)나 농서(農書) 그리고 조리서(調理書) 등을 들 수 있는데, 한문으로 쓴 것을 한글로 언해하거나 한글로 직접 써서 책으로 간행하였다. 이들은 생활과 밀접하게 연관된 과학지식임에도 불구하고 특정 전문가들 사이에서만 공유되었다. 그러나 한글이 일반 백성에게 확산되자 이러한 전문 정보들이 민간에 널리 유포되고 이를 백성들이 빠르고 쉽게 이용할 수 있는 길이 열린 것이다. 따라서 한글의 보급이야말로 조선의 과학문명을 대중화하는 데 크게 기여한 결정적 요소였다고 할 수 있다.

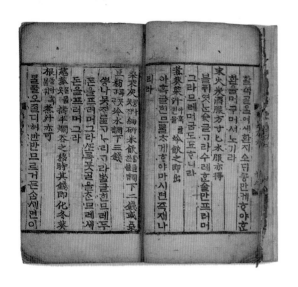

〈그림 45〉『구급간이방언해』

대표적인 의학서는 1466년에 간행
된 『구급방(救急方)』 언해본을 들 수
있다. 이 책은 응급처치를 위해 편찬
된 의서(醫書)로 한글로 번역되어 있
어 민간에서 쉽게 이용할 수 있었다.
1489년에는 이 책을 수정 보완한 『구
급간이방언해(救急簡易方諺解)』가 편
찬되기도 했다. 질병을 127종으로 나
누어 정리하고 방문(方文)과 병명까지
한글로 언해하여 백성들이 쉽게 이용할 수 있도록 했다. 이 책을 성종에게
진상(進上)하자 왕은 "중외(中外) 여러 고을에 두루 반포하여 여항소민(閭
巷小民)으로 하여금 모두 얻어 볼 수 있게 하였다."(『성종실록』 20년 5월)는 기
록으로 볼 때 일반 백성을 대상으로 이 책을 편찬했다는 점을 확인할 수
있다.[53] 『구급간이방언해』의 내용을 잠시 살펴보면 다음과 같다. (현대역은
필자)

"妊娠中風失音不語心神冒悶 梨汁二合竹瀝二合生地黃汁二合牛乳一合白蜜半合相
和令勻每服溫飮一小盞

아기비여셔 ᄇᆞᄅᆞᆷ마자 목 쉬여 말 몯ᄒᆞ고 ᄆᆞᅀᆞ미 답답ᄒᆞ거든 ᄇᆡᆺ즛 두드려
ᄇᆞᆫ믈 두 홉과 댓진 두홉과 싱디황불휘즙 두홉과 쇠졋 ᄒᆞᆫ홉과 흰ᄢᅮᆯ 반
홉과ᄅᆞᆯ 고르게 섯거 서홉곰 ᄃᆞ시ᄒᆞ야 머그라

(아기를 배어 풍을 맞아 목이 쉬고 말을 못하고 마음이 답답하면, 배즙
두 홉과 대나무진 두 홉과 생지황뿌리즙 두 홉과 우유 한 홉과 흰꿀 반

홉을 고르게 섞어서 작은 잔으로 한 잔씩 따뜻하게 먹어라.)

연산군 5년(1499)에는 『구급이해방언해(救急易解方諺解)』가 간행되고, 1518년(중종 13)에는 『벽온방』을 한글로 풀이한 『언해벽온방(諺解辟瘟方)』이, 1525년에는 『간이벽온방언해(簡易辟瘟方諺解)』가 편찬되었다. 1524년(중종 19) 가을 황해도 지방에 전염성 열병인 여역(癘疫)이 창궐하자 이듬해 봄까지 수많은 백성들이 목숨을 잃었다. 이에 중종은 김순몽(金順蒙)에게 명하여 전염병 치료에 필요한 책을 집필하도록 했고, 그동안 사용된 처방전을 모아서 간행한 것이 『간이벽온방(簡易辟瘟方)』이다. 이 책은 한글로도 함께 언해되어 시골구석에 사는 백성일지라도 언해본을 통해 약재를 구하고 처방하여 스스로 목숨을 구할 수 있도록 도움을 주고자 한 것이다.[54]

1554년에는 『구황촬요(救荒撮要)』가 언해본으로 간행되는데, 이는 영호남에 기근(飢饉)이 극심하자 일반 백성들을 구제하기 위해 편찬한 것이다. 책에는 빈사 상태에 있는 사람을 소생시키는 법, 굶주려 종기가 난 사람을 치료하는 법, 느릅나무껍질을 벗겨 즙을 만드는 법, 솔잎죽을 만드는 법, 느릅나무껍질로 떡 만드는 법, 말린 밥 만드는 법, 천금주(千金酒) 빚는 법, 곡식가루를 내는 법, 장 담그는 법, 쌀가루를 만드는 법 등 일반 백성들이 기근에 대처하여 연명할 수 있는 비상조치법이 기록되어 있다. 이 책을 한글로도 언해한 이유를 잘 알 수 있다.[55]

1601년에는 허준(許浚)이 『언해두창집요(諺解痘瘡集要)』와 1608년에 『언해태산집요(諺解胎産集要)』를 편찬하였다.[56] 『언해두창집요』는 허준이 선조의 명을 받아 저술하고, 내의원(內醫院)에서 발간한 두창(천연두) 관련 의서이다. 세자였던 광해군과 왕녀가 두창을 앓았는데 허준의 처방으로 완치되자, 선조는 일반 백성을 위해 두창 치료법을 한글로 언해하여 책으로 편찬했다. 허준은 이 책을 집필하기 위해 명나라의 의서를 두루 참조하고 여기에 자신이 직접 경험했던 임상 내용도 수렴하여 기술했다. 책에는 두창의 발병 원인, 예방법, 증상 및 진행 과정, 치료법, 두창이 동반하는 합병증, 목욕법, 후유증 등 두창과 관련한 치료법이 상세히 기록되어 있다.[57]

『언해태산집요』는 허준이 편찬한 산부인과 계열의 의학서이다. 기존에도 산부인과 계통의 의학서가 없지 않았으나 모두 한문으로 쓰여 있어 일반 부녀자가 보기는 어려웠다. 이러한 사정을 고려하여 선조는 허준에게 명하여 이 언해본을 편찬케 한 것이다. 내용은 임신 전후의 증세와 처방등 산부인과와 관련한 43개 항목들이 한문과 언해문으로 기록되어 있다.[58] 산부인과와 관련해서는 18세기에 왕실에서 한글로 쓰인 『임산예지법(臨産豫知法)』을 들 수 있다. 이 책은 출산에 앞서 미리 알아야 할 여러 사항을 비롯해 해산 후 몸가짐, 태독(胎毒) 제거법, 탯줄 자르는 법, 수유법(授乳法), 목욕법, 갓난아이를 보호하는 방법 등 출산 전후의 단계별 지침이 소상하게 소개되어 있다.[59]

또한 『동의보감(東醫寶鑑)』(1613)은 한글로 집필되지는 않았지만 일반 백성들이 쉽게 알 수 있도록 약초 이름을 조선 사람이 부르는 이름으로 한글로 표기했다는 특징이 있다. 한편 19세기에 『동의보감』의 〈내경편(內景編)〉을 한글로 언해하여 『동의보감내경편언해(東醫寶鑑內景篇諺解)』를 간행하기도 했다.

17세기에 등장한 한글 언해본인 『언해납약증치방(諺解臘藥症治方)』도 의학서 가운데 중요한 책이다. 이 책은 가정용 상비약의 납약의 효능 및 복용 시에 피해야 하는 사항 등을 기록한 것으로 37종의 상비약이 한문과 한글로 소개되어 있어 급박한 상황에서 백성들이 상비약을 쉽게 활용할 수 있도록 한 것이다.[60]

『마경초집언해(馬經抄集諺解)』(1634)는 『마경대전(馬經大典)』의 주요 내용을 발췌하여 언해한 수의학서이다. 이 책은 말의 질병을 진단하고 치료하는 방법이 실려 있는데, 한문을 원문으로 하고 그 뒤에 언해를 하였다. 좋은 말을 구분하는 방법, 말의 수명과 치아, 좋은 말을 기르는 방법, 마구간 관리와 먹이 주는 방법, 건강 상태를 진단하는 방법, 증상에 따른 치료법 등 말을 사육하는 데 필요한 제반 사항을 체계적으로 기록했다.[61] (현대역은 필자)

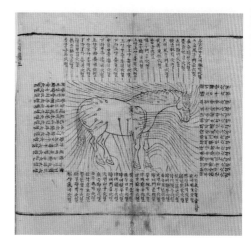

〈그림 46〉 『마경초집언해(馬經抄集諺解)』

"○東동溪계問문曲곡川쳔曰왈馬마有유父
母부모乎호아 ○동계란 사름이 곡쳔이란
사름드려 무러 굴오디 믈이 부뫼 잇느냐
曲곡川쳔曰왈龍농之지生싱也야니 ○곡쳔이 굴오디 농이 나하시니……"
(동계란 사람이 곡천이란 사람에게 물어 말하기를, 말이 부모가 있느냐? 곡천이 답하기를 (말은) 용이 낳았으니……)
"鶻골骨脈맥穴혈은 在지頰협骨골下하四ᄉ指지ᄒ니 ○골뫽혈은 협골 아리
네 손가락 안닉 이시니 治티五오臟장積젹熱열壅옹毒독과 揩히擦찰疥개
勞노之지病병ᄒ느니 ○오장의 열이 싸혀 막혓느 독과 버븨여 비르노 병
을 곤티느니 鍼침入입三삼分분出츌血혈ᄒ라 ○침을 세 분을 들어 피를
내라"
(골맥혈은 협골 아래 네 손가락 안에 있으니 오장의 열이 쌓여 막힌 독과 가려운 학질 같은 병을 고치나니 침을 세 곳을 찔러 피를 뽑아내라)

『증수무원록언해(增修無冤錄諺解)』(1792)는 정조의 명에 따라 서유린(徐有隣) 등이 언해한 법의학서이다. 이 책에는 검험(檢驗)의 대상이 되는 시신의 시간적 경과에 따른 변화 상태, 사인 규명에 필요한 각종 법의학적 지

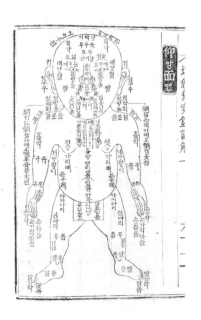

〈그림 47〉 『증수무원록언해(增修無冤錄諺解)』 (출처: 영남대학교 중앙도서관)

식, 검험에 필요한 재료 및 검안서식의 기록 등이 담겨 있다. 이 책은 우리
나라 법의학사에서 매우 중요한 의미를 지니고 있을 뿐 아니라 동양의 가
장 뛰어난 법의학서로 평가받고 있다. 후반부에는 신체 그림과 부위 이름
이 우리말로 기록되어 있어 어휘 연구에도 중요한 자료이다. 예를 들어 "눈
섭, 뺨, 귓방울, 귓박회, 귓구무, 엇게, 손목, 손바닥, 손가락, 손가락싯슬, 손
톱틈, 가리뼈, 겨드랑이" 등 세부적인 신체 어휘도 그림과 함께 자세히 설
명되어 있다.[그림 47 참조]62

　정조 때(1786)에는 온 나라에 전염병이 돌자 『진역방(疹疫方)』을 한글로
번역하여 민간에 널리 보급하기도 했다. 정조는 경상도와 충청도에서 전염
병을 치료할 수 있는 민간의서 『진역방』이 조정에 올라오자 지체 없이 서
민 의료기관이었던 혜민서(惠民署)와 활인서(活人署)에 명하여 이 책을 검

토하라고 지시했고, 혜민서에서 다음과 같은 답을 보내왔다.

> 충청도의 의방(醫方)은 그 총론이 사용에 융통성이 있는 법이 아니므로
> 서울과 지방에 반포한다는 것은 가볍게 논할 수 없습니다. 그리고 경상
> 도 의원이 논한 것은, 그 증세를 논하고 약을 쓰는 것이 전적으로 고방
> (古方)인『두과휘편(痘科彙編)』과『마진치법(麻疹治法)』을 위주로 하여 가
> 감한 것인데, 허실(虛實)을 분별하고 시종을 지적하였으며, 잡증(雜症)에
> 있어서는 상당히 자상하였습니다. 비록 신기한 처방은 아니지만 족히
> 통행할 수 있는 활용하는 법이 되겠습니다. 서울에는 이것을 중복하여
> 반포할 것이 없고 여러 도의 치성한 곳에 지금 반포하면 유익하면 하였
> 지 해는 없을 것입니다. 즉시 양의사로 하여금 한문과 언문을 섞어 번역
> 하여 팔도에 내려 보내소서.[63] 『정조실록』권21, (1786).5.28.

비록 민간에서 만든 의료서적이지만 유용하게 쓸 수 있을 것이니 혜민
서와 활인서에 명하여 이 책을 한문과 언문으로 번역하여 전국에 내려 보
내라는 것이었다. 전염병을 치료할 수 있는 전문의약품이 없던 시절, 일반
백성들은 한글로 된『진역방』을 읽으면서 전염병을 이겨낼 수 있었던 것이
다.[64]

2) 한글과 농서

조선에서 농업은 기간산업이었으므로, 농업 발전을 위해서는 농법에 관련
된 서적이 매우 중요한 위치를 차지하고 있었다. 따라서 조선 초부터 중국
의 여러 농서(農書)를 수입하여 활용했는데,『농상집요(農桑輯要)』,『사시찬

요(四時纂要)』,『농서(農書)』 등이 그것이다. 특히 1414년(태종 14)에는『농상집요』를 이두(吏讀)로 번역하여 간행했는데, 이는 일반 백성들이 손쉽게 책을 이용할 수 있도록 하기 위해서였다.[65]

한글이 창제된 이후 17세기에『농가집성(農家集成)』(1655)이 간행되었다. 이 책은 공주목사(公州牧使) 신속(申洬)이 지은 것으로, 세종 때의 농서인 『농사직설(農事直說)』을 비롯하여『사시찬요초(四時纂要抄)』 등의 농서와 흉년이 들었을 때 백성들이 쉽게 대처할 수 있도록 만든『구황촬요(救荒撮要)』가 부록으로 덧붙어 있는 종합적인 농서이다.[66] 이전 책에서 자세히 다루지 않았던 농업기술을 대폭 소개하고 있는데, 못자리에서 모를 키운 다음 논에 심는 이앙법(移秧法)이나, 잡초를 제거하거나 도열병을 해결하는 기술인 화누법(火耨法)과 목화 재배법 등이 보충되었다. 당시 농업기술의 결정판이었다고 할 수 있다.

한글로 전체 내용을 모두 번역한 것은 아니지만 여러 작물의 이름을 이두와 한글로 표기하여 백성들이 농업 활동에서 이를 참조할 수 있도록 편

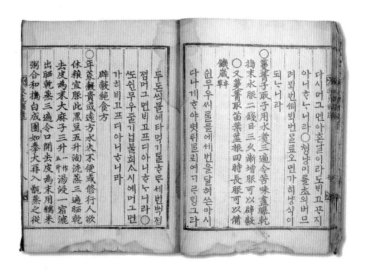

〈그림 48〉『신간구황촬요(新刊救荒撮要)』

찬했다는 점이 특징이다. 신속이 이 책을 지어 올리자 왕은 그의 노고를 치하하면서 호피를 하사했다. 그 결과 일부 지방에 국한되었던 모내기가 조선후기에 오면 전국으로 널리 퍼지게 되었고, 볍씨를 직접 논에 뿌리는 직파법보다 농업 생산량도 크게 증대되는 효과를 가져왔다.

한편 청주현감 신속이 『구황촬요(救荒撮要)』(1554)의 언해 부분을 약간 수정하고 자신이 언해하여 편찬한 『구황보유방(救荒補遺方)』을 합철하여 만든 『신간구황촬요(新刊救荒撮要)』라는 책이 현종 1년인 1660년에 출간되었다.

영조(1734년)도 조선 팔도에 농사를 권면하는 유시(諭示)를 내리면서 『농가집성』의 중요함을 깨닫고 이 책을 인쇄하여 전국에 널리 반포하라고 명하기도 했다.

팔도(八道)와 양도(兩都)에 농사를 권면하는 유시(諭示)를 내리기를,

"농사를 권면하는 방도에는 여섯 가지 요령이 있는데, 그것은 농사철에 부역을 시키지 말 것, 백성으로 하여금 안정된 삶을 누리게 할 것, 농량(農糧)을 보조하여 줄 것, 농기구와 농우(農牛)를 갖추어 지급하여 줄 것, 제언(堤堰)과 관개(灌漑) 시설을 갖출 것, 나태한 마음을 경칙(警飭)시킬 것 등이다. 대저 백성들의 생활이 편안하냐 못하냐 하는 것은 농사의 근만(勤慢)에 달려 있으니, 경칙하지 않으면 게을러지고 경칙하면 부지런히 하기 마련인 것이다. 만일 경칙 면려시켰는데도 그에 대한 효험이 없다면, 이는 나의 말이 미덥지 못한 것이다. 아! 그대들 방백(方伯)과 수령(守令)은 나의 이런 지극한 뜻을 본받아 나태함이 없이 더욱 면려하도록 하라."

하고, 이어 승지(承旨)에게 명하기를,

"《농가집성(農家集成)》의 판본(板本)이 있는 곳을 물어서 그 책을 인출

(印出)하여 널리 반포함으로써 우리 성조(聖祖)께서 백성을 위하여 찬집 (撰輯)한 성대한 뜻에 어긋남이 없게 하라."

하였다.[67] 『영조실록』 권37, (1734).1.1.

또한 18세기 초에 등장한 『농가월령가(農家月令歌)』도 농업지식의 대중 화를 선도했다고 볼 수 있다. 이 책은 조선 헌종 때 정학유(丁學游)가 한글 로 지은 월령체 장편가사로, 당시 행해진 행사와 세시풍속 등이 월별로 3· 3조와 4·4조의 음수율에 맞춰 기록되어 있다.[68]

3) 한글과 병서

한글의 확산은 전문서인 병서에도 많은 영향을 주어 여러 병서들이 한글 로 번역되었다. 먼저 『화포식언해(火砲式諺解)』(1635)는 이서(李曙)가 인조 때 각종 총포의 사용법과 화약제조법을 기술하여 간행한 『화포식(火砲式)』을 한글로 언해한 책이다. 책의 내용은 제반 총통(銃筒)의 일반적인 용약법(用 藥法)을 기술한 다음 천자총통(千字銃筒), 지 자(地字)총통, 별황자(別黃字)총통, 대완구(大 碗口) 등 각종 화약병기의 용약법과 발사물 을 수록하고 있다. 특히 「중신기화차(中神機火 車)」에는 현대 다연장로켓의 원조 격이라 할 수 있는 중신기전 100발을 발사할 수 있는 화차 등이 수록되어 있다.[69]

이 책은 임진왜란이 끝난 지 40여 년이 지 난 시점에 출간되었는데, 왜군의 침략으로 나

〈그림 49〉 『화포식언해(火砲式諺解)』

라가 위기에 처하고 강토가 폐허가 되는 것을 경험한 후라는 출간 시점이 주목된다. 이러한 아픔을 다시는 되풀이하지 않기 위해서 국방을 튼튼히 해야 했고 그 일환으로 무기체계를 새롭게 정리했던 것이다. 그리고 이 책이 한글로 언해되었다는 점도 중요하다. 진정한 국방력 강화를 위해서는 지휘부는 물론이고 밑에 있는 병사들까지 병법을 체계적으로 잘 숙지해야 했을 것이다. 이를 위해 이전에 지휘 계층에 국한했던 병법과 무기에 대한 전문지식들이 일반 병사들에게까지 공개되고 공유되어 체계적으로 학습되었던 것이다.

병서의 경우 『진법언해(陣法諺解)』(1693)를 들 수 있는데 이 책은 전투 방법과 병법 등의 내용을 한글로 기술한 것으로, 이 책을 통해 한문을 모르는 일반 병사들이 쉽게 병법을 이해하고 훈련을 받을 수 있도록 한 것이다.

또한 화약제조법을 설명한 『신전자초방언해(新傳煮硝方諺解)』(1698)는 역관 김지남(金指南)이 숙종대에 북경에 가서 연구해 온 새로운 화약제조법을 기록하고 제조법의 습득 유래를 자세히 설명한 책이다. 10조로 나누어 설명한 병법은 각 조마다 한글로 언해한 것이었다. 이 책은 화약을 제조하는 방법과 과정을 상세하게 설명했다. 우리나라에 극히 드물게 남아 있는 화약제조법에 관한 문헌 중 하나이다. 우리나라의 전통적 화약 제조기술을 자세히 보여주고 있어, 병서 연구에 중요한 문헌이다.[70]

『무예도보통지언해(武藝圖譜通志諺解)』(1790)는 이덕무(李德懋), 박제가(朴齊家) 등이 정조의 명을 받아 언해한 군사무예서이다. 정조가 쓴 서문에는 이 책의 편찬 경위가 나와 있다. 그때까지 우리나라에는 궁술에 대한 책은 있었으나 창이나 검 등 병기에 대한 책은 없었다. 이를 위해 과거 명나라에서 나온 무예서를 근본으로 하고 마상재(馬上才)와 격구(擊球) 등 6기를 더하고 무예 그림을 추가하여 새롭게 편찬한 것이다. 조선후기의 무예사

(武藝史)나 무복(武服), 무기 등을 연구하는 데 중요한 자료로 활용된다.[71]

《무예도보통지(武藝圖譜通志)》가 완성되었다. 무예에 관한 여러 가지 책에 실린 곤봉(棍棒), 등패(藤牌), 낭선(狼筅), 장창(長槍), 당파(鎲鈀), 쌍수도(雙手刀) 등 6가지 기예는 척계광(戚繼光)의 《기효신서(紀效新書)》에 나왔는데, (중략) 영종(英宗) 기묘년에 명하여 죽장창(竹長鎗), 기창(旗鎗), 예도(銳刀), 왜검(倭劍), 교전(交戰), 월협도(月挾刀), 쌍검(雙劍), 제독검(提督劍), 본국검(本國劍), 권법(拳法), 편(鞭), 곤(棍) 등 12가지 기예를 더 넣어 도해(圖解)로 엮어 새로 《신보(新譜)》를 만들었고, 상이 즉위하자 명하여 기창(騎槍), 마상월도(馬上月刀), 마상쌍검(馬上雙劍), 마상편곤(馬上鞭棍) 등 4가지 기예를 더 넣고 또 격구(擊毬), 마상재(馬上才)를 덧붙여 모두 24가지 기예가 되었는데, 검서관(檢書官) 이덕무(李德懋)·박제가(朴齊家)에게 명하여 장용영(壯勇營)에 사무국을 설치하고 자세히 상고하여 편찬하게 하는 동시에, 주해를 붙이고 모든 잘잘못에 대해서도 논단을 붙이게 했다. (중략) 다음은 24가지 기예에 대한 해설과 유래와 그림이 있고, 다음에는 모자와 복장에 대한 그림과 설명을 붙였다. 또 각 군영의 기예를 익히는 것이 같지 않기 때문에 고이표(考異表)를 만들어 그 끝에 붙이고 또 언해(諺解) 1권이 있어서 책은 모두 5책인데 어제서(御製序)를 권두(卷頭)에 붙였다.(하략)[72] 『정조실록』권30, (1790).4.29.

『신간증보삼략직해(新刊增補三略直解)』(1805)는 명나라 유인(劉寅)이 지은 『삼략직해(三略直解)』를 언해한 병법서이다. 한문 원문에는 한글 토가 달려 있고, 그다음에 언해문이 두 줄로 기록되어 있다.[73]

『병학지남(兵學指南)』(1787)은 16세기 중기의 명나라 장수 척계광(戚繼光)이 지은 『기효신서(紀效新書)』 중 군대의 조련 방법에 관한 부분을 요약하여 만든 우리나라의 병법서이다. 이 책에는 군대의 조련, 진을 치는 법, 행군, 호령 등에 대한 규정과 설명이 그림과 함께 수록되어 있어서 17세기 이후 군사훈련의 기본지침서 역할을 했다. 다음 내용은 전투 시에 군대를 지휘할 목적으로 포를 쏘아 우군에게 신호를 보내는 방법을 설명한 것으로 승기포(升旗砲)와 숙정포(肅靜砲)에 대한 내용이다.[74] (현대역은 필자)

升旗砲一擧卽擂鼓鳴鑼升旗

긔 올리는 츙통은 흔번 노코 즉 제붑 뻐오고 라 울리고 긔룰 올리ᄂ니라

(깃발을 올리라는 총통은 한 번 쏘아 올리면 즉시 빠르게 북을 치고 징을 울리고 깃발을 올리라는 것이다)

肅靜砲入場發放後三擧要肅靜聽下營

엄슉하고 고요ᄒ라 ᄒ는 츙통은 교쟝의 드러 발방ᄒᆫ 후의 세 번 노호미니 엄슉고 고요ᄒ야셔 진틸령을 듣과댜 호미라

(엄숙하고 고요하라는 총통은 교장에 들어가 발방한 후에 포를 세 번 쏘아 올리는 것이니 이것은 엄숙하고 고요하여서 진을 치는 명령을 듣고자 하는 것이다)

4) 한글과 조리서

한글이 민간에 확산되자 실생활에 도움이 되는 실용서들이 등장했다. 이들의 특징은 첫째, 내용면에서 의식주와 관련한 생활과학기술에 대한 것이라는 점, 둘째는 이전까지는 지식과 정보의 생산에서 소외되었던 여성이 주체로 등장했다는 점, 셋째는 이 책들이 한글로 쓰였다는 점이다.

먼저 한글로 쓴 최초의 조리서인 『음식디미방(飮食知味方)』(1670)을 들 수

있는데, 이 책은 안동장씨(安東張氏)가 딸과 며느리를 위해 쓴 조리서로, 국수, 떡, 만두, 김치, 국, 약과 등 25종류의 음식 만드는 법과 술, 초 만드는 법, 고기, 과일, 채소, 해산물을 저장하는 법 등이 적혀 있다. 책의 일부를 보면 다음과 같다. (현대역은 필자)

음식디미방 면병뉴 면

것모밀를 씨어 하만이 몰뇌디 말고 알마초 몰뢰여 쌀을 조히 아아 디홀 제 미리 물 품겨 축축이 ㅎ야 돗다가 디홀제 녹도 거피 흔 쌀 조히 시어 건져 물 쎅거든 모밀쌀 닷되예 물 부른 녹두 흔 복즈식 섯거 지흥되 방하를 ㄱ만ㄱ만 지허 것굴를 뼈버리고 키로 퍼버리고 키그테 흰 쌀이 나거든 그를 뫼화 다치ㅎ면 그 굴리 ㄱ장 희거든……”

(것모밀을 씻어 많이 말리지 말고 알맞게 말려서 쌀을 깨끗이 하고 미리 물을 뿌려 축축하게 하여 두었다가 녹두 껍질을 제거한 쌀 깨끗이 씻어 건져 물 빠지거든 메밀쌀 닷되에 물에 불은 녹두 한 복자씩 섞어서 찧되 방아를 가만가만 찧어 것가루를 쳐버리고 키로 퍼버리고 키 끝

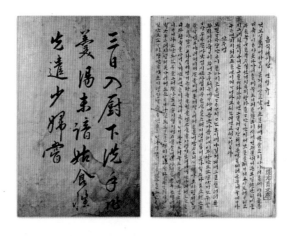

〈그림 50〉 『음식디미방(飮食知味方)』 (출처: 경북대학교도서관)

에 흰쌀이 나오거든 그것을 따로 모으면 그 가루가 가장 희거든……)

만두법

모밀 ᄀᆞ르 쟝만ᄒᆞ기를 마치 조흔 면 ᄀᆞ르 ᄀᆞ치 ᄀᆞᄂᆞ 모시예나 깁의 ᄂᆡ여
그 ᄀᆞᄅᆞᆯ 더러 품수듸 의이죽ᄀᆞ치 뿌어 그 푸리 눅게 ᄆᆞ라 개곰낫마곰 쎄
예 비즈라 만도쏘 쟝만키ᄂᆞᆫ 무을 ᄀᆞ장 무르ᄲᆞᆯ마 낫업시 쏘사 싱치 무른
술흘 즈쳐 지령기름의 봇가 빅즈와 호쵸쳔쵸ᄀᆞ를 약념ᄒᆞ여 녀허……."
(모밀가루 장만하기를 마치 좋은 면가루같이 가는 모시나 비단에 쳐서
그 가루를 가지고 풀을 쑤되 율무죽같이 쑤어 그 풀이 눅눅하게 될 때
까지 말아 개곰낫마곰(조그맣게) 떼어 빚어라. 만두소 장만키는 무를
가장 무르게 삶아 덩어리 없이 다져서 생꿩고기의 무른 살을 다져 지령
기름으로 볶아 잣과 후추 산초 가루를 양념하여……)

『호산춘주제조법(壺山春酒製造法)』(숙종조)은 진양하씨(晉陽河氏) 하응운
(河應運)의 부인 인동장씨(仁同張氏)가 기록한 책이다. 이것은 전통시대 양
반가에서 술 제조법을 기록해 전수하여 맛과 질을 전승케 하려는 목적에
서 지은 것으로 보인다.

빅미 닷 되을 빅셜ᄒᆞ여 ᄀᆞ르 밍ᄀᆞ라 물 흔 말의 그 ᄀᆞᄅᆞ를 섯거 ᄭᅳᆯ혀 치
운 후의 누록ᄀᆞ르 닷홉과 진ᄀᆞ르 닷홉 흔듸 섯거 칠일 지내 후의 빅미
흔 말 춥빨 흔 말 빅셔 ᄒᆞ여 ᄀᆞ르 밍ᄀᆞ라……
(백미(白米) 닷 되를 백설(白雪)하여 가루로 만들어 물 한 말에 그 가루
를 섞어 끓여 채운 후, (여기에) 누룩 가루 닷 홉과 밀가루 닷 홉을 한
데 섞어 칠 일을 지낸다. 그 후에 백미 한 말, 찹쌀 한 말을 백설하여 가
루로 만들어……)[75]

『규합총서(閨閣叢書)』(영·정조시대)는 각종 가정 살림에 관한 지혜를 엮은 책으로, 술과 장 담그는 법, 음식 만드는 법, 염색과 세탁 등에 관한 내용이 담겨 있다. 그 내용 일부를 보면 다음과 같다.

옷과 비단의 좀 업는법
빈얌댱어 물뇌온 쎄를 스이에 너허두면 좀이 근쳐의 잇지 못ᄒᆞ고, 단오일에 상치닙흘 ᄯᅥ셔 말뉘여 궤와 상ᄌᆞ의 너흐면 좀이 업ᄂᆞ니라.
(뱀장어 말린 뼈를 사이에 넣어두면 좀이 근처에 있지 못하고, 단옷날에 상채 잎을 따서 말려서 궤와 상자에 넣으면 좀이 없어진다.)[76]

19세기 후반에 등장한 『주식시의(酒食是儀)』는 은진송씨(恩津宋氏)가의 조리서로서, 음식 조리법을 비롯하여 가정생활에 필요한 다양한 내용이 담긴 한글 필사본이다. 예를 들어 술 만드는 법, 약탕, 찜, 죽, 면, 김치, 장류(醬類) 등 다양한 조리법을 다루고 있다. 음식 재료를 다루거나 기본적인 조리 방식 등도 수록되어 있는데, 예를 들어 물고기 씻는 법, 생선 굽는 법, 게를 오래 보관하는 법, 고기 삶는 법, 고기 굽는 법 등을 자세히 서술하였다. 이 밖에도 옷감에 물들이는 법, 산후번열증(産後煩熱症), 산모 수유법 등 여성 생활과 밀접한 내용도 담겨 있다. 대전 지역의 전통 음식문화를 엿볼 수 있다.[77]

이와 더불어 『의복목록(衣服目錄)』(조선후기)은 여성의 의복을 열거한 한글 목록이다. 치마, 저고리, 단속곳, 바지 등의 하의와 적삼 등의 상의, 버선, 행주치마, 보자기와 같은 용품 등을 기록했다. 혼례용 의복 준비 목록, 다양한 직물명과 바느질법, 옷감 손질법 등을 기록하고 있어 당시 사대부가의 의생활문화를 파악할 수 있다.[78]

19세기 말에서 20세기 초에 작성된 것으로 알려진 『언문후생록(諺文厚

生錄』은 아녀자들의 실생활에 도움이 되는 정보와 소설책의 목록을 수록한 세책(貰冊)이다. 즉, 대여를 위한 상업적 목적의 책으로 이 책은 실생활에 도움이 되는 생활 정보를 종합적으로 수록하고 있다. 예를 들어 술 만드는 법, 강정, 김치, 열구자탕 등의 요리법, 잔칫상, 기제사(忌祭祀)의 찬물식(饌物式), 혼인 예법, 염색법 등이 기록되어 있다. 오늘날로 보면 일종의 여성생활백과사전의 역할을 하는 것으로, '셕박짐치담그난법'에는 "통배추 양념은 조기젓국, 조기, 생굴, 전복, 배, 생강, 마늘, 파 등의 재료를 잘게 썰어 배춧잎 속에 겹겹이 넣어 담으라."고 설명되어 있다.[79]

이처럼 조선후기에 등장한 의식주와 관련된 한글 서적들은 정보의 대중화라는 측면에서 커다란 의의를 갖는다. 물론 이들 한글 서적들이 일반 백성이 아닌 사대부가를 중심으로 집안에서 대대로 집필되고 전승되었다는 점에서는 대중화의 개념으로서 그 한계가 뚜렷이 있다. 그러나 한편으로는 이들 한글 서적의 생산과 유통, 그리고 소비의 주체가 바로 여성이었다는 점에 주목할 필요가 있다.

한글이 창제되고 확산되기 이전에는 의식주에 대한 지식과 정보는 기록되지 못하고 구전되어 왔다. 그러나 한글이 확산되면서 문자생활에서 소외되었던 여성 계층이 의식주와 관련된 생활과학기술을 직접 기록하고 유통하고 소비하는 지식과 정보의 주체로서 거듭날 수 있게 되었다. 그리고 사용 범위도 처음에는 사대부가에 국한되었으나 19세기 후반으로 가면서 점차 일반으로까지 확대되었다는 점은 주목할 만하다. 그런 의미에서 의식주와 관련한 한글 서적은 과학기술 대중화의 중요한 단초가 되었다고 볼 수 있다.[80]

한글의 확산과 출판문화의 융성

한글이 보급되고 일반에 확산되면서 이것은 단지 의사소통의 변혁을 가져온 것에 그치지 않고 더 나아가 조선의 문화와 문명까지도 송두리째 바꾸어놓았다. 이 절에서는 한글 소설과 출판문화를 중심으로 그 구체적인 양상을 고찰해보기로 한다. 이를 통해 한글의 확산이 조선시대 한글 소설의 제작과 유통 과정에 어떤 영향을 미쳤는지, 그리고 조선의 출판문화와 출판기술에 어떻게 기여했는지를 알 수 있을 것이다.[81]

1. 훈민정음과 한글 소설의 등장

훈민정음 창제 이전에도 소설이 없지 않았으나 대부분 짧은 설화(說話)를 한문으로 옮기거나 중국 소설의 문체(文體)를 흉내 내는 정도였다. 그러다가 훈민정음이 만들어지자 수많은 한글 소설이 등장하기 시작했다. 훈민정음을 만들고 이를 시험하기 위해 만들었다는 『용비어천가(龍飛御天歌)』,

『석보상절(釋譜詳節)』, 『월인천강지곡(月印千江之曲)』 등도 모두 소설의 서사구조(敍事構造)를 띠고 있는 서사물이었다는 점에 주목할 필요가 있다. 새로운 문자가 한글 소설을 성장시켰고, 또 한글 소설의 확산은 새 문자의 확산에 중요한 역할을 했을 것이다.[82]

이러한 주장은 『조선왕조실록』에 나오는 채수의 필화 사건을 통해 그 실마리를 찾을 수 있다. 이 사건은 1511년에 채수(蔡壽, 1449-1515)라는 사람이 『설공찬전(薛公瓚傳)』이라는 소설을 지었다고 해서 탄핵을 받은 사건이다. 『중종실록』을 보면 이 사건에 대해 사헌부에서 중종에게 다음과 같이 고한 내용이 있다.

대간이 전의 일을 아뢰었다. 헌부가 아뢰기를,
"채수(蔡壽)가 『설공찬전(薛公瓚傳)』을 지었는데, 내용이 모두 화복(禍福)이 윤회(輪廻)한다는 논설로, 매우 요망(妖妄)한 것인데 중외(中外)가 현혹되어 믿고서, 문자(文字)로 옮기거나 언어(諺語)로 번역하여 전파함으로써 민중을 미혹시킵니다. 부(府)에서 마땅히 행이(行移)하여 거두어들이겠으나, 혹 거두어들이지 않거나 뒤에 발견되면, 죄로 다스려야 합니다." 하니, 답하기를,
"『설공찬전』은 내용이 요망하고 허황하니 금지함이 옳다. 그러나 법을 세울 필요는 없다. 나머지는 윤허하지 않는다." 하였다.[83] 『중종실록』 권14, (1511).9.2.

『설공찬전』은 현존하지 않고 다만 그 일부가 다른 문헌에 전해져 내려왔는데, 그 내용은 죽은 누이의 영혼이 동생에게 들어가 병들게 한다는 이야기이다.[84] 위의 실록 내용을 보면 몇 가지 흥미로운 사실을 알 수 있다. 첫째, 채수가 『설공찬전』을 한문으로 지었다는 것, 둘째, 화복이 윤회한다

는 내용이라는 점, 셋째, 한글로 번역하여 민간에 전파되었다는 점 등이다. 그런데 사헌부에서는 채수를 사형에 처해야 한다고까지 주장한 이유는 무엇 때문일까? 이 시기에 이미 『전등신화(剪燈新話)』나 『금오신화(金鰲新話)』와 같은 허황된 이야기가 널리 알려져 있던 상황에서 『설공찬전』만이 처벌의 대상이 된 이유는 무엇일까?

> 그러나 형벌과 상은 중(中)을 얻도록 힘써야 합니다. 만약 이 사람이 죽어야 된다면, 『태평광기(太平廣記)』·『전등신화(剪燈新話)』 같은 유를 지은 자도 모조리 베어야 하겠습니까?" 하니, 상이 이르기를,
> "『설공찬전』은 윤회화복(輪廻禍福)의 설(說)을 만들어 어리석은 백성을 미혹케 하였으니, 수에게 죄가 없는 것이 아니다. 그러나 교수함은 과하므로 참작해서 파직한 것이다.[85] 『중종실록』, 권14, (1511), 9, 20.

위의 내용은 사헌부에서 교수형을 청하고 나서 며칠 후 교수형은 면하게 하는 대신 채수를 파직(罷職)한다는 기사이다. 여기에서도 『설공찬전』이 『태평광기』나 『전등신화』와 크게 다르지 않다는 점이 언급되어 있다. 『설공찬전』이 이처럼 처벌의 대상이 된 것은 무엇보다도 화복이 윤회한다는 불교식 발상이 유교를 국가의 이념으로 삼은 조선에서는 불온(不穩)한 내용으로 간주되었기 때문일 것이다. 여기에다가 이 불온한 소설을 한글로 번역하여 일반 백성 누구나가 읽을 수 있도록 민간에 널리 배포했으니 문제는 더욱 심각한 상황으로 치닫게 되었을 것이다.

한글 확산과 관련하여 우리는 이 사건이 일어난 1511년에 주목할 필요가 있다. 이때는 훈민정음이 창제되고 불과 50여 년이 지난 시기이기 때문이다. 새 문자가 창제된 후 50여 년이 지나서 장안의 일반 백성들이 한글 소설을 탐닉할 정도의 사회 분위기가 형성되었다는 점이 우리의 주목을

끈다.

채수의 필화(筆禍) 사건이 있은 지 20년 뒤인 1531년에 발간된『오륜전전(五倫全傳)』에도 비슷한 대목이 나온다. 낙서거사(洛西居士)가 쓴 이 책의 서문에는 "내가 보니 여항의 무식한 사람들이 한글을 익혀 노인들이 서로 전하는 말을 베껴 밤낮으로 이야기한다."[86] 라는 기록이 있으니, 16세기 초반 서울에서 한글 소설이 민간에 널리 읽혔음을 알 수 있다.[87] 이러한 사실들을 종합해 볼 때, 한글은 우리가 생각한 것보다 훨씬 빠른 속도로 그리고 매우 폭넓게 지배계층에서부터 피지배계층에 이르기까지 널리 확산되고 학습되었다는 것을 알 수 있다.[88]

2. 상업출판문화와 한글의 확산

그러다가 17세기 중후반에 이르면 한글 소설은 새로운 전기를 맞이한다. 세책(貰冊)과 방각(坊刻)이라는 새로운 유통방식이 등장하기 때문이다. 즉, 한글 소설의 상업화가 이루어지기 시작한 것이다. 물론 이전에도 한글 소설을 빌려보거나[89] 팔고 사는 방법이 없지 않았지만 이는 어디까지나 개인과 개인 간에 이루어진 거래였다. 이즈음 거리에서 소설을 읽어주면서 돈을 벌었던 이야기꾼[강담사(講談師), 강독사(講讀師)]이 등장하기도 했다.[90]

그러나 한글 소설이 더 늘어나고 독자들이 비약적으로 늘어나자 이 유통방식은 한계에 다다르게 된다. 이때 새롭게 등장한 방법이 세책과 방각이다. 세책이란 전문적으로 책을 베껴 쓴 다음에 이를 대여해 주고 돈을 받는 방법이며, 방각은 손으로 베끼는 것이 아니라 판매할 목적으로 서방(書坊) 등에서 목판으로 판본을 만들어 대량으로 찍어내던 방식을 말한다.[91] 이쯤 되면 출판시장과 출판문화가 제법 형성되었다고 볼 수 있다.

서울에는 책을 판매하던 서점[冊肆] 이외에도 책을 대여하는 세책가가 등장한다. 판매하는 책보다 대여하는 책이 더 고급스러웠으며, 대여비를 많이 받기 위해 분량이 많은 책을 여러 권으로 쪼개는 편법도 널리 성행하였다. 그런데 이때 도둑이 제 발 저린다고 책의 제일 뒤에 돈을 더 벌기 위해 여러 권으로 쪼갠 것이 아니라는 말을 밝혔다고 하니 한편으로는 코웃음을 치게 하면서도 또 한편으로는 세책과 분책이 당시 상당히 유행했다는 것을 짐작할 수 있다.

18세기에 오면 출판업이 상업적으로 더 번성하고 세책문화가 사회적 문제로까지 발전되게 된다.(정병설 2005) 영조 때 인물인 채제공(蔡濟恭, 1729-1799)의 기록에서 이러한 사실을 엿볼 수 있다.

> 근세(近世)에 여자들이 서로 다투어 능사로 삼는 것이 오직 패설(소설)을 숭상하는 일이다. 패설은 날로 달로 증가하여 그 종수가 이미 백 종 천 종이 될 정도로 엄청나게 되었다. 세책집[儈家]에서는 이를 깨끗이 필사하여, 빌려 보는 자가 있으면 그 값을 받아서 이익으로 삼는다. 부녀들은 식견이 없어, 혹 비녀나 팔찌를 팔고, 혹은 동전을 빚내어, 서로 다투어 빌려다가 긴 날을 소일하고자 하니, 음식이나 술을 어떻게 만드는지, 그리고 자신의 베 짜는 임무에 대해서도 모르게 되었다. 그런데 부인은 홀로 습속의 변화를 탐탁지 않게 여기고 여공(女工)의 여가에 틈틈이 읽고 외운 것이라고는 오직 여성교훈서였으니 가히 규중의 모범이 된다고 할 것이다.[92] 채제공(1729-1799)의 『여사서(女四書)』 서(序) 중에서

이 글은 채제공이 29세의 젊은 나이에 죽은 아내가 필사(筆寫)한 『여사서(女四書)』에 대해 쓴 글로, 세상 여인네와는 달리 여성교훈서만을 탐독했

던 아내를 규중(閨中)의 모범으로 칭송한다는 내용이다. 영조 때 도승지로 있으면서 사도세자의 폐위를 죽음을 무릅쓰고 철회시켰던 채재공에게는 당시 여인들이 소설에 탐닉한 모양이 그리 곱게 보였을 리는 없었겠지만, 우리의 관심을 끄는 것은 당시 여염집 여인들이 한글 소설과 세책문화에 얼마나 깊이 빠져 있었는지를 엿볼 수 있는 대목이 아닐 수 없다.

당시 서울에 얼마나 많은 세책방이 있었는지는 정확히 알 수 없으나 수십 군데 이상 성업(成業)하고 있었을 가능성이 많다. 18세기를 거쳐 19세기 전반에는 전통적인 시전(市廛) 이외에도 소의문(昭義門) 밖 시장까지 합하여 서울에만 4곳의 상가가 형성되었으며, 시전 외에도 약국, 현방(懸房, 푸줏간), 책방(冊房) 및 그림가게 등의 점포상업도 도심 곳곳에서 성행했기 때문이다.[93] 한편 1918년 미국인 선교사 쿤스(E. W. Koons)의 기록에 따르면 서울 시내 사대문(四大門) 안에 총 36개소의 세책방이 있었다는 기록이 있다.[94] 또한 최남선이 "조선의 가정문학"에서 1910년대까지 세책방이 성행하다가 1920년대 후반부터 쇠퇴했다고 말한 것을 고려해 볼 때, 19세기 말까지는 서울에 수십 개의 세책방이 성업했을 것으로 추정된다.[95]

이처럼 백성들이 재미있게 읽을 수 있는 한글 소설의 유행은 조선 사회만의 특징은 아니었다. 당시 일본과 중국에서도 일반 백성들의 눈높이에 맞는 흥미진진한 구어체(口語體) 소설이 대유행이었기 때문이다. 일본에서도 18세기 초부터 상업이 발달하면서 상인계급과 사무라이 학자들에서 고전을 비판하는 움직임이 거세게 일었다. 특히 대도시 유흥지역에서는 극장과 서점이 번성하였고, 서민들에게는 인형극과 가부키(歌舞伎)가 대유행이었다. 연극의 대본은 스캔들이나 세간의 이목을 집중시킨 사건을 주제로 삼았으며, 또한 기성 체제를 비판하고 풍자한 소설, 시, 회화가 성행하였기 때문이다.[96]

도시 문화의 중심으로 등장한 상인계급은 귀족계급의 문화를 동경했고 신분 상승을 위하여 교육과 교양을 높이는 문화에 몰두했다. 그 결과 이들을 겨냥한 상업출판물의 간행이 급격하게 늘어났는데, 유교 경전 뿐 아니라 우키요조시(浮世草子)와 요미혼(讀本)과 같은 통속소설들도 많이 출간되었다. 대표적인 소설이 『고쇼쿠이치다이오토코(好色一代男)』(1682)인데 이 소설은 남자 주인공의 호색한 삶을 다룬 작품으로 초판만 1,000권 이상이 팔렸을 정도로 인기가 많았다. 이처럼 통속소설이 인기를 끌자 일본 곳곳에 서점이 생겨났고, 책을 등에 짊어지고 돌아다니며 서적을 대여해주는 행상(行商)과 도서대여점인 카시혼야(貸本屋)가 등장하게 되었다.[97]

중국에서도 비슷한 상황이 등장한다. 17세기 사회·경제적인 변화로 주자학보다는 양명학이 대두되고 개인의식도 점차 확대되었다. 이를 반영하듯이 소설의 형식도 전통적인 방법이 아닌 구어체를 위주로 하는 통속소설이 대두되었다. 18세기 백화(白話)문학의 최고 걸작으로 꼽히는 『유림외사(儒林外史)』와 『홍루몽(紅樓夢)』이 바로 이러한 배경에서 등장했다. 『유림외사』는 오경재(吳敬梓)가 지은 소설로 지식인의 모순과 어두운 이면을 사실적이고 풍자적으로 표현한 작품으로 당시 사회를 비판적인 시각으로 다룬 작품이다. 『홍루몽』은 18세기 중반 건륭제 때 조설근(曹雪芹)이 지은 장편소설로 남경(南京)의 가씨(賈氏) 가문 안에서 벌어지는 사랑과 인생 이야

〈그림 51〉 『고쇼쿠이치다이오토코(好色一代男)』　　　　〈그림 52〉 『유림외사(儒林外史)』

기다. 이 소설 또한 구어체의 중국 장편소설의 걸작으로 평가받고 있다.[98]

이처럼 새로운 움직임이 사회적으로 확산되자, 많은 문인들은 소설과 연극이 사회에 파괴적이거나 음탕하다는 이유로 반대하는 목소리를 내기 시작했다. 소설이나 연극을 금지하거나 극장을 폐쇄한다는 정부의 훈령(訓令)이 빈번하게 시행되기도 했다. 당시 최고의 학자였던 전대흔(錢大昕)은 구어체 소설을 유교 정통에 대한 주요 위협이라고 비난하기까지 하였으니,[99] 18세기

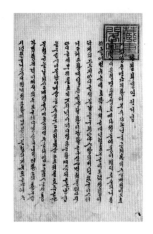

〈그림 53〉 『완월회맹연(玩月會盟宴)』

당시 중국에서 구어체 소설이 얼마나 유행했는지를 짐작할 수 있다. 조선에서 채제공의 우려가 단지 조선만의 고민이 아니었음을 알 수 있는 대목이다.

조선에서 상층 계급의 여성들에게 인기 있던 소설은 무엇이었을까? 명나라를 배경으로 충효사상을 강조한 『완월회맹연(玩月會盟宴)』(영·정조시대)이나 오랑캐인 몽고족의 원나라를 물리치고 천하를 되찾으려는 영웅들의 이야기를 엮은 『태원지(太原誌)』(18-19세기), 청나라 조정을 무대로 한 삼부자의 충성을 다룬 소설 『징세비태록(懲世否泰錄)』(조선후기), 소씨 가문의 삼대에 걸친 가문 소설인 『문장풍류삼대록(文章風流三代錄)』(조선후기) 등이 유행이었다고 한다.[100]

18세기 후반에는 길거리에서 『심청전(沈淸傳)』이나 『숙향전(淑香傳)』 등의 한글 소설을 읽어주는 강담사가 유행이었다. 이들이 읽어주는 한글 소설에 백성들이 얼마나 몰입되어 있었는지를 잘 보여주는 기록이 있다.

항간에 이런 말이 있다. 종로거리 연초 가게에서 짤막한 야사를 듣다가 영웅이 뜻을 이루지 못한 대목에 이르러 눈을 부릅뜨고 입에 거품을 물면서 풀 베던 낫을 들고 앞에 달려들어 책 읽는 사람을 쳐 그 자리에서 죽게 하였다고 한다. 이따금 이처럼 맹랑한 죽음도 있으니 참으로 가소로운 일이다.[101] 『정조실록』 권31, (1790),8,10.

정조 때 종로거리 담배 가게 앞에서 강담사가 짤막한 야사(野史)를 들려주고 있었는데, 이야기를 듣고 있던 한 구경꾼이 이야기 속의 영웅이 어려움을 당하자 그 분을 이기지 못하여 강담사를 살해하였다는 기록이다. 현실과 이야기를 구별하지 못하고 저지른 어처구니없는 살인사건이다. 이 정도면 백성들이 이야기에 중독되었다고도 할 수 있을 것이다. 오늘날에도 인터넷의 가상현실(假想現實)에 빠져서 현실과 가상을 착각하는 사람들이 저지르는 사건사고가 보도되기도 하는데 이야기에 빠져든 조선의 풍속도도 그 한 면을 보여주는 것 같다.[102]

이러한 흐름을 고려한다면 18세기에는 전 계층에서 상당 부분 한글을 알고 있었을 것이라 추정할 수 있다. 또한 한글 소설의 수요가 높아지고, 그 지역이 서울에서 지방으로 점차 확대되면서 손으로 베끼는 세책의 방식으로는 그 수요를 충족시킬 수가 없었다. 그래서 등장한 것이 목판으로 소설을 찍어내는 방각(坊刻)이다.[103] 세책본 소설에 이어 방각본 소설의 등장은 더욱 체계적인 출판사업과 출판문화의 등장을 암시하며, 또한 한글 확산이 이미 일상 속에 자리 잡고 있음을 보여준다.

19세기 말에는 전 계층에서 한글 소설과 세책문화가 향유되었음을 짐작할 수 있는 흔적을 발견할 수 있는데, 이것이 바로 세책본 소설의 이면지에 남아 있는 세책 장부이다. 세책 장부란 책을 빌려 간 사람과 거주지, 대출한 해당 권수, 전당 잡힌 품목, 대출한 날짜, 그리고 외상 여부와 총 외상

액수 등이 상세히 적힌 장부를 말하는데, 일본 동양문고(東洋文庫)에서 발견된 세책 소설에 이러한 장부가 발견되어 흥미를 끈다.(정명기 2003)

세책 장부에는 책을 빌려 간 사람이 소상히 적혀 있는데, 그 계층을 보면 먼저 판서(判書), 승지(承旨), 참판(參判) 등과 같은 최고위층이 눈에 띈다. 장부에는 소립동(小笠洞) 이판서, 시동(詩洞) 이판서, 광이동(廣伊洞) 홍참판 등과 같이 빌려간 사람의 사는 곳과 이름이 쓰여 있다. 물론 이들이 현직 판서나 참판일 수도 있으나 과거 그 관직을 역임한 집안을 일러 통상적으로 그리 불렀을 수도 있다. 그다음으로 일반 관료 계층도 주요 독자층이었음을 알 수 있는데, 신작로(新作路) 백참서(祭書) 4회, 당피동(唐皮洞) 박판사(判事), 곡교(曲橋) 천변(川邊) 김순검창업(金巡檢昌業) 9회 등 다양한 관공서 직책을 가진 사람들이 책을 빌려 갔음을 보여준다.

또한 일반 계층에 속하는 신분도 등장한다. 곽지사(知事) 4회, 전주사(主事) 3회 등 지금으로 말하면 하급 공무원에 속하는 사람들도 다수 등장한다. 그리고 무관 계층도 예외는 아니었다. 예를 들어 장부에는 정오위장(五衛長) 2회, 박오위장(五衛長) 3회 등의 기록이 나타난다. 이와 더불어 상인 계층도 등장한다. 조선후기 상업화가 본격화되면서 부를 축적하고 중류층으로 발돋움한 상인 계층도 한글 소설을 향유하던 중요한 계층이었다. 장부에는 악기를 제조하던 현방(玄房), 모자를 만들던 입방(笠房), 필기도구를 만드는 필방, 인력거인, 설넝탕가, 전당포[典當局]를 운영하던 사람들까지 주요 고객이었음을 알 수 있다.

물론 여성 계층도 빼놓을 수 없다. 장부에 광제교(廣濟橋) 방소사(方召史) 2회, 신문외(新門外) 김소사(金召史) 2회 등의 기록이 있는데, 이를 통해 유부녀들이 애독자였다는 사실을 알 수 있다. 주목할 것은 장부에는 월주가(越酒家) 삼룡이(三龍伊) 3회, 월천곡(越川谷) 상노(床奴) 최무쇠(茂釗) 등이 책을 빌려 간 사람으로 등장하는 점이다. 물론 이들이 상전의 심부름으로 책을 빌려 갔을 수도 있으나, 어쩌면 노비와 같은 하층 계급에서도 한글 소설을 읽었다는 증거일 수도 있다.[104]

책을 빌리면서 물건을 저당 잡히는 것이 일반적이었는데, 그 품목도 매우 다양하다. 지폐와 엽전과 같은 현금은 물론이고, 반지, 귀걸이와 같은 장신구류, 놋그릇, 대접, 수저와 같은 식생활용품류, 은족집개나 우산과 같은 신변잡화류, 외투와 같은 의생활용품류 등 다양한 품목들이 장부에 기재되어 있다. 당시 세책문화가 얼마나 뿌리 깊었는지를 알 수 있는 대목이다.

상업출판과 한글 확산의 또 하나의 중요한 사례는 천주교 교리서이다. 1801년에 정약종(丁若鍾)의 『주교요지(主敎要旨)』가 나왔을 때, 주문모(周文謨) 신부는 한글로 된 이 책이 특히 무식한 부녀자와 아이들에게 어떤 다른 것보다 가치 있다고 생각하여 이를 인준 간행하였다.[105] 또한 신유박해(辛酉迫害, 1801) 당시 심문(審問) 기록인 『사학징의(邪學懲義)』에는 심문관이 서민이라도 30~40권의 천주교 서적은 가지고 있다면서 신도들에게 책 숨긴 곳을 말하라고 다그치는 장면이 나오기도 하며, 그 부록에는 신자 집에서 압수한 그림과 서책 목록이 보인다. 그 목록을 보면 압수품에는 출판된 교리서를 포함하여 총 143종 209책의 책과 함께 묵주(默珠)와 그림들이 있었다. 놀라운 것은 이 가운데 한글 서적이 대략 70% 이상을 차지한다는 점이다. 한글본이라고 적힌 책이 6종 8책, 제목이 한글로 적힌 책이 95종 128책에 이르렀기 때문이다.[106] 이것은 초기 교회에서 한글 교리서의 출판과 유통이 상당히 활발했다는 증거로 볼 수 있다.

그러다가 1864년에는 서울에 있는 두 곳의 목판인쇄소에서 4책의 교리서를 간행하게 되는데 이것은 공식적인 출판소의 등장을 뜻한다. 그만큼 한글 교리서의 수요가 폭증했다는 증거이다. 한글 교리서는 비단 서학(西學)이었던 천주교에 그치지 않았다. 1881년 동학(東學)의 경전인 『용담유사

〈그림 54〉 『쥬교요지(主教要旨)』 (출처: 국립민속박물관)

〈그림 55〉 『룡담유사(龍潭遺詞)』
(출처: 동학농민혁명기념관)

(龍潭遺詞)』가 한글로 간행되었으니 서학이든 동학이든 모든 종교와 사상은 한글로 교리를 출간하지 않으면 안 될 정도로 당시에 한글의 위력이 매우 컸으며, 한글이 대중적으로 확산되었음을 엿볼 수 있는 대목이다.[107]

이 시기 서양인의 저술에서도 한글의 대중적 확산에 대한 실마리를 엿볼 수 있다. 영국 출신의 작가이자 지리학자인 이사벨라 버드 비숍(Isabella Bird Bishop, 1831-1904)은 『조선과 그 이웃나라들』(1897)에서 외국인의 눈에 비친 19세기 말의 조선의 모습을 생생하게 재현하고 있다. 거기에는 한강 유역의 하층민들이 한글을 읽을 수 있다는 사실을 알고 놀랐다는 부분과 북부지방을 여행했던 러시아군 장교가 마을마다 서당이 있고 읽고 쓰지 못하는 조선인을 만나는 것은 드물었다고 증언한 내용을 싣고 있다.

이렇게 조선후기의 세책문화의 등장배경과 세책 장부에 나타난 기록, 그리고 한글 교리서 등을 종합해 볼 때, 19세기에 들어와서는 한글을 읽고 이해할 수 있는 계층이 위로는 고급 관료층으로부터 여성 계층, 그리고 아래로는 노비와 같은 하층 계급에까지 널리 퍼졌다는 점을 알 수 있다.

한글의 확산과 지식사회의 변화

우리는 앞에서 조선후기에 한글이 어떻게 일반에 확산되었고 문명을 어떻게 변화시켰는지를 살펴보았다. 전 계층에 한글이 널리 보급되면서 출판문화가 성행하고 한글 소설과 같은 다양한 놀이문화가 생겨나 생활이 크게 변모했다. 한글이 확산되면서 생활문화가 달라지고, 출판 및 인쇄문화가 성장했으며, 이를 통해 사회 전반적인 면모가 새롭게 변화되었음을 알 수 있었다.

이 절에서는 한글 확산으로 인해 각종 분야에서 수많은 언해류가 등장하여 전문지식이 대중화되고, 이를 통해 백성들의 교화가 효율적으로 이루어지는 과정을 살펴볼 것이다. 불경과 유교 경전은 물론이고 과학실용서가 한글로 제작되어 민간에 배포됨으로써 정보의 대중화가 이루어지고 이로 인해 조선의 사회는 바뀌고 문명은 한층 더 성숙해졌다.

이러한 흐름은 지식인들에게도 영향을 주어서 실학자들이 한글을 새롭게 바라볼 수 있는 기회를 제공했다. 물론 이들이 여전히 중국의 전통질서와 지식체계 속에서 서구과학과 한글을 바라보았다는 한계가 있지만, 이러한 호기심과 관심이 뒤에 등장할 본격적인 서구 근대화 과정으로 이어지는 징검다리 역할을 했다는 점에 주목하고자 한다.

1. 한글의 확산과 번역서

'언해(諺解)'는 주로 중국어나 한문을 국어로 바꾸어 표현하는 경우에만 사용된 번역 용어이다. 『훈민정음』을 언해한 『훈민정음언해(訓民正音諺解)』를 비롯하여 훈민정음 창제 이후 조선시대 전체를 걸쳐 수많은 번역서가 출간되었다. 한문으로 된 책을 한글로 번역한 이유는 한문을 알지 못하거나 어려워하는 피지배계층을 정신적으로 교화하거나 실질적으로 그들의 생활을 향상시키기 위한 것이었다. 15세기에는 주로 중앙에서 언해서가 간행되었다면 16세기 이후에는 지방에서도 다양한 언해서들이 간행되었는데, 이 점도 한글이 전국적으로 확산되었다는 사실과 더불어 새로운 문자생활을 통해 일반 백성의 문화생활이 향상되었음을 시사해주는 것이다. 특히 전문지식을 한글로 번역하여 민간에 전달함으로써 지식의 대중화와 정보의 대중화를 이끌었다는 점에서 한글이 조선의 지식사회에 끼친 영향은 매우 크다고 하겠다. 이를 종류별로 크게 나누어보면 불경 언해, 유교 경전 언해, 과학실용서 언해 등으로 구분할 수 있다.[108]

1) 불경 언해

불경 언해가 본격적으로 시작된 것은 세조 때인 1461년 간경도감(刊經都監)이 설치되면서부터이다.

처음으로 간경도감(刊經都監)을 설치하고, 도제조(都提調)·제조(提調)·
사(使)·부사(副使)·판관(判官)을 두었다.[109] 『세조실록』 권24, (1461).6.16.

간경도감이 왕명으로 설치되자 고승(高僧)들과 대신들이 모두 힘을 합
해 불경 언해와 간행에 힘썼다. 『능엄경언해(楞嚴經諺解)』가 1461년에 간행
되었으며, 곧이어 『법화경언해(法華經諺解)』(1463)도 간행되었다.

간경도감(刊經都監)에서 새로 간행한 《법화경(法華經)》을 바쳤다.[110] 『세조
실록』 권24, (1463).9.2.

이후 1471년 간경도감이 문을 닫을 때까지 『선종영가집언해(禪宗永嘉集
諺解)』(1464), 『금강경언해(金剛經諺解)』(1464), 『원각경언해(圓覺經諺解)』(1465)
『몽산법어언해(蒙山法語諺解)』(1467) 등을 비롯하여 10여 권의 불경이 언해
되었다.

불경은 조선후기에 가서도 꾸준히 한글로 언해되어 대중들에게 보급되
었다. 16세기 말에 간행된 『계초심학인문언해(誡初心學人文諺解)』와 『발심
수행장언해(發心修行章諺解)』가 있고, 18세기에는 『지장경언해(地藏經諺解)』
(1762)가 간행되었다.

정조 20년(1796)에는 『불설대보부모은중경(佛說大報父母恩重經)』을 한글
로 언해했다. 한문을 해독하지 못하는 일반 백성을 교화하기 위해 그림이
포함된 언해본을 간행한 것이다. 부모의 열 가지 큰 은혜를 표현한 그림과
그에 대한 칭송 글을 함께 싣고, 이어 부모의 한없는 은혜는 다 갚을 수 없
다는 여덟 가지 주제에 대한 그림도 실었다. 마지막으로는 이 경전을 읽고
쓰고 참회함으로써 은혜에 보답할 수 있다는 내용과 그러지 않을 경우 지
옥에 떨어져 고통을 받게 된다는 그림 등도 수록되어 있다.[111]

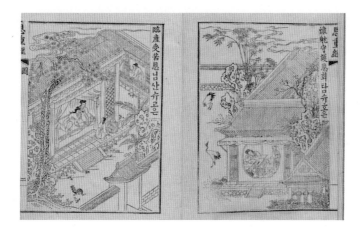

〈그림 56〉『불설대보부모은중경(佛說大報父母恩重經)』

2) 유교 경전 언해

불경 언해가 간경도감에서 주로 이루어졌다면, 유교 경전의 언해 작업은
교정청(校正廳)에서 이루어졌다. 교정청은 1470년(성종 1)에 『경국대전』을
최종 검토하기 위해 설치되었고 이후 유교 경전을 교정하고 언해서를 간행
하는 역할을 했다.

대표적인 유교 경전 언해서로는 『삼강행실도(三綱行實圖)』 언해본을 들
수 있다. 조선시대에는 삼강오륜(三綱五倫)의 유교적 윤리를 강조하기 위해
세종 때 『삼강행실도』(1431)를 편찬 보급하였고, 한글 창제 이후 그림과 해
설을 한글로 붙여 1481년에 언해본을 완성하고 널리 보급하였다.

이 밖에도 백성들에게 유교사상을 교화하기 위해 유교 서적을 언문으
로 번역하여 간행하게 한 예들도 많다. 대표적으로 16세기 초에 유교의 기
본 서적인 『소학(小學)』을 언문으로 번역한 『소학언해(小學諺解)』를 들 수 있
다.[112]

《삼강행실》에 실려 있는 것은, 거의가 변고와 위급한 때를 당했을 때의 특수한 몇 사람의 격월(激越)한 행실이지, 일상생활 가운데에서 행하는 도리는 아닙니다. 그러므로 누구에게나 그것을 요구할 수는 없는 것이지만, 《소학》은 곧 일상생활에 절실한 것인데도 일반 서민과 글 모르는 부녀들은 독습(讀習)하기가 어렵게 되었습니다. 바라옵건대 여러 책 가운데에서 일용(日用)에 가장 절실한 것, 이를테면 《소학》이라든가 《열녀전(列女傳)》·《여계(女誡)》·《여측(女則)》과 같은 것을 한글로 번역하여 인반(印頒)하게 하소서.[113] 『중종실록』 권28, (1517).6,27.

현재 전해오는 『소학언해(小學諺解)』는 선조 때(1587년) 만들어진 것인데, 그 내용은 다음과 같이 유교적 소양을 쌓는 것이 사람의 도리임을 강조하는 것으로 이루어져 있다. (현대역은 필자)

"孟밍子ᄌ지 ᄀᆞᄅ샤디 사ᄅᆞᆷ이 道도ㅣ 이시매 먹기를 ᄇᆡ브르 ᄒᆞ며 오ᄉᆞᆯ 덥게 ᄒᆞ야 편안히 잇고 ᄀᆞᄅ치미 업스면 곧 즘슁에 갓가오릴ᄉᆡ……" (『소학언해』 1권 8-9)
(맹자께서 말씀하시되, 사람이 도리가 있는데, 먹기를 배불리 하고, 옷을 덥게 하여 편안하게 지내고, 교육이 없으면 짐승에 가까울 것이므로……)

헌종 때 노광두(盧光斗)라는 사람이 임금에게 상소한 내용을 보면 『소학』과 이를 번역한 『소학언해』가 조선시대 백성들의 교화에 얼마나 중요한 역할을 했는지를 잘 알 수 있다.

요·순을 배우는 길은 오직 한 편의 《소학(小學)》에 있는데, 《소학》에는 세 가지 강령(綱領)이 있으니, 입교(立敎)와 명륜(明倫), 경신(敬身)입니다.…… 우리 조정의 열성(列聖)께서도 계승해 오면서 《소학》으로 교화(敎化)의 선무(先務)를 삼아 훈의(訓義)를 마련하여 선비를 가르쳐 양성하였고, 언해(諺解)를 만들어서 가정과 나라에서 깨우쳤으며, 심지어 선비를 시험하고 인재를 뽑는 데에도 반드시 《소학》을 먼저 하여 대비(大比)에 강(講)을 설시하였고, 상서(庠序)에서도 제술(製述)로 해액(解額)의 길을 터주기도 하여 아무리 우부(愚夫)·우부(愚婦)라 하더라도 모두 《소학》의 행방만을 알게 되었습니다.[114] 『헌종실록』 권3, (1836).2.3.

교화를 위한 언문 번역은 『소학』뿐만이 아니었다. 영조 10년(1734) 12월에는 『여사서』를 언문으로 해석하여 교서관으로 하여금 간행하여 올리게 했다.

당판(唐板)인 《여사서(女四書)》는 《내훈(內訓)》과 다름이 없다. 옛날 성왕(聖王)의 정치는 반드시 가문(家門)을 바로잡는 일로써 근본으로 삼았으니, 규문(閨門)의 법은 곧 왕화(王化)의 근원이 된다. 이 서적을 만약 간행(刊行)하여 반포(頒布)한다면 반드시 규범(閨範)에 도움이 있을 것이나, 다만 언문(諺文)으로 해석한 후에야 쉽게 이해(理解)할 수가 있을 것

<그림 57〉 『여사서(女四書)』

<그림 58〉 『어제내훈(御製內訓)』

이다.[115] 『영조실록』 권39, (1734),12,20.

정조 21년(1797) 때에는 『삼강행실』과 『이륜행실』에서 좋은 대목만을 고르고, 이를 언문으로 번역하여 『오륜행실(五倫行實)』을 간행하기도 했다.

"세종(世宗) 때에 집현전(集賢殿)의 제신(諸臣)에게 명하여 고금의 전기(傳記)를 수집 열람하여 효자·충신·열녀로서 행실이 특출한 자 1백여 인을 뽑은 뒤 앞에 그림을 그리고 뒤에 사실을 기록하게 하고 이를 간인(刊印)해서 중외에 반포하여 풍교(風教)를 돕게 하였으니, 오늘날 전하는 《삼강행실》이 이것이다. 중종(中宗) 때에 김안국(金安國)이 다시⋯⋯ 《삼강행실》의 미비한 점을 보완하였으니, 오늘날 전하는 《이륜행실(二倫行實)》이 이것이다. 상이 《향례합편(鄉禮合編)》을 반포하고 나서 또 각신(閣臣) 심상규(沈象奎) 등에게 명하여 《삼강행실》과 《이륜행실》 두 서적을 가져다가 합하여 바로잡고 증정(證訂)하고 언해(諺解)하여 이름하기를 《오륜행실》이라 하였다."[116] 『정조실록』 권47, (1797),7,20.

이처럼 다양한 유교 경전을 한글로 번역하여 민간에 널리 보급한 것은 유교적 이념을 백성들에게 뿌리내리려는 교화의 의도였을 것이다. 그리고 한글의 보급은 이러한 번역 작업을 더욱 촉진하였으며, 교화가 성공리에 진행될 수 있는 중요한 열쇠이기도 했다.

3) 과학실용서 언해

한글이 창제되고 일반 백성에 널리 보급되자, 여러 과학실용서도 민간에서 활용될 수 있도록 한글로 번역되거나 창작되었다. 한글로 기술된 의학서(醫學書), 농서(農書), 병서(兵書), 그리고 조리서(調理書) 등이 계속해서 등장한다. 이에 대해서는 3절 2항에서 자세히 다루었으므로 여기서는 목록만 대략 제시한다. 의학서로는 1466년에 간행된 『구급방(救急方)』 언해본을 비롯하여 이 책을 수정 보완한 『구급간이방언해(救急簡易方諺解)』, 16세기에 등장한 『간이벽온방언해(簡易辟瘟方諺解)』, 17세기의 『언해태산집요(諺解胎産集要)』 등 여러 의학서가 한글로 번역되거나 편찬되기도 했다. 18세기에는 전염병이 돌자 『진역방(疹疫方)』을 한글로 번역하여 민간에 널리 보급하기도 했다.

병서의 경우 『진법언해(陣法諺解)』(1693)를 들 수 있고 화약제조법을 설명한 『신전자초방언해(新傳煮硝方諺解)』(1698), 군사무예를 설명한 『무예도보통지언해(武藝圖譜通志諺解)』(1790) 등이 언해되었다.

농서의 경우 『농가집성(農家集成)』(1655)과 18세기 초에 등장한 『농가월령가(農家月令歌)』가 한글로 쓴 책으로 농업지식의 대중화를 선도했다고 볼 수 있다. 이와 더불어 한글로 쓴 최초의 조리서인 『음식디미방(飮食知味方)』(1670)도 음식문화의 대중화에 앞장섰던 책이라고 할 수 있다.

이처럼 조선 사회는 한글을 통해 크게 변모하고 조선의 문명은 비약적으로 발전하게 되었다. 한글을 통해 지식이 대중에게 보급될 수 있었으며, 이를 통해 백성들은 교화되고 문명화되었고, 삶의 질도 한층 향상되었다. 따라서 한글의 확산이야말로 조선의 과학문명을 대중화하는 데 크게 기여한 결정적 요소였다고 할 수 있다.

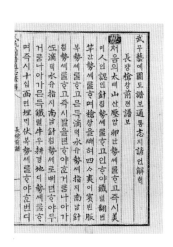

〈그림 59〉 『무예도보통지언해(武藝圖譜通志諺解)』

2. 실학(實學)과 한글

1) 실학자들의 한글 연구와 그 의의

실용서의 번역이 광범위하게 이루어지는 사회 분위기는 17세기부터 등장한 실학자들에게도 커다란 영향을 미쳤다. 최초로 서양의 근대 과학기술에 관심을 가진 것도 바로 실학자들이었다. 그러나 17세기의 새로운 지식인인 실학자들에게 서양의 과학기술은 그저 지적 호기심의 대상 정도였다. 이익(李瀷), 홍대용(洪大容), 정약용(丁若鏞), 최한기(崔漢綺) 등의 실학자들은 지적 호기심을 가지고 서양 과학에 관심을 보이면서 서양 과학의 실용성을 높이 평가했다. 박제가(朴齊家)는 서양 기술자의 초빙(招聘)을 주장했고, 정약용은 서양 기술서를 참고하여 기중기를 만들어 실제 사용하기도 했다.[117]

그러나 근대 과학기술에 대한 실학자들의 관심은 절실한 요구 속에 일어난 것이 아니었다. 극히 일부 지식층이 호기심과 흥미, 그리고 약간의 실용성 차원에서 서양 과학기술의 우수함을 인식한 데 불과했던 것이다. 이렇게 시작된 한국의 근대과학관(近代科學觀)은 19세기 중반부터서야 새로운 모습으로 바뀌기 시작했다.[118]

실학자들의 생각은 이후 등장하는 동도서기(東道西器)의 사상과도 일맥상통한다. 동도서기의 사상은 동양의 정신과 지배질서를 바탕으로 서양의 기술과 기계를 받아들여 부국강병(富國强兵)을 도모하자는 것인데, 이는 여전히 기본 중심은 전통적 질서를 바탕으로 하고 서양의 기술은 도구적 개념으로 바라보는 시각이 담겨 있다. 실학자들이 한글에 관심을 기울인 것도 이러한 맥락에서 고려할 필요가 있다. 그들은 한자와 한문 중심의 질서를 전제한 상태에서 한글의 필요성을 강조한 것이다. 따라서 실학자 가운데 어느 누구도 한문을 버리고 한글을 국문으로 삼아야 한다고 주장한 사람은 없었다. 실학자들의 한글 연구는 주로 한자음을 표기하기 위한 수단으로서 한글의 과학성에 주목한 것이기 때문이다.

실학자들이 전통 음운학과 성리학적 사유체계를 틀로 한글을 연구했다는 점에서 실학자들의 어문 의식은 중세적 틀을 벗어나지 못했다고 할 수 있지만, 대부분의 실학자들은 표음문자로서 한글의 우수성과 효용성을 분명하게 인식하고 있었다. 특히 이규경(李圭景)은 「언문변증설(諺文辨證說)」에서 한글의 무궁하고 간결한 특성을 부각하면서 언문이 멸시당함에 대해 한탄하였으며, 정윤용(鄭允容)은 『자류주석(字類註釋)』의 "反切" 항에서 정음이 중국에까지 보급될 필요가 있음을 강조하기도 하였다. 이는 실학자들의 어문 의식을 근대적 어문 의식으로 평가하는 근거가 되기도 하였다.

세종 때 『동국정운』을 편찬할 때의 핵심적인 문제의식은 현실음과 이상음의 조화 문제였는데, 이와 관련한 문제의식도 실학자들의 정음 연구로 이어진다. 그런데 실학자들의 연구에서 주목할 것은 현실음을 반영하는 태도와 이상음을 추구하는 태도가 분명하게 나뉘었다는 점이다.

실학자들 중 화음과 동음을 비교한 운서를 편찬했던 이들은 대체적으로 조선 한자음의 현실음을 인정하는 차원에서 동음을 정리했다. 『화동정음통석운고(華東正音通釋韻考)』, 『규장전운(奎章全韻)』, 『삼운성휘(三韻聲彙)』 등이 현실음을 수용하여 한자음을 기록한 운서이다. 그러나 이에 반해 이상적인 음을 가정하고 이를 고수하는 음운체계를 설정하는 경우도 있었다. 대표적인 것이 유희(柳僖)의 『언문지(諺文志)』이다.[119] 유희의 다음 언급에 주목해 보자.

요사이에 글 배우는 선비들은 오로지 『삼운성휘』와 『규장전운』 두 책만을 떠받든다. 전자에서는 오히려 초성의 청탁음을 구별해야 함을 알았지만, 후자에서는 마침내 청탁음의 구별을 소홀히 하여 무시해 버렸다. [비록 지금 청탁음 구별을 잘 하지 못하더라도 아름답게 옛 법식을 보존해 두지 못한 채] 두 책이 모두 옛날 법식을 그대로 놔두는 조치가 전혀 없다. [그래서 잘못이다.][120]

유희는 청음(淸音, 무성음)과 탁음(濁音, 유성음)을 구분하지 않는 현실을 비판하면서 한자음에서 청탁의 구분이 필요함을 역설하였다. 이는 상고음(上古音)을 유지하는 것이 바람직하다고 봤기 때문이다. 유희는 탁음이 우리말에서 된소리로 인식됨을 알았고, 이런 점에서 '쌍(雙)'과 '끽(喫)' 두 글자를 제외하면 우리말 한자음에 탁음이 실현되지 않는다고 하면서, 옛 법식에서 탁음인 한자를 된소리로 읽어야 함을 주장한 것이다.[121]

훈민정음 창제 당시부터 이러한 논쟁이 계속되었던 것은 우리말에서 차지하는 한자의 위상 때문이다. 한자의 음이 중국의 음과 우리나라의 음이 다를 수밖에 없음을 인정하는 한편, 언어음의 보편성을 인식했기 때문에 조선 한자음의 규범을 어느 선에서 조정하느냐는 끝없는 논란거리일 수밖에 없다. 근대적 어문 개혁 이후 철자법이 정립되는 과정에서도 한자어의 구개음화(예를 들어 '뎐'과 '천')를 인정하는 문제는 1933년 『한글마춤법통일안』이 만들어질 때까지도 논쟁거리였다.

그런데 실학자들이 한글과 관련하여 주목한 지점은, 한글이 보편적 음운체계에 근접하거나 이를 가장 명료하게 드러낼 수 있는 최적화된 수단이라는 점이었다. 실학자들은 한글이 한자음을 가장 정밀하게 표기할 수 있는 문자이고, 한자음은 음소문자인 한글로 기록했을 때에만 영원히 그 음을 보존할 수 있다는 사실을 새삼 깨달은 것이다. 유희의 『언문지』 서문에서는 이러한 깨달음을 그의 스승 정동유(鄭東愈, 1744-1808)의 말을 통해 전하고 있다.

정동유 선생께서 사물의 이치를 깨우치고 일찍이 나에게 말씀하시기를 "그대는 한글의 정묘함을 아는가? 대개 한자음을 가지고 다른 한자음을 전하면 (반절음을 말하는 듯) 다른 한자음으로 쓰인(반절법으로 쓰인) 한자 자체의 뜻이 변했을 때 이것을 가지고 표시된 다른 한자음도 변하여 옛날에 조화를 이루던 음들이나 근래 압운(押韻)으로 쓰인 음들이 자주 어긋남은 당연한 일이다. 그런데 만일에 한글을 가지고 음을 기록하면 영원히 전해져서 올바른 음을 제대로 유지하지 못할까 봐 어찌 걱정하겠는가! 하물며 한문은 간결하게 뜻을 존중하여 잘못 보기 쉬우나 한글로 써서 주고받으면 조금도 의심나는 것이 없으니 그대는 부녀자들이 공부하는 한글이라고 해서 소홀히 해서는 안 된다."라고 하셨다.[122]

한글이 이처럼 인간의 모든 언어음을 정밀하게 표기할 수 있다는 인식은 한글의 가능한 조합과 인간의 언어음이 일치한다는 인식으로 이어진다.

언문의 자는 총 10,250개로서 사람이 내는 소리를 모두 표기할 수 있으며 사람의 내는 소리는 10,250개로서 이는 천지만물의 수를 다할 수 있다.[123] (유희, 전자례(全字例), 『언문지』)

이러한 생각은 우주 자연의 생성 원리와 문자의 생성 원리를 같은 차원으로 이해했던 훈민정음 창제자들의 생각에 맞닿아 있다. 실학자 신경준

(申景濬, 1712-1781)은 이러한 점을 보이고자 훈민정음의 원리를 역학으로 설명한 『훈민정음도해(訓民正音圖解)』(1750)를 저술하면서, 훈민정음이 만국음 성기호의 역할을 할 수 있는 '천하의 성음대전(聲音大典)'이라 했다.[124]

이처럼 실학자들의 한글 연구는 한글 자체에 대한 새로운 발견이라기보다는 훈민정음을 성리학적 관점에서 이해하는 한편 실사구시(實事求是)적 관점에서 한자음을 고증하고 이를 정리하면서 한글의 가치를 재발견한 것이었다. 신경준의 『훈민정음도해(訓民正音圖解)』(1750), 박성원의 『화동정음통석운고(華東正音通釋韻考)』(1747), 유희의 『언문지(諺文志)』(1824) 등은 이러한 차원에서 이루어진 성과이다.

그렇지만 실학자들의 한글 연구는 근대적 어문 정리를 위한 연구에 많은 영향을 끼쳤다. 근대적 어문 정리를 위한 연구에서 일차적으로 해결해야 했던 것은 한글의 연원(淵源)을 파악하고 한글 자모의 음가(音價)를 규정하는 것이었는데, 실학자들의 한글 연구는 이 단계에서 중요하게 참조되었던 것이다. 1907년 어문 정리를 위한 연구기관으로 설립된 국문연구소에서의 연구에서 일차적으로 검토된 것이 신경준(申景濬)의 『훈민정음도

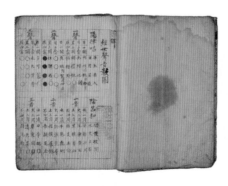

〈그림 60〉 『훈민정음도해(訓民正音圖解)』
(출처: 국립한글박물관)

〈그림 61〉 『화동정음통석운고(華東正音通釋韻考)』
(출처: 국립민속박물관)

해』(1750),[125] 박성원의 『화동정음통석운고』(1747)[126] 등을 비롯한 실학자들의 문자 음운 연구물이었다.

그런데 국문연구소 연구위원 주시경(周時經)은 이러한 책들이 "한문 음운만 상조(相照)하여 해석하고 국어에 상당하는 언론(言論)이 없어서 유감"이라고 평했다. 근대 국어학이 실학자들의 연구와 차원을 달리하는 지점을 짚은 것이다. 그렇다면 실학자들이 연구한 문자 음운 연구는 어떤 점에서 근대 국어학에 영향을 미친 것일까? 이는 국문연구소의 과제를 보면 짐작할 수 있다.

「국문연구의정서(國文研究議定書)」의 과제
1. 국문의 연원과 자체 및 발음의 연혁
2. 초성 중 ㆁ ㆆ ㅿ ◇ ㅱ ㅸ ㆄ ㅹ 등 여덟 글자를 다시 쓰는 것의 옳고 그름
3. 초성의 6 글자 병서의 글자쓰기를 일정하게 하는 것
4. 중성 중 아래아 글자를 없애고 =를 만드는 것의 옳고 그름
5. 종성의 ㄷ, ㅅ 두 글자의 용법 및 ㅈ, ㅊ, ㅋ, ㅌ, ㅍ, ㅎ 6자가 종성에 통용되는 것의 옳고 그름
6. 자모의 칠음과 청탁의 구별이 있는가 여하
7. 사성표를 사용치 않고 국어음의 고저법을 인정하는 것
8. 자모의 음독을 일정하게
9. 글자 순서와 행 순서의 일정
10. 철자법

위에 제시된 열 가지 과제 중 '국문의 자체(字體) 및 발음의 연혁에 대한 탐구'와 '한글 자모의 음가를 확인하는 문제'는 실학자들의 문자 음운 연

구와 긴밀히 연결되는 것이라 할 수 있다. 실학자들은 한자음을 한글로 표기하는 문제에 관심을 가졌는데, 한자음의 한글 표기를 위해서는 먼저 한글의 음가를 확정할 필요가 있었다. 이런 점 때문에 실학자들의 연구는 한글의 음가를 확정하고 표기방식을 결정해야 했던 국문연구소의 연구에 중요하게 참조될 수밖에 없었던 것이다. 특히 국문연구소에서는 관습적으로 쓰이던 'ㅺ ㅼ ㅽ ㅾ'이 아니라 한자의 탁음을 표기하는 데 쓰이던 'ㄲ, ㄸ, ㅃ, ㅆ, ㅉ'를 된소리 표기로 채택하였는데, 이는 청탁(淸濁)의 구분 문제에서 한자음의 '탁음'을 우리말의 '된소리'와 관련지어 본 실학자들의 연구에 기댄 바가 크다.

그런데 이 부분에서 주목해야 할 점은 실학자들의 언어관이 훈민정음 창제자의 언어관을 잇고 있다는 점이다. 이때 핵심적인 것이 언어의 보편성에 대한 전통적 인식을 공유한다는 점이다. 훈민정음의 문자체계가 성운학(聲韻學)의 이론체계에 근거하였고, 실학자들의 한글 연구는 한자의 음에 대한 고증학적 연구가 주를 이루었기 때문에 이 역시 성운학의 이론체계를 벗어나지 않았다. 그리고 이러한 실학자들의 연구는 근대 국어학의 출발점이라 평가되는 국문연구소의 연구로 이어진다. 이는 근대 국어학의 지식 기반에 전통적 언어 연구의 결과물이 포함되어 있었음을 말해준다.

2) 물명류의 편찬과 우리말 지식 기반의 구축

앞서 살펴보았듯이 실학자들의 한글 연구는 훈민정음을 성리학적 관점에서 이해하는 한편 실사구시(實事求是)적 관점에서 한자음을 고증하고 이를 정리하는 것이지만, 이러한 연구 결과는 근대적 어문 정리 연구에 참조됨으로써 결과적으로 근대적 의의를 지니게 되었다. 이러한 점은 실학자들이 관심을 기울였던 물명류(物名類)의 편찬 과정에서도 찾을 수 있다.

　대표적인 물명류인 유희의『물명고(物名攷)』(1820년대)에는 한글로 풀이된 표제어가 1,660개에 이를 정도로 우리말 어휘에 대한 관심이 체계적으로 드러나 있지만, 그 핵심은 성리학적 세계관에 의거한 지식 틀에 맞춰 한자어를 분류하는 것이었다. 그런 점에서 보면『물명고』는 성리학적 세계관과 한자에 기반한 분류체계에 우리말 어휘를 한글로 덧붙여 표기한 것이라 할 수 있다. 이처럼 실학자들이 편찬한 물명류는 한자어 물명이 중심이 되었지만, 한자어에 우리말을 대응해 놓음으로써 자연스럽게 우리말 지식 기반을 구축하는 결과를 낳았다.

　어휘 지식을 어떻게 축적할 것인가의 문제는 어휘 분류의 문제로 귀결된다. 어휘 지식은 검색 가능한 방식으로 축적했을 때 의미가 있기 때문이다. 이런 점에서 분류어휘집과 이중어사전의 체제는 지식의 축적 방식으로 참조할 필요가 있었다. 분류어휘집의 분류 방식은『동의보감』이나『본초강목(本草綱目)』등에서 약재를 분류하여 기록하는 방식과도 유사하다. 그런데 실학자들의 물명류 편찬에서 주목할 것은 이들이 식물과 동물 등의 자연물을 분류하고, 농경과 관련한 어휘들을 분류하는 것에 관심을 가졌고, 한자어로 기록된 어휘들에 대한 우리말 대응어를 한글로 기록하였다는 점이다. 이러한 물명류는 한자어를 중심으로 어휘망의 기본 체계를 설정하고, 여기에 고유어 어휘를 대응시킨 구조를 띠고 있다.[127] 이런 점에서 물명고의 어휘망 구축 방식은 한자문화권의 다국어 어휘망을 구축하는 의미도 띠고 있었다.

〈그림 62〉『물명고(物名攷)』

『물보(物譜)』, 『재물보(才物譜)』, 『물명고(物名攷)』 등과 같이 박물지의 성격을 띠는 분류어휘집에는 언어 학습의 효율성을 위해 만들어진 분류어휘집과 다른 분류 방법이 채택되었다. 분류 방법의 차이가 일차적으로 드러나는 것은 분류체계에서인데, 언어 학습을 위한 어휘집은 대체적으로 분류체계가 단순한 반면,[128] 『물명고』와 같은 박물지(博物志)들의 분류체계는 계층적으로 이루어져 있다. 이와 같은 분류체계의 차이는 어휘집의 용도에서 비롯된 것으로 보인다.

언어 학습의 편리성을 위한 어휘 분류에서는 엄밀한 위계를 설정하기보다는 의미 영역과 해당 어휘를 곧바로 대응시켜 살펴보는 것이 더 효율적인 경우가 많다. 분류체계에서 상위 부류의 표시는 대체적으로 추상적인 표현이 사용되기 때문에 체계를 형성하는 데에는 필요하지만 어휘를 기억하는 데에는 그리 유용하지 않기 때문이다. 반면 박물지의 성격을 띠는 분류어휘집에서는 언어 학습의 효율성보다는 물명(物名)에 대한 지식 기반을 구축하는 데 목표를 두었고, 이렇게 구축된 지식 기반은 학습의 도구보다는 세계를 설명하고 사물을 적절하게 활용하기 위한 목적으로 사용되었다.

이에 따라 이러한 분류어휘집의 분류 방법은 다음 두 가지 특성을 띠게 되었다. 첫째, 이 분류 방법은 분류어휘집을 저술한 실학자들의 사상적 배경이라고 할 수 있는 유교 철학의 존재론에 바탕을 두었다. 여기에 나타난 분류체계의 위계성은 세계에 대한 존재론적 인식의 위계성을 반영한 것이라고 볼 수 있다. 둘째, 사물을 적절하게 활용하는 데 이용하기 위한 어휘집이기 때문에 사물의 특성뿐만 아니라 표제어를 중심으로 한 사물 간의 연관성도 제시되어 있다.

분류체계가 비교적 뚜렷한 위계구조(位階構造)로 나타나기 시작한 박물지적 성격의 분류어휘집에서는 상위 분류 기준에서 언어 학습을 위한 분류어휘집과 차이를 보인다. 이중 『물보』와 『재물보』의 체계를 살펴보자.

『물보』의 분류체계

천생만물(天生萬物): 초목부(草木部), 충어부(蟲魚部), 충치부(蟲豸部), 조
　　　　　　　　　수부(鳥獸部)

인위만사(人爲萬事): 신체부(身體部), 인도부(人道部), 기계부(器械部), 기
　　　　　　　　　용부(器用部)

『재물보』의 분류체계

천보(天譜): 천(天): 천지(天地), 일(日), 월(月), 성진(星辰), 풍(風), 운
　　　　　　(雲)……

지보(地譜): 지(地): 여지도(輿地圖),…… 토(土), 산(山), 구(丘), 곡(谷), 수
　　　　　　(水), 해(海), 강(江)…… 금(金), 옥(玉), 석(石), 화(火)

인보(人譜): 一. 인(人): 신(身), 두(頭), 발(髮), 미(眉), 면(面)……

　　　　　　二. 인륜(人倫): 부모(父母), 조선(祖先), 숙(叔), 자(子), 여
　　　　　　(女)……

　　　　　　三. 민(民): 사(士,), 농(農), 공(工), 가(賈), 잡술(雜術): 의
　　　　　　(醫)……

　　　　　　四. 인품(人品), 인사(人事), 예(禮), 악(樂), 병(兵)……

물보(物譜): 물체(物體), 물용(物用,) 용물(用物), 성(聲), 색(色), 취(臭)……
우충(羽蟲), 모충(毛蟲), 인충(鱗蟲), 개충(介蟲), 곤충(昆蟲), 곡(穀), 채(菜),
과(果), 초(草), 목(木), 죽(竹)

위에서 '천생만물', '인위만사', '천보', '지보', '인보', '물보' 등으로 구성
된 분류체계는 사물의 유형화를 통해 귀납화된 체계가 아니라, 세계관에

의거해 연역적으로 이루어진 분류체계라 할 수 있다. 이처럼 연역적인 분류체계를 토대로 사물을 유형화하여 분류하는 것이 물명류의 중요한 특징이다. 이처럼 당시 물명류들이 성리학적 존재론에서 벗어나지 않았던 것은 보편적 분류체계를 정립하려 했기 때문이다.

유희의 『물명고』는 분류체계의 정교함으로 주목받았는데, 여기에서는 물명을 크게 유정류(有情類), 무정류(無情類), 부동류(不動類), 부정류(不靜類)로 나눈다. 이러한 분류 방식은 '언어 학습을 위한 분류어휘집'과도 다른 점이지만, 『물보』나 『재물보』와도 차이를 보이는 점이다. 『물명고』에서 다루고 있는 항목이 『재물보』의 4가지 부류(천보, 지보, 인보, 물보) 중 '지보'와 '물보'에 국한되어 있고 그 설명 방식이 매우 흡사하다는 점에서, 『물명고』가 『재물보』의 체제를 거의 그대로 이어받은 것으로 알려져왔다. 그러나 분류 자질의 체계성에서는 『물명고』와 『재물보』의 차이가 두드러진다.

『물보』나 『재물보』에서는 세계관에 의거한 최상위 분류가 이루어지고, 이 부류에 분류체계상 2단계의 부류들이 연결되어 있다. 그런데 2단계의 부류에서 나타난 분류 방법은 '언어 학습을 위한 분류어휘집'의 분류 방식에서 크게 벗어나지 않는다. 위에 제시된 바와 같이 『재물보』의 '물보' 부류는 각 부류가 일정한 의미 영역을 형성한다고 볼 수 있지만,[129] 사물들을 구분하는 분류 자질이 체계성을 띠고 있지는 않다.

반면 『물명고』의 분류 자질들이 '유정, 무정', '부동, 부정'과 같은 이원적 대립을 보이는 것은 상위 분류체계의 엄밀한 체계성을 단적으로 보여준다. 이러한 체계성은 귀납적으로 사물을 유형화하는 것이 아니라 사물의 존재론적 특성을 연역적으로 유형화함으로써 가능한 것이다. 그리고 2단계 분류 기준에서 '유정류'를 '우충(羽蟲), 모충(毛蟲), 나충(臝蟲), 인충(鱗蟲), 개충(介蟲), 곤충(昆蟲)'등과 같이 '蟲'의 계열로 분류한 것이나,[130] '무정류'를 '木, 土, 金, 火, 水'와 같은 오행(五行)[131] 구성 요소를 근간으로 '草, 木, 土, 石,

金, 火, 水'로 분류한 것 또한 사물의 존재론적 특성을 체계화하려는 분류
의식을 보여주고 있다고 말할 수 있다. 이는『설문해자(說文解字)』[132]의 설명
을 연상하게 한다.

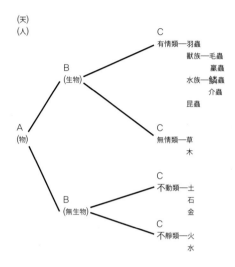

〈도표 3〉『물명고』의 분류체계[133]
※( )안에 들어간 말은 물명고의 분류체계를 고려할 때 상위 분류 자질로 가정할 수 있는 것을 보여주고 있다.

위에서 밝힌『물명고』의 분류체계를 보면 이는 기본적으로 음양과 오행
의 성리학적 존재론에 근거하고 있음을 알 수 있다. 위에 제시한 것은『물
명고』분류의 상위 부류라 할 수 있는데, 상위 부류에서는 사물에 대한 존
재론적 인식의 틀을 강조하면서 해당 부류 사물의 속성을 나타내고 있다.
[무정류], [유정류], [부동류], [부정류]라는 속성은 분류체계의 하나이면
서 이에 속하는 사물의 속성을 자질화하여 보여준다는 특징이 있다. 이는
『물명고』편찬자가 사물을 파악하는 인식을 보여준다는 점뿐만 아니라 어
휘의 의미 자질을 파악하는 관점을 보여준다는 점에서 의미가 있다. 더구
나『물명고』에서는 위의 상위 부류 항목별로 제시한 표제어 항목에 다양
한 관련어를 제시하여 표제어가 나타내는 사물의 속성과 활용 양상을 보

여주는 체제를 구축하고 있는데, 이는 『물명고』가 어휘 지식 기반으로서의 정교함을 갖추었음을 말해준다.

결국 『물명고』를 비롯한 물명류들은 모두 성리학적 과학주의에서 비롯한 탐구의 성과라 할 수 있을 것이다. 이 중 『물명고』에서 거둔 독특한 성과는 성리학적 존재론을 천착하면서 어휘 지식 기반의 구축이라는 실용적 목표를 추구한 결과라 할 수 있다. 이처럼 전근대 시대 한글 연구는 성리학적 사유체계를 기반으로 이루어졌으며 이 기반에 근거해서 훈민정음을 비롯한 걸출한 성과물을 만들어냈다. 그러나 근대 개혁과 더불어 중화문명의 질서가 해체되면서 한글의 위상과 역할 그리고 한글 연구의 목표가 새롭게 설정되었다. 이에 대해서는 5장에서 논의할 것이다.

제5장

한글과
근대 과학문명

1894년 갑오개혁(甲午改革)으로 한글은 국문이 되었다. 국문이 된 한글은 일반 대중들에게 커다란 영향을 끼쳐 근대 문명의 초석이 되었다. 한글이 창제되고 450여 년 동안이나 조선 사회에서 국문(國文)으로서 지위를 획득하지 못했던 한글은 어떻게 국문의 지위에 오르게 되었을까? 그리고 한글이 국문이 되었다는 것은 문명사의 관점에서 어떤 의미가 있을까? 이러한 질문에 답을 찾아보는 것이 5장의 목적이다.

19세기는 서구 열강이 아시아를 침략하기 시작한 시기이다. 아편전쟁을 기점으로 중국이 서구 열강에 고개를 숙이고, 일본은 제대로 한 번 힘도 써보지 못하고 미국에 무릎을 꿇고 말았으며, 조선은 다시 서구 열강과 일본의 침탈에 속수무책으로 당하고 말았다. 동아시아 나라들이 서구 열강의 침탈에 이처럼 속절없이 당한 것이 단지 총과 대포를 앞세운 서구 열강에 패배했음을 뜻하는 것만은 아니다. 이는 중국을 중심으로 하는 동아시아의 중세적 질서가 서구문명에 의해 해체되었음을 뜻한다. 외부로부터의 충격에 중세적 질서가 와해된 상태에서 동아시아 각국은 각자의 방식으로 서구문명의 근대적 질서에 편입되기 위해 박차를 가하게 된다.

19세기말 진행된 갑오개혁은 조선이 중국 중심의 질서를 타파하고 서구의 근대적 질서로 편입됨을 보여주는 상징적 사건이다. 조선은 정치적으로 중국의 속국에서 벗어나 독립국의 지위를 얻었으며, 조선 사회의 제도는 전면적으로 서구 근대 제도로 바뀌게 되었다. 중국식 연호가 아닌 독자적인 연호를 사용하고, 음력이 아닌 태양력을 채택했으며, 서구식 의료체계를 시행하고, 우체국을 설치하며, 서양근대식 교육체계를 실시하는 등 사회 체계가 전통방식에서 서구 근대식으로 바뀌게 된 것이다. 그러나 이러한 변화가 자주적이고 자발적인 것이 아니라 일본에 의한 것이라는 점이 그 한계였다.

이처럼 19세기에 일어난 시대적 변화는 동아시아 국가들이 서구 질서로 편입되는 계기가 되었으며, 이러한 배경에서 지식과 정보의 대중화를 위한 새로운 형식의 글쓰기가 출현하게 되었다. 이는 한자와 한문으로 구축한 문화 제도를 해체하고 새로운 서구식 문화 제도를 구축한다는 의미가 있다. 조선에서도 이러한 시대적 흐름에 따라 언문이라 불리던 한글이 국문이 되었다. 서양의 문자처럼 배우기 쉽고 일반 대중이 쉽게 이해할 수 있는 문자인 한글이 한자를 대신해서 정면에 나서 근대 문명의 확산에 중추적 역할을 하게 된 것이다. 과학문명사의 관점에서 보면 한글이 국문으로 정립된 것은 세계 질서의 변화를 오롯이 반영한 결과이다.

5장에서는 먼저, 19세기 서구 열강의 침략과 이에 따른 아시아 질서의 재편에 대해 논의하고, 이러한 과정에서 국문으로 격상된 한글의 위상과 역할에 대해 살펴본다. 또한 근대 과학기술지식의 확산과 국민 계몽을 위해 한글 신문이 발간되고, 이러한 변화가 근대 인쇄출판 문화를 발전시킨 배경에 대해 고찰한다. 또한 한글 타자기를 비롯한 한글 기계화 운동이 일어난 배경을 알아보고, 그 연장선에서 한글이 어떻게 오늘날 정보화 시대와 이어지는지도 살펴볼 것이다. 이를 통해 한글이 한국의 근대문명을 싹 틔우고 뿌리를 내리는 데 밑거름이 되었음을 강조할 것이다.

서구 열강의 침략과 동아시아의 재편

1. 중화문명의 해체와 새로운 질서의 형성

19세기는 동아시아에서 문명의 질서가 뒤바뀌는 변혁의 시기이다. 중화문명의 질서 체계에 있던 동아시아 각국은 서구 열강(西歐列强)의 침략으로 서구문명의 질서체계에 강제로 편입되는 변혁을 겪게 된 것이다.

서구 세계는 르네상스, 종교개혁, 계몽주의, 프랑스혁명, 그리고 산업혁명 등의 극적인 변화를 통해 근대 과학기술로 무장한 강대국으로 탈바꿈해 있었다. 이에 반해 동아시아 지역은 19세기까지도 중국 중심의 국제질서 하에서 봉건적 사회체제를 유지하고 있었다. 이러한 두 문명이 교차하는 역사적 사건은 1840년 아편전쟁이다. 전쟁이 일어나자 중국의 함대는 영국의 함대에 속수무책으로 당하고 말았고, 중국의 위신은 하루아침에 땅에 떨어지며 동아시아를 지배하던 중화문명이 해체의 위기에 직면하였다.

제2차 아편전쟁으로 1860년 영국과 프랑스 연합군이 한 달간 베이징을 점령하자 새로운 조약이 체결되었고 중국은 치욕적으로 더 많은 항구들을 서구 열강에 내주어야 했다. 치욕적인 패배를 당한 중국은 개혁을 통해 서구 열강에 대항하려 했다. 1861년부터 1894년까지 이른바 양무운동(洋務運動)이라는 자강(自强)운동이 바로 그것이다. 군사적 자강과 경제적 부강을 이루기 위한 양무운동의 근거가 된 사상은 중체서용론(中體西用論)이다. 중체서용론은 중국의 유교적 가치를 바탕으로 하여 서양의 기술을 수용하자는 것이다. 그러나 근대화에 대한 근본적인 이해 없이는 근대화가 쉽게 이루어지지 않았다. 근대식 훈련과 지도력 없이 근대 무기만 도입하고 생산해서는 근대식 군대를 이룩할 수 없는 것과 마찬가지였다.[1] 이것은 근본을 바꾸지 않고 '이이제이(以夷制夷)'를 외쳤던 조선의 동도서기론(東道西器論)과 유사했다. 결국 서구문명은 중화문명을 대체하며 동아시아 문화를 새롭게 재편하였다.

아편전쟁의 결과는 곧바로 일본에 영향을 미쳤다. 일본에서도 19세기 초 서구 열강이 통상을 요구해왔다. 에도 막부(幕府)는 1825년 쇄국령(鎖國令)을 공포할 만큼 서양 세력에 적대적이었다. 그러나 아편전쟁의 소식을 듣고서는 서서히 생각이 변하지 않을 수 없었다. 1844년 네덜란드인은 국왕 빌렘 2세(Willem II)의 정중한 친서를 막부에 전달하면서, 세상이 변하고 있으며 일본도 서구 열강이 지구 전역에 퍼뜨리고 있는 무역망과 국제 질서에 합류하지 않고서는 안전하게 살아남기 어렵다고 협박했다.[2]

일본은 1842년 쇄국정책을 완화하다가 1854년 미국 페리(Matthew Calbraith Perry) 제독이 증기 프리깃(frigate)함(소형 쾌속정) 세 척을 포함해 아홉 척의 막강한 함대를 이끌고 재차 내항하자 대포 한 번 쏴보지도 못하고 화친조약(和親條約)을 맺는다. 이것은 중국이 아편전쟁 때 맺었던 불평등조약과 거의 유사한 통상조약(通商條約)이었으며, 이후 영국, 프랑스 등 다른 유럽 국가들과도 조약을 체결하면서 서구 열강에 문호를 개방하게 된다.

이후 일본은 1867년 메이지유신을 통해 근대적 국가의 틀을 갖추게 된다. 새로운 정부는 부국강병을 목표로 삼고 서구 근대국가를 모델로 삼으면서 사회 전 분야에서 개혁을 단행했다. 경제적으로는 자본주의가 성립하였고, 정치적으로는 입헌정치(立憲政治)가 개시되었으며, 사회·문화적으로는 근대화가 추진되었다. 일본이 서구 열강의 질서에 편입된 순간이었다.[3]

조선도 이러한 흐름에서 예외는 아니었다. 아편전쟁 이후 중국과 일본이 서구 열강과 강제로 조약을 맺고 1860년 북경이 연합군에 함락되자 그 충격은 대단하였다. 피난 준비를 하거나 천주교를 믿는 척하는 경우가 발생할 정도였다. 이때 조선 지식층은 위정척사파(衛正斥邪派)와 동도서기파(東道西器派)로 나뉘어 대응한다. 동도서기파는 서구 문물을 도입해야 한다고 주장했지만 이것 또한 수단적 측면에서 서구의 기술을 도입하자는 것이어서, 어느 쪽이든 유교적 전통과 질서를 지키고자 하는 절대적 가치는 변함이 없었다.[4]

그러나 1876년 일본의 강압에 의해 강화도조약을 체결하면서 조선은 급격한 변화를 맞게 된다. 이 조약은 일본이 서구 열강과 맺었던 불평등조약을 그대로 조선에 적용한 것이었는데, 일본과의 조약 이후 서구 열강과 차례로 조약을 체결한 조선은 외국에 시찰단(視察團)을 파견하며 서구 문물을 받아들이기 위한 준비를 한다. 1881년 중국에 영선사(領選使)를, 일본에는 신사유람단(紳士遊覽團)을 파견했다. 이 사건은 개화사상(開化思想)이 조선의 지배층에 서서히 뿌리를 내리게 된 계기가 되었다. 그러나 근대화를 위한 이러한 시도는 근본적인 근대화라기보다는 수단적 근대화의 일환이었다. 양반 지배층은 비록 과학기술의 전문적 습득이 필요함을 인식하면서도 자기 스스로 그 과업에 손을 대기보다는 주로 중인층(中人層)의 학습을 권하는 정도에 머물렀다.[5] 당시 저명한 개화사상가였던 유길준은 이

〈그림 63〉 『서유견문(西遊見聞)』의 표지와 서(序)

러한 개혁의 문제점을 그의 저서 『서유견문(西遊見聞)』(1895)에 다음과 같이 피력(披瀝)하고 있다.

開化는 實狀과 虛名의 分別이 有ᄒᆞ니 實狀開化라 ᄒᆞᄂᆞᆫ 者ᄂᆞᆫ 事物의 理致와 根本을 窮究ᄒᆞ며 考諒ᄒᆞ야 其國의 處地와 時勢애 合當케 ᄒᆞᄂᆞᆫ 者며 虛名開化라 ᄒᆞᄂᆞᆫ 者ᄂᆞᆫ 事物上에 知識이 不足호ᄃᆡ 他人의 景況을 見ᄒᆞ고 歆羨ᄒᆞ야 然ᄒᆞ든지 恐懼ᄒᆞ야 然ᄒᆞ든지 前後ᄅᆞᆯ 推量ᄒᆞᄂᆞᆫ 智識이 無ᄒᆞ고 施行ᄒᆞ기로 主張ᄒᆞ야 財ᄅᆞᆯ 費ᄒᆞ기 不少호ᄃᆡ 實用은 其分數ᄅᆞᆯ 抵ᄒᆞ기 不及홈이니 外國을 始通ᄒᆞᄂᆞᆫ 者가 一次ᄂᆞᆫ 虛名의 開化ᄅᆞᆯ 經歷ᄒᆞ나 歲月의 久遠홈으로 無限ᄒᆞᆫ 練歷이 有ᄒᆞᆫ 後에 至ᄒᆞᆫ 則 實狀開化에 始赴홈이라. 然ᄒᆞᆫ 故로 他人의 長技ᄅᆞᆯ 取ᄒᆞᄂᆞᆫ 者가 決斷코 外國의 器械ᄅᆞᆯ 購買ᄒᆞ거나 工匠을 雇用ᄒᆞ지 勿ᄒᆞ고 必先自國人民으로 其才ᄅᆞᆯ 學ᄒᆞ야 其人으로뼈 其事ᄅᆞᆯ 行홈이 可ᄒᆞ니 盖人의 才操ᄂᆞᆫ 窮盡홈이 無ᄒᆞ거니와 財物은 有限ᄒᆞᆫ 者라.(가로쓰기와 띄어쓰기 필자)

개화(開化)에는 실상(實狀)과 허명(虛名)으로 나뉘는데 실상개화라 하는 것은 사물의 이치와 근본을 탐구하고 고찰하여 그 나라의 처지와 시세

(時勢)에 맞게 하는 것이며, 허명개화라는 것은 사물에 대한 지식이 부족하되 타인의 경황을 보고 공경하여 부러워하든지 두려워해 그러든지 앞뒤를 따져볼 지혜가 없고 (무작정) 시행하기로 주장하여 재화를 낭비하는 것이 적지 않되 실용은 그 분수를 막기가 미치지 못하니 외국을 다녀온 자는 우선 허명개화를 경험하나 오랜 세월이 지나면서 무한한 연습과 단련을 하고 나서야 비로소 실상개화에 다다르는 것이다. 그러한 이유 때문에 타인의 장기를 취하는 자가 결단코 외국의 기계를 구매하거나 기술자를 고용하지 말고 반드시 먼저 자기 국민으로 그 재주를 배우게 하여 그 사람으로써 그 일을 하게 하는 것이 좋으니 개인의 재주는 무궁하지 않거니와 재물은 유한한 것이라. 『서유견문』, 제14편 개화등급, 380-381쪽

유길준이 말하는 실상개화의 시작은 1894년 갑오개혁을 통해 시작되었다. 결국 실상개화(實相開化)는 서구문명권에 편입되어 새로운 질서를 형성하는 것을 의미했다. 따라서 서구의 과학기술을 받아들이고 이를 생활에서 적용하는 일은 정치, 사회, 문화적 준거(準據) 틀에 대한 혁신으로 이어질 수밖에 없었다. 이런 점에서 한자와 한문을 대체하는 글쓰기로서 한글 글쓰기가 출현한 것도 새로운 질서를 형성하는 과정으로 이해할 수 있다. 이전의 정치, 사회, 문화적 준거 틀이 한자와 한문을 매체로 형성되었다는 점에서 근대적 혁신 과정에서 한자와 한문은 부정될 수밖에 없었다.

2. 서구 문물의 유입과 새로운 글쓰기의 출현

근대화는 전통 사상과 문명의 혁신을 동반하였는데, 이는 곧 서구문명

의 도입과 중국문명과의 결별을 의미하는 것이었다. 따라서 전통 문명의 매체였던 한자의 영향력은 감소하였고, 전통적 글쓰기 양식인 한문의 위상은 점차 축소되어갔다. 이와는 반대로 한글은 근대 서구문명을 수용하는 매체로서 그 영향력을 확대하게 되었다. 한글의 영향력 확대는 모국어의 중요성이 부각되고 고전 한문 양식을 대신하여 언문일치체(言文一致體)라는 새로운 글쓰기 양식이 등장하는 흐름에서 비롯된 것이다. 이러한 흐름의 연장선상에서 민중문자였던 한글이 '국문(國文)'이 되었고, 향후 근대화의 초석으로서 역할을 담당할 수 있었다.

이처럼 새로운 글쓰기 양식은 아시아 각국이 서구 문물을 접하면서 본격적으로 싹트기 시작한 것이라 할 수 있다. 서양의 문명은 중세의 라틴어 전통에서 벗어나 각국의 모국어를 위주로 발전하였으며, 민중들이 쉽게 이해할 수 있도록 그들이 쓰는 말을 그대로 옮겨 적은 문체로 글쓰기를 하는 전통을 일찍 확립하였다. 서양에 문호를 개방하고 그들의 문물을 받아들이면서 아시아 나라들은 자연스럽게 서구 서적을 접하게 되었으며, 대중적이고 실용적인 글쓰기 양식이 서구 근대화의 밑거름이라는 점을 깨닫게 되었다. 그리고 자연스럽게 아시아의 보편질서를 지탱해온 한문 글쓰기의 위상은 점차 약화되었다.

다른 아시아 국가들보다 늦게 시작했지만, 한자문화권의 중심이었던 중국이 한자문화에서 벗어나고자 노력한 것은 서구문명을 접한 아시아 국가들이 대중적이고 실용적인 글쓰기 양식의 필요성을 얼마나 절감했는지 상징적으로 보여준다. 중국에서는 1917년 서구의 과학과 민주주의를 기치로 하고 구어체 운동을 본격적으로 내건 문학혁명이 일어났다. 과거의 문어(文語) 중심의 언어에서 일반 민중들이 알기 쉬운 구어 중심으로 언어생활과 작품 활동을 하자는 소위 백화(白話)운동이 그것이었다. 이는 곧 1919년의 5·4운동을 이끌어냄과 동시에 그 사상적 근거를 제공하였다.[6]

아시아 국가 중 새로운 글쓰기 양식을 먼저 실험한 이들은 일본의 개화 지식인들이었다. 일본에서는 19세기 초부터 근대적 의식이 싹트면서 전통적인 한문체를 버리고, 읽고 쓰기 쉬운 한자와 가타카나의 혼용문인 이른바 국한문혼용체를 쓰기 시작했다. 이 혼용문체는 오늘날 구어체를 바탕으로 하는 현대어 문체인 언문일치체와는 다른 중간적 위치를 가지고 있었지만, 전통적인 한문체에 비해서는 어순도 일본 식이고 가타카나로 토를 사용하여서 읽기에 훨씬 수월한 문체였다. 일본이 미국과 조약을 체결한 후, 1860년 사절단으로 미국을 방문한 후쿠자와 유키치(福澤諭吉)는 샌프란시스코에서 웹스터(Webster) 영어사전을 처음 구입했다.[7] 그리고 이 사전을 이용하여 서구의 근대 서적을 일본어로 번역하고 근대식 저술을 하게 된다. 이 과정에서 일반 민중들이 쉽게 이해할 수 있는 문체인 혼용문체의 필요성을 절감한다. 후쿠자와 유키치가 출간한 『서양사정(西洋事情)』(1866), 『학문의 권장(勸奬)』(1872), 『문명론의 개략(槪略)』(1875) 등은 기존의 한문체에서 벗어나 가나를 섞어 쓴 혼용문체를 사용했는데, 이는 당시로서는 파격적인 문체였다. 『서양사정』의 서문의 일부는 다음과 같다.[8]

惑人余二謂ヘル者アリ此書可ハ則チ可ナリト雖トモ文体惑ハ正雅ナラサルニ
似タリ願クハ之ヲ漢儒某先生二謀テ正刪ヲ加ヘハ更二一層ノ善美ヲ尽シテ永
世ノ寶鑑トスルニ足ル可ソト余笑テ云ク否ラス洋書ヲ訳スルニ唯華藻文雅二
注意スルハ大二翻譯趣意二戻レリ乃チ此編文章ノ体裁ヲ飾ラズ勉メテ俗語ヲ
用ヒタモ只達意ヲ以テ主トスルカ爲メナリ.

어떤 사람이 나에게 이른바, 이 책은 가히 괜찮다 하겠으나 문체가 더러 정아(正雅)하지 않으니, 바라건대 이를 한학하는 유학자 아무개 선생에게 상의하여 어느 정도 정산(正刪, 첨삭)을 가하면 더 한층 선미(善美)를 다하여 길이 세상의 보감(寶鑑)이 되기에 족할 것이라 하니, 나는 웃어 가로되, 그렇지 아니하다. 양서를 번역함에 오직 화려한 수사와 문장에 주의함은 큰 번역의 취의에 어긋나니, 요컨대 이 한 편 문장의 체계를 꾸미지 않고 힘써 속어를 사용함도 단지 뜻을 전함으로써 주를 삼기위함이니라.

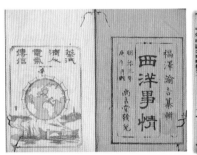

〈그림 64〉 『서양사정(西洋事情)』

〈그림 65〉 『문명론의 개략(槪略)』

이들 책은 수백만 부가 팔릴 정도로 최고의 베스트셀러가 되었으며, 일반 민중들에게 계몽사상(啓蒙思想)을 빠르게 보급하는 데 큰 역할을 했다. 그가 모두가 이해할 수 있는 쉬운 글쓰기를 강조한 이유가 바로 여기에있다.

이와 같은 변화가 빠르게 정착한 것은 메이지 정부가 무지몽매(無知蒙昧)한 민중을 계몽하는 것이야말로 부강한 나라를 만드는 첩경이라고 생각했기 때문이다. 그 연장에서 1872년 의무교육을 실시한다. 남녀 어린이는4년간 초등교육을 의무적으로 받아야 했다. 이즈음 서양의 교육체계와 서양의 언어를 배우자는 운동이 일본 전역에 퍼져나갔다.

이러한 흐름은 19세기 후반 일본에서 흔히 볼 수 있는 풍경이었다. 1871년부터 18개월간 유럽을 방문한 50명에 이르는 사절단은 유럽 각지를 시찰하며 서구 문물을 보고 배웠다. 나카에 초민(中江兆民)도 사절단의 일원이었는데, 그가 귀국하여 루소(Jean-Jacques Rousseau, 1712-1778)의 『사회계약론(社會契約論)』을 가나가 섞인 혼용체로 번역한 이유도 바로 그와 같다. 이러한 과정에서 서양의 법률, 사회, 지리, 철학, 자연과학 등 선진 학문이 쉬운 일본어로 번역되어 일반 민중에게 보급되었다.

번역에 참여한 지식층들은 근대 지식을 일반 민중들에게 쉽고 빠르게 보급하기 위해 지식인들의 전유물인 한문보다는 그들이 이해할 수 있는 쉬운 문체로 번역해야만 했다. 따라서 가나를 섞어 쓴 혼용문체가 등장하고 점차 일반 담화체(談話體)를 중심으로 하는 언문일치체로 발전하게 되었다. 문체의 변혁이 이루어지기 시작한 것이다.

이즈음 마에시마 히소카(前島密)는 한자를 완전히 폐지하고 가나문자를 전용하자고 주장했으며, 후쿠자와 유키치가 1882년에 창간한 〈시사신보(時事新報)〉에서는 '~입니다, ~했습니다. ~올시다'와 같은 담화체 문장이 본격적으로 등장하기 시작했다. 이러한 분위기는 이후 언문일치체 소설의 등장으로 이어졌다. 그 결과 1890년대에는 교육받은 서민들이 글을 깨우쳐 신문을 읽고 정부를 비판하는 탄원서를 올리는 경우가 많이 발생했을 정도였다.[9] 이것은 마치 세종대왕이 한글을 창제한 지 10년도 안 되어 지배계층을 비판하는 투서와 시장 이전을 반대하는 한글 연판장(連判狀)이 장안에 나돌았던 것을 연상케 한다.

일본을 통해 서구 문물을 받아들인 조선으로서는 일본에서 벌어지고 있었던 근대화 과정을 목격하고 커다란 충격을 받지 않을 수 없었다. 1876년 개항(開港)과 함께 일본에 간 수신사(修信使) 김기수(金綺秀)는 "화륜선을 타고 기차로 일본 내 여기저기를 여행했으며 양식을 먹어보고 양악을 들어보기도 했다."고 말하면서 화륜(모터)의 놀라운 힘에 크게 감탄했을 정도였다.[10] 1881년 신사유람단으로 일본에 간 젊은 유학생들은 후쿠자와 유키치의 근대화 운동에 감명을 받고, 귀국 후 일본식 근대화를 조선에 뿌리내리기 위해 노력했다.

〈그림 66〉〈한성순보(漢城旬報)〉
(출처: 대한민국역사박물관)

그 노력의 일환이 1883년 〈한성순보(漢城旬報)〉의 창간이었다. 개화사상가들이 귀국하면서 일본의 인쇄출판 기술자를 데리고 와서 최초로 〈한성순보〉를 발간한 것이다. 이것은 정부의 관영 신문의 성격을 띤 것으로 박문국(博文局)에서 월 3회 발간되었다. 내용은 대부분 개화를 위한 계몽 기사를 실었다. 외국의 사정을 소개하거나 과학기술 내용을 소개하는 등 계몽을 위한 첫걸음이었다. 그러나 이 신문은 한문으로 쓰였는데, 그것은 신문이 일반 민중보다는 관아의 관리들을 주요 독자층으로 생각했기 때문이었다. 그러다가 1886년 1월 〈한성순보〉를 계승한 〈한성주보(漢城週報)〉가 발간되었는데, 이때 전통적인 한문체, 한자와 한글을 섞어서 우리말 어순으로 쓴 국한문혼용체, 순한글체 기사가 공존했다는 점을 고려하면 독자층이 사대부계층에서 일반 민중으로 점차 확대되고 있었다고 할 수 있다.

한문을 벗어나서 국한문혼용체를 시도한 책으로는 이수정이 1885년에 국한문혼용체로 번역한 『신약마가전복음셔언해』를 들 수 있다. 이 또한 사대부는 물론이고 일반 민중들도 읽을 수 있도록 국한문혼용체로 쓴 것이다. 이러한 흐름은 유길준의 『서유견문』으로까지 이어진다.

3. 근대화와 한글의 재탄생

1894년에 단행된 갑오개혁에서 개화파들은 개혁 기관인 군국기무처를 설립(1894.6.24)하여 근대 정치제도를 도입하고 사회제도를 일신했다. 이와 관련한 조치 중 근대 문명의 확산이란 측면에서 주목해야 할 것이 '언문(諺文, 한글)을 국문(國文)으로 격상하고, 공식문서에서 국문인 한글을 기본으로 하고 한문을 덧붙이게 한 것'이다. 이 조치는 1894년 11월 21일 '법률과 칙령(勅令)의 제정과 공포에 대한 공문식(公文式)'으로 성문화되었다.

> 법률·칙령은 모두 국문(國文)을 기본으로 하고 한문(漢文)으로 번역을 붙이거나 혹은 국한문(國漢文)을 혼용한다.[11] 『고종실록』 권32, (1894),11,21.

이처럼 당시 개화파들은 한문을 보조적인 글쓰기 수단으로, 국문 또는 국한문(國漢文)을 주류적인 글쓰기 수단으로 공식화했다. 글쓰기 수단의 변화를 추동하는 조치의 의미는 문화적인 측면에서뿐만 아니라 정치·사회적 측면에서 다양한 해석이 가능할 것이다. '민족 정체성의 인식', '민권의 향상', '정치적 자주 선언' 등의 해석이 그것이다. 그런데 과학문명사적 측면에서 이 조치의 의미를 음미해 본다면, '서구문명의 도입과 중국문명과의 결별'이라는 근대적 개혁의 특징을 보다 선명하게 파악할 수 있을 것이다. 위 조치의 목표 중 하나가 '한글을 매체로 서구문명을 도입하고 이를 확산하자는 것'이었음은 다음 기록을 통해 짐작할 수 있다.

> 편집국에서는 국문철자와 외국문의 번역, 그리고 교과서 편찬 등의 업무를 관장한다.……[12] 『고종실록』 권31, (1894),6,28.

위의 기록을 통해 학부 편집국이 '국문철자', '외국문의 번역', '교과서 편찬' 등 세 가지 과업을 실행하기 위해 설립된 것임을 알 수 있다. 이 세 가지 과업의 의의는 서구문명의 도입과 확산이란 근대적 개혁의 목표와 관련지어 살펴볼 수 있다. 즉, 국문 철자를 규범화하고 이를 토대로 외국문을 국문으로 번역하는 것은 서구문명의 수용을 원활하게 하는 것과 관련되며, 교과서 편찬은 이렇게 수용한 서구문명의 지식을 확산하는 일이라 할 수 있다.

갑오개혁 이후 번역서의 출판이 빈번해지고, 학부 주도로 교과서 편찬 사업이 진행된 것은 근대적 개혁이 일관된 방향성을 가지고 추진되었음을 보여준다. 더불어 국민 계몽을 목표로 민간 차원에서 발행한 〈독립신문〉과 같은 한글 신문은 근대적 가치관을 확산하고 서구문명의 지적 성과를 확산하는 역할을 했다.

그런데 이 대목에서 유의해야 할 것은 국문을 본위로 한 어문정책의 결과가 곧바로 한글전용의 글쓰기로 이어진 것은 아니라는 사실이다. 오랜 세월 동안 지식 전달의 주요 매체였던 한문의 영향을 일시에 차단하기 어려웠던 만큼, 근대적 글쓰기는 국한문혼용의 방식으로 정착되었다. 어문 개혁의 조치인 '법률과 칙령(勅令)의 제정과 공포에 대한 공문식(公文式)'도 국문을 본위로 한다고 했지만 실질적으로는 '국한혼용문'으로 공문서를 작성하는 길을 열어놓았다고 할 수 있다. 국문만으로 쓸 경우 한문을 덧붙여 작성해야 하는 번거로움이 있었기 때문이다.[13] 그러나 한자를 이해할 수 있는 계층이 제한적이었던 상황을 감안하면 국한문 글쓰기는 근대적 지식을 확산하기 위한 매체로서는 한계를 지닐 수밖에 없었다. 그런 점에서 보면 국한문 글쓰기는 궁극적으로 극복해야 할 글쓰기 양식이었던 것이다. 이와 관련한 개화파 지식인들의 인식은 『서유견문』의 서문을 통해 확인할 수 있다.(원문의 가로쓰기와 띄어쓰기는 필자)

我文과 漢字를 混集ᄒ야 文章의 體裁를 不飾ᄒ고 俗語를 務用ᄒ야 其意를 達ᄒ기로 主ᄒ니 (중략) 書旣成有日에 友人에게 示ᄒ고 其批評을 乞ᄒ니 友人이 曰

子의 志ᄂ 良苦ᄒ나 我文과 漢字의 混用홈이 文家의 軌度를 越ᄒ야 具眼者의 譏笑를 未免ᄒ리로다. 余 應ᄒ야 曰 是ᄂ 其故가 有ᄒ니

一은 語意의 平順홈을 取ᄒ야 文字를 畧解ᄒᄂ者라로 易知ᄒ기를 爲홈이오
二ᄂ 余가 書를 讀홈이 少ᄒ야 作文ᄒᄂ 法에 未熟ᄒ 故로 記寫의 便易홈을 爲홈이오 三은 我邦 七書 諺解의 法을 大略 倣則ᄒ야 詳明홈을 爲홈이라 (중략) 我文은 卽 我 先王朝의 創造ᄒ신 人文이오 漢字ᄂ 中國과 通用ᄒᄂ者라. 余ᄂ 猶且 我文을 純用ᄒ기 不能홈을 是歎ᄒ노니 外人의 交를 旣許홈애 國中人이 上下貴賤 婦人孺子를 毋論ᄒ고 彼의 情形을 不知홈이 不可ᄒ 則 拙澁ᄒ 文字로 渾圇ᄒ 說語를 作ᄒ야 情實의 齟齬홈이 有ᄒ기로ᄂ 暢達ᄒ 詞旨와 淺近ᄒ 語意를 憑ᄒ야 眞境의 狀況을 務現홈이 是可ᄒ니 (하략)

우리 글자와 한자를 섞어 쓰고, 문장의 체제는 꾸미지 않았다. 속어를 쓰기에 힘써, 그 뜻을 전달하기를 위주로 하였다. (중략)

책이 완성되고 며칠 뒤에 친구에게 보이고 비평해달라고 하자, 그는 이렇게 말하였다.

"그대가 참으로 고생하기는 했지만, 우리글과 한자를 섞어 쓴 것이 문장가의 궤도를 벗어났으니, 안목이 있는 사람들에게 비방과 웃음을 면치 못할 것이다."

그래서 내가 이렇게 대답하였다.

"이는 그럴 만한 까닭이 있다. 첫째, 말하고자 하는 뜻을 평이하게 전하는 것을 위주로 하였으니, 글자를 조금만 아는 자라도 내용을 쉽게 알 수 있도록 하기 위해서다. 둘째, 내가 책을 읽은 것이 적어서 글 짓는 법

이 미숙하기 때문에 기록하기 쉽게 하기 위해서다. 셋째, 우리나라 칠서언해(七書諺解)의 철자법을 대략 본받아서 상세하고도 분명한 기록이 되도록 하기 위해서다. (중략)

우리나라의 글자는 우리 선왕(세종)께서 창조하신 글자요, 한자는 중국과 함께 쓰는 글자이니 나는 오히려 우리 글자만을 순수하게 쓰지 못한 것을 불만스럽게 생각한다. 외국 사람들과 국교를 이미 맺었으니, 온 나라 사람들—상하, 귀천, 부인, 어린이—를 가릴 것 없이 저들의 형편을 알지 못해서는 안 될 것이다. 그러니 서투르고 껄끄러운 한자로 얼크러진 글을 지어서 실정을 전하는 데 어긋남이 있기보다는, 유창한 글과 친근한 말을 통하여 사실 그대로의 상황을 힘써 나타내는 것이 올바르다고 생각한다. (하략)"

유길준의 친구가 국한문으로 쓴 『서유견문』을 비평하는 대목은 국한문 글쓰기가 당시의 관점으로 파격적이었음을 말해준다. 즉, 양반이라면 한문으로 글을 써야 하는 것이 일반적이었으므로, 한자와 한글을 섞어서 우리말 어순으로 글을 쓴 『서유견문』은 양반들에게는 매우 충격적이고 파격적으로 인식되었던 것이다. 국한문혼용은 비록 한자를 쓰긴 했지만 어순도 우리말 어순이고 사이사이 한글을 쓰기 때문에 이두(吏讀)보다도 더 쉽게 읽을 수 있었다.

그러나 유길준의 인식은 국한문 글쓰기를 한계로 인식하고 있는데, 그는 한글로 언문일치를 구현하여 일반 백성들이 쉽게 읽을 수 있도록 하는 것이 궁극적인 목표임을 분명하게 밝히고 있는 것이다. 순 한글로만 쓰지 못한 것을 아쉬워하는 대목에서 유길준이 한글에 대해 갖고 있는 생각을 짐작할 수 있다.

이처럼 당시 개화파 지식인들은 모든 백성들이 문명개화의 지식을 쉽게 이해할 수 있도록 하기 위해 한글에 관심을 가졌으며, 이를 통해 근대 문명의 싹을 틔우려고 했음을 알 수 있다. 따라서 국한문 글쓰기가 보편화된 상황에서 그들 스스로도 국한문 글쓰기를 하면서도 한글전용 글쓰기를 시험하고 이를 통해 근대 문명을 확산하려는 시도를 멈추지 않는다. 〈독립신문〉, 〈제국신문〉 등 한글 신문의 발행 등이 이러한 시도를 보여주는 예라 할 수 있다. 따라서 국한혼용문의 역사적 의미와 국문 전용으로의 전환을 위한 시도의 의미를 짚어보면서 근대 문명의 도입과 확산 과정에서 한글의 역할을 규명할 필요가 있다.

4. 과학기술의 교육과 한글

1) 근대 교육의 목표와 방향

근대 교육의 목표는 부강한 국가를 만드는 데 일정한 역할을 할 수 있는 인재를 기르는 데 있다고 할 수 있다. 갑오개혁 후 선포한 홍범 14조(洪範 十四條)는 개혁의 기본 강령이라 할 수 있는데, 홍범 14조의 11조 "나라 안의 총명하고 재주 있는 젊은이들을 널리 파견하여 외국의 학문과 기술을 전습 받는다[國中聰俊子弟, 廣行派遣, 以傳習外國學術技藝]."와 14조 "인재 등용에서 문벌에 구애되지 말고 관리들을 조정과 민간에서 널리 구함으로써 인재 등용의 길을 넓힌다[用人不拘門地, 求士遍及朝野, 以廣人才登庸]."는 당시 개화파들이 교육의 목표를 어디에 두고 있었는지를 짐작케 한다.

홍범 14조의 두 조항을 통해 본다면, 근대 조선의 교육 목표는 '서구의 선진 문명을 받아들여 학생들을 교육하고 이들을 두루 등용하여 부국의 기반을 닦는 것'이라 할 수 있다. 전근대와 근대 교육이 구분되는 지점도 여기에 있는데, 교육 개혁자들이 보는 서구 선진 학문의 핵심적 특성은 곧 국가를 융성하게 하는 데 직접적으로 활용할 수 있는 실용성에 있었다. 근대 교육이 실용성을 중시하게 된 것은 이러한 맥락에서 이해할 수 있다. 이러한 교육관은 1895년 2월 2일에 발표한 '교육입국조서(教育立國詔書)'에 나타난다. '교육입국조서'에서는 '신교육은 과학적 지식과 신학문과 실용을 추구하는 데 있고, 학교를 많이 설립하고 인재를 길러내는 것이 곧 국가중흥과 국가보전에 직결됨'을 강조하고 있다. 〈독립신문〉(1896.4.30.)의 논설을 보면 이는 대부분의 개화 지식인들이 공유하고 있던 교육관으로 볼 수 있다.

우리가 일전에 인민 교육 하는 것이 나라 근본이라 하였은즉 오늘날 다시 말 아니 하나 대저 이 세상에서 편히 살고 집안을 보존하고 나라를 흥하게 하고 외국의 업신여김을 안 받으려면 무엇이든지 배워 자기 손으로 벌어 먹을 도리를 하고 자식들을 아무쪼록 학교에 보내야 외국 말을 배우든지 제조하는 법을 배우든지 무슨 장색(匠色)을 배우게 하는 것이 곧 전장을 많이 장만하여주는 것보다 나은 것이라 사람이 무엇이든지 배워 이 세상에서 벌어 먹을 줄을 알 지경이면 그 사람은 총리대신보다 편한 사람이요 세계 사람에게 참 자유 독립한 사람이 될 터이니 (중략) 옛 풍속을 버리고 아무 일이라도 하여 살 획책을 내 손으로 아니하고 다니며 청질을 한다든지 사람을 속인다든지 하면 다만 이 세계에서 자기만 곤궁할 뿐 아니라 자식들이라도 필경 자기보다 낫지 못하게 될 터이니…… (현대역, 괄호 안 한자는 필자의 첨기)

위의 논설에서 '교육'은 "외국 말을 배우든지 제조하는 법을 배우든지 무슨 장색을 배우는 것"으로 설명되는데, 이는 교육 개혁의 취지가 실용을 추구하는 데 있음을 보여준다. 이러한 실용 정신은 전 국민을 대상으로 실업 교육을 기획한 데에서도 확인할 수 있다.

학교를 배설 하여 후생을 교육 하며 병원을 배설 하여 인민의 질병을 고쳐 주며 권공장을 배설 하여 인민의 제조 하는 법과 상무 학교를 배설 하여 장사와 은행 하는 규칙을 가르쳐 주는 것이 정부의 직무라. 〈독립신문〉 1896.4.7.

정부에서 제일 급히 할 일이 권공장이라. 권공장이라 하는 것은 정부에서 크게 학교를 세우고 인민을 모집 하여 각색 공업을 가르치는 처소라. 〈독립신문〉 1896.9.15.

이런 맥락에서 당시 교육과정에서 과학과 기술 교과는 비중 있게 다루어졌다. 교육입국조서가 발표되기 이전인 1883년 설립된 최초의 근대 교육기관인 '원산학사(元山學舍)'의 교육과정은 이러한 지향점을 잘 보여준다. 이종국(2013: 232-233)에서는 원산학사의 교육과정을 자세하게 설명한 바 있는데, 필수 공통 교과목과 전공 필수 교과목의 목록을 통해 당시 교육의 목표를 어느 정도 가늠해볼 수 있다.

○ 필수 공통 교과목
산수, 격치(格致), 기기학(機器學), 농학, 양잠, 광물학, 만국공법(국제법), 지리, 법률, 외국어
○ 전공 필수 교과목
문예반: 경서, 제술(製述)

무예반: 병서, 사격술

위의 예에서 볼 수 있듯이 공통 교과목은 전적으로 실용성을 띠는 과목으로 구성되었다. 특히 격치, 기기학, 농학, 양잠, 광물학 등이 큰 비중을 차지하는 데에서 과학기술지식에 대한 교육이 근대 학교의 중요한 목표였음을 확인할 수 있다. 그렇다면 과학기술지식을 어떻게 정리하여 학생들에게 교육하느냐는 문제가 부각될 수밖에 없다. 이종국(1991)에 따르면 원산학사에서는 중국에 소개된 서구 과학기술 서적(『기기도설(奇器圖說)』)이나 개화 지식인에 의해 저술된 과학기술 서적(『농정신편(農政新編)』) 등을 활용한 것으로 보인다. 그러나 이 책들은 한문으로 저술된 것이어서 교육적 효율성이 떨어질 수밖에 없었기 때문에 과학기술 서적의 번역은 시대적 요구가 되었다. 특히 1895년 7월 19일에 소학교령(小學校令)이 내려진 이후 학교의 설립이 이어지고 근대적 학교 교육이 자리를 잡으면서 교육에 활용할 수 있는 과학기술 교과서를 편찬하는 것은 국가적인 과제가 되었다.

2) 교과서 편찬, 과학기술지식의 체계화와 한글

실용교육을 모토로 근대적 학교 교육이 시작되었지만 학교 현장에서 사용할 수 있는 과학기술 서적을 번역하여 출판하거나 과학기술 교과서를 편찬하여 활용한 것은 1905년 이후에 본격화되었다. 이때까지 과학기술 교과에 대한 교육은 『국민소학독본(國民小學讀本)』(1895)이나 『신정심상소학(新訂尋常小學)』(1896) 등 국한문으로 기술된 통합교재를 통해 이루어지거나, 과학기술 서적의 내용 중 의미 있는 것을 필사하여 저술한 것을 교육에 활용[14] 하거나, 일본에서 출판된 교과서를 활용하는 방식으로 이루어졌다.

통합교재의 경우 '국민윤리, 사회윤리, 국제관계, 역사, 지리, 기술, 동식물, 경제, 과학' 등을 주제로 기초적인 지식을 폭넓게 다루는 것을 목표로 했다는 점에서 본격적인 과학기술 교과서로 보기는 어려우며, 과학기술 서적의 일부 내용을 필사하여 편집한 책들은 공식 교과서로 볼 수 없다. 따라서 1905년까지 제도권 학교에서 이루어진 체계적인 과학기술 교육은 대부분 일본어 교과서로 진행된 것으로 보인다.[15]

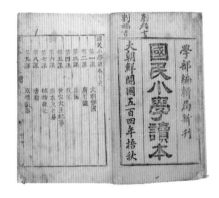 

〈그림 67〉 『국민소학독본(國民小學讀本)』 (출처: 국립고궁박물관) 〈그림 68〉 『신정심상소학(新訂尋常小學)』

그러나 1905년 이후 교육에 대한 관심이 높아지고 사립학교가 증가하면서 과학 교과서의 출간이 급증했다. 이때 과학 교과서는 대부분 국한문(國漢文)으로 기술된 것이었고 한글로 기술된 교과서는 드물었다.[16] 이처럼 과학기술지식의 유통이 국한문으로 이루어진 것은 일차적으로 국한문 글쓰기가 보편화된 상황과 관련되겠지만, 과학기술지식이 서구로부터 직접 들어온 것이 아니라 대부분 중국이나 일본을 통해 들어왔던 상황과도 깊은 관련이 있다. 오래된 언해(諺解) 전통을 고려하면, 한문을 국한문으로 번역하는 것은 자연스러웠을 것이고, 더구나 일본의 근대 서적이 국한혼용의 방식으로 출간되는 상황에서 국한문으로 번역하는 것은 번역문과 원전의 괴리를 줄일 수 있는 방법이었다.[17]

그런데 과학기술 교과서의 편찬과 관련하여 주목할 것은 전문지식을 갖추지 않은 지식인들에 의해 과학기술 서적들이 번역되거나 교과서가 편찬되었다는 사실이다. 그 중 역관들의 활약은 눈여겨볼 필요가 있다.

역관 출신인 현채(玄采, 1886-1925)와 그의 아들 현공염(玄公廉) 등은 과학기술 서적을 번역하고 교과서를 편찬하는 데에서 두드러진 활동을 했다. 중국과 일본 서적의 번역을 통해 서구의 과학기술지식이 도입되는 상황에서, 한어(漢語) 역관으로 중국어와 일본어에 능통했고 근대 교육에 관심이 많았던 현채[18]가 과학기술 교과서 편찬에 관여한 것은 자연스러운 일이었다. 외무아문(外務衙門) 소속이던 현채는 1896년 학부 편집국에 전보되어 도서의 편찬과 발행에 대한 업무를 수행하면서, 본격적으로 번역과 저술 작업을 시작했다.

현채와 현공염이 저술하거나 발행한 과학기술 분야 교과서가 『중등광물학(전)(中等鑛物學(全))』, 『식물학(植物學)』, 『고등식물학(高等植物學)』, 『중등동물학(中等動物學)』, 『개정이과교과서(改正理科敎科書)』, 『고등소학이과서(高等小學理科書)』, 『초등이화학(初等理化學)』, 『신편화학(新編化學)』, 『무기화학(無機化學)』, 『중등생리위생학(中等生理衛生學)』, 『중등생리학(中等生理學)』, 『재상전서(栽桑全書)』 등으로 다양한 영역에 걸쳐 있다는 것은 놀라운 일이다. 박종석(2009)에 따르면 현채 집안에서 발행한 서적이 전 분야를 망라하여 318종에 이르고, 이 중 과학기술 서적의 수가 순수과학 분야에서 26종, 기술과학 분야에서 12종에 이른다.

이처럼 역관들이 과학기술 서적 발행, 특히 교과서의 편찬에 깊이 관여한 것은 두 가지 사실을 말해준다. 첫째는 당시 과학기술 서적과 교과서의 저술이 번역에 기반하여 이루어졌다는 사실이고, 둘째는 서구 과학기술지식에 대한 수요가 급증하지만 전문 인력이 부재했다는 사실이다. 이런 상황에서 과학기술 도서의 저술과 발행은 외국어에 익숙한 지식인의 몫일 수밖에 없었다. 그런데 대부분의 과학기술 도서가 일본을 통해 수입되는 상황에서 국권이 약화되자 번역보다는 일본에서 발행한 교과서를 직접 사용하는 경향이 나타나기 시작했다.

학부와 민간에서 교과서가 편찬되는 상황에서 통감부(統監府)는 1906년 일어독본(日語讀本)과 이과서(理科書)를 일본어로 발간하고 나머지 교과의 교과서는 국한문으로 발행한다는 정책을 추진한다. 이때 통감부가 일본어로 교과서를 편집하려는 방침은 한국인의 거센 반발을 불러일으킬 수밖에 없었다.

> 소위 교과서라 하는 것은 자국의 사람 소리로 나와 하늘 소리와 마주쳐 울려서 자국의 사상과 자국의 풍속과 물정에 맞게 한 후에야, 이것으로 아동을 교육하는 것을 계발할 수 있거늘, 지금 폐원(幣原 坦)[19] 씨는 그리하지 않고 일문으로 한국 유년의 교과서를 편집하니, 학부 대소 관인이 동의한 자가 한 사람도 없거늘, 그 사람이 고집을 부려 뒤집고 자기 마음대로 하여, 변함없이 일문 교과서를 편집하기 위하여 일본 사람을 다수 모집하여 편집에 종사한다고 하니 (중략) 한국 유년에게 일문 교과서를 익히게 하는 것은 어린아이의 뇌수를 뚫고 저 소위 일본 혼이라 하는 것을 주사하고자 함이라. (중략) 본 기자는 단언컨대 일문 교과의 교육이 한국 유년에게 행하게 되면 이것은 한마디로 일본이 이미 다 한국을 얻은 것이라 하노라. (현대어역 필자) 〈대한매일신보〉 1906.6.6.

일본어로 교과서를 출간해선 안 된다는 〈대한매일신보〉 논설의 핵심은 우리가 수용하고 체계화한 지식을 우리말과 글로 기술했을 때 비로소 교육적 가치를 갖는다는 것으로 이해할 수 있다. 이런 관점에서 학부가 과학기술과목의 교과서인 이과서를 일본어로 편찬한다는 방침을 세운 것은 결국 과학기술지식을 우리말로 체계화하는 것을 포기한다는 것을 의미했던 것이다. 교과서를 기술하는 언어와 관련한 〈대한매일신보〉의 문제의식은 곧 근대 과학기술을 체계화하는 매체가 궁극적으로 한글이어야 한다는 인식에서 비롯되었다고 할 수 있다.

과학기술지식의 체계화와 보급이라는 관점에서 교과서와 함께 살펴봐야 할 것이 국어사전이나 전문어사전의 기술 내용이다. 개화기 당시 과학기술 서적의 번역과 교과서의 편찬이 이어지며 지식 수요에 부응하고 있었으나, 과학 용어와 이에 대한 표기는 일관성이 결여되어 있었다. 이런 점에서 사전 편찬은 중요한 의미를 지니는데, 과학기술 용어를 전문어로서 등재하고 이를 풀이하는 것은 곧 지식 표준화의 일환으로 볼 수 있으며, 지식의 표준화는 지식의 대중적 확산을 위한 전제가 되기 때문이다. 이와 관련하여 주목할 자료는 주시경이 기획한 최초의 국어사전 『말모이』이다.

『말모이』는 1914년 집필이 완료된 것으로 추정되지만 출판에 이르지는 못하였다.[20] 그러나 『말모이』에서 전문분야를 구획(區劃)하고 이 구획에 근거하여 전문용어를 수집하고 이를 기술한 것은 과학기술지식의 대중화에서 의미 있는 시도라 할 수 있다. 『말모이』에서는 19분야로 전문분야를 제시했는데, '대종교, 불교, 예수교, 철학, 심리학, 윤리학, 논리학, 교육학, 경제학, 법학, 수학, 천문학, 지질학, 생리학, 동물학, 식물학, 광물학, 물리학, 화학' 등이 그것이다.

그런데 『말모이』에서 전문어를 풀이하는 방식은 일반어를 풀이하는 방식과 차이가 있었다. 일반 표제어와 달리 전문용어 표제어를 국한문으로 풀이한 것은 전문서적의 기술 방식을 반영한 것으로 볼 수 있다. 즉, 전문

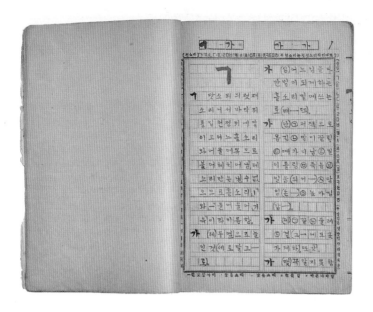

〈그림 69〉 『말모이』 원고 (출처: 국립한글박물관)

용어를 일본과 중국에서 만들어진 한자어로 받아들이는 상황에서 전문
서적이 국한문체로 쓰이는 것은 어찌 보면 자연스러운 현상이라 할 수 있
었고, 사전은 그러한 현실적 어문 상황을 반영하여 국한문 뜻풀이 방식을
채택했다고 볼 수 있다.

『말모이』의 내용 중 과학기술 분야 전문어와 일반어의 뜻풀이 비교

가. 전문어

가역반응 [可逆反應] (제)[化] 熱하면 分鮮하고 冷却하면 다시 原化合物을
生하는 것이니 곳 狀態를 變하면 正反對의 反應을 묻하는 것. 말하자면
「塩化암모니아」를 熱하면 「암모니아」와 「塩化水素」로 난호되 이것을 冷却

하면 다시 「塩化암모니아」가 됨.

나. 일반어

가락 (넛) 갈죽하게 만들어 놓은 작은 몬의 셈 이름(술-, 엿-).

가락지 (제) 손가락에 끼는 노르개.

당시 사전이 백과사전의 역할을 겸할 수밖에 없었음을 생각한다면 『말모이』가 발간되어 보급되었을 경우 과학기술지식의 보급에 큰 역할을 했을 것으로 예상할 수 있다. 그러나 『말모이』가 완성되었음에도 불구하고 일제강점기의 무단통치(武斷統治) 시기에 우리말 사전의 출판은 이루어질 수 없는 일이었다. 이후 우리말 사전은 일제의 통치 방식이 문화통치(文化統治)로 바뀌는 시점에 다시 기획될 수 있었다.

한글 신문의 발간,
과학기술지식의 확산과 국민 계몽

교과서와 전문서적이 대부분 국한문으로 발행되는 현실에서 한자에 익숙
지 않은 일반인들이 과학기술지식에 접근하는 것은 쉽지 않은 일이었다.
따라서 과학기술지식을 확산하고 국민을 계몽하는 데에서 국한문으로 된
교과서와 전문서적의 역할은 제한적일 수밖에 없었다. 이런 상황에서 국
민 계몽을 목표로 발간된 한글 신문은 근대정신과 근대 과학기술지식을
확산하는 중요한 매체로 부각되었다.

1. 〈독립신문〉의 발간 배경

근대 개혁의 일환으로 1896년 4월 7일 〈독립신문〉이 창간되었다. 우리나
라 최초의 순한글 신문이었던 〈독립신문〉은 정치인이자 개화사상가인 유
길준(俞吉濬), 의사이자 사회운동가인 서재필(徐載弼), 국어학자이자 사회운

동가인 주시경(周時經)의 합작품이었다.

갑오개혁으로 정권을 잡은 유길준은 내부대신(內部大臣)으로 있으면서 서재필을 지원하여 신문 발간 작업을 추진했다. 우리나라 최초의 일본 유학생이었던 유길준은 일본에서 스승인 후쿠자와 유키치(福澤諭吉)에게서 언문일치 사상과 신문 발간의 중요성을 배웠다. 유길준은 후쿠자와 유키치가 〈시사신보(時事新報)〉를 통해 국민들을 계몽하던 일을 되새기며 조선에서도 이를 실천하고자 했다.

서재필은 조선 민중들이 교육을 통해 근대 시민으로 거듭나는 길만이 조국이 부강한 나라가 될 것이라 굳게 믿었다. 그는 미국에서 다시 귀국한 이유가 "인민을 가르치고 인민을 지도 계발하려는 까닭"이라고 자서전에서 밝히고 있다.

> 내 가슴을 아프게 한 첫 번째 것은 인민들의 상태이다. 독립된 문명국가에서 시민들이 누리는 권리와 특권을 모른 채 낡은 체제에 맹목적으로 만족하며, 바깥세상과 접촉이 점차 많아지는 이 추세의 결과에, 그리고 더욱 최근에 이르러서는 낡은 법과 관습을 쓸어버리고자 하는 정부의 개혁 정책의 도입에 불편해하는 인민들의 상태를 마음에 새기고 있었다.[21]

서재필은 백성들이 서구 문명국가의 시민에 비해 아무런 권리도 특권도 누리지 못하고 낡은 관습에 얽매여 도태되고 있다고 생각했다. 그리고 이러한 상태를 바꾸기 위해서는 교육이 제일 급선무라 생각했다.

> 교육이 없이는 정부의 선한 의도를 인민들은 절대 이해할 수 없으며 교육 없이 정부의 관리들이 결코 좋은 법을 만들 수 없다. 법을 만드는 사

람들은 옳은 법을 만들기 위해서 법의 근본 원리들을 알아야 한다. 그리고 인민들은 법이 무엇을 위한 것인지 이해하고, 그 법이 필요하다는 것을 이해해야 한다. 그러면 그들은 그 법이 효력을 발하게 되는 순간에 법을 복종하게 될 것이다. 1896년 3월 *The Korean Repository* 3권에 발표(109쪽)

서재필은 이러한 신념을 바탕으로 〈독립신문〉을 창간한 것이다. 1896년 4월 7일 창간호 논설에는 다음과 같은 그의 생각이 담겨 있다.

우리는 첫째, 편벽되지 아니한 고로 무슨 당에도 상관이 없고 상하귀천을 달리 대접 아니하고 모든 조선 사람으로만 알고 조선만 위하며 공평히 인민에게 말할 터인데 우리가 서울 백성만 위할 게 아니라 조선 전 국민을 위하여 무슨 일이든지 대언하여 주려 함. 정부에서 하시는 일을 백성에게 전할 터이요, 백성의 정세를 정부에 전할 터이니 만일 백성이 정부 일을 자세히 알고 정부에서 백성의 일을 자세히 아시면 피차에 유익한 일 많이 있을 터이오, 불평한 마음과 의심하는 생각이 없어질 터임.

우리가 이 신문 출판하기는 취리(取利) 하려는 게 아닌 고로 값을 헐하도록 하였고, 모두 언문으로 쓰기는 남녀 상하 귀천이 모두 보게 함이요, 또 구절의 띄어쓰기는 알아보기 쉽도록 함이라. 우리는 바른 대로만 신문을 할 터인 고로 정부 관원이라도 잘못하는 이 있으면 우리가 말할 터이요, 탐관오리들을 알면 세상에 그 사람의 행적을 펼 터이

〈그림 70〉 〈독립신문〉 창간호

요, 사사백성이라도 무법한 일 하는 사람은 우리가 찾아 신문에 설명할 터임. 〈독립신문〉 창간호 '논설'에서

〈독립신문〉은 신분계급을 초월하여 모든 백성들이 공평하게 세상일을 쉽고 빨리 배우고 이해할 수 있는 가교 역할을 자임했다. 그리고 이러한 역할을 가능케 하는 데 가장 핵심적인 것이 바로 한글이었다.

〈독립신문〉이 세상에 나오자 반응은 매우 뜨거웠다. 신문은 일주일에 세 번 나왔고, 한 번에 2천부를 찍었다. 길거리에는 신문팔이가 신문을 사라고 소리를 쳤고 사람들은 신기한 듯이 쳐다보았다. 신문 1부에 가격은 1페니(penny)였다고 서재필은 자서전에서 밝히고 있다. 당시 1페니의 가치가 얼마인지 알 수는 없었으나 도시뿐만 아니라 지방에서도 크게 인기를 누렸다는 점에서 그리 비싼 가격은 아니었다고 추정할 수 있다. 물론 한 부를 사서 다 본 다음에 다시 이웃으로 돌려보는 사람도 있었다. 한 사람이 여러 사람을 모아놓고 큰 소리로 읽어주는 풍경도 눈에 띄었다. 아마도 아직 한글을 깨치지 못한 사람들이 있었기 때문일 것이다. 사람들은 띄어쓰기를 해놓은 한글 신문을 읽으면서 생각보다 어렵지 않다고 말하기도 했다.[22]

서재필은 자서전에서 "사람들은 이 신문이 조선과 자신들의 삶에 얼마나 커다란 의미가 있을지는 생각도 하지 못한 채 마냥 신기해했다."고 회고한 바 있다.[23] 진정 그랬다. 서재필은 신문을 통해 세상 이야기를 백성들에게 전하고 우리도 분발하여 근대화를 이룩하자고 외치고 있었다. 그것은 다름 아닌 백성이 주인이 되는 민주국가를 만들자는 외침이었다.

2. 〈독립신문〉과 한글 정신

서재필은 〈독립신문〉에서 한글전용을 시도하면서 이와 더불어 언문일치,
사전편찬, 띄어쓰기 실시 등의 구체적인 국문 정비 방향을 제시했다.[24] 서
재필이 〈독립신문〉 2권 92호(1897년 8월 5일)에 실은 논설에 국문의 필요성
과 중요성이 잘 나타나 있다.

"조흔 죠션 글은 내버리고 청국 글을 긔어히 비화 그 글을 쓰기를 슝샹
호니 미우 이샹 혼것이 죠션 글이 청국 글만 못 홀것 굿호면 암만 내것
이라도 내버리고 남의 나라 글을 슝샹 호는 것이 진보 호는 사람의 일
어니와 빅빅나 나흔 국문을 내버리고 어렵고 세상에 경계 업시 믄든 청
국 글을 비화 그걸 슝샹 호기를 조아 호니 대단히 우숩고 개탄홀 일이
더라……"

"죠션은 한문으로 칰을 믄들고 문적을 믄드러 닑으니 글과 말이 다른
지라. 그리 혼즉 말공부 뜬로 호고 글 공부 뜬로 하여야 홀터이요 셜령
글 공부혼 사람이라도 남이 칰 닑는 것을 듯고는 무슴 말인지를 모롤
지라……"

"국문으로 칰을 번력 호즛거드면 두긋지 일을 데일 몬져 호여야 홀터이
라. 첫지는 국문으로 옥편을 믄드러 글즌 쓰는 법을 정히 놋코 그딕로
긋르처……둘지는 국문을 쓸 때에 독립신문 모양으로 말믄다 씌여 쓰거
드면 셕거 보고 닑기에 불평혼 일이 업슬터이요 사람이 무슴 말이던지
보거드면 그 말 뜻을 곳 알지라."

"좋은 조선글은 내버리고 청국글을 기어이 배워 그 글을 쓰기를 숭상
하니 매우 이상한 것이 조선글이 청국글만 못 할 것 같으면 암만 내 것
이라도 내버리고 남의 나라 글을 숭상하는 것이 진보하는 사람의 일

이거니와 백배나 낳은 국문을 내버리고 어렵고 세상에 경계 없이 만든 청국글을 배워 그걸 숭상하기를 좋아하니 대단히 우습고 개탄할 일이 더라……"

"조선은 한문으로 책을 만들고 문적을 만들어 읽으니 글과 말이 다른 지라. 그리 한즉 말공부 따로 하고 글공부 따로 하여야 할 터이요 설령 글공부한 사람이라도 남이 책 읽는 것을 듣고는 무슨 말인지를 모를 지라……"

"국문으로 책을 번역 하자 하면 두 가지 일을 제일 먼저 하여야 할 터이라 첫째는 국문으로 옥편을 만들어 글자 쓰는 법을 정해 놓고 그대로 가르쳐……둘째는 국문을 쓸 때에 독립신문 모양으로 말마다 띄어 쓰면 섞어보고 읽기에 불평한 일이 없을 터이요 사람이 무슨 말이든지 보면 그 말뜻을 곧 알지라." 〈독립신문〉 2권 92호(1897년 8월 5일) 논설 중에서

서재필은 국문인 한글이 있음에도 불구하고 한문을 쓰고 있는 양반과 같은 지배계층을 가리켜 일침을 가했다. 한문을 쓰다 보니 말과 글이 불일 치하고, 쉽고 좋은 글인 한글을 놓아두고 어려운 한문을 숭상하고 좋아하니 참으로 우습고 개탄스러운 일이라는 것이다. 또한 국문을 체계적으로 사용하기 위해서는 먼저 사전을 만들어야 하고 띄어쓰기를 시도하여 쉽게 내용을 이해하도록 해야 한다고 주장했다. 백성이 깨어나야 진정한 독립이 가능하고 조국의 근대화가 이루어질 수 있다는 서재필의 믿음이 〈독립신문〉을 통해 세상에 드러난 것이다.

이즈음 자연스럽게 많은 지식인들이 국어와 국문에 관심을 갖게 되었고, 〈독립신문〉은 이들의 주장을 세상에 알리는 창구 역할도 했다. 서재필과 함께 〈독립신문〉 창간에 참여했던 주시경도 1897년 〈독립신문〉에 '국문론'을 발표하면서 사전 편찬과 철자법 통일을 강조하였다.[25]

1896	지석영 "국문론" 〈대한독립협회회보〉 1호
1897	주상호 "국문론" 〈독립신문〉 47–48호
1897	신해영 "한문자와 국문자의 손익여하" 〈대한독립협회회보〉 15–16호
1897	주상호 "국문론" 〈독립신문〉 114, 115호
1898	"국문한문론" 〈황성신문〉 1권20호
1899	"국문원류" 〈황성신문〉 2권96, 97호
1899	"타국 글 아니다" 〈독립신문〉
1899	"두 가지 힘" 〈독립신문〉 4권 202호

〈표 9〉 개화기에 국문과 철자법의 필요성을 제기한 글들

이와 같은 국문에 대한 관심은 1897년에 지어진 최초의 순한글 책인 리봉운의 『국문정리(國文正理)』의 서문에서도 잘 나타나 있다.

> 나라 위하기는 여항의 선비나 조정의 공경이나 충심은 한가지기로 진정을 말하느니 대저 각국 사람은 본국글을 숭상하여 학교를 설립하고 학습하여 국정과 민사를 못할 일이 없이 하여 국부민강 하것만 조선사람은 남의 나라글만 숭상하고 본국 글은 아주 이치를 알지 못하니 절통한지라.
>
> 세종조께옵서 언문을 만드셨 것만은 자고로 국문학교와 선생이 없어 이치와 규범을 가르치며 배우지 못하고 입만 놀려 가갸거겨 하여 음만 입에 올려 안다 하되, 음도 분명히 모르니 한심한지라. 금자에 문명진보하려 하는 때요, 또 태서 각국 사람과 일, 청 사람들이 조선에 오면 우선 선생을 구하여 국문을 배우기로, 반절 이치를 물으면 대답지 못한 즉, 각국 사람들이 말하되, "너희 나라말이 장단이 있으니 언문에도 그 구별이 있어야 옳을 것인데, 글과 말이 같지 못하니 가히 우습도다"하고

멸시하니 그러한 수치가 어디 있으리오.

리봉운의 글에는 우리말과 글의 소중함, 국문 철자법의 통일의 필요성과 사전 편찬의 중요성이 절절히 드러나 있다. 이처럼 근대화를 위해 당시 지식인들 사이에서는 우리말·글에 대한 관심이 증폭되었다.

이러한 움직임은 청년 이승만의 한글 운동에서도 확인할 수 있다. 이승만은 민족 개조와 갱생을 위해서는 영어와 기독교는 물론이고, 한자를 버리고 한글을 배워야 한다고 생각했다. 배재학당에서 주시경과 함께 공부를 했고, 서재필의 특강을 듣고 협성회(協成會)에 몸담으며 근대식 개혁에 앞장섰다. 그는 누구보다도 한글과 한글 신문의 중요성을 깨달은 인물이었다. 1898년 〈매일신문〉 사장으로 있으면서 한글전용을 실시했고, 논설위원을 겸하면서는 "국문이 나라 문명할 근본"이라는 논설을 발표하기도 했다.

지금 우리나라에 관민이 이같이 어두우매 이 어두운 것을 열게 하자면 교육이 아니고는 할 수 없을 터인 즉, 만일 한문으로 교육하려다가는 지금부터 시작하여 부지런히 공부들을 한다 해도 신문이나 책 볼 만치 공부하자면 그 중에 재주유무를 다 통계하고 말하면 소불하 십년은 하여야 될 터이니 (중략) 불과 몇 시동에 언문을 깨쳐 가지고 만 권 서책을 못 볼 것이 없이 즉시 학문 배우기에 더디고 속함이 엇지 비교하리오. 국문은 진실로 세계에 드문 글이라. 이 글을 썼으면 글씨 못 쓰고 책 못 보는 사람이 온 나라에 몇이 되지 않을지라. 〈매일신문〉 1898년 6월 17일

한문에 비해 한글이 효율적이고 과학적이어서 배우기도 쉽고 빠르다는 설명이다. 한글의 우수성과 한글 교육의 필요성을 역설한 것이다. 이 밖에도 〈협성회회보〉를 창간할 당시 한글과 한자로 병용하자는 의견이 있었지

만 이승만이 강력히 주장하여 순한글로 발
간했다. 이러한 한글 사랑은 배재학당(培材
學堂)에서 받은 신학문의 영향이었다. 백성
이 주인이 되는 민주국가를 역설했던 서재
필이나, 민주주의 개념을 몸소 보여주었던
서양 선교사들은 민주국가를 위해서는 민
중이 깨어나야 하고, 이를 위해서는 언론이
살아야 한다고 믿었다. 따라서 무엇보다도

〈그림 71〉 〈협성회회보〉

민중들에게 글을 가르쳐주는 것이 급선무
였다. 그것도 어려운 한자가 아닌 쉬운 우리글자 한글을 말이다.

　이승만은 순국문 잡지인 〈신학월보〉에 5회에 걸쳐 한글에 대해 자신의
생각을 밝히기도 했는데, 이승만이 한글의 중요성을 깨닫고 얼마나 열심
히 한글 운동에 매달렸는지를 짐작할 수 있다.

　　[언문 배우기 긴요함]
　　1) 자기 나라의 언어가 없으면 자주독립할 수 없다.
　　2) 우리나라의 문자생활을 이해하고 한글로 언문일치를 이룰 수 있다.
　　3) 영국이 발전한 것도 라틴어에 대신 자국글을 썼기 때문이다.
　　4) 한문 배우는 데 시간을 소비하지 말고 우리글을 배워야 한다.
　　5) 한글을 잘 연구하고 좋은 책을 낼 테니 학교에서도 잘 가르쳐 달라.

　자주독립과 민족 갱생, 그리고 민주시민으로 거듭 나기 위해서는 한글
을 배우고 익혀서 이를 통해 정보를 습득해야 한다는 주장이다. 또한 서구
근대국가인 영국도 라틴어라는 제국의 언어 대신에 영어를 사용하면서 강
대국이 되었다는 것이다. 이승만을 비롯한 개화기 선각자들이 왜 한결같

이 한글 운동에 앞장섰는지를 잘 알 수 있는 대목이다.

한글은 전 계층에서 폭넓게 사용되기는 했지만, 1894년 갑오개혁 이전까지 국문의 지위를 얻지는 못했다. 이제 모든 공식문서는 국문인 한글로 써야 했으며, 근대식 교육을 위해서 언어규범을 통일하고 사전을 편찬하자는 목소리가 높아졌다. 그러던 중 1896년 〈독립신문〉이 창간되었다. 이것은 근대화를 위한 국민 계몽의 출발점이었다. 서구와 같은 근대 문명국가가 되기 위해서는 국민이 주인이 되어야 하고, 국민이 주인이 되기 위해서는 국민이 스스로 깨어나야 한다는 생각이었다. 이를 위해서는 일반 국민이 쉽게 정보를 얻고 깨우칠 수 있도록 언어생활에 일대 혁신을 가져와야 했다. 〈독립신문〉이 순한글 신문을 지향하고 언문일치와 띄어쓰기를 반영한 까닭이다. 〈독립신문〉은 조선의 '아래로부터의 혁명'을 보여주는 상징이었으며, 동시에 진정으로 한글이 민족문자로 거듭나는 순간이기도 했다.

3. 〈독립신문〉과 근대 과학기술

근대 과학기술에 대한 기사는 1883년에 창간된 〈한성순보〉에 더 많이 실려 있는 것이 사실이다. 이때가 일본에 대규모 사절단을 파견하고 중국 텐진(天津)에 유학생을 파견했던 시기였기 때문이다. 이러한 흐름과 시대정신이 고스란히 〈한성순보〉에 담겨진 것은 너무나 자연스러운 일이었다. 따라서 〈한성순보〉에는 창간호부터 과학기술에 대한 내용이 압도적으로 많은 분량을 차지하고 있으며, 1886년 〈한성순보〉를 계승한 〈한성주보〉에도 이러한 전통이 계승되었다.[26] 그러나 두 신문에 보도된 과학기술의 기사 내용은 주로 중국의 신문과 잡지의 내용을 거의 옮겨놓은 수준이어서 독자

들이 쉽게 이해하기란 어려웠다. 이것은 1880년대 지식층이 가진 한계를 반영하고 있다.[27]

문자 면에서도 〈한성순보〉는 한문으로 된 신문이었고, 〈한성주보〉 또한 한글이나 국한문혼용체로 간간히 등장했었지만, 주로 한문체를 유지했다는 점을 고려하면 온전한 순한글 신문이었던 〈독립신문〉과는 신문 제작의 목적이나 독자층 등에서 확연히 차이가 났다. 그런 면에서 〈독립신문〉은 순한글로 제작되었으며 남녀노소 상하귀천을 구분하지 않고 모든 백성들에게 근대정신을 심어주고자 노력했다.

이런 까닭에 신문에서 주로 다루었던 주제는 '중화사상 배척', '애국애족 정신의 함양', '공공의식 고취', '과학기술 소개', '준법정신 강조', '국문의 중요성', '위생관념 고취' 등이었다. 이것은 신문을 통해 백성들을 근대 시민으로 거듭나게 하려는 의도였다. 이를 위해서 일반 백성들이 쉽게 알 수 있는 언문일치체의 순한글 신문이 등장하게 된 것이다. 여기서는 '과학기술의 소개'에 초점을 맞춰 설명하고자 한다.

먼저 1898년 논설란에 실린 논설을 살펴보자. 여기에는 서양의 과학기술이 부국강병의 지름길이라는 생각이 잘 드러나 있다.

> 서양 각국의 부강함은 무슨 까닭이며 대한국의 빈약함은 무슨 연고인고 하니 서양 각국은 심학을 숭상하여 문명한 기계를 신발명한 뒤로 나라 형세들이 크게 떨쳐 세계상에 먼저 진보한 나라가 되고 대한국은 다만 허학만 숭상하니 이는 서양 각국에 대 하여 못 하다고 할 만한지라 그러 하니 대한국도 얼마 아니 되어 나라가 부요하고 군사가 강성하여 세계 만국에 독보(獨步)할 방책이 있나니 대저 부국 강병함은 사람마다 다 좋다고는 이르고 그 부국강병하는 것이 사람마다 각기 재기의 한 몸에 있는 줄은 사람사람이 다 깨닫지 못 하고 한갓 부국강병하기가 깊고

멀어 행하기 어려운 줄로만 생각들 하여 등한히들 버려두고 지내니 어찌 애닯고 한심하지 아니 하리오. 꼭 이 사람들이 각기 한 몸씩만 스스로 보호하려 하거들면 놀고먹는 자가 없을 것이요 (중략)

대저 공업이라 하는 것은 사람의 사는데 응하여 일천 가지 일만 가지가 시시로 긴요치 아니 함이 없고 또한 인생에 응한 만물의 천태만상이 모두 공업을 좇아 변화하지 아니 함이 없을지니 나라가 부강에 나아가고자 하려면 정부에서 불가불 허학을 없애고 실학을 숭상하여 인민의 공업을 흥왕하게 가르치는 것이 제일 방책이 될 줄로 우리는 믿노라. 〈독립신문〉 1898년 6월 14일

서양은 새로운 과학기술로 부강한 나라를 만들었는데, 우리나라는 허학만 숭상하여 부강한 나라가 되지 못했다고 판단한다. 그리고 사람들이 이를 깨닫지 못하고 허송세월하고 있는 작금의 현실이 개탄스럽다고 말했다. 또한 이를 위한 구체적인 방책으로 나라에서 공업을 장려하고 기술자를 빨리 육성해야만 한다고 강조했다.

이러한 논조는 〈독립신문〉의 군데군데에서 찾아볼 수 있다. 1899년 9월 13일자 〈독립신문〉에 각국명담란에 실린 「다섯 가지 큰 리익(다섯 가지 큰 이익)」이란 글에서 이러한 생각을 잘 읽을 수 있다.

○ 천하대세를 살펴 보건대 구미 각국은 점점 부강하고 문명한 지경에 나아가되 동아에 몇 나라는 날로 빈약하고 위급하여 서세가 동점하는 기틀을 가히 방비치 못하게 되었으니 슬프다 어찌 하여 그러하뇨. 서양에 부강한 나라들은 여러 가지 이익됨을 날로 힘쓰는 까닭이요. 동양에 빈약한 나라들은 그렇지 못하여 이해를 불구하고 항상 뒤로 물러가기만 좋아하는 까닭이로다. 그런즉 문명하고 부강하는 데 크게 이익되는

다섯 가지 조건을 대강 설명하노니

- ○ 一은 철로요
- ○ 二는 윤선이요
- ○ 三은 전선이요
- ○ 四는 우체요
- ○ 五는 신문이라

이 논설은 경인철도(京仁鐵道) 개통을 즈음하여 서구의 과학기술과 근대 시민정신이 부강한 나라를 만들었다는 것을 강조한 것이다. 제일 첫 번째로 철도를 꼽았고, 그다음에 윤선과 전선, 그리고 우편제도와 신문 발행을 부강한 나라가 되기 위한 핵심 요소로 제시한 것이다.

여기서 또한 강조하는 것은 신문물을 도입하는 동시에 우리의 사고방식도 달라져야 한다는 점이다. 1899년 9월 16일 〈독립신문〉에 실린 「경인간 철도 규칙」에는 이러한 생각이 잘 드러나 있다. 몇 가지만 소개하면 다음과 같다.

『경인간 텰도 규칙』

○ 셔울과 인쳔 이에 노흔 텰도 규칙을 좌에 긔ᄒᆞ노라

뎨一됴 텰도에 운전ᄒᆞᄂᆞᆫ 화륜거를 타ᄂᆞᆫ 쟈ᄂᆞᆫ 엇던 사ᄅᆞᆷ이던지 몬져 ᄎᆞ갑을 ᄂᆡ여 ᄎᆞ의 표를 사 가지고 ᄎᆞ타ᄂᆞᆫ 마당에셔 시험을 지닌 후에 ᄎᆞ를 타고 ᄎᆞ에 나린 후에 ᄎᆞ의 표를 사슈의게 주고

○ 뎨二됴 엇던 사ᄅᆞᆷ이던지 ᄎᆞ갑을 ᄂᆡ지 안코 ᄎᆞ를 타며 ᄌᆞ긔가 가진 ᄎᆞ표의 등급 보다 고등 ᄎᆞ에 몰ᄂᆡ 타며 혹 그ᄎᆞ표 뎡흔외에 타고 더 가ᄂᆞᆫ 쟈 뎡흔 ᄎᆞ갑을 밧은외에 리슈 원근과 등급의 엇더흔 것을물론 ᄒᆞ고 민

명에 五전식 밧으며

○ 데三됴 돌님 병 알는 사름은 추타는 것을 거절ᄒ며

○ 데四됴 밋치고 취흔 쟈와 란잡흔 쟈는 추타는 것을 거절ᄒ며

경인간 철도 규칙

○ 서울과 인천 사이에 놓은 철도 규칙을 좌에 기재 하노라

　제 일(一)조 철도에 운전하는 화륜거를 타는 자는 어떤 사람이든지 먼저 차 값을 내어 차의 표를 사 가지고 차 타는 마당에서 사험을 지낸 후에 차를 타고 차에 나린 후에는 차의 표를 사수에게 주고

○ 제 이(二)조 어떤 사람이든지 차 값을 내지 않고 차를 타며 자기가 가진 차표의 등급보다 고등 차에 몰래 타며 혹 그 차표 청한 외에 타고 더 가는 자는 청한 차 값을 받은 외에 이수 원근과 등급의 어떠한 것을 물론 하고 매 명에 五전씩 받으며

○ 제 삼(三)조 돌림 병 앓는 사람은 차 타는 것을 거절하며

○ 제 사(四)조 미치고 취한 자와 난잡한 자는 차 타는 것을 거절하며

　총 15개조로 이루어진 철도 이용 규칙에는 실제 이용자가 어떻게 철도를 이용해야 하는지를 조목조목 설명하고 있다. 차를 탈 때는 차 값을 내야 하고, 차에서 내릴 때는 사수에게 표를 제출해야 하는 등의 이용 방법은 물론이고, 부정 승차를 하지 말 것과 돌림병이 있는 사람이나 술에 취한 사람은 차를 탈 수 없다는 등의 시민정신에 이르기까지 자세한 내용이 기록되어 있다. 이것은 새로운 문물을 소개하는 데 그치지 않고 시민들에게 근대의식을 함양(涵養)케 하려는 의도가 잘 나타나 있다고 하겠다.

　이 밖에도 〈독립신문〉에서 주창했던 근대정신 가운데, 특히 근대 위생은 서재필이 매우 강조했던 내용이었다. 〈독립신문〉에는 다른 언론매체보

다 위생 관련 내용이 유독 많이 등장한다. 서재필은 우리나라 최초의 서양 의사였기에 위생 계몽이야말로 다른 무엇보다도 조선 사람들에게 시급한 문제라고 생각했다. 이것은 생활의 기본인 의식주의 상태를 전통적인 모습에서 서구화된 모습으로 바꾸려는 시도였다. 〈독립신문〉에 이러한 서재필의 생각이 잘 드러나 있다.

> 그 사람들 몸을 보면 백분지 구십구는 일 년에 한 번 목욕하거나 말거나 한즉 몸에 어찌 병이 아니 나며 이 더운 때에 긴머리를 날마다 감지 아니 하고 상투를 짜고 망건을 쓰고 망건 위로 혹 탕건도 쓰며 갓을 쓰고 땀 난 채 기름 난 채 그냥 며칠씩을 지내니 그렇게 더럽고 그렇게 옹졸하고 그렇게 결박하여 놓은 두골 속에서 생각이 어찌 잘 나리요. 〈독립신문〉, 1897.9.2.

〈독립신문〉에서는 우리나라 최초로 박테리아의 존재를 대중에게 소개하기도 했다.[28]

> 외국서는 의원이 사람의 살을 기계를 가지고 건드리려면 그 기계를 더운물에 넣고 끓여 그 기계에 있는 박테리아(독물)가 다 죽은 뒤에 다시 약물에 넣어 아주 염려 없은 후에 비로소 살도 베고 오장을 열고라도 다시 기워 매면 그 사람이 몇 날이 아니 되어 도로 살아나는 것이 묘리인즉, 첫째 사람이 어떻게 생긴 것을 알아 베지 않을 물건을 베지 않고 또는 베는 기계와 손과 의복과 방과 각색 물건이 다 정하게 하여 박테리아가 죽은 후에 아무 일이라도 하면……[29]

의료기구를 사용할 때 소독이 왜 중요한지, 박테리아가 어떻게 하면 죽는지를 구체적으로 설명하고 있다. 〈독립신문〉 1896년 12월 12일자에서도 박테리아에 대한 이야기가 나온다.

> 여름에는 공기에 각색 먼지와 눈에 보이지 않는 독한 물건이 바로 사람의 몸으로 들어가니 대단히 해롭고 겨울에는 일기가 추운즉 공기 속에 독한 생물은 적으나 먼지와 찬 기운이 바로 들어가니 부화에 해가 대단히 있는지라.

이후 〈독립신문〉에는 여러 번 박테리아에 대한 언급이 나온다. 서재필은 박테리아가 만병의 근원이며 이로 인해 다양한 병에 걸릴 수 있다는 점을 강조했다.

> 그 물 한 방울을 현미경 밑에 놓고 보면 그득한 것이 버러지 같은 생물인데 그 생물 까닭에 대개 열 사람이면 아홉은 체증이 있다든지 설사를 한다든지 학질을 앓는다든지 무슨 병이 있든지 성한 사람은 별양 없고……〈독립신문〉 1897.9.2. 「논설」
>
> 종류가 여러 백만 종류이며 세계에 제일 많은 것이 이것이며…이 생물 까닭에 초목과 곡식이 자라며 이 생물 까닭에 사람이 병도 나며 대저 세계에 무론 무슨 병이든지 백명에 구십 구 명은 이 생물 까닭에 병이 생기는 것이오. 이 생물 때문에 병이 전염되어 한 사람이 병을 앓게 되면 그 생물이 그 사람에게서 떨어져서 다른 사람에게로 들어가는 것이다.…… 〈독립신문〉, 1897.7.22.

〈독립신문〉은 쉬운 한글을 이용하여 백성들에게 다가갔으며, 이를 통해 그들의 일상생활의 작은 부분부터 바꾸어 나가고자 노력했다. 이른바 생활 속에서 근대 계몽운동을 펼친 것이었다. 〈독립신문〉에는 이와 관련된 계도성 기사가 넘쳐났다. 예를 들어, 길을 다닐 때에는 입을 벌리지 마라, 공기 중의 세균이 몸 안에 들어가므로 그와 같은 행위는 야만인이나 하는 것이다, 또 길에서 손으로 코를 푸는 것은 좋지 않으며 반드시 손수건을 가지고 다녀라, 길을 걸을 때 지어 걷는 걸음을 하지 마라, 길에서 침 뱉을 때 소리를 내지 마라, 길 다닐 때 고개를 꼿꼿하게 들고 다녀라, 팔을 천천히 흔들고 활개 치는 손동작을 없애라, 목욕을 자주 해라, 이를 깨끗이 닦아라, 밤에 웃통 벗고 길거리에서 앉거나 자지 마라,[30] 길에서 대소변을 누지 말고 쓰레기를 함부로 버리지 말라는 이야기[31] 등이 바로 그것이다.

이 밖에도 〈독립신문〉에는 서구의 의사 양성과정에 대한 내용도 소개되어 있다.

> 외국서는 사람이 의원이 되려면 적어도 일곱 해를 날마다 학교와 병원에서 각색 병을 눈으로 보고 다스리는 법을 공부 한 후에 대학교 교관들 앞에서 시험을 지낸 후 다시 의원 노릇을 하려면 그 동리 판윤 앞에 가서 상등 의원들을 청하여 다시 시험하여 그 사람이 내치외치와 부인 병들과 아이 병들과 해산하는데 관계되는 학문과 화학과 약물학과 약 만드는 법을 다 시험을 지낸 후라야 판윤이 인가장을 하여 주어 비로소 민간에 나아가 의원 노릇을 하는 법이라 의원이 이 학문들을 모르고 책을 보고 의원인 체 하는 사람은 세계에 제일 위태한 사람이라. 〈독립신문〉, 1896.12.1.

외국에서는 7년 동안 열심히 공부하고 병원에서 환자를 실습을 하고, 또 약에 대한 처방과 원리를 공부한 후에 엄격한 시험을 거쳐 의사가 되는데, 우리나라에서는 체계적인 훈련이나 시험도 없이 의사가 양산되고 있다고 비판했다. 이러한 비판에도 정부에서 체계적인 의사양성학교를 세우지 않자 서재필은 몇 년 후 다시 의학교 설립의 필요성을 역설하기도 했다.

대한에서도 서양 의술을 배워 익혀 의방하여 시행함이 위생의 급선무이거늘 지우금 학습을 베풀어 열지 아니 함은 도로 스스로 다행히 여겨 그리 하오니까 학교로 의논할진대 지성하신 칙령을 받들어 각 학교를 베풀어 세우시고 때로써 권면하시되 인민 구원하여 살리는 의술 학교에 이르러는 지금까지 베풂이 없으니 나라 백성에게 큰 부끄러움을 어느 때에나 면하오며 그 의약의 현현미미한 묘리를 배워 우리나라 병든 사람들을 어느 날에나 능히 다스리오리까. 〈독립신문〉, 1898.7.18

한글과 인쇄문화

1. 한글과 활자의 발달

1896년 〈독립신문〉은 배재학당에 있는 인쇄소에서 신식연활자(新式鉛活字)로 찍은 것이다. 연활자란 납으로 만든 활자를 말하는데, 이것은 전통 금속활자 가운데 하나였다. 서구문명을 우리보다 일찍 받아들인 일본은 1881년 신식연활자로 각종 도서와 기독교 서적을 간행했다. 일본과 수교를 하고 일본을 통해 근대 문물을 도입했던 우리나라는 1883년 이 신식활자와 신식인쇄술을 들여와 신문을 간행했다. 그것이 바로 정부기관인 박문국에서 간행한 〈한성순보(漢城旬報)〉다. 〈한성순보〉는 한문 신문이었고, 그 후 1896년에 이르러서야 최초의 순한글 신문인 〈독립신문〉이 탄생하게 된다.

한문 신문인 〈한성순보〉에서 한글 신문인 〈독립신문〉으로 변모했지만, 이를 인쇄한 활자는 똑같은 신식연활자였으며, 활자를 만드는 방식은 전통적인 한글 활자와 다르지 않았다. 즉, 〈독립신문〉의 신식활자는 한글의 자모를 따로 분리하여 결합하는 방식이 아니라 전통적인 방식 그대로 하나의 활자에 하나의 음절을 통째로 배정하는 방식이었다.

한글 활자가 처음 등장한 것은 세종이 한글을 창제한 직후이다. 1443년 세종은 한글을 창제하고 새로운 문자로 책을 간행하여 보급했다. 가장 처음에 간행된 책은 『용비어천가』(1447)였지만, 이것은 금속활자가 아니라 나무에 글자를 새긴 목판으로 제작된 것이었다. 다음으로 1448년 10월에 표준 한자음 발음사전이었던 『동국정운』이 간행되었는데, 이 책에서 사용되었던 한글 활자는 금속활자가 아니라 목활자(木活字)였다.

최초로 한글 금속활자로 간행된 책은 『석보상절』(1449)과 『월인천강지곡』(1449)이다. 이 책에서는 한자와 한글이 병용되었는데, 한자 활자는 갑인자의 큰 자와 작은 자를 사용하였고, 한글 활자는 큰 자와 작은 자를 새로 만들어 사용했다. 이때 한글 금속활자가 처음 등장하게 되었다. 한글 금속활자는 동활자였으며 글자체는 강직하고 굵은 고딕 인서체(印書體)였다. 한글 금속활자가 언제 주조되었는지는 정확한 기록이 없으나, 『석보상

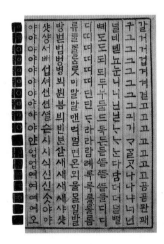

〈그림 72〉 한글 금속활자 (출처: 국립중앙박물관)   〈그림 73〉 『석보상절』

절』이 1447년에 9월에 편찬되었다는 점을 고려하면, 한글 활자도 그 무렵에 만들어졌을 것으로 추정된다.[32]

세조시대에 들어서 한글 활자의 인쇄는 더욱 활발해졌다. 1455년 이후 여러 한글 활자가 등장했으며 이를 통해 여러 불경 언해를 간행했다. 물론 순한글본은 아니었으나 한자와 한글이 함께 쓰이는 책들이 다양하게 출판되었다. 대표적인 서적들은 『능엄경언해』, 『원각경언해』, 『묘법연화경언해』 등이다.

활자와 인쇄술은 조선후기 18세기에 와서 다시 활발해진다. 중앙의 교서관에서 역서(曆書), 천문서, 병서 등 여러 책들이 간행되었고, 지방 감영이나 사가에서도 다양한 활자가 만들어지면서 교재나 실용서, 그리고 한글 소설이 출간되는 등 출판문화가 활성화되었다. 그러다가 정조가 즉위하면서 도서 간행은 더욱 활발해진다. 1766년 정조가 즉위하자마자 규장각을 세우고 모든 간행 업무를 관장하게 했다. 또한 1777년에는 갑인자 15만 자를 더 주조하고 이를 통해 각종 윤음(綸音) 등 많은 책을 간행하였다. 19세기에 들어서면 지방에서 다양한 목활자가 등장하고 이를 통해 소설 등 많은 책이 간행되었다.

특히 1880년에는 신식활자인 한글연활자가 등장했다. 이는 천주교 포교(布敎)와 프랑스 선교사들의 활약에 기인한 것이다. 이러한 활동은 성서 간행과 천주교의 포교뿐 아니라 한국 근대 활자 인쇄의 역사에도 커다란 영향을 미쳤다. 1877년 프랑스 선교사인 리델(Félix-Clair Ridel) 주교(主敎)가 제6대 조선 교구장(敎區長)이 되어 조선에 입국했지만 쇄국정책으로 말미암아 곧바로 체포되어 추방당하자, 리델은 만주(滿洲) 지방에 임시로 조선 교구 대표부를 설치하고 조선으로 들어가는 통로를 확보하기 위해 노력했다. 그러면서 한글 학습과 조선 문화를 습득해나갔다.[33]

1881년 11월 리델 주교는 만주 지역의 조선교구 대표부를 정리하고 일

〈그림 74〉 『한어문전(韓語文典)』 (출처: 국립한글박물관) 〈그림 75〉 『한불자전(韓佛字典)』 (출처: 국립한글박물관)

본의 나가사키(長崎市)에 새로운 조선교구 대표부를 설치했다. 나가사키를 통해 부산으로 입국하는 길이 더 수월했기 때문이다. 리델 주교는 대표부와 더불어 조선교구 인쇄소도 함께 운영했다. 이것은 천주교 최초의 조선교구 인쇄소였다. 이곳에서는 신식활자를 사용하여 순한글판으로『천주성교공과(天主聖敎工課)』(1881)를 비롯하여 여러 교리서(敎理書)를 간행했다.

이 무렵 리델 주교의『한불자전(韓佛字典)』(1880)과 블랑 신부의『한어문전(韓語文典)』(1881)이 간행되었는데, 이들은 조선교구 인쇄소에서 간행된 것이 아니라 나가사키의 프랑스 신문사 '레코 듀 자퐁(L'Echo du Japon)'에서 신식활자로 간행된 것이다.[34] 리델 신부의 명을 받아 코스트 신부가 한글 활자를 구해다가 프랑스 신문사에서 인쇄하고 간행한 것이다. 이 책들은 이미 1868년부터 집필이 시작되어 1876년에는 원고가 완성된 상태였다.[35]

이후 1885년 10월경 나가사키 조선교구 대표부가 폐쇄되면서 블랑(Marie-Jean-Gustave Blanc) 주교의 지시에 따라 활자와 인쇄시설이 조선으로 옮겨 오게 된다. 제물포를 통해 들어온 활자와 시설들은 1888년 종현성당(지금의 명동성당)이 완공되자 비로소 서울에 터를 잡게 되었다. 이후 국내 여러 출판업자와 인쇄업자들은 이 인쇄소의 활자를 가져다가 이용하기도 했다.[36]

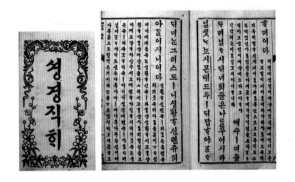

〈그림 76〉『셩경직해』

1891년에는 정동의 배재학당에 인쇄소(한미화활판소)가 설치되었고 이곳
에서 한글 활자와 영문 활자를 주조하여 성서를 인쇄하였다. 이들 활자를
이용하여 1892년에는 당시 필사본으로 전해져오던 성경 번역서인 『셩경직
해』를 납활자로 찍어 출판했다. 또한 1896년에 〈독립신문〉이 이곳에서 간
행되기도 했다. 그러나 납활자인 신식활자는 국내에서 주조하지 못하고 일
본에서 수입해 쓰는 형편이었다. 1908년경에도 활자 수입상들이 일본에
서 활자를 수입하여 판매했다. 그러다 보니 활자가 통일되지 못해 인쇄의
질이 좋지 못한 상태가 되었다. 이러한 폐단을 극복하기 위해 1909년 활자
개혁을 단행하여 활자의 규격화를 시도하기도 했다.[37]

2. 한글과 근대 출판문화

근대적 출판산업은 정부의 인쇄시설인 박문국(博文局), 민간 인쇄시설인
'광인사인쇄소(廣印社印刷公所)', 기독교 인쇄출판사인 '한미화활판소(韓美
華活版所, 삼문출판사)' 등이 설립되면서 본격화되었다. 감리교(監理敎) 선교

사들이 설립한 '한미화활판소'는 배재학당 안에 있었는데, 한글[韓], 영어 [美], 중국어[華] 세 가지 문자의 활자가 구비된 활판소라는 이름에서도 짐작할 수 있듯이, 서구 학문을 수용하여 근대화해야 한다는 시대적 요구에 부응하는 출판사를 지향하였다. 주로 기독교 서적을 중심으로 출판이 이루어졌고, 출판사보다는 인쇄소로서의 역할이 더 컸던 면도 있었지만, 〈독립신문〉, 〈협성회회보〉, 〈대한매일신보〉 등이 이곳에서 인쇄되기도 했다는 사실은 이 출판사의 성격을 상징적으로 보여준다.

20세기 초 출판문화의 특징을 보여주는 출판사는 최남선(崔南善)이 만든 신문관(新文館)이 대표적이다. 신문관은 1907년 최남선이 유학 중이던 일본에서 인쇄시설과 인쇄기술자 5명을 데리고 와서 설립한 인쇄소 겸 출판사였다. 안창호(安昌鎬) 등이 1907년에 설립한 '신민회(新民會)'가 새로운 국민인 '신민'을 이상으로 내걸었다면, '신문관'은 새로운 말과 글로 된 새로운 문화인 '신문'을 이상으로 내걸었다. 신문관에서는 국주한종(國主漢從), 언주문종(言主文從) 등 한문보다는 우리글을, 글보다는 말을 더 강조했으며 글도 문어체보다는 구어체로 쓰는 것을 권장했다.[38]

이런 점을 고려할 때, 신문관에서 최초로 간행한 책이 1908년 박승빈의 『언문일치일본국육법전서(言文一致日本國六法全書)』였다는 것도 매우 의미가 있다. 이 책은 1908년 10월 20일 서울 신문관에서 출간되었는데, 일본의 헌법, 민법, 상법, 민사소송법, 형사소송법, 구형법(舊刑法) 등 여섯 가지의 법률을 우리말로 번역한 것이다. 박승빈이 일본에서 귀국 후 1907년부터 판·검사로 재직하면서 일본의 법전을 우리말로 번역하는 작업을 했고, 마침내 1908년에 번역서를 완성하여 세상에 내놓은 것이다.[39] 책 제목에 '언문일치'라 붙인 것은 전문가뿐 아니라 일반인도 알기 쉽게 쉬운 언문일치체(즉 담화체)로 번역했음을 말해준다. 이 언문일치 번역서를 신문관에서 출간한 것은 박승빈과 최남선이 같은 시기에 일본 유학을 하면서 다양한

〈그림 77〉『아이들보이』의 표지와 목차

근대 계몽활동을 함께했다는 인연에 기인한 것도 있지만, 이 책이 '신문 (新文)'으로 새 세상을 만들고자 했던 신문관의 이상과도 맞았기 때문이었을 것이다.[40]

　신문관의 출판 활동은 크게 잡지 발간과 단행본 출판으로 나뉘어 진행되었다. 잡지의 경우는 1908년 11월 1일 우리나라 최초의 근대적 잡지『소년』을 창간했다. 이 잡지도 언문일치를 시도하고 있는 점을 볼 때 '신문'의 이상을 추구하고자 하는 최남선의 의식이 잘 드러나 있다. 이후 월간 소년 잡지인『아이들보이』(1913)를 비롯하여『청춘』(1914),『새별』(1915) 등의 간행이 이어졌다.

　단행본의 경우는 우리나라 최초의 교양문고본인 십전총서(十錢叢書)를 기획하여『갈리보유람기』등을 간행했고, 1913년에는 육전소설(六錢小說) 문고를 기획하여『홍길동전』을 비롯하여 여러 종의 순 국문소설을 발간하여 대중들에게 보급했다. 또한 주시경의『말의소리』(1914), 김두봉의『조선말본』(1916)과 같은 다양한 국어문법서를 간행하기도 했다.[41]

　최남선은 1910년에는 신문관을 서울 삼각동으로 옮기고 학술단체인 조선광문회(朝鮮廣文會)를 설립했다. 이곳에서 최초의 국어사전인 『말모이』의 편찬 작업이 시작되었고, 『삼국사기』, 『삼국유사』 등 수십 종의 고전(古典)을 간행하기도 했으니 20세기 초 최남선의 신문관과 조선광문회는 근대 계몽의 산실(産室)이자 민족문화 계승과 발전의 상징으로서 출판문화의 꽃을 활짝 피운 곳이었다.

풀어쓰기와 한글 기계화

1. 한글 활자의 한계와 풀어쓰기 운동

세종대왕은 1443년 한글을 창제하고, 한글을 인쇄하기 위해 한글 활자를 제작했다. 이들 활자 모두 한 음절을 하나의 활자로 나타내는 방식이었고, 이 활자로 인쇄한 책이 바로 『석보상절』과 『월인천강지곡』 등이다. 이후 1896년 〈독립신문〉에 이르기까지 활자를 만드는 재료는 달라졌을지언정, 활자를 만드는 방식은 변함이 없었다. 이러한 전통방식의 문제점은 활자가 엄청나게 많이 필요하다는 점이다. 즉, 음절의 수만큼 활자의 수가 존재해야만 한글 인쇄가 가능하다는 것이었다. 이것은 자음과 모음이 분리된 음소문자를 음절문자처럼 모아써야 했던 표기방식과 일맥상통한다.

〈독립신문〉 창간에 참여했던 주시경은 이러한 한글 활자 문제를 직시하고 이를 개선할 방안을 찾기 시작했다. 주시경은 배재학당에서 신학문을 배웠고, 아펜젤러(Henry Gerhard Appenzeller)가 설립한 삼문출판사(『천로역정』, 〈신학월보〉, 〈독립신문〉, 〈협성회회보〉 등을 인쇄하던 곳)에서 아르바이트 직공으로 일한 적이 있다. 또한 서재필이 지도하는 학생운동단체인 협성회 창립 멤버로 들어가 〈협성회회보〉, 〈독립신문〉의 교정을 맡아보기도 하였다. 이 속에서 체득했을 서양의 문자관과 표기법 등은 근대적 국어학의 선구자였던 그의 문자 의식을 성립시킨 배경이 되었을 것이다.

더욱이 〈독립신문〉이 4면 가운데 3면이 한글판이고 마지막 면이 영문판이었다는 점을 고려한다면, 주시경의 고민은 더욱 실질적이고 절실했을 것이다. 로마자와 마찬가지로 한글은 자음과 모음이 구분되어 있는 음소문자인데, 로마자는 20여 종류의 활자만 필요한 반면, 한글은 무수히 많은 활자가 필요했기 때문이다. 주시경의 풀어쓰기 실험은 바로 이 대목에서 대안으로 제시된 것이다.

〈그림 78〉 마친보람 (출처: 대한민국역사박물관)

풀어쓰기에 대한 공식적인 언급은 1909년 국문연구소에서 발표한 『국문연구안』에 등장한다. 국문연구소는 어문규범의 통일 작업을 좀 더 체계적으로 하기 위해 정부에서 설립한 기관이다. 이미 1905년에 지석영이 『신정국문(新訂國文)』을 발표했으나 학계의 합의를 이끌어내지 못하자 1907년에 정부가 독립된 기관을 만들어 체계적 연구를 지시한 것이다.

〈그림 79〉 김두봉의 풀어쓰기

그 연구의 결과물이 1909년에 발표한 『국문연구안』이다.

국문연구소의 위원으로 참여한 주시경은 『국문연구안』의 논의 과정에서 표기할 때 원칙상 횡서(橫書: 풀어쓰기)가 정당하나 현실적으로 훈민정음 이래로 내려오는 전통을 따를 수밖에 없음을 언급했다. 그러나 그 후 주시경은 1908년부터 작고하던 1914까지 7년 사이에 풀어쓰기에 대한 주장을 지속적으로 발전시켜나갔다.

초기에는 단순한 방안의 제시에 머물렀지만, 횡서라는 말을 가로글로 바꿔 부르면서부터는 적극적인 실천 운동을 벌여나갔다. 1911년 조선어강습원(講習院)의 수료 증명서에 풀어쓰기를 사용하기도 했으며, 『말의 소리』(1914) 말미에 '우리글의 가로 쓰는 익힘'이라는 제목으로 가로 풀어쓰기의 보기를 보이기도 했다. 주시경은 풀어쓰기야말로 우리 표기법이 나아가야 할 길이라고 확고하게 생각했다.[42]

주시경이 세상을 떠난 후 그 제자들이 만든 조선어학회(朝鮮語學會)는 풀어쓰기의 보급에 더욱 박차를 가했다. 최현배(崔鉉培)와 김두봉(金枓奉)이 풀어쓰기를 지속적으로 시도한 것이 바로 그것이다. 두 학자는 해방 후 남북한에서 어문규범(語文規範)을 담당하면서 주시경 철자법을 관철시키는 한편, 풀어쓰기 운동도 대대적으로 전개했다. 김두봉의 풀어쓰기안은 이후 북한 문자 개혁의 이론적 기반이 되었으며, 조선어학회의 가로글씨안은 남한 문자 개혁 운동의 이론적 기반이 되었다는 점에서 의의가 있다. 그러나 이러한 노력에도 불구하고 풀어쓰기는 남북한에서 모두 거부되고 만다. 그간 축적된 한글문화와의 단절, 일반 대중의 서사관습(書寫慣習)과의 괴리 등이 풀어쓰기의 문제로 지적되었다. 당시 어문 상황에서 풀어쓰기는 이상적인 혁신안으로 받아들여졌던 것이다.

2. 한글타자기 개발

20세기 초 지식인들은 한자나 가나에 비해 음소문자인 한글이 매우 우수하다는 점을 인식하였고, 로마자와 마찬가지로 적은 수의 자모만으로도 수많은 소리를 표현할 수 있다고 생각했다. 그리고 한글타자기도 이러한 한글의 우수함과 간결함을 살려서 만들어야 한다고 믿었다. 이러한 생각은 철자법에서 모아쓰기 대신에 풀어쓰기를 주장한 이들과 일맥상통한다.

가로쓰기(풀어쓰기)는 단순한 개인의 취향이나 선택의 문제가 아니라, 글에 대한 관념과 인식의 틀을 바꾸는 혁명적 변화였다. 가로쓰기를 주창한 이들은 가로쓰기로의 혁신이 한자문화의 그늘에서 벗어나 서구문명에 근접할 수 있는 길이라고 생각했다. 아울러 가로쓰기를 채택하면 로마자나 아라비아 숫자와 어울려 쓰기에도 편하고, 타자기나 인쇄기와 같은 서양식 기계를 도입할 때에도 개조(改造)할 부분이 줄어들어 더 효과적으로 한글의 기계화를 도모(圖謀)할 수 있다고 주장했다.[43]

한글타자기가 본격적으로 개발된 것은 1920년대이다. 〈동아일보〉(1929.1.17.)에는 미국에서 송기주(宋基柱)가 발명한 한글타자기 소식을 다음과 같이 전하고 있다.

"지금으로부터 오년전에 연희전문학교를 졸업하고 미국으로 건너가서 '휴스톤' 대학을 졸업하고 현재 '시카고' 대학에서 연구중인 평남 강서 출생인 송긔주(宋基柱)씨는 다년간 문뎨되든 조선문횡서법과 타이부라이트 인쇄긔계를 발명하야 미국정부 특허국에 신청하얏다는 바 그 자테가 미묘하며 이를 보급키 위하야 미국에 잇는 동포들로 조선타긔판매회사와 조선문개량협회를 조직하고 그 선정에 노력중이오. 타자긔의 가격은 사무실용 백십오원, 리행용 구십칠원오십전 가량이라더라."[44]

송기주는 한글이 로마자와 같이 음소문자이기 때문에 기계화에도 매우 유리하다고 생각했다. "한문 글자나 가나(仮名)와 같은 글자는 좋은 타입우라이터가 되기 어렵고, 만들었다 하더라도 큰 인쇄기계와 같아서 도저히 영문이나 우리 한글처럼 신속하게 할 수 없는 것이다."[45] 송기주는 한자나 가나문자를 이용하여 타자기를 만드는 것이 매우 어렵다는 점을 이미 인식하고 있었다. 실제로 일본에서는 1915년 스기모토 교타(杉本京太)가 발명한 타자기를 시판하고 있었는데, 이 타자기는 수천 개의 활자를 실은 활자판에서 글자를 고르면 그 활자가 들려 올라가 롤러에 감긴 종이에 글자를 찍는 매우 복잡한 구조를 띠고 있었다.[46]

한글타자기를 처음 개발한 것은 송기주가 아니었다. 최초의 한글타자기는 재미교포 이원익(李元翼, Wonic Leigh)에 의해 만들어졌다. 1913년 미국 로어노크(Roanoke)대학에서 상업을 전공한 이원익은 84개 키로 이루어진 최초의 한글타자기를 발명했다. 이것은 우리나라 최초의 모아쓰기 타자기였다. 당시 세로쓰기 관습을 존중하여 세로쓰기 문서를 찍을 수 있도록 고안했다. 활자가 왼쪽으로 드러누워 있어서 로마자를 가로쓰기하듯 글씨를 찍고 나중에 종이를 오른쪽으로 돌려보면 세로로 쓰인 한글을 읽을 수 있도록 만든 것이다. 그러나 이 타자기는 너무 복잡하여 실용화되지는 못했다.[47]

한글타자기 개발에서 빼놓을 수 없는 인물이 바로 이승만(李承晚)이다. 1922년 이승만은 한글타자기를 만들고자 했다. 그 시절 이승만은 임시정부의 대통령 자격으로 서재필과 함께 미국 동부에서 외교 활동을 벌이고 있었다. 이 당시 이승만은 한글을 영어처럼 쉽고 빠르게 타이핑하는 것이 독립운동에 절실히 필요하다고 생각했다. 이에 이승만은 구미위원부(歐美委員部) 통신문을 작성하는 통신원 신형호(申衡浩)에게 한글타자기를 만들 것을 요청한다. 이승만의 요청을 받은 신형호는 반하르트(Barnhart) 회사를 통하여 한글타자기를 제조하게 되는데, 이것은 1913년 이원익이 만든 한글타자기를 수정 보완한 것이었다. 그러나 한글타자기를 만드는 일은 그리 쉽지 않았다.

이러한 사실은 신형호가 1922년 5월 2일 이승만에게 보낸 편지에서도 엿볼 수 있다. 그는 이승만에게 한글 타자(打字) 관련 문건을 함께 보냈는데 이것은 당시 이승만이 한글타자기를 개발하기 위해 여러모로 노력하고 있었음을 짐작케 한다.[48]

"금일 오후에 Barnhart Co에 다시 가서 본 즉, 주자를 몇 개 만들어 놓았는데 격 "ㄱ"자가 잘못 되었음으로 그 자를 다시 만들어 "ㄱ"자 line이 "마"자 바깥 줄이나 "쾌"자 안 줄이나 한 줄이 되게 하라 하였습니다.…… 된시옷 "ㅅ"은 만들 수 없다 하오니 된시옷 있는 글자를 다 더 만들든지 그렇지 않으면 된시옷을 불가불 다른 글자를 만들어 글자 위에 놓이게 해야 하겠는데 그 모양이……." (필자가 맞춤법 수정함) 신형호가 이승만에게 보낸 1922년 5월 2일자 편지에서

〈그림 80〉 송기주의 4벌식 한글타자기 (출처: 국립한글박물관)

한글타자기가 본격적으로 실용화 단계에 접어든 것은 송기주에 와서다. 그는 1925년 미국으로 유학을 가서 시카고대학교(University of Chicago) 대학원에서 공부하던 중 한글타자기 개발에 몰두한다. 7년간의 연구를 거

쳐 마침내 1933년에 뉴욕의 타자기 제조회사(Underwood-Elliott-Fisher)에서 한글타자기를 생산해내기 시작했다. 언더우드-송기주 타자기는 42개 키로 한글을 타자할 수 있었기 때문에 많은 사람들이 애용했다.[49] 송기주의 타자기는 이원익의 타자기와는 달리 한글을 모아쓰지 않고 자음과 모음을 나란히 풀어쓰는 타자기였다. 주시경의 풀어쓰기 정신이 타자기로 구현된 것이다.

1934년 송기주가 귀국했을 때 〈동아일보〉에서는 "우리글 타자기를 완성한 발명가 송기주씨의 입경"이라는 기사를 낸 적이 있다. 이때 인터뷰에서 송기주는 타자기를 발명하게 된 계기로 "평소에도 타자기에 취미를 가지고 잇던터에 미국에 건너가 잇는 동안 이 방면의 문명이 전 미주를 휩쓸고 잇는데 느끼어 어찌하면 우리글도 이러한 문명의 기계를 이용하여 볼 수 잇을가"[50] 라고 말했다. 서구문명이 세계에 만연해 있는 상황을 목격하고, 우리도 문명의 기계를 이용하여 근대화를 이룩해야 한다는 신념에서 출발한 것이다.

한글타자기를 개발한 이원익과 송기주가 모두 뉴욕의 뉴욕한인감리교회의 교인이었다는 점은 매우 흥미로운 일이다. 그 시절 미국에서 활동한 이승만도 미국의 기독교 단체들로부터 음으로 양으로 지원을 받고 있던 터였다. 이승만이 워싱턴에 임시정부의 산하 외교단체인 구미위원부를 두고 활동할 때, 대부분의 기독교계의 목사나 장로들이 위원으로 활동했다는 점을 고려하면 뉴욕의 한인감리교회와 이승만과의 관계가 밀접히 연결되어 있으리라 짐작할 수 있다.

구미위원회는 재정 확충은 물론 통신문을 발행하여 미국의 교포사회와 국내의 언론단체에까지 발송하고 있었으므로, 한글 활자나 한글타자기는 절실하게 필요했을 것이다. 1920년대 후반 독일에서 독립운동단체를 이끌었던 유학생 이극로(李克魯)가 잡지와 책을 발간하여 유럽 사람들에게 조

〈그림 81〉 공병우 타자기 (출처: 국립민속박물관) 　〈그림 82〉 1974년 6월 19일 〈경향신문〉에 실린
　　　　　　　　　　　　　　　　　　　　　　　　　공병우 한글·한영 타자기

국 독립의 당위성을 전파하기 위해 김두봉에게 한글 활자를 보내달라고
했던 일을 연상케 한다.

　그러다가 1949년 국내에서 공병우(公炳禹) 타자기가 등장한다. 공병우는
안과의사였지만 국어학자 이극로를 만나면서부터 우리말과 우리글에 관
심을 갖게 되었고, 마침내 한글타자기를 개발하기에 이른다. 공병우 타자
기는 최초의 가로 모아쓰기를 실용적으로 구현한 타자기였으며, 글쇠 벌
수를 줄여서 이전보다 매우 빠르게 타이핑할 수 있다는 장점이 있었다. 공
병우는 한글전용과 한글 기계화가 한국 사회의 효율과 속도를 높이고 궁
극적으로는 근대화하는 지름길이라고 굳게 믿고 있었다.[51]

　한편, 공병우도 1940년대 뉴욕한인감리교회에 다닌 적이 있으며, 당시
그 교회 김준성(金俊星) 목사가 한영타자기를 개발하고 있었다는 점, 해방
후 귀국한 송기주와 공병우가 발명권 양도(讓渡)를 의논했다는 점 등을 고
려하면 공병우의 한글타자기도 이들과 관련이 있어 보인다.

　또한 공병우가 이승만의 주치의였다는 점을 고려하면 공병우의 한글타
자기 개발에 이승만이 어느 정도의 영향을 끼쳤다는 점도 알 수 있다. 눈
병을 치료하러 경무대에 간 공병우에게 국산 안경 개발을 독촉했다는 일

화를 보면 둘의 관계를 짐작할 수 있다.[52] 실제로 이승만 정부에서 공병우 타자기는 관공서에 대량으로 납품되면서 확고한 자리를 잡게 된다. 이승만은 대통령이 된 후 한글전용과 한글 기계화에 많은 관심을 기울였다.

우리나라가 한글전용으로 한글타자기, 한글텔레타이프, 한글식자기 등을 사용하게 되어야만 문명국가로 발전할 수 있다.[53]

이것은 이승만이 대통령으로 있을 때 한글전용과 한글 기계화를 강조하는 담화 내용이다. 이러한 생각은 결코 우연히 나온 것이 아니었다. 이승만이 개화기에 한글의 중요성을 깨우치고 한글 신문을 창간하면서 한글 보급에 힘썼던 일이나, 미국에서 독립운동을 할 때 한글타자기를 개발하고자 한 노력의 연장선에서 나온 것이었다.

3. 컴퓨터 시대, 한글의 가능성

우리나라가 유독 정보화에서 선진국 자리를 차지하고 있는 이유는 무엇 때문일까? 과학기술의 발달이나 역동적인 국민성 등이 언급되기도 하지만, 그 무엇보다도 우리에게 한글이 있기 때문이 아닐까? 중국과 일본이 정보화에서 우리나라를 따라오지 못하는 이유는 문자의 비효율성 때문이다.[54]

"한어병음 보급이 문화 창신을 촉진했다."

이 말은 한어병음(漢語拼音) 사용 50주년을 맞이하여 2008년 2월 11일 중국 〈인민일보(人民日報)〉 1면에 실린 기사의 제목이다. 한어병음이 중국어의 정보화와 세계화를 가능케 했다는 찬사였다. 한어병음이란 한자의 발음을 로마자로 표기하여 사용하는 것으로, '한어병음 방안'은 1958년 2월 11일에 시행되었다. 컴퓨터에 한자를 입력할 때 사용되며, 사전에서 한자를 찾을 때도 활용된다. 수많은 한자를 컴퓨터 자판에 표시할 수는 없는 것이므로, 소리로 먼저 글자를 찾고 그 후에 알맞은 뜻을 찾는 방법을 사용한다. 이때 그 발음을 로마자로 표기한다는 것이다. 따라서 오늘날 중국 사람들은 영문 자판으로 한자를 입력하고 있는 셈이다. 또 발음은 알지만 글자를 모르는 경우 사전에서 병음으로 그 음을 가지는 한자를 일단 찾고 그 가운데서 뜻에 따라 원하는 글자를 선택하는 방법을 쓴다.

한어병음만으로 중국의 언어생활이 단순해진 것은 아니다. 1956년 1월 31일 중국 정부는 수많은 한자를 2,238자의 간체자로 대폭 줄이는 '한자 간화 방안'을 발표한다. 이러한 조치는 1949년 중화인민공화국이 성립되고 국가 건설을 위해 한자 교육이 절실한 상황에서 80%에 육박하는 문맹률을 타파하기 위한 극약처방이었다. 그리고 그로부터 50년이 지난 오늘날 당시의 극약처방 덕분에 정보화시대에 살아남을 수 있었다고 자평(自評)하고 있다.

그러나 중국의 현대화와 정보화를 이끌었다고 자랑하고 있는 한어병음 방법은 한글과 비교하는 순간 그 가치가 무색하게 된다. 컴퓨터 자판을 이용하여 글자를 입력하는 속도를 알아보니 한글은 한어병음법에 비해 7배나 빨랐다고 한다. 중국이 문자 개혁이라는 대변혁을 통해서 얻어낸 결과가 한글에 견주어보면 초라하기 그지없다. 한글의 과학성과 우수성이 컴퓨터와 인터넷 시대에도 여실히 입증된다.

한글 컴퓨터 자판을 보면, 왼손은 자음, 오른손은 모음을 치게 되어 있다. 오른손과 왼손을 번갈아가면서 아주 빠른 속도로 타이핑할 수 있는 문자는 세상에서 한글밖에는 없다. 영어 자판으로 'read'라는 단어를 쳐보라. 왼손만을 사용하여 4개의 자판을 두드려야만 단어를 입력할 수 있다. 중국어는 앞서 말한 대로 로마자를 이용한다고 해도 몇 번의 절차를 거쳐야만 글자를 입력할 수 있다. 그에 비하면 한글은 좌우의 균형이 완벽하게 어우러진 환상적인 조합을 가지고 있으며, 소리글자이다 보니 발음 자체가 표기로 변한다. 그만큼 쉽고 빠르게 정보를 전달한다는 것이니 정보화의 선진국이 될 수밖에 없지 않은가. 세종대왕은 정보화시대를 예견하고 그처럼 과학적인 한글을 만든 것이 아닐까 생각할 정도다.

그 한 예로 전산학자 변정용은 한글의 과학성에 대해 다음과 같이 말한다. "우리가 지금 만능의 기계로 생각하는 컴퓨터는 단 두개의 숫자 '0'과 '1'을 일정한 규칙에 따라 되풀이하는 것인데 이 세상을 순식간에 정보화시대로 만들고 있습니다. 한글의 경우도 똑같습니다. 28글자의 유한수의 기호와 몇 가지의 규칙만으로 무한수에 가까운 천지자연의 소리를 만들어 표현하는 방식이 바로 한글의 특성이지요. 그런 점에서 한글은 다른 어떤 글자보다 과학적이며 현대 첨단과학의 산물인 컴퓨터의 원리에 매우 잘 부합하는 문자입니다. 이런 점에서 저는 세종임금이 오늘의 정보화시대를 미리 내다보고 한글을 만들었다고 할 만큼 감탄할 때가 있습니다."[55] 이러한 한글 자판의 우수성 때문에 아예 한글 자판을 세계 공통 컴퓨터 자판으로 만들자는 움직임도 있다.

한글 자판은 컴퓨터에 국한되지 않는다. 휴대폰에서는 한글의 '천지인' 삼재의 원리를 활용하여 자판을 만드는가 하면, 가획의 원리를 이용한 자판도 있다. 한글의 창제 정신이 정보화에 고스란히 담겨 있다.

어디 휴대폰뿐인가. 텔레비전, 네비게이션, 자동차 블랙박스 등 각종 멀티미디어 기기에도 한글 자판은 적극적으로 활용되고 있다. 또한 한글 인터넷주소 및 한글 전자우편주소의 확대도 한글 정보화의 단면이다.

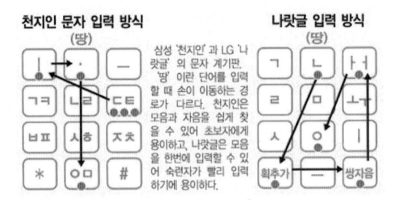

〈그림 83〉 휴대폰의 한글 입력 방식은 한글의 우수성과 편리성을 한눈에 알게 한다. (출처: pcpinside.com)

영어가 국제어(國際語)라고 하지만 영어를 표기하는 것은 그리 쉬운 일이 아니다. 물론 알파벳 26자만 알고 있다면 영어를 자유자재로 쓸 수 있으니 어렵지 않다고 생각할 수도 있다. 그러나 실제로 단어 하나하나를 자세히 들여다보면 영어야말로 표기하기 어려운 말임을 알 수 있다. 예를 들어 side라는 단어는 [시데]로 읽히는 것이 아니라 [사이드]로 읽히고, 또 said는 [사이드]가 아니라 [새드]로 읽어야 한다. 또 [ʃ] 소리의 경우, mission에서는 ss가, transition에서는 t가, ocean에서는 c가 나타낸다. 어디 이 뿐인가? knee(무릎), knight(기사) 등에서는 k자가 있어도 발음을 해서는 안 된다. 이와 같이 영어는 소리와 글자가 일대일로 맞아 떨어지지가 않기 때문에 정확한 철자로 표기하기가 어려운 것이다.

이에 비하면 한글 표기법은 입으로 내는 소리와 적는 글자가 일치한다. '사자'에서의 [아] 소리는 '호랑이'에서의 [아] 소리와 같고, '책상'에서의 [애] 소리는 '재주'의 [애] 소리와 같다. 또 [t] 소리는 '닭'과 '대나무'에서 모두 같다. 소리와 글자가 일대일로 일치하는 것이다. 이러한 이유 때문에 우리말 사전에서는 표제어의 발음 시 특별한 음운변동이 없는 한 표제어 옆에 발음기호를 제시하지 않는다.

물론 우리의 경우도 [머거요]라고 소리가 나지만 소리 나는 대로 '머거요'라고 쓰면 틀리는 문제가 있다. 그러나 이것은 소리와 문자의 대응관계가 아니라 '머거요'를 '먹어요'로 다시 바꾸어주는 문법의 단계(형태음운 변동규칙)가 필요한 것이다. 즉, 핵심은 [머거요]로 소리나는 것을 '머거요'로 그대로 적을 수 있느냐는 것이다. 우리는 [머거요]를 '메거요'나 '마거요'나 '머거이요'나 '머가요' 등으로 쓰지 않는다. 반면에 영어의 경우 [nais]라는 소리를 들으면 'nais, naice, nays, nice' 등 다양한 형태가 가능하다.

바야흐로 4차 산업혁명 시대라고 한다. 사물인터넷(IoT)과 인공지능으로 대표되는 4차 산업혁명 시대에는 우리의 삶이 과거와 달리 또 다른 차원으로 급속도로 변화하고 있다. 딥러닝(deep learning)을 기반으로 한 인공지능이 발전하고 초고속 네트워크의 발달로 사물과 사물이 인터넷으로 연결되고 인간과 기계가 자유롭게 소통하는 시대가 우리 눈앞에 와 있다.

퀴즈 프로그램에서 인공지능프로그램 왓슨이 인간을 누르고 우승했으며, 바둑 인공지능 알파고는 프로기사를 가볍게 이겼다. 병원에서는 인공지능이 진료를 보고, 은행에서도 개인의 성향을 분석하여 맞춤형 상품을 제공한다. 우리 생활 곳곳에서 사람을 대신하여 인공지능이 등장하여 우리를 돕고 있다.

이러한 지능정보화 사회에서 한글의 역할은 어떠할까? 인간이 기계와 대화하기 위해서는 인간의 소리를 컴퓨터가 먼저 텍스트로 바꾸고 이것을 번역하여 답을 찾은 다음 그 텍스트를 다시 소리로 바꾸어 인간에게 전달하는 방식을 취한다. 따라서 이 과정에서 소리와 문자의 대응관계는 중요한 요소이다. 이러한 점에서 한글이 소리를 일대일로 반영하는 문자라는 점은 커다란 장점이 아닐 수 없다. 음성인식의 단계에서는 물론이고, 특

〈그림 84〉 지니톡은 눈에 보이고 귀에 들리는 모든 문자를 통번역한다. 앱에 한국어나 영어로 말하면, 말소리를 따라 앱 화면에 텍스트가 입력되고 번역된다. 그리고 번역한 문장을 음성합성 기술을 통해 음성으로 읽어줄 수도 있다.(《조선비즈》 2016.09.06.)

히 텍스트를 소리로 바꾸는 음성합성의 단계에서는 효율성이 더 높다. 이러한 이유 때문에 음성인식이나 음성합성 같은 한글공학의 측면에서도 한글은 어느 문자보다도 더 커다란 역할을 할 수 있다.

최근 영국에서는 음성기반에서 한 걸음 더 나아가 표정인식까지를 반영한 대화 기술이 등장하고 있다.[56] 소리가 잘 들리지 않는 상황에서도 상대방의 입 모양을 카메라로 인식하여 대화 내용을 파악하는 기술이 등장했다. 이러한 기술의 발달이 계속된다고 할 때, 한글이야말로 또다시 각광받는 문자가 될 가능성이 크다. 알다시피 한글의 자음은 발음기관 모양을 본떠서 만든 문자이기 때문이다. 따라서 입 모양만으로 말을 문자로 인식하는 실험을 해본다면 아마도 한글의 인식률이 매우 높지 않을까 짐작해본다. 발음기관을 상형한 한글은 그만큼 시각적으로도 쉽게 어떤 말을 하고 있는지 알 수 있으며 바로 문자로 전환이 가능하기 때문이다. 또한 한글의 모음은 입을 오므리는가(ㅗ, ㅜ) 아니면 입을 벌리는가(ㅏ, ㅓ)로 문자가 파생되었으니, 이 또한 다른 언어에 비해 입모양으로 그 소리를 파악하여 문자로 쉽게 옮길 수 있는 장점이 있다.

이처럼 한글은 우리나라 근대화의 초석을 다지는 데 커다란 역할을 했을 뿐 아니라, 20세기 정보화시대를 선도할 수 있는 밑거름이 되었다. 그리고 지능정보화시대라는 21세기 오늘날에도 한글의 역할과 위상은 오히려 더 높아지고 있다. 한글의 가치는 과거에만 머무르지 않고 오늘에도 그리고 미래에도 여전히 살아 있을 것이다.

제6장

결론

이 책에서는 한국 과학문명사의 관점에서 한글 탄생의 시대적 배경, 한글 창제의 이론적 배경, 한글의 확산 맥락 등을 살펴보면서 한글을 둘러싸고 있는 배경으로서 다음 네 가지 측면에 주목하였다. 첫째는 표음문자를 지향하며 발전해온 동아시아 문자사의 흐름이었고, 둘째는 성리학이 제도화되어 정치, 사회, 문화의 준거(準據) 틀로 정립되면서 당대의 사유체계를 형성했던 15세기 동아시아 문명사의 흐름이었고, 셋째는 성리학적 지배 이념이 견고한 상황에서 한글이 백성의 문자로 확산되는 조선 중후기 문화사의 흐름이었고, 넷째는 중화문명이 해체되고 동아시아 질서가 재편되는 과정에서 한자와 한문의 위상이 추락하는 동아시아 근대사의 흐름이었다. 이처럼 동아시아 질서 재편이라는 흐름과 관련지어 거시적 차원에서 한글을 조망함으로써 다음과 같은 질문에 대한 답을 좀 더 구체화할 수 있었다.

첫째, 한글이라는 문자가 하필 15세기에 그러한 제자(制字) 방식으로 창제되어야 했는가?

둘째, 조선 중후기 한글의 광범위한 확산은 왜 근대화의 직접적 계기가 되지 못하였는가?

셋째, 19세기 이후 근대화 국면에서 한글은 어떤 계기로 근대화의 중추로서 부각되었는가?

위의 세 가지 질문은 한글과 한국 과학문명사를 관련지어 논의하는 데에서 제기되는 핵심적인 질문일 수밖에 없다. 이 책에서 구한 답이 담긴 2, 3, 4, 5장의 논의 내용을 정리하여 제시함으로써 이 책의 결론을 대신하고자 한다.

2장에서는 한글 창제의 시대적 배경을 '문자의 표음화를 지향했던 동아시아 문자사의 흐름'과 '정치사회적 변동과 더불어 성리학이 국가의 통치이념이자 세계 이해의 준거가 된 시대 상황'이라는 두 측면에서 서술하였다.

첫째, 이 책에서는 문자의 표음화를 지향했던 동아시아 문자사의 흐름속에서 한글이 창제되었음을 밝혔다. 즉, 한글 창제자인 세종은 한자문화권에 포함된 몽고, 거란, 일본 등지에서 고유문자를 만들었고 이를 한자와 더불어 사용한다는 사실을 파악하고 있었을 뿐만 아니라, 차자표기로 우리말을 표기해온 역사에서 우리말 표기의 필요성을 인식하고 있었다고 가정하면서, 이러한 인식을 바탕으로 세종이 한자와 공존할 수 있는 새로운 문자가 필요하다고 판단하였다고 본 것이다. 이러한 논의를 통해 이 책에서는 새로운 문자와 관련한 세종의 상상력이 동아시아 문자문명의 토대위에서 펼쳐졌고, 동아시아 문자문명의 흐름이 한글 창제로 귀결되었음을 강조했다.

둘째, 정치사회적 변동과 더불어 성리학이 국가의 통치이념이자 세계 이해의 준거가 됨으로써 독특한 제자(制字) 방식의 표음문자가 창제되고 활용될 수 있었음을 서술하였다. 이 책에서는 조선이 원나라에서 명나라로의 세력 교체에 따른 새로운 동아시아 질서에 적극 편입하려는 과정에서

명의 지배이념인 성리학을 국가의 통치이념이자 세계 이해의 준거로 받아들이고자 했으며, 15세기는 조선이 이러한 준거의 틀을 마련하는 시기였다고 보았다. 이때 성리학적 사유체계를 준거의 틀로 삼는 것은 정치, 사회, 문화의 혁신을 의미할 뿐만 아니라 과학적 사유방식의 혁신을 의미하는 것이다. 이러한 관점에서 이 책에서는 과학적 사유방식의 혁신이 성리학적 원리에 기반하여 한글을 창제할 수 있는 배경이 되었음을 강조했다.

3장에서는 15세기 조선의 과학문명이 한글 창제에 어떠한 영향을 미쳤고 한글 창제에 적용된 과학주의가 어떤 성격을 띤 것인지를 설명하였다. 이 책의 내용은 한글의 독특한 제자원리가 성리학적 사유방식을 소리에 대한 과학적 인식의 근거로 삼은 결과라는 입장에서 서술되었는데, 형이상학적인 이념의 틀이 자연과학적 탐구의 틀로 작용했던 중세 과학문명의 특수성에 주목하여 한글의 과학문명사적 의의를 탐색하였다. 또한 한글 창제에 미친 중국 음운학의 영향을 설명하면서 한글이 중국의 음운학과 성리학을 받아들여 전유(專有)함으로써 이룬 독자적 성과였음을 강조하였다. 이 과정에서 『훈민정음』에서 음절구조를 초, 중, 종성의 결합으로 설명한 것, 음양오행의 우주 생성 원리에 근거하여 기본자를 설정하고 음운의 자질을 분석해 자질문자를 만든 것, 한자의 상형원리를 조음기관의 상형으로 전환하여 적용함으로써 음성을 시각화한 문자를 만든 것 등을 성리학적 과학주의의 성과로 거론하였다.

4장에서는 한글의 확산에 따른 문명 발전 성격에 대해 논의하였다. 여기에서는 한글이 보급되고 이를 통해 과학문명의 대중화가 이루어진 16-17세기를 거쳐 조선후기에 이르기까지, 한글의 보급 과정과 확산 과정을 중세 문명의 발전이라는 측면에서 설명하였다. 이때 다양한 실용 분야에서 제작된 한글 서적은 중세 문명의 발전과 과학문명의 대중화를 증명하는 예로 거론되었다. 이와 더불어 지식이 대중화될 수 있는 여건이 조성되었음에도 성리학적 세계관에 근거한 중세적 지배이념이 견고하게 유지된 사실을 거론하며, 한글의 확산이 중세적 질서에 균열을 내고 근대화를 이루는 데 직접적인 역할을 하지 못했음을 지적하였다. 한글은 실용적인 영역과 하층 문화의 영역에서 활용되고, 시대의 변화를 선도하는 담론의 문자로는 그 역할을 하지 못하였다.

이 책에서는 조선 중후기 지식사회의 혁신을 이끈 실학자들이 자신의 생각을 한문으로 체계화하였고, 그들의 한글 연구가 훈민정음을 성리학적 관점에서 이해하는 한편 실사구시(實事求是)적 관점에서 한자음을 고증하고 이를 정리하는 것이었다는 데에서 조선 중후기 한글 확산의 한계를 찾았다. 그러나 다른 한편으로, 실학자들에 의해 한글의 문자적 특징과 효율성이 재조명되었고 이러한 연구 결과가 시대를 건너뛰어 근대적 어문 정리 연구에 참조됨으로써 결과적으로 근대적 의의를 지니게 되었음도 더불어 거론하였다.

5장에서는 한글이 근대 과학문명의 발전에서 중심적인 역할을 하게 된 맥락을 살피고, 한글이 국문(國文)으로 정립되는 근대적 문화 개혁이 과학문명의 발전에 끼친 영향을 설명하였다.

먼저 조선 중후기의 한글의 확산 양상과 근대 이후의 한글 확산 양상의 차원이 다름을 지적하고, 근대 이후의 한글 확산 양상이 동아시아의 질서 재편과 맞물려 근대적 의의를 갖게 되었음을 강조하였다. 즉, 중화문명의 해체와 서구적 질서로의 편입에 따라 한자와 한문을 한글로 대체하는 근대적 개혁이 이루어질 수 있었다고 본 것이다.

또한 지식과 정보의 대중화가 이루어지는 시대 상황에서 한글이 전면에 등장하고 이와 함께 새로운 글쓰기 양식이 정착되는 흐름을 서술하였다. 이를 통해 시대 상황의 변화가 한글문화의 확산을 요구했으며, 한글문화의 확산이 시대적 변화를 추동(推動)하는 양상을 보였다. 즉, 서구 질서에 편입해야 하는 시대 상황에서 서구 과학기술 서적의 번역, 교과서의 편찬, 신문의 발간 등이 요구되었고, 이때 새로운 질서를 담을 수 있는 문자로서 한글의 역할이 부각되었고, 한글의 확산과 더불어 서구 과학기술의 도입, 지식의 확산, 언론의 발전이 촉진된 것임을 설명하였다. 그리고 이러한 관점에서 근대 인쇄문화의 발전, 한글의 기계화와 정보화의 의미를 살폈다.

1장 서론

1. 훈민정음과 관련한 논저, 자료 문헌의 총목록은 김슬옹 엮음, 『훈민정음(언문·한글) 논저·자료 문헌 목록』(역락, 2015)에 자세하게 정리되어 있다.

2. 훈민정음에 대한 전반적인 연구사는 이현희, "훈민정음 연구사", 『한국의 문자와 문자 연구』(집문당, 2003)를 참조할 수 있다.

3. 자세한 것은 3장 3절 2에 있는 참고자료를 참조할 것

4. 김진우(Kim, C. W.)(1980/1988)에서는 훈민정음 글자체계가 야콥슨의 변별적 자질 체계에 입각해 있는 것과 같다고 주장했다. 자음자의 경우 모양 자체에서 조음점과 조음방법을 연상시킬 수 있다는 점([+labial]=ㅁ, [+alveolar]=ㄴ, [+glottal]=ㅇ), 모음 의 경우는 기본 변별 개념이 현대 언어학의 변별자질체계와 맞닿아 있다는 점([+/-back]=縮/不縮, [+grave]=深, [-acute]=淺, [+/-round]=蹙/張)을 언급했다. 이러한 의미 에서 안명철(2004)에서는 김진우(1980)를 자질문자론과 관련한 최초의 연구로 보고 있다.

5. 김슬옹(2005)은 한글의 제도적 사용에 초점을 맞춰 『조선왕조실록』의 기록을 분석 한 것으로, 왕실, 기관, 사대부, 일반 백성 등이 제도적인 차원에서 한글을 어떻게 사 용했는지를 언급하고 있다. 특히, 한글이 공식적 언어로 사용되었는지에 대해 안병희 (1985)에서는 부정적인 반면, 김슬옹(2005)에서는 긍정적인 시각으로 접근했다는 점 이 다르다.

6. 백두현(2001)에서는 한글 문헌 간행은 한글의 전국적 확대에 중요한 역할을 했다고 지적하고, 특히 16세기에 간행된 한글 문헌을 그 성격에 따라 세 부류로 나누어 제시 하고 있다. 자서(字書)의 간행, 농사와 교화를 위한 한글 서적의 간행, 한글 불서의 간 행 등이 그것이다. 안병희(1985)에서는 간경도감의 한글 문헌 간행이 한문 문헌에 비 해 약 10분의 1 수준에 불과했다는 점을 지적하면서 상대적으로 한글 사용과 보급

이 원활하지 못했다고 주장했다.

7. 백두현(2001)에서는 한글의 보급 과정을 크게 세 가지로 나누어 논의하였다. 1) 왕조 실록을 토대로 궁중에서 훈민정음이 사용된 예, 2) 한글 문헌의 간행을 토대로 한글이 지방에 확산된 예, 3) 언간을 토대로 한글이 상층에서 하층으로 확산된 양상 등을 제시하였는데, 사대부가에 나타난 언간을 중심으로 논의를 전개했다는 점이 특징이다.

8. 안병희(1985)에서는 15세기 간경도감을 중심으로 한 불경 언해본의 출판과 보급의 현황이 자세히 언급되어 있으나 16세기 후반 이후부터의 보급 문제에 대해서는 몇 가지 가능성(한글 문헌 간행 확대, 교재 보급 확대, 한글 문학의 확대, 언간의 확대 등)만 언급했을 뿐 자세한 논의니 근거는 제시되어 있지 않다. 또한 반절표를 중심으로 한 한글의 학습법에 대해서도 소개하고 있다.

2장 한글 탄생의 시대적 배경

1. 自古九州之內, 風土雖異, 未有因方言而別爲文字者, 唯蒙古, 西夏, 女眞, 日本, 西蕃之類, 各有其字, 是皆夷狄事耳, 無足道者.《傳》曰: "用夏變夷, 未聞變於夷者也." 歷代中國皆以我國有箕子遺風, 文物禮樂, 比擬中華. 今別作諺文, 捨中國而自同於夷狄, 是所謂棄蘇合之香, 而取螗螂之丸也, 豈非文明之大累哉?

2. 公主果有娠生薛聰. 聰生而睿敏博通經史新羅十賢中一也. 以方音通會華夷方俗物名訓解六經文學, 至今海東業明經者傳受不絶. 曉旣失戒生聰已後易俗服自号小姓居士.

3. 聰性明銳 生知道術 以方言讀九經 訓導後生 至今學者宗之.

4. 일반적으로 구결은 한문으로 된 원문을 그대로 유지한 상태에서 해석과 독송의 편리함을 위해 중간에 집어넣는 토를 가리킨다. 그런데 이는 조선시대에 일반화된 구결 방식이고, 13세기 이전 고려시대에는 어순의 달라짐을 표시하는 구결 방식이 사용되었다. 이를 특별히 석독구결(釋讀口訣) 혹은 훈독구결(訓讀口訣)이라 한다. 설총과 관련한 기록의 내용을 감안하면 설총은 석독구결을 사용해 경전을 풀이했다고 할 수 있다. 석독구결에서는 어순의 달라짐을 표시하기 위해 원문의 좌우에 구결자를 쓰고 역독점(逆讀點)을 사용했다. 즉, 우측의 구결자가 있는 부분을 먼저 읽고 역독점의 부분에서 다시 위로 올라가 좌측의 것을 연결하여 읽게 되는 것이다. 이렇게 하면 한문 경전의 문장을 우리말 구조대로 읽을 수 있게 된다.

5. 昔新羅 薛聰始作吏讀, 官府民間, 至今行之, 然皆假字而用, 或澁或窒, 非但鄙陋無稽而已, 至於言語之間, 則不能達其萬一焉.

6. 『大華嚴首座圓通兩重大師均如傳』의 약칭.

7. 『균여전(均如傳)』의 제8장 '역가현덕분(譯歌現德分)'에는 최행귀가 균여의 〈보현십원가(普賢十願歌)〉를 7언 율시로 번역한 〈보현십원송(普賢十願頌)〉과 그의 논설이 실려 있다. 최행귀 논설의 번역은 김민수(1980: 72-73)를 재인용하였다.

8. 詩構唐辭磨琢於五言七字 歌排鄉語切嗟於三句六名 論聲則隔若參商 東西易辨 據理則敵如矛楯 强弱難分(중략) 而所恨者 我邦之才子各公 解吟唐什 彼土之鴻儒碩德 莫解鄉謠 矧復唐文如帝網交羅 我邦易讀 鄉札似梵書連布 彼土難諳 使梁宋珠璣 數托東流之水 秦韓錦繡 希隨西傳之星 其在局通 亦堪嗟痛 庸詎非魯文宣欲居於此地 未至龜頭 薛翰林强變於斯文 煩成鼠尾之所致者歟.

9. 我朝自祖宗以來, 至誠事大, 一遵華制, 今當同文同軌之時, 創作諺文, 有駭觀聽.

10. Twitchett, Denis C. (Editor), *The Cambridge History of China*, Vol. 3: Sui and T'ang China, 589–906. Part 1, (Cambridge University Press, 1979), p.364.

11. The online encyclopedia of writing systems & languages (http://www.omniglot.com/writing/jurchen.htm)

12. 후지에다 아키라 지음, 오미영 옮김,『문자의 문화사』(도서출판 박이정, 2006), 208쪽.

13. 송기중 외,『한국의 문자와 문자 연구』(집문당, 2003), 78쪽.

14. 세계문자연구회,『세계의 문자』(범우사, 1997); The online encyclopedia of writing systems & languages(http://www.omniglot.com/writing/khitan.htm) 참조.

15. 송기중 외, 앞의 책, 80쪽.

16. 세계문자연구회,『세계의 문자』(범우사, 1997); The online encyclopedia of writing systems & languages(http://www.omniglot.com/writing/jurchen.htm) 참조.

17. 후지에다 아키라 지음, 오미영 옮김, 앞의 책, 210쪽; The online encyclopedia of writing systems & languages(http://www.omniglot.com/writing/tangut.htm) 참조.

18. 송기중 외, 앞의 책, 74-75쪽.

19. 후지에다 아키라 저, 오미영 옮김, 앞의 책, 207쪽.

20. 이 설명 내용은 박영준 외(2002)에서의 설명을 토대로 한 것이다.

21. 세계문자연구회,『세계의 문자』(범우사, 1997); The online encyclopedia of writing systems & languages(http://www.omniglot.com/writing/mongolian.htm, http://

www.omniglot.com/writing/phagspa.htm) 참조.

22. William Bright, *International Encyclopedia of Linguistics*, (Oxford University Press, 1992); The online encyclopedia of writing systems & languages (http://www.omniglot.com/writing/tibetan.htm)

23. 김영욱(2007)에서는 훈민정음의 세종 친제설(親制說)을 뒷받침하는 근거로『훈민정음에 나오는 'ㄱ, ㄲ, ㅋ, ㆁ'을 표시하는 한자들인 '군규쾌업君虯快業'을 들었다. 이것은 '임금과 왕자가 즐겁게 일을 이루었다'는 뜻이 되므로 세종이 왕자들과 훈민정음을 창제했다는 사실을 넌지시 암시하고 있다는 것이다. 훈민정음의 자모 책정에서 ㄱ자를 중국에서 쓰는 見(견)자로 설명하지 않고 '君(군)'자로 한 것이 이러한 해석의 단초가 되었다고 볼 수 있다. 이 같은 편자일화(編者逸話)는 중국의 전통적인 운서에서도 흔히 찾아볼 수 있는 수법이라 하였다.

24. 전순동(2010)에서는 영락제의 북경 천도를 강남체제라는 지방정권적 성격을 벗어나 중화제국이라는 통일적 지배체제를 확립할 수 있게 하는 계기로 보았다.

25. 『홍무정운』이 1375년(홍무 7)에 16권으로 편찬된 것으로 보아, 명나라 수립 직후부터 새로운 운서 편찬 작업이 시작되었음을 알 수 있다.

26. 중국 운서에서는 음절을 성모(자모)와 운모로 이분하여 표기했는데, 이러한 표기방식을 반절이라 한다. 예를 들어 북송시대에 편찬한 운서『광운(廣韻)』(1008)을 보면, '東'자 바로 밑에 이 글자의 발음을 '德洪切'이라 표시했는데, 이것이 반절법이다. 이때 '德洪切'은 '德'의 성모, 즉 초성 [t]와 '洪'의 운모, 즉 초성을 제외한 나머지 [uŋ]을 합하여 소리를 내라는 뜻이다. 즉, '東'자를 [t] + [uŋ] = [tuŋ]으로 발음하라는 것이다.

27. 버클리 저, 이동진·윤미경 공역,『사진과 그림으로 보는 케임브리지 중국사』(시공사, 2001), 229-230쪽

28. "조선시대에 이르러 그 과학과 기술은 강한 자주적 성향이 뚜렷해지기 시작한다. 특히 세종 때에 전개된 과학과 기술은 오랜 역사와 전통 속에서 집적된 한국과학을 결산하는 것이었다. 중국과학 뿐만 아니고, 문명의 교류에서 얻어진 모든 지역의 과학문명을 하나로 용융시키는 도가니와도 같았다. 거기서 동아시아 과학문명 안에서의 새로운 모델이 부어 만들어졌다. 세종 때의 조선의 선비 과학기술자들과 관료 과학기술자들은 자기들의 거푸집을 만든 것이다. 그것은 뚜렷한 개성을 가지고 있었다. 독자적인 과학문화의 전개였다."(전상운, 1992: 142)

1. 성리학적 세계관은 15세기 당시 자연의 원리를 탐구하는 기본 틀이었다. 이러한 성리학적 세계관은 역학(易學)에서 비롯한 것이지만, 천문학, 음운학, 의학 등의 연구에서도 연역적 틀로 작용하였다. 이 책에서는 형이상학적인 이념의 틀이 자연과학적 탐구의 연역적 틀로 작용했던 중세 과학문명의 특수성에 주목하여, 성리학적 사유체계에 기반한 과학적 탐구 경향을 '성리학적 과학주의'로 명명하였다.

2. 我朝自祖宗以來, 至誠事大, 一遵華制, 今當同文同軌之時, 創作諺文, 有駭觀聽(『세종실록』 권103, 1444.2.20.)

3. 儻曰諺文皆本古字, 非新字也, 則字形雖倣古之篆文, 用音合字, 盡反於古, 實無所據(『세종실록』 권103, 1444.2.20.)

4. 敬寧君裶, 贊成鄭易, 刑曹參判洪汝方等回自北京. (중략) 皇帝待裶甚厚, 命禮部照依世子褆朝見時例接待. (중략) 特賜御製序新修《性理大全》, 四書五經大全及黃金一百兩, 白金五百兩, 色段羅彩絹各五十匹, 生絹五百匹, 馬十二匹, 羊五百頭以寵異之.

5. 輪對, 御經筵. 上謂集賢殿應敎金墩曰: "《性理大全》書, 今已印之, 予試讀之, 義理精微, 未易究觀. 爾精詳人也, 可用心觀之." 墩曰: "非因師授, 未易究觀, 然臣當盡心." 上曰: "雖欲得師, 固難得也."

6. 上命集賢殿副校理李季甸, 金汶等曰: "凡爲學之道, 經學爲本, 固所當先, 然只治經學, 而不通乎史, 則其學未博."

7. 而其讀經書, 則必過百遍, 子史則必過三十遍, 精硏性理, 博通古今.

8. 恭惟我殿下, 天性聰明, 聖學緝熙, 設科擧, 崇理學, 上自王宮, 下至閭巷, 無一地非學, 無一人不敎. 聖學之體旣立, 聖學之用亦行, 雖唐, 虞之實學, 無以加矣. (중략) 名爲經學者, 卒老於敎授, 故爲子弟者, 先有心於文辭, 而未嘗有志於經學間, 有勤於讀書者, 則反受侮於朋友矣.

9. 摠制鄭招對曰: "臣意以爲講經, 記誦而已, 製述則詞章也, 非聖人性命道德之學也. 歷代取人, 皆用製述, 而又有明經之科. 苟心存經史, 則雖曰記誦, 尙有達理識事之益矣. 徒事抄集, 不務實學, 此當今之巨弊也." 上曰: "雖習抄集, 亦皆經史之文也. 習之何害?"

10. 樂者, 聖人所以養性情, 和神人, 順天地, 調陰陽之道也. (중략) 恭惟我主上殿下, 特留宸念, 宣德庚戌秋, 御經筵講蔡氏《律呂新書》, 歎其法度甚精, 尊卑有序, 思欲製律, 第以黃鍾未易遽得, 重其事也, 乃命臣等, 釐正舊樂. (중략) 若其求黃鍾於聲氣之元, 制二十八聲, 大小尊卑, 不相奪倫, 朱子, 蔡氏之志, 少伸於千載之下, 則必不能無待於聖朝焉.

11. 上曰: "三綱, 人道之大經, 君臣父子夫婦之所當先知者也. 肆予命儒臣編集古今, 幷付圖形,名曰《三綱行實》, 俾鋟于梓, 廣布中外, 思欲擇其有學識者, 常加訓導, 誘掖獎勸, 使愚夫愚婦皆有所知識, 以盡其道, 何如?"

12. 所以化民於躬行心得之餘者, 旣極其至, 猶慮興起之方有所未盡, 乃爲此書, 廣布民間, 使無賢愚貴賤孩童婦女, 皆有以樂觀而習聞, 披玩其圖, 以想形容, 諷詠其詩, 以體情性, 莫不歆羨嘆慕, 勸勉激勵, 以感發其同然之善心, 而盡其職分之當爲矣.

13. 披閱諷誦之間, 有所感發, 則其於誘掖開導之方, 不無小補. 第以民庶不識文字, 書雖頒降, 人不訓示, 則又安能知其義而興起乎?

14. 『삼강행실도』는 1481년(성종 12)에 한글로 번역되어 간행되었다.

15. 又鄭昌孫曰: "頒布《三綱行實》之後, 未見有忠臣孝子烈女輩出. 人之行不行, 只在人之資質如何耳, 何必以諺文譯之, 而後人皆效之?' 此等之言, 豈儒者識理之言乎? 甚無用之俗儒也." 前此, 上敎昌孫曰: "予若以諺文譯《三綱行實》, 頒諸民間, 則愚夫愚婦, 皆得易曉, 忠臣孝子烈女, 必輩出矣." 昌孫乃以此啓達, 故今有是敎.

16. 夫音非有異同, 人有異同; 人非有異同, 方有異同, 蓋以地勢別而風氣殊, 風氣殊而呼吸異, 東南之齒脣, 西北之頰喉雖是已. 遂使文軌雖通, 聲音不同焉.

17. 이숭녕(1976)에서는 『동국정운』의 서문을 인용한 후 『황극경세서』 권8에 나오는 내용을 대비시킴으로써 이러한 가정이 맞는 것임을 보이고 있다.

18. 音非有異同, 人有異同, 人非有異同, 方有異同, 謂風土殊而呼吸異故也. 『황극경세서』에 이천장인(伊川丈人)의 말이라고 전하는 대목으로, 번역문은 이숭녕(1976)에서 재인용하였다.

19. 有天地自然之聲, 則必有天地自然之文, 所以古人因聲制字, 以通萬物之情, 以載三才之道, 而後世不能易也. 然四方風土區別, 聲氣亦隨而異焉.

20. 天地之道 一陰陽五行而已 坤復之間爲太極 而動靜之後爲陰陽 凡有生類在天地之間者 捨陰陽而何之 故人之聲音 皆有陰陽之理 顧人不察耳 今正音之作 初非智營而力索 但因其聲音而極其理而已 理旣不二 則何得不與天地鬼神同其用也.

21. 이하의 평가는 김민수(1980: 103)에서의 평가를 인용한 것이다

22. 以初聲對中聲而言之 陰陽 天道也. 剛柔 地道也 中聲者 一深一淺一闔一闢 是則陰陽分而五行之氣具焉 天之用也 初聲者 或虛或實或颺或滯或重若輕 是則剛柔著而五行之質成焉地之功也 中聲以深淺闔闢唱之於前 初聲以五音淸濁和之於後 而爲初亦爲終 亦可見萬物初生於地 復歸於地也.

23. 최경봉(2016: 119-126)에서는 언어음과 문자에 대한 주시경의 설명을 『훈민정음』의 정인지 서문과 비교하면서, 주시경의 언어관이 성리학적 세계관 및 자연관에 맞

취 음운이론을 전개하는 훈민정음 창제자의 언어관에 맞닿아 있음을 보였다. 이에 따르면 "'소리'라 하는 것은 천지에 자연히 있는 것이라. 이러므로 천지에 자연히 있는 소리를 뉘 능히 덜할 수 없고 천지에 자연히 없는 소리를 뉘 능히 더하지도 못할 지라.…… 글은 천지에 자연히 있는 소리대로 될 것이요 한 점 한 획이라도 있는 것을 덜하거나 없는 것을 더할 수 없으리라 함이 명백하니라."(주시경, 소리의 분별, 『가뎡잡지』1-5, 1906)라는 주시경의 음운관과 "이 지구상 육지가 천연적으로 구획 되어, 그 구역 안에 사는 한 떨기 인종이 그 풍토에서 선천적으로 타고난 소리에 적 당한 말을 지어 쓰고, 또 그 말소리에 적당한 글을 지어 쓰는 것이니, 이렇게 함으로 한 나라에 특별한 말과 글이 있는 것은 곧 그 나라가 이 세상에 천연적으로 하나의 자주국 되는 표시오……."(주시경, 국어와 국문의 필요, 『서우(西友)』2, 1907)라는 주시경의 국어관은 '정인지 서문'에 나타난 훈민정음 창제자의 음운관에 맞닿아 있 다.

24. 이때 성조는 소리의 높낮이 등과 같은 초분절적 단위를 가리키며, 자모는 음절의 초성인 자음을 가리키며, 운모는 중성과 종성을 연결한 것을 가리킨다. 따라서 음운 학의 연구 내용은 현대 언어학에서 음운론과 음성학의 연구 내용에 해당한다고 할 수 있다.

25. 육법언(562-미상)은 수나라 위군(魏郡) 임장(臨漳) 사람이다. 이름이 사(詞)인데, 자 로 행세했다. 유진(劉臻), 소해(蕭該), 안지추(顔之推) 등과 한위육조(漢魏六朝) 반절 구문(半切舊文)의 득실을 토론하고, 고금음운(古今音韻)상의 시비에 대해 평가했다. 문제(文帝) 인수(仁壽) 원년(601) 음운학상(音韻學上)의 획기적인 저서 『절운(切韻)』 5권을 지었다. (『중국역대인명사전』, 2010)

26. 『고금운회(古今韻會)』는 전해지지 않고, 이를 간략하게 만든 웅충(熊忠)의 『고금운회 거요(古今韻會擧要)』(1297)만 전해 오고 있다.

27. 『몽고자운(蒙古字韻)』이 표음문자인 파스파문자로 기록한 운서라는 특징 때문에, 국어학계에서는 파스파문자와 훈민정음의 영향 관계, 『몽고자운(蒙古字韻)』과 세종 때 이루어진 운서 역훈 사업과의 영향 관계 등을 주목하였다. 『몽고자운(蒙古字韻)』 에 대한 종합적 연구로는 정광(2009)을 들 수 있다.

28. 且汝知韻書乎? 四聲七音, 字母有幾乎? 若非予正其韻書, 則伊誰正之乎?

29. 命集賢殿校理崔恒, 副校理朴彭年, 副修撰申叔舟·李善老·李塏, 敦寧府注簿姜希顔等, 詣 議事廳, 以諺文譯《韻會》, 東宮與晉陽大君瑈, 安平大君瑢監掌其事, 皆稟睿斷, 賞賜稠重, 供 億優厚矣.

30. 上王召趙末生, 元肅語曰: "近日鶺鴒來鳴, 吾不以爲怪, 然離宮避居, 自古而然. 且《韻會》釋鶺字曰: '鶺, 鳥名, 鳴則凶.' 吾欲避居.

31. 禮曹啓元敬王太后祥祭, 禫祭儀. 其祥祭儀曰: 前期, 尙衣院陳禫服【黲布衣, 烏紗帽, 黑角帶, 黲, 韻會, 淺靑黑色.】于齋殿. 通禮門設殿下版位於東階東南.

32. 上護軍崔世珍, 以《韻會玉篇》,《小學便蒙》入啓曰: "我國有韻會而無《玉篇》, 故難於考見. 臣玆會字類, 作《韻會玉篇》以進. 若命刊行, 則庶有補於考字也. 我國以《小學》敎子弟, 而《內篇》則皆聖賢可法之事,《外篇》則似不緊於小兒之學, 而亦不能遍讀, 故臣類抄其中可法之事, 分作四卷以進, 非有所增損於本篇也. 簡略而便易, 若命刊行, 則庶有補於小兒之學也."

33. 『사성통고』는 방대한『홍무정운역훈(洪武正韻譯訓)』을 축약한 운서로 신숙주가 세종의 명을 받아 편찬하였다. 이 운서는 전해지지 않으나, 최세진의『사성통해(四聲通解)』상권 서문의『사성통고』기사와 하권에 첨부된 사성통고범례(四聲通攷凡例)로 그 내용을 짐작할 수 있다.

34. 遣集賢殿副修撰申叔舟, 成均注簿成三問, 行司勇孫壽山于遼東, 質問韻書.

35. 命直集賢殿成三問, 應敎申叔舟, 奉禮郞孫壽山, 問韻書于使臣. (중략) 鄭麟趾曰: "小邦遠在海外, 欲質正音, 無師可學. 本國之音, 初學於雙冀學士, 冀亦福建州人也." 使曰: "福建之音, 正與此國同, 良以此也." 何曰: "此二子, 欲從大人學正音, 願大人敎之." 三問, 叔舟將《洪武韻》講論良久.

36. 『동국정운』은 세종 29년(1447)에 편찬되었다.

37. 往復就正 旣多 而竟未得一遇精通韻學者 以辨調諧紐攝之妙 特因其言語讀誦之餘 遡求淸濁開闔之源 而欲精夫所爲最難者 此所以辛勤歷久 而僅得者也.

38. 洪惟皇明太祖高皇帝 愍其乖舛失倫 命儒臣 一以中原雅音 定爲洪武正韻 實是天下萬國所宗.

39. 至於文字之音則宜若與華音相合矣, 然其呼吸旋轉之間, 輕重翕闢之機, 亦必有自牽於語音者, 此其字音之所以亦隨而變也. 其音雖變, 淸濁四聲則猶古也, 而曾無著書以傳其正, 庸師俗儒不知切字之法, 昧於紐躡之要, 或因字體相似而爲一音 (중략) 或依漢音, 或從俚語, 而字母七音淸濁四聲, 皆有變焉.

40. 淸濁分而天地之道定; 四聲正而四時之運順, 苟非彌綸造化, 軬輖宇宙, 妙義契於玄關, 神幾通于天籟, 安能至此乎? 淸濁旋轉, 字母相推, 七均而十二律而八十四調, 可與聲樂之正同其大和矣. 吁! 審聲以知音, 審音以知樂, 審樂以知政, 後之觀者, 其必有所得矣.

41. 『동국정운』 서문에 나오는 "自正音作而萬古一聲, 毫釐不差, 實傳音之樞紐也(정음이 제작됨으로부터 만고(萬古)의 한 소리로 털끝만큼도 틀리지 아니하니, 실로 음(音)을

전하는 중심줄[樞紐]인지라)"이란 구절의 의미를 적용한 것이다.

42. 或依漢音, 或從俚語, 而字母七音淸濁四聲, 皆有變焉. 若以牙音言之, 溪母之字, 太半入於見母, 此字母之變也; 溪母之字, 或入於曉母, 此七音之變也. 我國語音, 其淸濁之辨, 與中國無異, 而於字音獨無濁聲, 豈有此理!

43. 성운(聲韻)의 변한 것이 극도에 이르렀는데, 세속에 선비로 스승된 사람이 이따금 혹 그 잘못된 것을 알고 사사로이 자작으로 고쳐서 자제(子弟)들을 가르치기도 하나, 마음대로 고치는 것을 중난하게 여겨 그대로 구습(舊習)을 따르는 이가 많으니, 만일 크게 바로잡지 아니하면 오래 될수록 더욱 심하여져서 장차 구해낼 수 없는 폐단이 있을 것이다.(신숙주, 『동국정운』 서문, 세종 29년(1447년) 9월 29일 2번째 기사)

44. 夫洪武韻 用韻倂析 悉就於正 而獨七音先後 不由其序 然不敢輕有變更 但因其舊 而分入字母於諸韻各字之首 用訓民正音以代反切 其俗音及兩用之音 又不可以不知 則分注本字之下 (중략) 四聲爲平上去入 而全濁之字平聲 近於次淸 上去入 近於全淸 世之所用如此 然亦不知其所以至此也 且有始有終 以成一字之音 理之必然 而獨於入聲 世俗率不用終聲 甚無謂也 蒙古韻 與黃公紹韻會 入聲亦不用終聲 何耶 如是者不一 此又可疑者也.

45. 『고금운회거요』에서는 12,652자의 한자에 대한 발음을 제시하였다.

46. 凡有生類在天地之間者, 捨陰陽而何之. 故人之聲音, 皆有陰陽之理, 顧人不察耳. 今正音之作, 初非智營而力索, 但因其聲音而極其理而已. 理旣不二, 則何得不與天地鬼神同其用也.

47. 陰陽相軋, 氣機交激而聲生焉. 聲旣生焉, 而七音自具, 七音具而四聲亦備, 七音四聲.

48. 종성을 분리해 인식한 것은 차자표기에서도 나타난다. 특히 향가에서는 종성 첨기 (예를 들어, '밤'을 '夜音'으로 표기하여 '音'으로 종성 'ㅁ'을 표기하는 방식)가 빈번하게 이루어졌는데, 이는 차자표기를 하면서 종성에 대한 인식이 싹텄던 것으로 볼 수 있다. 세종은 이러한 인식을 발전시켜 초성과 종성의 음운적 동질성을 체계화하는 성취를 이룬다.

49. 初聲有發動之義, 天地之事也. 終聲有止定之義, 地之事也. 中聲承初之生, 接終之聲, 人之事也. 蓋字韻之要, 在於中聲, 初終合而成音. 亦猶天地生成萬物, 而其財成輔相, 則必賴乎人也. 終聲之復用初聲者, 以其動而陽者乾也, 靜而陰者亦乾也, 乾實分陰陽而無不君宰也. 一元之氣, 周流不窮, 四時之運, 循環無端, 故貞而復元, 冬而復春. 初聲之復爲終, 終聲之復爲初亦此義也.

50. 주자학의 성립 자체가 역(易)과 『중용』을 바탕으로 형성되었고, 성리학의 기본이 되는 주요 문헌인 『근사록(近思錄)』이나 『성리대전(性理大全)』 등은 모두 『주역』과 『태

극도설』을 학술의 연원으로 삼고 있다.(한국학중앙연구원, '음양오행설', '역학', 『한국민족문화대백과』)

51. 夫人之有聲本於五行. 故合諸四時而不悖, 叶之五音而不戾. 喉邃而潤, 水也. 聲虛而通, 如水之虛明而流通也. 於時爲冬, 於音爲羽. 牙錯而長, 木也. 聲似喉而實, 如木之生於水而有形也. 於時爲春, 於音爲角.

52. 然水乃生物之源, 火乃成物之用, 故五行之中, 水火爲大. 喉乃出聲之門, 舌乃辨聲之管, 故五音之中, 喉舌爲主也. 喉居後而牙次之, 北東之位也. 舌齒又次之, 南西之位也. 脣居末, 土無定位而寄旺四季之義也.

53. 、舌縮而聲深, 天開於子也. 形之圓, 象乎天也. ㅡ舌小縮而聲不深不淺, 地闢於丑也. 形之平, 象乎地也. ㅣ舌不縮而聲淺, 人生於寅也. 形之立, 象乎人也.

54. 天地之化本一氣 / 陰陽五行相始終 / 物於兩間有形聲 / 元本無二理數通 / 正音制字尙其象 / 因聲之厲每加畫 / 音出牙舌脣齒喉 / 是爲初聲字十七.

55. 안명철(2005)에서는 무표음이라고 할 수 있는 '전청(全淸)'만이 기본자로 설정된 것이 아니라 '불청불탁(不淸不濁)'에 속하는 'ㄴ, ㅁ'도 기본자가 된 것을 볼 때, 기본자는 어두에 올 수 없는 소리를 제외한 상태에서 소리의 여린 정도를 기준으로 설정한 것임을 밝힌 바 있다.

56. ㅋ比ㄱ, 聲出稍厲 故加劃. ㄴ而ㄷ, ㄷ而ㅌ, ㅁ而ㅂ, ㅂ而ㅍ, ㅅ而ㅈ, ㅈ而ㅊ, ㅇ而ㆆ, ㆆ而ㅎ, 其因聲加劃之義皆同.

57. ㄱ木之成質, ㅋ木之盛長, ㄲ木之老壯, 故至此乃皆取象於牙也.

58. 又以聲音淸濁而言之. ㄱㄷㅂㅅㅈㆆ, 爲全淸. ㅋㅌㅍㅊㅎ, 爲次淸. ㄲㄸㅃㅉㅆㆅ, 爲全濁.

59. 此下八聲, 一闔一闢, ㅗ與、同而口蹙, 其形則、與ㅡ合而成, 取天地初交之義也. ㅏ與、同而口張, 其形則ㅣ與、合而成, 取天地之用發於事物待人而成也. ㅜ與ㅡ同而口蹙, 其形則ㅡ與、合而成, 亦取天地初交之義也. ㅓ與ㅡ同而口張, 其形則、與ㅣ合而成 亦取天地之用發於事物待人而成也.

60. 반모음을 모음자 'ㅣ'로 본 것은 음성학적으로 맞지 않는 것이지만, 기본자에서 초출자와 재출자가 나오는 것으로 설명하는 체제에서는 불가피한 선택일 수밖에 없다.

61. ㅗㅏㅜㅓ始於天地, 爲初出也. ㅛㅑㅠㅕ起於ㅣ而兼乎人, 爲再出也. ㅗㅏㅜㅓ之一其圓者, 取其初生之義也. ㅛㅑㅠㅕ之二其圓者, 取其再生之義也. (중략) 、之貫於八聲者. 猶陽之統陰而周流萬物也. ㅛㅑㅠㅕ之皆兼乎人者, 以人爲萬物之靈而能參兩儀也.

62. ㅗ, ㅏ, ㅛ, ㅑ之圓居上與外者, 以其出於天而爲陽也. ㅜ, ㅓ, ㅠ, ㅕ之圓居下與內者, 以其出於地而爲陰也.

63. 『훈민정음』에서는 'ㅣ'가 자리가 없는 수인 것은 사람이 무극(無極)의 진리와 음양오행의 정수(精髓)가 묘하게 합하고 엉기어져 본디 자리를 정하고 수를 이루어낼 수 없는 존재이기 때문이라고 설명한다.

64. 여기에서 다룬 내용은 Sampson, G., *Writing Systems: A Linguistic Introduction*, (Stanford University Press, 1985), (Equinox Publishing; Second edition, 2015). 신상순 역, 『세계의 문자체계』(한국문화사, 2000). 그리고 최경봉·시정곤·박영준, 『한글에 대해 알아야 할 모든 것』(책과함께, 2008)을 참조했다.

65. 牙取舌根閉喉形 / 唯業似欲取義別 / 舌迺象舌附上腭 / 脣則實是取口形 / 齒喉直取齒喉象 / 知斯五義聲自明 / 又有半舌半齒音 / 取象同而體則異.

66. 牙音ㄱ, 象舌根閉喉之形. 舌音ㄴ, 象舌附上腭之形. 脣音ㅁ, 象口形. 齒音ㅅ, 象齒形. 喉音ㅇ, 象喉形.

67. ㆍ舌縮而聲深, 天開於子也. 形之圓, 象乎天也. ㅡ舌小縮而聲不深不淺, 地闢於丑也. 形之平, 象乎地也. ㅣ舌不縮而聲淺, 人生於寅也. 形之立, 象乎人也.

68. 김진우(Kim, C. W.)(1980/1988)에서는 훈민정음 글자체계가 야콥슨의 변별적 자질체계에 입각해 있는 것과 같다고 주장했다. 자음자의 경우 모양 자체에서 조음점과 조음방법을 연상시킬 수 있다는 점([+labial]=ㅁ, [+alveolar]=ㄴ, [+glottal]=ㅇ), 모음자의 경우에는 『훈민정음』에서 거론된 '縮/不縮', '深/淺', '蹙/張' 등의 개념을 혀의 상태, 음감, 입술의 모양 등의 자질과 관련지어 파악하고 있는데, 이러한 기본 변별 개념이 현대 언어학의 변별 자질체계와 맞닿아 있다고 강조했다([+/-back]=縮/不縮, [+grave]=深, [-acute]=淺, [+/-round]=蹙/張).

69. 癸亥冬, 我殿下創制正音二十八字, 略揭例義以示之, 名曰訓民正音. 象形而字倣古篆, 因聲而音叶七調, 三極之義二氣之妙, 莫不該括. 以二十八字而轉換無窮, 簡而要, 精而通, 故智者不崇朝而會, 愚者可浹旬而學.

70. 儻曰諺文皆本古字, 非新字也, 則字形雖倣古之篆文, 用音合字, 盡反於古, 實無所據. 若流中國, 或有非議之者, 豈不有愧於事大慕華?

71. 중국 동한(東漢)시대의 허신(許愼)이 필생의 노력을 기울여 저술한 『설문해자(說文解字)』는 무려 1만(萬)여 자에 달하는 한자(漢字) 하나하나에 대해, 본래의 글자 모양과 뜻 그리고 발음을 종합적으로 해설한 책이다. 즉, 처음 만들어질 때의 뜻과 모양 그리고 독음(讀音)에 대해 종합적으로 해설한 중국 최초의 자전(字典)인 것이다. 이 때문에 이 책은 한자의 자형(字形)을 연구하는 문자학(文字學), 자음(字音)을 연구하는 성운학(聲韻學), 자의(字義)를 연구하는 훈고학(訓詁學), 그리고 유가(儒家)의

경전(經傳)을 연구하는 경학(經學) 등의 분야에서 모두 필독서로 손꼽히고 있다. (손예철, "한자의 모든 것―허신의 『설문해자』", 『동양의 고전을 읽는다』1, 2006.)

72. 『설문해자』와 훈민정음 자형의 관련성에 대한 논의는 문효근, "『훈민정음』 제자 원리 중―[정인지서]의 "상형이자방고전"―〈실록〉의 최만리의 자형―방고지전문 풀이와 〈설문〉류의 형체학적 연계성에 대하여", 『세종학연구』 8 (1993)이 대표적이다.

73. 이것은 Bell, A. M., *Visible Speech—The Science of Universal Alphabetics*, (London: Simpkin, Marshall & Co, 1867)과 최경봉·시정곤·박영준, 『한글에 대해 알아야 할 모든 것』(책과함께, 2008)의 내용을 정리한 것이다.

74. 포스 교수는 한국어에 대해 관심을 갖고 연구하던 차에 1963년 미국 미시간대학교 극동아시아 언어 연구소에서 얼마 동안 강의를 하게 된다. 그리고 그 강의 내용을 5편의 논문으로 나누어 논문모음집(『미국 미시간대학교에서 나온 극동아시아 언어에 대한 논문모음집(Papers of the CIC Far Eastern Language Institute The University of Michigan)』에 발표했다. 5편의 논문 가운데 "Korean Writing: Idu and Han'gul"(한국의 문자: 이두와 한글)이라는 논문에서 포스는 한글에 대해 이와 같이 주장했다.

75. 홍이섭, "이조 봉건사회의 과학과 기술에 제약을 준 사회성", 『조선과학사』 (정음사, 1946), 제4편 제1장 참조. 구만옥 "세종, 조선 과학의 범형(範型)을 구축하다", 『한국과학사학회지』 35-1 (2013) 220쪽에서 재인용.

76. 於皇太祖, 聰明神武, 順天應人, 奄有東土, 下民之王. 桓桓太宗, 克明克君, 昭事天子, 誕有令聞, 而邦其昌. 今上繼緒, 益篤前烈, 勵精圖治, 咸中罔缺, 不顯其光? 事大以忠, 交隣以誠. 天子錫寵, 友邦輸平, 民用平康. 遐稽典籍, 興禮修樂, 文物煥然, 笙磬交作, 和氣致祥.

77. 구만옥, "세종, 조선 과학의 범형을 구축하다." 『한국과학사학회지』 35-1 (2013), 207쪽.

78. 予厭背上大瘇, 去之欲速, 此正事理難定處也. 左右議政之言是也, 然皇帝萬一不允, 何以處之? 本國非海內之國, 自古不必奏請然後傳位. 雖已承襲, 皇帝不必怒, 宜從衆議.

79. 전순동, "영락제의 외정과 정치적 의의." 『중국사연구』 54 (99-127) (2008), 122-123쪽.

80. 버클리 저, 이동진, 윤미경 공역, 『사진과 그림으로 보는 케임브리지 중국사』 (시공사, 2001), 229-230쪽.

81. 然本土之俗, 異於中國, 欲民間稼穡艱難, 徭役疾苦, 逐月作圖, 仍述警戒之語, 以便觀覽, 庶傳不朽.

82. 古人因聲制樂, 我國之人, 聲音異於中國, 雖考古制而造管, 恐未得其正也.

83. 然方書之出於中國者尙少, 藥名之異於中國者頗多, 故業其術者, 未免有不備之嘆.

84. 貢法雖是良法, 然我國山谿之險, 異於中國平衍之地, 良田少而薄田多, 分品之官, 瞬息經過之際, 遽分六等之田, 以良爲薄, 以薄爲良. 失誤等則者, 比比有之.

85. 『조선왕조실록』에는 '(우리나라는) 중국과 다르다'는 의미를 가진 '異於中國'이라는 말이 21회 나오는데 세종시대에 가장 많은 6회를 기록하고 있다.

86. 四方風土區別, 聲氣亦隨而異焉. 蓋外國之語, 有其聲而無其字, 假中國之字, 以通其用, 是猶柄鑿之鉏鋙也, 豈能達而無礙乎? 要皆各隨所處而安, 不可强之使同也.

87. 推算天文, 若專心致力, 則可求其妙, 日月之食·星辰之變, 其躔度, 固有差錯. 前此但用宣明曆法, 差謬頗多, 自鄭招, 推明授時曆法, 然後造曆稍正. 然今日食虧復時刻皆差, 是不精察故也, 三代盛時, 曆法非無差謬. 以中國之詳察天文, 隨時而正, 尙且如此, 況我國乎? 是以古者造曆差謬, 則有殺無赦之典, 予當日月之食, 悉令更算. 書雲觀每於日月之食, 當食時刻與虧復分數皆不書, 後無所考. 自今日月食時刻分數, 雖未合於推步之數, 令書雲觀悉書而進, 以備後考.

88. 上謂工曹判書鄭招曰: "曆書至精, 日用之事, 備載無遺, 但日月食之次, 未得詳知, 然古人亦或未知, 我國雖未精通, 固無害也. 但我國古稱文獻之邦, 去庚子年, 星山君 李稷獻議, 校正曆法, 今已十二年, 若不精校, 以貽後人之譏, 則不若不行之爲愈, 宜盡心精校. 我國之人明於算數, 詳知方圓之法者蓋寡, 予欲擇解文字通 漢音者, 入朝習算何如?

89. 구만옥, 『세종시대의 과학기술』(들녘, 2016), 제2장 2절 참조.

90. 같은 책, 제5장 4절 참조.

91. 農者, 天下國家之大本也, 自古聖王, 莫不以是爲務焉. (중략) 恭惟太宗恭定大王, 嘗命儒臣, 掇取古農書切用之語, 附註鄕言, 刊板頒行, 敎民力本. 及我主上殿下, 繼明圖治, 尤留意於民事, 以五方風土不同, 樹藝之法, 各有其宜, 不可盡同古書, 乃命諸道監司, 逮訪州縣老農, 因地已試之驗具聞. 又命臣招, 就加詮次, 臣與宗簿少尹臣卞孝文, 披閱參考, 祛其重複, 取其切要, 撰成一編, 目曰《農事直說》.

92. ○傳旨咸吉, 平安道監司: 道內地廣人稀, 家家廣占土田, 耕耘之際, 用力簡易, 而所收倍多. 若依他道竭力耕治, 則意必禾穀益盛, 易致豐稔. 曩者撰集《農事直說》, 頒諸各道, 令諄諄敎諭, 俾農民無不周知, 官家亦依農書耕種, 令民取法. 大抵人情, 安於故常, 不樂新法, 雖勤敎諭, 亦不肯遵. 若人心不欲, 不必强使爲之, 宜漸次善誘, 俾依農書及他道用功, 使之耕作. 且令官家, 亦依曩日所論耕種, 秋成悉啓所收之數.

93. ○丁亥/傳旨各道監司:《農桑輯要》云: "水稻三月種者爲上時, 四月上旬爲中時, 仲旬爲下時.

早稻二月半爲上時, 三月爲中時. 黍稷三月上旬爲上時, 四月上旬爲中時."《四時纂要〔四時纂要〕》云:"穀種二月上旬爲上時."《農事直說》註云:"節晚耕種者不實." 又以今人已驗之事言之, 早種則所出倍多, 晚種則禾穀盛長而所出少矣. 以此觀之, 凡稼穡皆以早耕種爲貴.

94. 近年以來, 世子憂旱, 每當雨後, 入土分數, 掘地見之. 然未可的知分數, 故鑄銅爲器, 置於宮中, 以驗雨水盛器分數. 今此物若天所降, 則何必降於此器乎? 又此物多在簷溜會注處者, 亦以松花散在瓦溝, 因雨而下也.

95. 又於馬前橋西水中, 置薄石, 石上刻立趺石二, 中立方木柱, 以鐵鉤鏁趺石, 刻尺寸分數於柱上, 本曹郎廳審雨水淺深分數以聞. 又於漢江邊巖石上立標, 刻尺寸分數, 渡丞以此測水淺深, 告本曹以聞. 又於外方各官, 依京中鑄器例, 或用磁器, 或用瓦器, 置廨宇庭中, 守令亦量水淺深報監司, 監司傳聞.

96. 신동원, 『한국 과학사 이야기 2』(책과함께, 2010), 220쪽.

97. 신동원, 『한국 과학사 이야기 1』(책과함께, 2010), 156-157쪽.

98. 신동원, 『한국 과학사 이야기 2』(책과함께, 2010), 226-227쪽.

99. 樂學別坐奉常判官朴堧, 進新製石磬一架十二枚. 初以中朝黃鍾之磬爲主, 三分損益, 作十二律管, 兼以瓮津所産秬黍校正之, 取南陽石作之, 聲律乃諧, 遂作宗廟朝會之樂.

100. 上曰:"周尺之制, 歷代皆不同, 而黃鍾之管亦異. 古人因聲制樂, 我國之人, 聲音異於中國, 雖考古制而造管, 恐未得其正也.(하략)

101. 今朴堧欲正朝會樂, 然得正爲難,《律呂新書》, 亦文具而已. 我朝之樂, 雖未盡善, 必無愧於中原之樂, 亦豈得其正乎?

102. 세종시대의 과학기술이 갖는 '자주성'의 의미는 여전히 논쟁거리다. 중국과 다른 조선의 것에 초점을 맞추느냐 아니면 중국의 유교적 보편성을 추구하기 위한 노력의 과정에서 조선의 특수성이 고려된 것이냐에 따라 관점이 달라진다. 전자의 대표적인 연구로는 전상운, "조선전기의 과학과 기술", 『한국과학사학회지』14-2 (1992); 구만옥, "조선왕조의 집권체제와 과학기술정책─조선전기 전문역산학의 정비과정을 중심으로─"『동방학자』124 (2004); 구만옥, "세종, 조선 과학의 범형을 구축하다."『한국과학사학회지』35-1 (2013)을, 후자의 대표적인 연구로는 문중양, "세종대 과학기술의 '자주성', 다시 보기",『역사학보』189 (2006)을 참조하기 바란다. 세종시대 과학기술에 대한 전반적이고도 자세한 논의는 구만옥,『세종시대의 과학기술』(들녘, 2016)을 참조할 것.

1. 이 절은 시정곤, "훈민정음의 보급과 교육에 대하여", 『우리어문연구』 28 (2007); 최경봉·시정곤·박영준, 『한글에 대해 알아야 할 모든 것』 (책과함께, 2008); 정주리·시정곤, 『조선언문실록』 (고즈윈, 2011)을 주로 참조하고 부분적으로 수정 보완하였다.

2. 이러한 견해는 안병희, "훈민정음 사용에 관한 역사적 연구", 『동방학지』 46,47,48 합집 (1985)이나 김슬옹, 『조선시대 언문의 제도적 사용 연구』 (한국문화사, 2005)에서도 찾아볼 수 있다.

3. 刑曹啓: "晋州人金禾殺其父, 律該凌遲處死." 從之. 旣而嘆曰: "婦之殺夫, 奴之殺主, 容或有之, 今乃有殺父者, 此必予否德所致也."

4. 御經筵. 上嘗聞晋州人金禾弑父之事, 矍然失色, 乃至自責, 遂召群臣, 議所以敦孝悌, 厚風俗之方. 判府事卞季良曰: "請廣布《孝行錄》等書, 使閭巷小民尋常讀誦, 使之駸駸然入於孝悌禮義之場." 至是, 上謂直提學偰循曰: "今俗薄惡, 至有子不子者, 思欲刊行《孝行錄》, 以曉愚民. 此雖非救弊之急務, 然實是敎化所先, 宜因舊撰二十四孝, 又增二十餘孝. 前朝及三國時 孝行特異者, 亦皆(叟)[裒] 集, 撰成一書, 集賢殿其主之."

5. 予欲使取其特異者, 作爲圖讚, 頒諸中外, 庶幾愚婦愚夫, 皆得易以觀感而興起, 則化民成俗之一道也.

6. 上曰: "前此金汶啓曰: '制作諺文, 未爲不可.' 今反以爲不可. 又鄭昌孫曰: '頒布《三綱行實》之後, 未見有忠臣孝子烈女輩出. 人之行不行, 只在人之資質如何耳, 何必以諺文譯之, 而後人皆效之?' 此等之言, 豈儒者識理之言乎? 甚無用之俗儒也." 前此, 上敎昌孫曰: "予若以諺文譯《三綱行實》, 頒諸民間, 則愚夫愚婦, 皆得易曉, 忠臣孝子烈女, 必輩出矣." 昌孫乃以此啓達, 故今有是敎.

7. 김슬옹(2005: 65)에서도 이와 같은 시각을 엿볼 수 있다. 그는 조선시대의 민본주의는 현실이 아니라 이상이며, '愚民'을 교화시켜 체제에 순응케 하기 위해 '삼강오륜'과 같은 도덕주의를 강조하고 있다고 주장한다.

8. "請令典校署, 寫印傳旨, 頒之漢城府, 諸道, 諸邑, 懸于官門, 坊市, 村落, 閭巷, 上自大小朝臣, 下至僻居小民, 莫不知聖上導民之至意, 各懷警省, 毋令自貽困窮. 如是而猶有不悛者, 是乃自速厥辜, 刑之無赦何如?" 命以諺字, 反譯印出, 頒中外, 使婦人, 小子, 無不周知.

9. 然《三綱行實》所載, 率皆遭變, 故艱危之際, 孤特激越之行, 非日用動靜常行之道, 固不可人人而責之.《小學》之書, 廼切於日用, 而閭巷庶民及婦人之目不知書者, 難以讀習矣. 乞於群書內, 最切日用者, 如《小學》, 如《列女傳》, 如《女誡》,《女則》之類, 譯以諺字, 仍令印頒中外, 俾上自宮掖, 以及朝廷卿士之家, 下達于委巷小民, 無不周知, 而講習之, 使一國之家皆正.

10. "亂後孝子, 忠臣, 烈女事迹, 纂集圖畫刊行事, 屢有傳敎."(『광해군일기』 권73, (1613).12.12.)

11. 而第其原本, 遍求不得, 久乃得之於海西, 而無諺解, 窮鄕氓隷, 難於通曉, 故遂用其本, 校證翻譯, 且取陳古靈, 眞西山諭俗諸篇, 附於其下, 而間有節略者, 欲民之易曉也.

12. 予之所大懼者, 不在讖緯, 亶在化未究, 俗未靖, 種種乖異之事, 發於本道也. 必復, 致復處, 以此傳敎曉諭後, 竝其家屬之滯囚者放送. 吳命愼, 李宗秀, 尤無可問之端, 亦竝放送. 朴慶遠, 朴慶仁, 俄於必復等處分條件, 已有云云, 今不必架疊. 姪瑞集, 以發告賊情之人, 事端姑未出場, 有難全釋, 而聞慶遠年老云, 不必以此滯囚. 與慶仁曉諭此傳敎後, 亦竝放送, 俾圖自新. 大抵以賊相地處, 有此逆謀, 如渠輩鄕曲無知之類, 拘攣顔私, 甘犯黨與之誅, 求其情則無非眚災. 夏間綸音, 卿果一一宣布乎? 渠輩亦具願忠之良心, 聞此必無頑忍不悛之人. 此密諭一通, 與仁邦正法結案, 眞諺謄給, 所放罪囚處. 亦爲面飭, 守宰必令宣布朝家之意, 務盡維新之效.

13. 今俗所謂西學, 誠一大變怪. 頃年聖敎昭揭, 處分嚴正, 而日月稍久, 其端漸熾, 自都下以至遐鄕, 轉相誑誘, 雖至愚田氓, 沒知村夫, 諺謄其書, 奉如神明, 雖死靡悔. 若此不已, 則妖學末流之禍, 不知至於何境.

14. 정주리·시정곤,『조선언문실록』(고즈윈, 2011), 207-209쪽 참조.

15. 三綱行實飜以諺文令京外士族家長父老或其敎授訓導等敎誨婦女小子使之曉解若能通大義有操行卓異者京漢城府外觀察使啓聞行賞.

16. 今後吏科及吏典取才時, 訓民正音, 竝令試取. 雖不通義理, 能合字者取之.

17. 自今咸吉子弟試吏科者, 依他例試六才, 倍給分數. 後式年爲始, 先試《訓民正音》, 入格者許試他才, 各司吏典取才者, 竝試《訓民正音》.

18. 禮曹啓: "《訓民正音》, 先王御製之書, 《東國正韻》, 《洪武正韻》, 皆先王撰定之書; 吏文又切於事大, 請自今文科初場試講三書, 依四書, 五經例給分, 終場幷試吏文, 依對策例給分." 從之.

19. 이 절은 시정곤, "훈민정음의 보급과 교육에 대하여",『우리어문연구』28 (2007); 최경봉·시정곤·박영준,『한글에 대해 알아야 할 모든 것』(책과함께, 2008)을 주로 참조하고 부분적으로 수정 보완하였다.

20. 서당이 오늘날의 초등학교에 해당한다면 향교는 공립 중·고등학교에 해당한다고 할 수 있다. 조선 초기 불교적인 향촌 질서를 주자학적인 향촌 질서로 바꿀 필요가 있었고, 그 역할을 향교가 했다고 볼 수 있다. 따라서 향교에서는 학생들의 교육뿐

아니라 각종 제사 거행과 향촌의 교화에도 중요한 역할을 담당했다. 조선 건국의 초석을 닦았던 정도전은 『조선경국전』(上 禮典 學校)에서 "교화의 근본이 학교에 있었으며, 학교를 통해 인륜을 밝히고 인재를 양성하게 된다[學校敎化之本也 于以明人倫 于以成人材]."고 말한 바 있는데 향교가 바로 그 역할을 한 셈이다. (김호동, "여말선초(麗末鮮初) 향교(響校) 교육의 강화와 그 경제적 기반의 확보과정", 『대구사학』 61 (2000), 15쪽.)

21. 향교의 정원은 한성부 400명, 경기 1,770명을 비롯하여 전국에 총 15,330명에 이르렀다. (『한국민족문화대백과』, 한국학중앙연구원, 향교.)

22. 수령의 7가지 책무인 수령칠사는 농지 개간, 호구 증식, 부역 균등, 소송 신속 처리, 군정(軍政) 정비, 향교 진흥, 예절 보급 등이다.

23. 수령은 임기 5년 동안 열 번의 평가를 받게 되는데, 선(善)·최(最)·악(惡)·전(殿)의 4등급을 기준으로 하였다. 관찰사는 대략 이 기준에 따라 수령들의 실적을 조사해 매년 2회 중앙에 보고하였으며, 모두 상(上)을 받으면 승진, 두 번 중(中)을 받으면 녹봉 없이 근무해야 하는 무록관으로 좌천되고, 세 번 중(中)을 받으면 파직이 될 만큼 엄격하였다. (『한국민족문화대백과』, 한국학중앙연구원, 수령.)

24. 김호동, 앞의 논문, 15쪽.

25. 下書京畿觀察使李鐵堅曰: 今聞前西部令兪仁達, 居廣州, 別立書堂, 敎誨不倦, 鄕中子弟相聚受業, 生員, 進士多出其門, 然乎? 卿其親問虛實以啓.

26. 凡在邊鄙下邑之人必多不解諺文故今乃幷著諺文字母使之先學諺文次學字會則無可有曉誨之益矣其不通文字者亦皆學諺而知字則雖無師授 亦將得爲通文之人矣.

27. 고동환, "조선후기 도시경제의 성장과 지식세계의 확대", 『실학의 재조명』 (한림대 한림과학원 한국학연구소 제3회 학술심포지움, 2006), 129쪽.

28. 藤本幸夫, "일, 한 양국의 童蒙書에 대하여", 『수교40주년 기념 일한학술교류의 현황과 전망』 (제3회 일한인문사회과학학술회의, 2006), 94쪽.

29. 백두현, "조선시대의 한글 보급과 실용에 관한 연구", 『진단학보』 92 (2001), 196쪽.

30. 이에 대해서는 '한국의 과학과 문명' 시리즈 중 하나인 『한국의 과학기술과 여성』 (들녘, 출간예정)을 참조할 수 있다. 이 책에서는 조선시대 여성이 정치·사회·문화적으로 어떤 처지에 놓여 있었으며, 언어를 비롯하여 어떤 교육을 받았는지, 그리고 과학기술의 측면에서 어떤 역할을 했는지가 자세히 기술되어 있다.

31. 傳曰: "兒女雖知《庸》, 《學》無所用, 唯敎以《千字》, 能寫後, 使醫女敎詩句可也. 且內宴時, 紅粧別製造以給."

32. 그렇다고 여성들이 한문을 전혀 몰랐던 것은 아니다. 조선시대 사대부가의 여성은 제도적인 교육은 받지 못했지만 자발적으로 남성들에 해당하는 소위 『소학』과 사서 등의 유학 경전과 역사서를 학습하여 자식들에게 친히 가르치기도 했기 때문이다. 중종 때 이준경의 모부인은 다섯 살 때 친히 『소학』과 사서를 가르쳤으며, 율곡의 어머니 신사임당도 경서와 사서에 능통했다는 기록이 있다.(최연미, "조선시대 여성 편저가, 출판협력자, 독자의 역할에 관한 연구", 『서지학연구』 23 (2001), 138쪽.)

33. 백두현, 앞의 논문, 204쪽.

34. 백두현(2001: 205-206)에서는 하층민의 한글 사용과 관련한 몇 가지 자료를 제시하고 있는데, 양반이 하층민에게 준 문서와 한글필사본 『지조번방지(再造藩邦志)』 등이 그것이다. 또한 1704년 경북 예천에서 간행된 『염불보권문』은 평민과 하층민을 대상으로 한 포교서라는 점에서 당시 일반 백성을 위한 한글 보급이 상당히 진전되었다는 것을 알 수 있다.

35. 훈민정음을 '암클'(암ㅎ+글)라고도 부르는데, 이는 훈민정음을 부녀자들이 많이 사용했기 때문에 붙여진 것이다. 『조선왕조실록』을 통해서 여성의 문자생활 전반을 다룬 논의는 많으나 최근의 대표적인 논의로는 백두현, "조선시대 여성의 문자 생활 연구", 『제28회 구결학회 전국학술대회 발표논문집』 (2003)과 김슬옹, 『조선시대 언문의 제도적 사용 연구』 (한국문화사, 2005) 등이 있다.

36. "(상략) 지난 정유년에 윤씨(尹氏)가 몰래 독약(毒藥)을 품고 사람을 해치고자 하여……(중략) 또 엄씨(嚴氏) 집과 정씨(鄭氏) 집이 서로 통하여 윤씨(尹氏)를 해치려고 모의한 내용의 언문(諺文)을 거짓으로 만들어서 고의로 권씨(權氏)의 집에 투입(投入)시켰는데, 이는 대개 일이 발각되면 엄씨와 정씨에게 해가 미치게 하고자 한 것이다.(하략)" 曩在丁酉, 尹氏陰懷毒藥, 謀欲害人, (중략) 又僞作嚴氏家與鄭氏家相通, 謀傾尹氏, 諺文, 故投于權氏之第, 蓋欲事覺, 害及嚴鄭兩氏也. _『성종실록』권105, (1479).6.5.

37. "(상략) 대신 이하의 관원이 차례대로 전(殿)에 올라갔다. 환시(宦侍)가 중궁(中宮)의 언교(諺敎)를 원상(院相) 김창집에게 나와 전달하였는데, 그 글에 이르기를 (하략)" 大臣以下, 以次上殿. 宦侍以中宮諺敎, 出傳于院相金昌集. 其書曰. 『숙종실록』권65, (1720).6.8.

윗글은 중전이 언문으로 교서(敎書)를 써서 영의정에게 주는 장면이다.

38. 鈴平府院君 尹漑, 領議政李浚慶… 副提學金貴榮, 大司諫朴淳, 以諺書啓于中殿曰. …中殿 以諺書答曰.

39. 그렇다면 평민계층의 여성과 천민계층의 대다수가 훈민정음의 사각지대에 놓여 있다고 볼 수 있을 것이다. 다음은 조선시대 성별과 계급에 따른 언어 사용 분포를 보인 것이다.(김슬옹 2005)

계층	언어
사대부 남성	대다수가 한문, 이두, 언문 사용 가능, 한문을 주로 씀
중인 남성	대다수가 한문, 이두, 언문 사용 가능, 이두와 언문을 주로 씀
평민 남성	일부가 한문, 이두 사용 가능, 언문을 주로 씀
천민 남성	일부만 언문 사용 가능
지배층 여성	한문 사용 가능, 언문을 주로 씀
피지배층 여성	일부만 언문 사용 가능

40. 주인을 대신하여 형벌을 받던 하인.

41. 司譯院都提調申槩等啓: "國家深慮事大禮重, 務崇華語, 勸課之方, 至爲詳密. 然能通華語者罕少, 雖或有通者, 音亦未純, 每當中國來使, 御前傳語, 尤難其人. 今觀業譯者習華語至十年之久, 而不及奉使中國數月往來之熟. 此無他, 於中國則凡所聞所言, 無非華語, 而耳濡目染, 在本國之時, 入本院則不得已而習漢音, 若常時則令用鄕語, 一日之內, 漢語之於鄕語, 不能十分之一也. 此正孟子所謂一齊人傅之, 衆楚人咻之, 雖日撻而求其齊, 不可得者也. 自今本院祿官, 前銜權知, 生徒, 講肄官, 漢學生等, 每至院中, 一禁鄕語. 上而師長僚官相與應對, 下而權知生徒招呼應諾, 一用漢語, 大而公事議論, 小而飮食起居, 一用漢語, 令常仕提調考察勤怠, 記之於籍. 用鄕語者, 初犯附過; 再犯囚次知一名; 三犯二名; 四犯三名; 五犯以上, 移關刑曹論罪, 祿官罷職, 仍一年不敍; 前銜權知, 一年不許取才; 生徒, 隨其所犯, 輒行楇楚; 其餘蒙, 倭, 女眞學徒, 亦依此例施行." 下禮曹議之. 禮曹啓: "可依提調所啓" 從之.

42. 정광, 『조선시대의 외국어 교육』(김영사, 2014), 175-183쪽; 정주리·박영준·시정곤·최경봉, 『역사가 새겨진 우리말 이야기』(고즈윈, 2006), 145-147쪽; 한국학중앙연구원, 『한국민족문화대백과』 참조.

43. 연규동, "청학서: 선조들이 만난 만주어", 『새국어생활』 제24권 제1호 (2014), 39-60쪽.

44. 전통 분류어휘집의 유형과 어휘집 간의 상관성에 대한 논의는 임지룡, "국어 분류어휘집의 체제와 상관성", 『국어학』 19 (1989); 심경호, "조선후기 한자어휘분류집에 관하여", (심경호 외, 『조선후기한자어휘검색사전』, 한국정신문화연구원, 1997)에서 상세하게 진행한 바 있다. 임지룡(1989)에서는 『조선관역어』에서부터 『우리말 갈래사전』까지 전체 분류어휘집을 대상으로 논의를 진행하고 있는데, 이 중 근대 이전

에 나온 분류어휘집의 유형을 '자회류(字會類)'와 '유해류(類解類)'와 '물명류(物名類)'로 나누었다. 심경호(1997)에서는 조선조에 이루어진 한자어휘집은 편찬 목적 및 용도에 따라 ①사물의 장실과 기원을 검색하기 위한 공구서(文獻用語辭典) ②사물의 이름과 성질을 표시하는 어휘들을 의미적 상관에 따라 분류하고 간략한 훈석을 붙인 공구서(語彙分類辭典) ③아동의 한자 학습을 위한 공구서(識字敎科書) ④ 외국어 학습을 위한 공구서(異國語間 語彙對應辭典)로 나누었다. 임지룡(1989)에서 '사물의 장실과 기원을 검색하기 위한 공구서'를 분류어휘집에 포함하지 않은 것은 이를 의미 영역에 따른 분류 사전으로 볼 수 없었기 때문일 것이다.

45. 『신증유합』이나 『역어유해』 등의 분류체계는 임지룡(1989)에 상세하게 제시되어 있기 때문에 여기에서는 이와 같은 유형의 분류체계를 보여준다는 점에서 『방언집석』의 분류체계를 보였다.

46. 이 항목은 정주리·시정곤, 『조선언문실록』(고즈윈, 2011)을 주로 참조하고 부분적으로 수정 보완하였다.

47. 喜居相位二十餘年, 持論寬厚, 不喜紛更, 能鎭定國人, 時稱眞宰相. 演苟察, 又老耄, 行事多顚錯, 人有以諺字書壁上曰: "河政丞且休妄公事."

48. 下鐵非上言于該司. 鐵非, 宗室女, 以諺字書上言之辭, 援例願蒙上德, 免爲私賤. 政院啓曰: "鐵非, 以諺呈上言, 至爲褻慢. 且其所願, 不可從也, 請推考治罪." 從之. 鐵非, 乃李顆母也.

49. "臣曾請文忠公 鄭夢周子孫錄用. 而其奉祀孫鄭鎬身死, 祠宇無托. 只有年老婦人呈諺單, 以攝祀爲請, 誠可慘然. 依所請以鄭鎬從弟鎌姑令攝祀, 以待宗人長成者後似宜矣." 上許之.

50. 黃海道敎書, 已爲製進矣, 士人則自能解見, 其餘人則恐不能知之. 此敎書則士人處曉諭. 又入吏讀, 去其支辭, 多作朝廷榜文, 又令義兵將或監司等, 飜以諺書, 使村民皆得以知之事議啓.

51. 以諺書多書榜文, 送于宋言愼, 曉諭民間. 聞柳成龍, 得僧人往探北道云, 又以諺書送之曉諭.

52. 今此勅書, 速爲頒布. 又以諺書寫出, 多送于咸鏡道.

53. 한국학중앙연구원 장서각, 『한글, 소통과 배려의 문자』(한국학중앙연구원 출판부, 2016), 86쪽.

54. 같은 책, 84쪽.

55. 한국학중앙연구원, '구황촬요', 『한국민족문화대백과』.

56. 이에 대해서는 김두종, 『한국의학사』(탐구당, 1966), 385-436쪽; 이원호, 『조선시대 교육의 연구』(문음사, 2002), 202쪽 참조.

57. 한국학중앙연구원 장서각, 앞의 책, 79쪽.

58. 한국학중앙연구원 장서각, 앞의 책, 80쪽.

59. 한국학중앙연구원 장서각, 앞의 책, 82쪽.

60. 한국학중앙연구원 장서각, 앞의 책, 87쪽.

61. 한국학중앙연구원 장서각, 앞의 책, 106쪽.

62. 한국학중앙연구원 장서각, 앞의 책, 104-105쪽.

63. 忠淸道醫方, 其所撰論, 非活法, 頒布京外, 有難輕議. 至於慶尙道醫人所論, 其論症也, 命藥
     也, 專主古方《痘科彙編》,《麻疹治法》, 而損益之, 分別虛實, 指陳始終, 及雜症, 頗爲纖悉.
     雖非神奇之妙劑, 足爲通行之活法. 京中則不必以此架疊, 而諸道熾盛處, 及今頒布, 可謂有
     益無害. 卽令兩醫司, 眞諺翻謄, 下送八道.

64. 정주리·시정곤,『조선언문실록』(고즈윈, 2011), 209-214쪽.

65. 구만옥,『세종시대의 과학기술』(들녘, 2016), 323-324쪽.

66. 한국학중앙연구원, '농가집성',『한국민족문화대백과』.

67. ○下諭勸農于八道兩都曰: 勸農之道, 其要有六, 不奪農時也, 使民奠居也, 顧助農糧也, 備給
     犂牛也, 堤堰灌漑也, 警飭懶惰也. 夫民之安否, 繫農勤慢, 不飭則慢, 飭則勤. 若飭勵而無其
     效, 是予言之不信. 咨爾方伯守令, 體予至意, 益勵無怠. 仍命承旨問《農家集成》板本所在,
     印其書而廣布, 使我聖祖爲民撰輯之盛意無替焉.

68. 한국학중앙연구원, '농가월령가',『한국민족문화대백과』.

69. 한국학중앙연구원 장서각, 앞의 책, 98쪽.

70. 한국학중앙연구원 장서각, 앞의 책, 102쪽.

71. 한국학중앙연구원 장서각, 앞의 책, 99쪽.

72. 《武藝圖譜通志》成. 武藝諸譜所載, 棍棒, 籐牌, 狼筅, 長槍, 鎲鈀, 雙手刀, 六技出於戚斷光
     《紀効新書》, (중략) 歲己卯, 命增入竹長鎗, 旗鎗, 銳刀, 倭劍, 交戰月挾刀, 雙劍, 提督劍, 本
     國劍, 拳法, 鞭棍十二技, 纂修圖解, 作爲新譜. 上卽咋初, 命增騎槍, 馬上月刀, 馬上雙劍, 馬
     上鞭棍四技, 又以擊毬, 馬上才附之, 凡二十四技, 命檢書官李德懋, 朴齊家, 開局於壯勇營,
     看詳編摩, 爲之疏解, 凡厥得失, 亦著論斷. (중략) 其次二十四技有說有譜有圖, 次之以冠
     服圖說, 又以各營技藝傳習不同, 故作考異表附其末, 又有諺解一卷, 書凡五卷, 御製序弁其
     首.(하략)

73. 한국학중앙연구원 장서각, 앞의 책, 102쪽.

74. 한국학중앙연구원 장서각, 앞의 책, 102쪽.

75. 한국학중앙연구원 장서각, 앞의 책, 141쪽.

76. 한국학중앙연구원 장서각, 앞의 책, 142쪽.

77. 한국학중앙연구원 장서각, 앞의 책, 143쪽.

78. 한국학중앙연구원 장서각, 앞의 책, 152쪽.

79. 한국학중앙연구원 장서각, 앞의 책, 144쪽.

80. 과학기술에서 여성의 역할과 의미에 대해서는 '한국의 과학과 문명' 총서 중『한국의 과학기술과 여성』(들녘, 출간예정)의 '3장 여성의 기술적 지식'을 참조할 것.

81. 이 절은 시정곤, "훈민정음의 보급과 교육에 대하여",『우리어문연구』 28 (2007); 최경봉·시정곤·박영준,『한글에 대해 알아야 할 모든 것』(책과함께, 2008)을 주로 참조하고 부분적으로 수정 보완하였다.

82. 정병설, "조선후기 한글소설의 성장과 유통—세책과 방각을 중심으로—",『진단학보』 100 (2005), 267쪽.

83. 臺諫啓前事. 憲府啓: "蔡壽作《薛公瓚傳》, 其事皆輪回, 禍福之說, 甚爲妖妄. 中外惑信, 或飜以文字, 或譯以諺語, 傳播惑衆. 府當行移收取, 然恐或有不收入者, 如有後見者治罪." 答曰:《薛公瓚傳》, 事涉妖誕, 禁戢可也. 然不必立法. 餘不允.

84. 『설공찬전』은 일부가 이문건(李文楗, 1494-1567)의『묵재일기』 뒷장에 기록되어 전하는데, 대략적인 내용은 다음과 같다.(정병설 2005)

    "전라도 순창에 살던 설충란에게 자식 남매가 있었다. 그런데 딸은 결혼하자 바로 죽고, 아들 공찬 역시 장가도 들기 전에 병들어 죽고 만다. 그런데 설공찬 누나의 영혼이 설충란의 동생 설충수의 집에 나타나 충수의 아들 공침에게 들어간다. 공침은 영혼이 몸에 들어오자 병들어 눕게 된다. 이에 충수가 무당을 불러 귀신을 쫓으려고 한다. 그러자 이번에는 공찬까지 가세하여 사촌동생 공침의 몸을 들락거리며 공침을 괴롭힌다. 그 과정에서 공찬은 사촌동생 등에게 저승 이야기를 들려준다."

85. "刑賞務要得中, 若此人可死, 則如《太平廣記[太平記]》,《剪燈新話》之類, 其可盡誅乎?" 上曰:《薛公瓚傳》, 爲輪回禍福之說, 以惑愚民, 壽非無罪. 然絞則過矣, 故酌宜罷之.

86. 余觀閭巷無識之人習傳諺字謄書古老相傳之語日夜談論『고문서집성』 7 (義城金氏川上各派篇 3), 한국정신문화연구원, 1990, 804쪽.

87. 정병설, 앞의 논문, 269쪽.

88. 이때 지배계층과 피지배계층의 경계가 어디까지인지는 정확하지 않다. 왜냐하면 조선후기에 오면서 신분 구조가 변했기 때문이다. 재력을 갖춘 상인층이 등장하자, 조선후기는 상업화 사회로 접어들었고, 이들은 신분 구조를 바꿀 만큼 그 세력이 엄청났다. 아래 표에서 알 수 있듯이 과거 1할 내외였던 양반층이 18세기에는 3할, 19

세기 중엽에는 6, 7할이 되고, 후기에 가서는 거의 9할이 되면서, 양반층은 늘어나고 대신 평민층이나 천민층이 그만큼 감소하였기 때문이다.(미야지마 히로시 저, 노영구 옮김, 『양반』(도서출판 강, 1996) 참조.)

	양반호	상민호	노비호	총 수
Ⅰ기 (1690)	290호 (9.2%)	1,694호 (53.7%)	1,172호 (37.1%)	3,156호 (100%)
Ⅱ기 (1729,32)	579호 (18.7%)	1,689호 (54.6%)	824호 (26.6%)	3,092호 (100%)
Ⅲ기 (1783,86,89)	1,055호 (37.5%)	1,616호 (57.5%)	140호 (5.0%)	2,811호 (100%)
Ⅳ기 (1858)	2,099호 (70.3%)	842호 (28.2%)	44호 (1.5%)	2,985호 (100%)

〈신분별 호수(戶數)와 비율〉

89. 大谷森繁(1985: 60-64)에서는 17세기 말 남원윤씨(1647-1698)가 한글로 중국 소설 『西周演義』를 베껴서 이웃 사람과 돌려 읽었다는 내용이 담긴 『諺書西周演義跋』을 소개하고 있다.

90. 고동환, 앞의 논문, 125쪽.

91. 물론 방각이 소설에서 시작된 것은 아니다. 16세기 중반부터 『攷事攝要』와 같은 백과사전이나 『사서언해』와 같은 서적이 목판본을 통해 간행되었기 때문이다. 1780년에 간행된 것으로 보이는 『임경업전』이 최초의 한글 방각소설로 꼽힌다.(정병설 2005: 276-278)

92. …竊觀近世閭閻之競以爲能事者. 惟稗說是崇. 日加月增. 千百其種. 僧家以是淨寫. 凡有借覽. 輒收其直以爲利. 婦女無見識. 或賣釵釧. 或求債銅. 爭相貫來. 以消永日. 不知有酒食之議綑紲之責者往往皆是. 夫人獨能不屑爲習俗所移. 女紅之暇. 間以誦讀. 則惟女書之可以爲範於閨壼者耳….

93. 고동환, 『조선시대 시전상업 연구』(지식산업사, 2013), 181-182쪽.

94. E. W. Koons, "The house where books are given out for rent", *The Korean Mission Field*, Vol. XIV, No. 7, Seoul, The Federal Council of Evangelical Missions in Korea, 1918.7. (정병설, 『조선시대 소설의 생산과 유통』(서울대출판문화원, 2016), 100쪽, 재인용.)

95. 정병설, 『조선시대 소설의 생산과 유통』(서울대출판문화원, 2016), 98-100쪽.

96. 앤드류 고든 저, 김우영 역, 『현대일본의 역사』(도서출판 이산, 2005), 86-87쪽.

97. 국립중앙도서관 도서관연구소 고전운영실, "조선시대 서적 출판의 전개", 『세책과

방각본』, (국립중앙도서관, 2016), 20쪽.

98. '유림외사, 홍루몽', 두산백과.

99. 버클리 저, 이동진·윤미경 공역,『사진과 그림으로 보는 케임브리지 중국사』(시공사, 2001), 249쪽.

100. 한국학중앙연구원 장서각, 앞의 책, 254쪽.

101. 諺有之, 鍾街烟肆, 聽小史稗說, 至英雄失意處, 裂眦噴沫, 提折草劍直前, 擊讀的人, 立斃之. 大抵往往有麥浪死, 可笑.

102. 정주리·시정곤,『조선언문실록』(고즈원, 2011), 171-172쪽.

103. 조동일(2001)에 따르면 고종 20년(1883) 정부에서 박문국을 설치하여 문헌을 간행할 때 한글 소설이 300여 종이나 출판되었다고 하니 당시 한글 소설의 규모와 수요를 짐작케 한다.

104. 백두현,『현풍곽씨언간 주해』(태학사, 2003)에서는 양반인 주인이 노복(奴僕)에게 쓴 한글 편지가 나타난다. 이런 점에서 볼 때 전체는 아니지만 일부 노복도 한글을 사용할 줄 알았다고 짐작할 수 있다.

105. 국역 영인판『황사영백서』(성황석두루가서원, 1998) 참조.

106. 정병설,『조선시대 소설의 생산과 유통』(서울대출판문화원, 2016), 87쪽.

107. 정병설, "18,19세기 조선의 매체 혁명과 그 파장."『21세기 한국학의 진로 모색』(서울대학교 개교 60주년 및 규장각 창립 230주년 기념 한국학 국제학술회의, 2006) 참조.

108. 한국학중앙연구원. '언해',『한국민족문화대백과』참조.

109. 初設刊經都監, 置都提調, 提調, 使, 副使, 判官.

110. 戊午/刊經都監進新刊《法華經》.

111. 한국학중앙연구원 장서각, 앞의 책, 58쪽.

112. 정주리·시정곤, 앞의 책, 209-213쪽.

113. 《三綱行實》所載, 率皆遭變, 故艱危之際, 孤特激越之行, 非日用動靜常行之道, 固不可人人而責之. 《小學》之書, 廼切於日用, 而閭巷庶民及婦人之目不知書者, 難以讀習矣. 乞於群書內, 最切日用者, 如《小學》, 如《列女傳》, 如《女誡》·《女則》之類, 譯以諺字, 仍令印頒中外.

114. 學堯, 舜之道, 只在一部《小學》, 而綱領有三, 曰立敎也, 曰明倫也, 曰敬身也. 就以典謨觀之, 命夔命契, 立敎之事, 徽典敦禮, 明倫之事, 欽明溫恭, 敬身之工也. 此唐, 虞, 三代之所以莫及. 而我朝列聖相承, 以《小學》爲敎化先務, 立訓義以敎家邦, 以至試士取人, 必先《小學》, 大比而設講, 庠製而置額, 雖愚夫愚婦, 皆知《小學》之方.

115. 唐本《女四書》與《內訓》無異. 古昔聖王之治, 必以正家爲本, 閨梱之法, 乃王化之源. 此書若刊布, 則必有補於閨範, 而第有諺釋, 然後可易曉.

116. 世宗朝, 命集賢諸臣, 蒐閱古今傳記, 得孝子, 忠臣, 烈女之卓然者百有餘人, 圖形於前, 紀實於後, 刊頒中外, 俾補風敎, 今所傳《三綱行實》是也.中廟朝, 金安國, 復取歷代諸賢處長幼交朋友可爲師法者四十七人, 紀事圖讚, 以補《三綱行實》之所未備, 今所傳《二倫行實》是也. 上, 旣頒《鄕禮合編》, 又命閣臣沈象奎等, 取《三綱》,《二倫》兩書而合釐之, 證訂諺解, 名曰《五倫行實》.

117. 박성래, "개화기의 과학수용",『근현대 한국사회와 과학』(창작과비평사, 2001), 16쪽.

118. 같은 논문, 16쪽.

119. 김민수(2000)에서는 상고음(上古音)이라는 이상적인 음운체계를 가정하는 것 때문에『언문지』가 19세기 국어의 현실음을 제대로 반영하지 못하였고 이론체계에만 너무 얽매어 있다고 지적하였다.

120. 김지홍, "'언문지'의 텍스트 분석."『진단학보』118 (2013)의 번역문 인용.

121. 된소리에 가깝게 인식되는 한자의 탁음이 한자 전래 당시 된소리로 받아들여지지 않은 것은 한자가 전래된 삼국시대에 한국어의 음운체계에 된소리가 없었기 때문이라고 볼 수 있다. 유희는 된소리가 분명히 존재했던 시기를 살았기 때문에 한자의 탁음을 된소리로 읽지 않는 현실을 법식에서 벗어난 것으로 파악했을 가능성이 높다.

122. 鄭丈(東愈)工格物 嘗語不佞 子知諺文妙乎 夫以字音傳字音 此變彼隨變 古叶今韻 屢舛宜也 若註以諺文 傳之久遠 寧失眞僞慮 沆文章必尙簡奧 以簡奧通情 莫禁誤看 諺文往復萬無一疑 子無以婦女學忽之. 번역문은 강신항, "언문지에 나타난 유희의 음운 연구",『어문연구』108, (2000)에서 인용함.

123. 諺文字總數 一萬零二百五十 以諺盡人口所出聲 人口所出聲 一萬零二百五十 以應盡天地萬物之數.

124. 此古聖人之未及究得 而通天下所無者也⋯⋯ 則正音不止惠我一方 而可以爲天下聲音大典也.

125. 이 책은 훈민정음의 음운 원리를 역학적으로 설명한 것이라는 점에서 주목을 받았다. 신경준은『훈민정음』을 볼 수 없었던 한계에도 불구하고, 초성자의 제자원리를 오행 상형으로 설명하고 중성자를 순설 상형(脣舌象形)으로 설명함으로써,『훈민정음』에 근접하는 발음기관상형설을 제시하였다. 이는 훈민정음의 제자원리를

탐구하려 했던 국문연구소 연구위원들에게 많은 영향을 끼쳤다.

126. 이 책은 중국 한자음과 조선 한자음을 훈민정음으로 표기해 비교한 것인데, 이러한 한자음의 표기를 통해 자모의 음가를 규정하는 데 참조되었다. 고려 때부터 전래되던 『三韻通考』에 중국 한자음[華音]과 조선 한자음[東音]을 병기(併記)한 것으로, 두 음의 차이를 통해 조선 한자음의 변이(變異)를 파악한 것이 특징이다. 이처럼 화음과 동음을 비교한 운서는 계속 간행되는데, 대표적인 것이 홍계희(洪啓禧)의 『삼운통고(三韻通考)』(1751)이다. 이는 『화동정음통석운고(華東正音通釋韻考)』와 유사하지만, 같은 운의 한자를 가나다순으로 배열한 것이 특징으로 거론된다.

127. 이는 대부분의 전통 분류어휘집에서 취한 방법이다. 더 나아가 『방언집석』이나 『역어유해』류의 대역어휘집은 이 개념체계를 중심으로 서로 다른 언어의 어휘들을 대응시키고 있다. 이 중 『물명고』는 존재론적 분류체계를 가정하고 있다는 점에서 다국어 어휘망의 역할을 수행할 수 있는 기반이 갖춰져 있다고 할 수 있다.

128. 19세기 후반기에 나온 『자류주해(字類註釋)』와 『정몽유어(正蒙類語)』는 한자 학습용 분류어휘집이지만 분류체계에서 계층성이 보인다는 점에서 특이하다. 이 중 『자류주석』은 '천도부', '지도부', '인도부', '물류부'라는 부류 아래 2단계로 '類'를 설정하고 있어 『재물보』와 유사한 체재를 보이고 있다. 반면, 『정몽유어』에서는 '類' 위에 '일리생생(一理生生)', '만화산수(萬化散殊)', '명기착종(名器錯綜)', '제왕입정(帝王立政)', '성학명도(聖學明道)'라는 상위 단계를 설정하고 있지만 이들 상위 단계가 세계에 대한 존재론적 인식을 반영하는 것은 아니라는 점에서 '박물지로서의 분류어휘집'에서 나타나는 분류체계와는 다르다.

129. "물체(物體), 물용(物用,) 용물(用物), 성(聲), 색(色), 취(臭)……" 등의 부류는 사물의 상태 등을 나타내는 어휘의 부류이고, "우충(羽蟲), 모충(毛蟲), 인충(鱗蟲), 개충(介蟲), 곤충(昆蟲)"은 '유정류'이고, "곡(穀), 채(菜), 과(果), 초(草), 목(木), 죽(竹)"은 '무정류'라고 할 수 있다. '인보'에서도 '一, 二, 三, 四'의 부류는 각각 '생물학적 인간', '관계적 인간', '직업적 인간', '사회의 제도나 양식' 등의 분류체계가 바탕이 되었다는 점에서 의미가 있다.

130. '유정류'의 하위 부류인 우충(羽蟲), 모충(毛蟲), 나충(贏蟲), 인충(鱗蟲), 개충(介蟲), 곤충(昆蟲) 중에서 '모충'과 '나충'은 '수족(獸族)'의 하위 부류이며, '인충'과 '개충'은 '수족(水族)'의 하위 부류이다. 그러나 우충(羽蟲), 모충(毛蟲), 나충(贏蟲), 인충(鱗蟲), 개충(介蟲), 곤충(昆蟲) 등 '蟲'의 계열로 분류 자질을 설정한 것으로 보아, '수족(獸族)'이나 '수족(水族)'의 자질은 분류 기준에서 중심적인 위치를 차지하는

것으로 보이지는 않는다.

131. 동양철학에서 우주만물을 이루는 다섯 가지 원소를 가리키는 말.

132. 『설문해자(說文解字)』는 1만(萬)여 자에 달하는 한자(漢字)의 글자 모양과 뜻 그리고 발음을 해설한 자전(字典) 성격의 책이다. 분류 의식과 관련하여 주목할 부분은 이 책이 모든 한자의 구성 요소를 분석·정리하여 그 공통된 부분을 추출해냄으로써 한자의 부수(部首)를 창안하고, 이 부수에 따라 모든 한자를 분류·수록하였다는 점이다.

133. 이 분류체계는 최경봉(2005)에서 제시된 것이다.

5장 한글과 근대 과학문명

1. 버클리 저, 이동진·윤미경 공역, 『사진과 그림으로 보는 케임브리지 중국사』 (시공사, 2001), 266쪽.

2. 앤드류 고든 저, 김우영 역, 『현대일본의 역사』 (도서출판 이산, 2005), 104쪽.

3. 같은 책, 140쪽.

4. 박성래, 앞의 논문, 17쪽.

5. 박성래, 앞의 논문, 28쪽.

6. '문학혁명(文學革命)', 『두산백과』.

7. 후쿠자와 유키치 저, 허호 옮김, 『후쿠자와 유키치 자서전』 (이산, 2006), 143-144쪽.

8. 사이토 마레시 지음, 황호덕·임상석·류충희 옮김, 『근대어의 탄생과 한문』, (현실문화, 2010), 129쪽.

9. 앤드류 고든 저, 김우영 역, 앞의 책, 205쪽.

10. 박성래, 앞의 논문, 26쪽.

11. 第十四條: 法律, 勅令, 總以國文爲本, 漢文附譯, 或混用國漢文.

12. 編輯局, 掌國文綴字 各國文繙繹及敎科書編輯等事.

13. 고종의 국문 칙령의 역사적 의미를 규명하면서 이를 국한혼용체의 사용이 보편화한 계기로 설명한 논의로는 김슬옹(2012)을 들 수 있다.

14. 박영민 외(2011)에 따르면 이상설(李相卨, 1870-1917)은 외국어와 신학문을 익히면서 1898-1899년경에 『數理』라는 책을 썼으며 1900년에 근대 수학책인 『筭術新書』를 발간하였고, 서양의 과학(식물학, 화학, 물리학)을 독학하며 그 내용 중 새롭고 관심

있는 것을 필사하여 『植物學』, 『化學啓蒙抄』, 『百勝胡艸』를 저술하였다.

15. 한성사범학교, 외국어학교 등에서의 일본인 교사들이 과학 교육을 하였고, 관립 한성중학교의 경우에도 일본인 교사가 과학 교육을 전담하였다. 학제 제정 이후 과학 교육과정 및 교육 담당자 현황은 송민영, "학제제정(1895)부터 1910년까지의 과학 교육과정과 관·공립학교에 있어서의 과학교육담당자", 『한국과학교육학회지』 18-4 (1998)를 참조할 수 있다.

16. 한글 교과서로는 제중원과 세브란스병원 의학교에서 펴낸 한글 의학 교과서들을 들 수 있다.

17. 과학기술 교과서의 편찬 현황에 대해서는 이종국, 『한국의 교과서』 (대한교과서주식회사, 1991); 이면우, 『한국 근대교육기(1876-1910)의 지구과학교육』 (서울대학교 박사논문, 1997); 박종석, 『개화기 과학교과서의 발간실태와 내용분석』 (서울대학교 박사논문, 1998) 등의 연구를 통해 그 전모를 파악할 수 있을 것이다.

18. 국민교양 독본이었던 『유년필독(幼年必讀)』(1907)의 저자인 현채는 대표적인 개화파 지식이자 교과용 도서 저술가이다. 현채는 육영공원의 폐교로 국비학생들을 배재학당으로 위탁한 조치인 '배재학당합동(培材學堂合同)'(1895)에서 정부 측 관리인으로 활동한 바 있다.

19. 幣原 坦(시데하라 아키라, 1870-1953)는 조선사를 전공한 인물로, 통감부의 관료를 지내면서 식민지 행정과 교육을 추진하기 위한 기반을 조성하였다. 조선은 당쟁 때문에 멸망했고, 일본이 통치하지 않으면 스스로의 힘으로 국가를 이끌어갈 수 없다는 논리를 전개한 인물로 알려져 있다.

20. 현재 남아 있는 『말모이』의 원고는 240자 원고지로 231장, 표제어는 1,400여 개에 불과하다. 『말모이』 편찬의 의의와 그 내용에 관한 논의는 이병근, 『한국어 사전의 역사와 방향』 (태학사, 2000)과 최경봉, 『근대 국어학의 논리와 계보』 (일조각, 2016)를 참조할 수 있다.

21. 1896년 3월, 국내 최초 영어잡지인 *The Korean Repository* 3권, 108쪽.

22. Philip Jaisohn, *My Days in Korea and Other Essays*, (Yonsei University Press, 1999), 28-30쪽.

23. 같은 책, 28-30쪽.

24. 이기문, "독립신문과 한글문화", 『주시경학보』 4 (1989), 17-19쪽.

25. 박영준·시정곤·정주리·최경봉, 『우리말의 수수께끼』 (김영사, 2000), 191-192쪽.

26. 〈한성순보〉에는 과학기술과 관련하여 '지구설, 지구운동, 세계지리, 천문, 전기와 전

선, 화학의 시작, 기술과 공업, 농업기술, 의학, 서양과학의 역사' 등의 기사가 실렸고, 〈한성주보〉에는 '세계지리, 천문,기상 지진,광산 개발과 기술, 의학과 농업, 과학일반'에 관한 기사가 소개되었다. (박성래, "한성순보와 한성주보의 근대과학 인식",『근현대 한국사회와 과학』(창작과비평사, 2001), 40-83쪽.)

27. 박성래, "한성순보와 한성주보의 근대과학 인식",『근현대 한국사회와 과학』(창작과비평사, 2001), 81-82쪽.

28. 시정곤, 신동원, 전봉관,『조선의 멀티플레이어』'서재필' (수고본).

29. 〈독립신문〉1896년 12월 1일자 「논설」.

30. 이상 1896년 12월 12일자 〈독립신문〉의 「논설」.

31. 〈독립신문〉, 1899.4.11.

32. 청주고인쇄박물관,『한국고활자특별전』(도서출판 직지, 2002), 25쪽.

33. 류현국,『한국활자의 탄생』(홍시커뮤니케이션, 2015), 50-51쪽.

34. 1879년에 개신교 목사 로스도 한글 활자를 개발하여 사용했다는 기록이 있다. (류현국,『한국활자의 탄생』(홍시커뮤니케이션, 2015) 63쪽.)

35. 류현국, 앞의 책, 52-54쪽.

36. 이유집, "수입연활자에서 벤톤서체까지, 한글 연활자의 변천소고",『신문과방송』134 (한국언론연구원, 1982), 42쪽.

37. 같은 논문, 43쪽.

38. 최학주,『나의 할아버지 육당 최남선』(나남, 2011), 139-144쪽.

39. 박승빈이 1921년 9월에『계명』3호에 발표한 논문(朝鮮言文에 關한 要求 (3))에는 "명치 40년에 내가 언문일치 일본국육법전서라는 책을 번역하여 동 41년에 간행하였는 바"라는 대목이 나온다.

40. 시정곤,『훈민정음을 사랑한 변호사 박승빈』(도서출판 박이정, 2015), 178쪽.

41. 한국학중앙연구원,『한국민족문화대백과』'조선광문회'.

42. 박영준·시정곤·정주리·최경봉,『우리말의 수수께끼』(김영사, 2000), 213-215쪽.

43. "한글『풀어쓰기』를 건의: 제정 오백년에 문자 대혁명, 우리 문화향상에 새 과제. '한글가로쓰기연구회'에서 제기"〈동아일보〉1946.9.18. 2면.

44. 〈동아일보〉1929.1.17., '조선문횡서 타자기 발명'.

45. 송기주, "한글 타입우라이터의 유래와 발전(상)",『한글』13호 (1934), 7쪽.

46. 김태호, "'가장 과학적인 문자'와 근대 기술의 충돌─초기 기계식 한글타자기 개발 과정의 문제들, 1914-1968",『한국과학사학회지』33-3 (2011), 399쪽.

47. 같은 논문, 395-436쪽.

48. 유영익 외 편,『이승만 동문 서한집 상중하』(연세대학교 출판부, 2009), 363-371쪽.

49. 김홍기, "웨슬리신학의 조명에서 본 미주 한인 이민과 선교 백년의 역사적 의미", 『제34회 청암논단』(청암크리스찬아카데미, 2003) 참조.

50. 〈동아일보〉 1934.3.1. 2면, "우리글 타자기를 완성한 발명가 송기주씨의 입경".

51. 김태호, 앞의 논문, 423-424쪽.

52. 공병우,『나는 내식대로 살아왔다』(대원사, 1989), 69-71쪽.

53. 공병우,『나는 내 식대로 살아왔다』(대원사 1989), 71쪽.

54. 최경봉·시정곤·박영준,『한글에 대해 알아야 할 모든 것』(책과함께, 2008), 253-259쪽.

55. 국어정보학회,『세계로 한글로』(한글반포 550돌 기념 기록영화, 1996) 참조.

56. 〈한국일보〉 2017.1.23., "AI에서 음성인식이 중요한 이유".

〈참고문헌〉

강규선, "훈민정음과 성리학, 운학과의 관계",『어문논총』 4 (청주대학교 국어국문학과, 1985), 1-17쪽.

강신항, "훈민정음해례이론과 성리대전과의 연관성",『국어국문학』 26 (1963), 177-185쪽.

강신항,『증보판 훈민정음연구』 (성균관대학교 출판부, 1990).

강신항,『한국의 운서』 (태학사, 2000).

강신항, "언문지에 나타난 유희의 음운연구",『어문연구』 108 (2000), 262-276쪽.

강신항,『훈민정음 창제와 연구사』 (경진, 2010).

게일 지음, 신복룡 외 옮김,『전환기의 조선』 (평민사, 1986).

고동환, "조선후기 도시경제의 성장과 지식세계의 확대",『실학의 재조명』 (한림대 한림과학원 한국학연구소 제3회 학술심포지움, 2006).

고동환,『조선시대 시전상업 연구』 (지식산업사, 2013).

공병우,『나는 내 식대로 살아왔다』 (대원사, 1989).

국립중앙도서관 도서관연구소 고전운영실, "조선시대 서적 출판의 전개",『세책과 방각본』, (국립중앙도서관, 2016).

국어정보학회,『세계로 한글로』 (한글반포 550돌 기념 기록영화, 1996).

국역 영인판『황사영백서』 (성황석두루가서원, 1998).

구만옥, "조선왕조의 집권체제와 과학기술정책─조선전기 천문역산학의 정비과정을 중심으로─",『동방학지』 124 (2004), 219-272쪽.

구만옥, "세종, 조선 과학의 범형을 구축하다",『한국과학사학회지』 35-1 (2013), 203-224쪽.

구만옥,『세종시대의 과학기술』 (들녘, 2016).

김경석, "모아쓰는 글자는 한글뿐인가?",『한글새소식』 185 (1988), 14-15쪽.

김두종,『한국의학사』 (탐구당, 1966).

김만태, "훈민정음의 제자원리와 역학사상: 음양오행론과 삼재론을 중심으로",『철학사

　　상』45 (서울대학교철학사상연구소, 2012), 55-94쪽.

김무림,『홍무정운역훈연구』(월인, 1999).

김민수,『신국어학사』(일조각, 1980).

김봉태,『훈민정음의 음운체계와 글자모양—산스크리트, 티벳, 파스파문자—』(삼우사, 2001).

김봉희, "한국근대의 농서에 관한 서지학적 연구",『한국문헌정보학회지』29 (1995), 205- 230쪽.

김성범,『훈민정음 창제원리에 관한 역철학적 고찰』(충남대학교 대학원 석사학위논문, 2003).

김송원, "훈민정음 易理의 언어학적 자질론: 中聲의 제자원리를 중심으로",『건국대학교대 학원논문집』20 (1985), 103-122쪽.

김슬옹,『조선시대 언문의 제도적 사용 연구』(한국문화사, 2005).

김슬옹,『세종대왕과 훈민정음학』(지식산업사, 2010).

김슬옹,『조선시대의 훈민정음 발달사』(역락, 2012).

김슬옹 엮음,『훈민정음(언문·한글) 논저·자료 문헌 목록』(역락, 2015).

김양진, "일음양오행(一陰陽五行)과 훈민정음(訓民正音)",『국어학』74 (2015), 57-102쪽.

김영욱,『한글』(루덴스, 2007).

김완진, "세종대의 어문정책에 대한 연구: 훈민정음을 위요(圍堯)한 수삼(數三)의 과제", 『성곡논총』3 (1972), 185-215쪽.

김주원,『훈민정음—사진과 기록으로 읽는 한글의 역사』(민음사, 2013).

김지홍, "'언문지'의 텍스트 분석",『진단학보』118 (2013), 213-243쪽.

김철헌, "동국정운 초성고",『국어국문학』19 (1958), 107-132쪽.

김철헌, "동국정운 운모고",『국어국문학』21 (1959), 1-90쪽.

김청,『인쇄의 역사』(도서출판 ㈜포장산업, 2005).

김태호, "'가장 과학적인 문자'와 근대 기술의 충돌—초기 기계식 한글타자기 개발 과정 의 문제들, 1914-1968",『한국과학사학회지』33-3 (2011), 395-436쪽.

김호동, "여말선초(麗末鮮初) 향교(響校) 교육의 강화와 그 경제적 기반의 확보과정",『대 구사학』61 (2000), 1-31쪽.

김홍기, "웨슬리신학의 조명에서 본 미주 한인 이민과 선교 백년의 역사적 의미",『제34회 청암논단』(청암크리스찬아카데미, 2003).

남성우, "중국운학과 성리학이 훈민정음창제에 미친 영향",『中國研究』4 (한국외국어대학교 중국문제연구소, 1979), 159-187쪽.

노마히데키(野間秀樹) 저, 김진아 등 역,『한글의 탄생』(돌베개, 2010).

大谷森繁,『조선후기소설독자연구』(고려대민족문화연구소, 1985).

두산백과,『두산백과』.

藤本幸夫, "일, 한 양국의 童蒙書에 대하여",『수교40주년 기념 일한학술교류의 현황과 전
　　망』(제3회 일한인문사회과학학술회의, 2006).

류현국,『한국활자의 탄생』(홍시커뮤니케이션, 2015).

문중양, "세종대 과학기술의 '자주성', 다시 보기",『역사학보』189 (2006), 39-72쪽.

문효근, "『훈민정음』제자 원리 중-[정인지서]의 "상형이자방고전"-〈실록〉의 최만리의
　　자형-방고지전문"풀이와 〈설문〉류의 형체학적 연계성에 대하여",『세종학연구』8
　　(1993), 259-275쪽.

문효근,『훈민정음 제자원리』(경진출판, 2015).

미야지마 히로시 저, 노영구 옮김,『양반』(도서출판 강, 1996).

박병채,『홍무정운역훈의 신연구』(고려대학교 민족문화연구소, 1983).

박성래, "개화기의 과학수용",『근현대 한국사회와 과학』(창작과비평사, 2001), 15-39쪽.

박성래, "한성순보와 한성주보의 근대과학 인식",『근현대 한국사회와 과학』(창작과비평
　　사, 2001), 40-83쪽.

박영민 외, "수학자 이상설이 소개한 근대자연과학:『植物學』",『수학교육 논문집』25-2
　　(2011), 341-360쪽.

박영준·시정곤·정주리·최경봉,『우리말의 수수께끼』(김영사, 2000).

박종국,『훈민정음 종합연구』(세종학연구원, 2007).

박종석,『개화기 과학교과서의 발간실태와 내용분석』(서울대학교 박사논문, 1998).

박종석, "개화기 역관의 과학교육 활동: 현채를 중심으로",『한국과학교육학회지』29-6
　　(2009), 741-750쪽.

반재원, 허정윤,『한글 창제원리와 옛글자 살려 쓰기』(역락, 2007).

버클리 저, 이동진·윤미경 공역,『사진과 그림으로 보는 케임브리지 중국사』(시공사,
　　2001) [Ebrey Patricia Buckley, *The Cambridge Illustrated History of China*, (Calmann
　　& King Ltd, 1994)].

변정용, "한글의 과학성",『함께여는 국어교육』26 (1996), 62-76쪽.

배윤덕,『우리말 운서의 연구』(성신여자대학교 출판부, 2005).

백두현, "조선시대의 한글 보급과 실용에 관한 연구",『진단학보』92 (2001), 193-218쪽.

백두현, "조선시대 여성의 문자 생활 연구", 『제28회 구결학회 전국학술대회 발표논문집』 (2003).

백두현, 『현풍곽씨언간 주해』 (태학사, 2003).

백두현, "융합성의 관점에서 본 훈민정음의 창제 원리", 『어문론총』 57 (한국문학언어학회, 2012), 115-156쪽.

백두현, "작업 단계로 본 훈민정음의 제자 과정과 원리", 『한글』 301 (2013), 83-142쪽.

사이토 마레시 지음, 황호덕, 임상석, 류충희 옮김(2010), 『근대어의 탄생과 한문』 (현실문화, 2010).

사토 마사루 저, 기소영 옮김, 『종교개혁 이야기』 (바다출판사, 2016).

聶寶梅, 『훈민정음의 역학적 연구』 (원광대학교 박사논문, 2016).

세계문자연구회, 『세계의 문자』 (범우사, 1997).

송기주, "한글 타입우라이터의 유래와 발전(상)", 『한글』 13호 (1934), 7쪽.

송기중 외, 『한국의 문자와 문자 연구』 (집문당, 2003).

송민영, "학제제정(1895)부터 1910년까지의 과학교육과정과 관·공립학교에 있어서의 과학교육담당자", 『한국과학교육학회지』 18-4 (1998), 493-502쪽.

시정곤, "훈민정음의 보급과 교육에 대하여", 『우리어문연구』 28 (2007), 33-65쪽.

시정곤, 『훈민정음을 사랑한 변호사 박승빈』 (도서출판 박이정, 2015).

시정곤·신동원·전봉관, 『조선의 멀티플레이어』 (수고본).

신동원, 『한국 과학사 이야기 1,2,3』 (책과함께, 2010).

신지영, "외부에서 온 과학, 내부에서 솟아난 '소문과 반응'들", 『한국문학연구』 42 (2012), 95-144쪽.

심경호, "조선후기 한자어휘분류집에 관하여", (심경호 외, 『조선후기한자어휘검색사전』, 한국정신문화연구원, 1997).

심소희, 『한자 정음관의 통시적 연구』 (이화여자대학교출판부, 2013).

안명철, "훈민정음 자질문자설에 대하여", 『어문연구』 123 (2004), 43-60쪽.

안명철, "훈민정음 제자 원리의 기호론", 『국어학』 45 (2005), 213-243쪽.

안명철, "훈민정음 제자 원리와 육서(六書)", 『우리말글』 38 (2006), 43-58쪽.

안병희, "훈민정음 사용에 관한 역사적 연구: 창제부터 19세기까지", 『동방학지』 46,47,48 합집 (1985), 793-821쪽.

안병희, 『훈민정음연구』 (서울대학교출판부, 2007).

알렌 저, 김원모 완역, 『구한말 격동기 비사 알렌의 일기』 (단국대학교출판부, 1991).

연규동, "청학서: 선조들이 만난 만주어",『새국어생활』24-1 (2014), 39-60쪽.

앤드류 고든 저, 김우영 역,『현대일본의 역사』(도서출판 이산, 2005) [Gordon Andrew, *A Modern History of Japan*, (Oxford University Press, 2002)].

우신영, "『독립신문』에 나타난 근대 병원 담론 연구",『우리어문연구』54집 (2016), 143-171쪽.

유길준 지음, 허경진 옮김,『서유견문』(서해문집, 2004). [西遊見聞(全), 유길준전서 I, 유길준전서편찬위원회 편, (일조각 1971)].

유영익 외 편,『이승만 동문 서한집 상중하』(연세대학교 출판부, 2009), 363-371쪽.

유창균, "동국정운 연구",『진단학보』28 (1965), 97-134쪽.

유창균,『동국정운연구』(형설출판사, 1966).

이근수, "훈민정음의 언어철학적 분석",『인문과학』1 (1994), 83-102쪽.

이기문, "독립신문과 한글문화",『주시경학보』4 (1989).

이돈주,『한중한자음 연구』(태학사, 2003).

이동림, "동국정운 연구—그 등운도(等韻圖) 작성을 중심으로",『국어국문학』30 (1965).

이동림,『동국정운연구』(동국대학교, 1968).

이동석, "한글의 풀어쓰기와 모아쓰기에 대하여—최현배 선생의『글자의 혁명』을 중심으로—",『청람어문교육』38 (2008), 401-427쪽.

이면우,『한국 근대교육기(1876-1910)의 지구과학교육』(서울대학교 박사논문, 1997).

이병근,『한국어 사전의 역사와 방향』(태학사, 2000).

이사벨라 버드 비숍 저, 이인화 옮김,『한국과 그 이웃나라들(1897)』(도서출판 살림, 1994).

이상혁,『조선후기 훈민정음 연구의 역사적 변천』(역락, 1998).

이상혁, "조선후기 언어(言語)·문자(文字) 연구와 지식 교류: 조선후기 훈민정음의 유통과 담론의 양상",『한국실학연구』29 (2015), 7-44쪽.

이상혁, "홍기문의『훈민정음』번역과 국어학사의 한 경향",『한국어학』73 (2016), 111-134쪽.

이성구,『훈민정음해례의 철학사상에 관한 연구: 易理와 性理學을 중심으로』, (명지대학교 박사학위논문, 1984).

이숭녕,『혁신국어학사』(박영사, 1976).

이숭자,『조선조 운서한자음의 전승양상과 정리규범』(역락, 2003).

이원호,『조선시대 교육의 연구』(문음사, 2002).

이운희, "서당교육의 실제와 현대적 의의", 『동양예학』 6 (2001), 269-328쪽.

이유집, "수입연활자에서 벤톤서체까지, 한글 연활자의 변천소고", 『신문과방송』 134 (한국언론연구원, 1982), 41-44쪽.

이종국, 『한국의 교과서』 (대한교과서주식회사, 1991).

이종국, 『한국의 교과서 변천사』 (대한교과서주식회사, 2008).

이종국, 『한국의 교과서 평설』 (일진사, 2013).

이현희, "훈민정음 연구사", 『한국의 문자와 문자연구』 (집문당, 2003), 593-626쪽.

이현희 외, 『훈민정음의 한 이해』 (역락, 2014).

이환묵, "훈민정음 모음자의 제자원리", 『언어』 12-2 (1987), 347-357쪽.

임지룡, "국어 분류어휘집의 체제와 상관성", 『국어학』 19 (1989), 395-425쪽.

장호철, "미켈란젤로를 키운 가문, 실로 대단했다", 『오마이뉴스』 (2016.01.21.)

전상운, "조선전기의 과학과 기술", 『한국과학사학회지』 14-2 (1992), 141-169쪽.

전순동, "영락제의 외정과 정치적 의의." 『중국사연구』 54, (2008), 99-127쪽.

전순동, "영락제의 북경 천도와 그 의의", 『중국사연구』 65, (2010), 95-141쪽.

정경일, 『한국운서의 이해』 (아카넷, 2002).

정광, 『조선시대의 외국어 교육』 (김영사, 2014).

정광, 『훈민정음의 사람들』 (제이앤씨, 2006).

정광, 『몽고자운 연구』 (박문사, 2009).

정광, 『훈민정음과 파스파문자』 (역락, 2012).

정명기, "세책본소설의 유통양상: 동양문고 소장 세책본소설에 나타난 세책장부를 중심으로", 『고소설연구』 16 (2003), 71-99쪽.

정병설, "조선후기 한글소설의 성장과 유통—세책과 방각을 중심으로—", 『진단학보』 100 (2005), 263-297쪽.

정병설, "18,19세기 조선의 매체 혁명과 그 파장", 『21세기 한국학의 진로 모색』 (서울대학교 개교 60주년 및 규장각 창립 230주년 기념 한국학 국제학술회의, 2006).

정병설, 『조선시대 소설의 생산과 유통』 (서울대출판문화원, 2016).

정순우, 『18세기 서당연구』 (한국학대학원 박사논문, 1985).

정연태, "19세기 후반 20세기초 서양인의 한국관: 상대적 정체성론, 정치사회 부패론, 타율적 개혁불가피론", 『역사와 현실』 34 (1999), 159-206쪽.

정용화, 『문명의 정치사상: 유길준과 근대 한국』 (문학과지성사, 2004).

정주리·박영준·시정곤·최경봉, 『역사가 새겨진 우리말 이야기』 (고즈윈, 2006).

정주리·시정곤, 『조선언문실록』 (고즈윈, 2011).

조동일, 『한국문학통사 4』 (지식산업사, 2001).

청주고인쇄박물관, 『한국고활자특별전』 (도서출판 직지, 2002).

최경봉, "물명고(物名攷)의 온톨로지와 어휘론적 의의", 『한국어의미학』 17 (2005), 21-42 쪽.

최경봉, 『근대 국어학의 논리와 계보』 (일조각, 2016).

최경봉, "근대적 한글 의식의 형성 맥락과 특수성", 『인문학연구』 36 (2018), 181-209쪽.

최경봉·시정곤·박영준, 『한글에 대해 알아야 할 모든 것』 (책과함께, 2008).

최연미, "조선시대 여성 편저가, 출판협력자, 독자의 역할에 관한 연구", 『서지학연구』 23 (2001), 113-147쪽.

최학주, 『나의 할아버지 육당 최남선』 (나남, 2011).

한국사전연구사, 『국어국문학자료사전』 (1998).

한국학중앙연구원, 『한국민족문화대백과』 인터넷판.

한국학중앙연구원 장서각, 『한글, 소통과 배려의 문자』 (한국학중앙연구원 출판부, 2016).

허재영, "근대계몽기 이후 문맹퇴치 및 계몽 운동의 흐름", 『국어교육연구』 13 (2004), 577-605쪽.

홍기문, 『정음발달사 (上,下)』 (서울신문사, 1946).

홍윤표, 『한글이야기 1,2』 (태학사, 2013).

홍이섭, 『세종대왕』 (세종대왕기념사업회, 1971).

후지에다 아키라 저, 오미영 옮김, 『문자의 문화사』 (도서출판 박이정, 2006).

후쿠자와 유키치 저, 허호 옮김, 『후쿠자와 유키치 자서전』 (이산, 2006),

Bell, A. M., *Visible Speech-The Science of Universal Alphabetics*, (London: Simpkin, Marshall & Co, 1867).

Kim, Chin-Woo, "On the Origin and Structure of the Korean Script," (MS, 1980), *Sojourns in language II*, (Tower Press, 1988:721-734).

Kim, Chin-Woo, "The Structure of Phonological Units in Han'gŭl," Edited by YOUNG-KEY KIM-RENAUD. *THE KOREAN ALPHABET*, (University of Hawaii Press, 1997).

Philip Jaisohn, *My Days in Korea and Other Essays*, (Yonsei University Press, 1999).

Sampson, G., *Writing Systems: A Linguistic Introduction*, (Stanford University Press, 1985), (Equinox Publishing; Second edition, 2015). 신상순 역, 『세계의 문자체계』 (한국문화사, 2000).

The online encyclopedia of writing systems & languages (http://www.omniglot.com)

Twitchett, Denis C. (Editor), *The Cambridge History of China*, Vol. 3: Sui and T'ang China, 589−906. Part 1, (Cambridge University Press, 1979).

William Bright, *International Encyclopedia of Linguistics*, (Oxford University Press, 1992).

William Edward Eisenberg, *The first hundred years Roanoke college 1842-1942*, (Shenandoah Publishing House, INC. U.S.A., 1942).

Yamagiwa, J., *Papers of the CIC Far Eastern Language Institute The University of Michigan*, (Committee on far eastern language instruction of the committee on institutional cooperation, 1963).

Contents in English

Han-geul and Scientific Civilization

by Shi, Chung-Kon

Professor, School of Humanities and Social Sciences,

KAIST

Choi, Kyeong-Bong

Professor, Department of Korean Language and Literature,

Wonkwang University